唐律疏議

〔唐〕長孫無忌 等撰

中国政法大学出版社
二〇一三·北京

唐律疏议简介

《唐律疏议》原名《律疏》，又名《唐律》、《唐律疏义》、《故唐律疏义》，是唐代法典的代表作，亦为中国现存最古老、最完整，且最具影响力的封建刑事法典。

唐高宗永徽年间，以《贞观律》为基础，新撰律十二卷，是为《永徽律》。后鉴于当时中央、地方在审判中对法律条文的理解不一，每年科举考试中明法科考试也无统一的权威标准的情况，唐高宗在永徽三年下令召集律学通才和重要臣僚对《永徽律》进行逐条逐句的解释，历时一年，撰《律疏》三十卷，分十二篇，与《永徽律》合编一处，于永徽四年将疏议分附于律文之后颁行，称为《永徽律疏》。元代后，人们以疏文皆以『议律』字始，故又称为《唐律疏议》。

《唐律疏议》按照唐律十二篇的顺序，对五〇二条律文逐条逐句进行了注解，并以问答的形式，辨异析疑。编撰者还根据战国、秦汉、魏晋南北朝至隋以来的封建法律理论，对于律文的内容叙述其源流，对其含义加以发挥，对不完备的地方加以补充，使唐律的内容详实丰富。因为《唐律疏议》是官方编写又由皇帝命令颁行全国，所以具有极大的权威性，此后唐代官吏审理案件均以它作为标准。因此，《唐律疏议》的实践结果远远超过了原来的编撰目的，它不仅仅是唐律的注释书，还是与律并行的唐代国家法典之一。因为《唐律疏议》总结了汉魏晋以来立法和注律的经验，不仅对主要的法律原则和制度作了精确的解释与说明，而且尽可能引用儒家经典作为律文的理论根据，所以其问世，标志着中国古代立法达到了最高水平。

作为中国封建法制的最高成就，《唐律疏议》全面体现了中国古代法律制度的水平、风格和基本特征，成为中华法系的代表性法典，对后世及周边国家产生了极为深远的影响，在中国古代立法史上占有最为重要的地位，是当代学者研究唐代法律、阶级关系、等级关系以及制度设计的重要依据，堪称『稀世之宝』。

目录

卷第三

名例三

卷第四

名例四

卷第五

名例五

卷第八 衛禁下

卷第九

職制上

卷第十三

戸婚中

卷第十四

戶婚下

卷第十五

廄庫

卷第十六

擅興

卷第十七

賊盜一

卷第十八

賊盜二

卷第十九

賊盗三

卷第二十

賊盗四

卷第二十一

鬬訟一

卷第二十二

鬬訟二

卷第二十三

鬬訟三

卷第二十五

詐偽

卷第二十七

雜律下

卷第二十九

斷獄上

名例一

【疏】議曰：夫三才肇位，萬象斯分。稟氣含靈，人為稱首。莫不憑黎元而樹司宰，因政教而施刑法。其有情恣庸愚，識沈愆戾，大則亂其區宇，小則睽其品式，不立制度，則未之前聞。故曰：「以刑止刑，以殺止殺。」刑罰不可弛於國，笞捶不得廢於家。時遇澆淳，用有眾寡。於是結繩啟路，盈坎疏源，輕刑明威，大禮崇敬。易曰：「天垂象，聖人則之。」觀雷電而制威刑，睹秋霜而有肅殺，懲其未犯而防其未然，平其徽纆而存乎博愛，蓋聖王不獲已而用之。古者大刑用甲兵，其次用斧鉞；中刑用刀鋸，其次用鑽笮；薄刑用鞭扑。其所由來，亦已尚矣！昔白龍、白雲，則伏犧、軒轅之代；西火、西水，則炎帝、共工之年。鷞鳩筮賓於少皞，金政策名於顓頊。咸有天秩，典司刑憲。大道之化，擊壤無違。逮乎唐虞，化行事簡，議刑以定其罪，畫象以媿其心，所有條貫，良多簡略，年代浸遠，不可得而詳焉。堯舜時，理官則謂之為「士」，而皋陶為之；其法略存，而往往概見，則風俗通所云「皋陶謨：虞造律」是也。律者，訓銓，訓法也。易曰：「理財正辭，禁人為非曰義。」故銓量輕重，依義制律。尚書大傳曰：「丕天之大律。」注云：「奉天之大法。」法亦律也，故謂之為律。昔者，聖人制作謂之為經，傳師所說則謂之為傳，此則丘明、子夏於春秋、禮經作傳是也。近代以來，兼經注而明之則謂之為義疏。疏之為字，本以疏闊、疏遠立名。又，廣雅云：「疏者，識也。」案疏訓識，則書疏記識之道存焉。史記云：「前主所是著為律，後主所是疏為令。」漢書云：「削牘為疏。」故云疏也。昔者，三王始用肉刑。赭衣難嗣，皇風更遠，樸散淳離，傷肌犯骨。尚書大傳曰：「夏刑三千條。」周禮「司刑掌五刑」，其屬二千五百。穆王度時制法，五刑之屬三千。周衰刑重，戰國異制，魏文侯師於里悝，集諸國刑典，造法經六篇：一、盜法；二、賊法；三、囚法；四、捕法；五、雜法；六、具法。商鞅傳授，改法為律。漢相蕭何，更加悝所造戶、興、廄三篇，謂九章之律。魏因漢律為一十八篇，改漢具律為刑名第一。晉命賈充等，增損漢、魏律為二十篇，於魏刑名律中分為法例律。宋齊梁及後魏，因而不改。爰至北齊，併刑名、法例為名例。後周復為刑名。隋因北齊，更為名例。唐因於隋，相承不改。名者，五刑之罪名；例者，五刑之體例。名訓為命，例訓為比，命諸篇之刑名，比諸篇之法例。但名因罪立，事由犯生，命名即刑應，比例即事表，故以名例為首篇。第者，訓居，訓次，則次第之義，可得言矣。一者，太極之氣，函三為一，黃鍾之一，數所生焉。名例冠十二篇之首，故云「名例第一」。大唐皇帝以上聖凝圖，英聲嗣武，潤春雲於品物，緩秋官於黎庶。今之典憲，前聖規模，章程靡失，鴻纖備舉，而刑憲之司執行殊異：大理當其死坐，刑部處以流刑；一州斷以徒年，一縣將為杖罰。不有解釋，觸塗睽誤。皇帝彝憲在懷，納隍興軫。德禮為政教之本，刑罰為政教之用，猶昏曉陽秋相須而成者也。是以降綸言於台鉉，揮折簡於髦彥，爰造律疏，大明典式。遠則皇王妙旨，近則蕭、賈遺文，沿波討源，自枝窮葉，甄表寬大，裁成簡久。譬權衡之知輕重，若規矩之得方圓。邁彼三章，同符畫一者矣。

001 **笞刑五**

笞一十。贖銅一斤。

笞二十。贖銅二斤。

笞三十。贖銅三斤。

笞四十。贖銅四斤。

笞五十。贖銅五斤。

【疏】議曰：笞者，擊也，又訓為恥。言人有小愆，法須懲誡，故加捶撻以恥之。漢時笞則用竹，今時則用楚。故書云「扑作教刑」，即其義也。漢文帝十三年，太倉令淳于意女緹縈上書，願沒入為官婢，以贖父刑。帝悲其意，遂改肉刑：當黥者髡鉗為城奴令舂，當劓者笞三百。此即笞、杖之目，未有區分。笞擊之刑，刑之薄者也。隨時沿革，輕重不同，俱期無刑，義唯必措。孝經援神契云：「聖人制五刑，以法五行。」禮云：「刑者，侀也，成也。一成而不可變，故君子盡心焉。」孝經鉤命決云：「刑者，侀也，質罪示終。」然殺人者死，傷人者刑，百王之所同，其所由來尚矣。從笞十至五十，其數有五，故曰「笞刑五」。徒、杖之數，亦準此。

002

杖刑五

杖六十。贖銅六斤。

杖七十。贖桐七斤。

杖八十。贖銅八斤。

杖九十。贖銅九斤。

杖一百。贖銅十斤。

【疏】議曰：說文云「杖者持也」，而可以擊人者歟？家語云：「舜之事父，小杖則受，大杖則走。」國語云：「薄刑用鞭扑。」書云：「鞭作官刑。」猶今之杖刑者也。又蚩尤作五虐之刑，亦用鞭扑。源其濫觴，所從來遠矣。漢景帝以笞者已死而笞未畢，改三百曰二百，二百曰一百。奕代沿流，曾微增損。爰洎隨室，以杖易鞭。今律云「累決笞、杖者，不得過二百」，蓋循漢制也。

003

徒刑五

一年。贖銅二十斤。

一年半。贖銅三十斤。

二年。贖銅四十斤。

二年半。贖銅五十斤。

三年。贖銅六十斤。

【疏】議曰：徒者，奴也，蓋奴辱之。周禮云「其奴男子入于罪隸」，又「任之以事，寘以圜土而收教之。上罪三年而捨，中罪二年而捨，下罪一年而捨」，此並徒刑也。蓋始於周。

004

流刑三

二千里。贖銅八十斤。

二千五百里。贖銅九十斤。

三千里。贖銅一百斤。

【疏】議曰：書云：「流宥五刑。」謂不忍刑殺，宥之于遠也。又曰：「五流有宅，五宅三居。」大罪投之四裔，或流之于海外，次九州之外，次中國之外。蓋始於唐虞。今之三流，即其義也。

005 **死刑二**

絞。斬。贖銅一百二十斤。

【疏】議曰：古先哲王，則天垂法，輔政助化，禁暴防姦，本欲生之，義期止殺。絞、斬之坐，刑之極也。死者魂氣歸於天，形魄歸於地，與萬化冥然，故鄭注禮云：「死者，澌也。消盡為澌。」春秋元命包云：「黃帝斬蚩尤於涿鹿之野。」禮云：「公族有死罪，罄之于甸人。」故知斬自軒轅，絞興周代。二者法陰數也，陰主殺罰，因而則之，即古「大辟」之刑是也。

問曰：笞以上、死以下，皆有贖法。未知贖刑起自何代？

答曰：書云：「金作贖刑。」注云：「誤而入罪，出金以贖之。」甫侯訓夏贖刑云：「墨辟疑赦，其罰百鍰；劓辟疑赦，其罰唯倍；剕辟疑赦，其罰倍差；宮辟疑赦，其罰六百鍰；大辟疑赦，其罰千鍰。」注云：「六兩曰鍰。鍰，黃鐵也。」晉律：「應八議以上，皆留官收贖，勿髡、鉗、笞也。」今古贖刑，輕重異制，品目區別，備有章程，不假勝條，無煩縷說。

006 **十惡**

【疏】議曰：五刑之中，十惡尤切，虧損名教，毀裂冠冕，特標篇首，以為明誡。其數甚惡者，事類有十，故稱「十惡」。然漢制九章，雖並湮沒，其「不道」「不敬」之目見存，原夫厥初，蓋起諸漢。案梁陳已往，略有其條。周齊雖具十條之名，而無「十惡」之目。開皇創制，始備此科，酌於舊章，數存於十。大業有造，復更刊除，十條之內，唯存其八。自武德以來，仍遵開皇，無所損益。

一曰謀反。謂謀危社稷。

【疏】議曰：案公羊傳云：「君親無將，將而必誅。」謂將有逆心，而害於君父者，則必誅之。左傳云「天反時為災，人反德為亂。」然王者居宸極之至尊，奉上天之寶命，同二儀之覆載，作兆庶之父母。為子為臣，惟忠惟孝。乃敢包藏凶慝，將起逆心，規反天常，悖逆人理，故曰「謀反」。

注：謂謀危社稷。

【疏】議曰：社為五土之神，稷為田正也，所以神地道，主司嗇。君為神主，食乃人天，主泰即神安，神寧即時稔。臣下將圖逆節，而有無君之心，君位若危，神將安恃。不敢指斥尊號，故託云「社稷」。周禮云「左祖右社」，人君所尊也。

二曰謀大逆。謂謀毀宗廟、山陵及宮闕。

【疏】議曰：此條之人，干紀犯順，違道悖德，逆莫大焉，故曰「大逆」。

注：謂謀毀宗廟、山陵及宮闕。

【疏】議曰：有人獲罪於天，不知紀極，潛思釋憾，將圖不逞，遂起惡心，謀毀宗廟、山陵及宮闕。宗者，尊也。廟者，貌也。刻木為主，敬象尊容，置之宮室，以時祭享，故曰「宗廟」。山陵者，古先帝王因山而葬，黃帝葬橋山即其事也。或云，帝王之葬，如山如陵，故曰「山陵」。宮者，天有紫微宮，人君則之，所居之處故曰「宮」。其闕者，爾雅釋宮云：「觀謂之闕。」郭璞云：「宮門雙闕也。」周禮秋官「正月之吉日，懸刑象之法於象魏，使人觀之」故謂之「觀」。

三曰謀叛。謂謀背國從偽。

【疏】議曰：有人謀背本朝，將投蕃國，或欲翻城從偽，或欲以地外奔，即如莒牟夷以牟婁來奔，公山弗擾以費叛之類。

四曰惡逆。謂毆及謀殺祖父母、父母，殺伯叔父母、姑、兄姊、外祖父母、夫、夫之祖父母、父母。

【疏】議曰：父母之恩，昊天罔極。嗣續妣祖，承奉不輕。梟鏡其心，愛敬同盡，五服至親，自相屠戮，窮惡盡逆，絶棄人理，故曰「惡逆」。

注：謂毆及謀殺祖父母、父母，殺伯叔父母、姑、兄姊、外祖父母、夫、夫之祖父母、父母。

【疏】議曰：毆謂毆擊，謀謂謀計。自伯叔以下，即據殺訖，若謀而未殺，自當「不睦」之條。「惡逆」者，常赦不免，決不待時；「不睦」者，會赦合原，惟止除名而已。以此為別，故立制不同。其夫之祖父母者，夫之曾、高祖亦同。案喪服制，為夫曾、高服緦麻；若夫承重，其妻於曾、高祖，亦如夫之父母服期。故知稱「夫之祖父母」，曾、高亦同也。

問曰：外祖父母及夫，據禮有等數不同，具為分析。

答曰：「外祖父母」，但生母身，有服、無服，並同外祖父母，所以如此者，律云「不以尊壓及出降」故也。若不生母身者，有服同外祖父母，無服同凡人。依禮，嫡子為父後及不為父後者，並不為出母之黨服，即為繼母之黨服，此兩黨俱是外祖父母；若親母死於室，為親母之黨服，不為繼母之黨服，此繼母之黨無服，即同凡人。又，妾子為父後及不為父後者，嫡母存，為其黨服；嫡母亡，不為其黨服。禮云：「所從亡，則已。」此既從嫡母而服，故嫡母亡，其黨則已。「夫」者，依禮，有三月廟見，有未廟見，或就婚等三種之夫，並同夫法。其有克吉日及定婚夫等，唯不得違約改嫁，自餘相犯，並同凡人。

五曰不道。謂殺一家非死罪三人，支解人，造畜蠱毒、厭魅。

【疏】議曰：安忍殘賊，背違正道，故曰「不道」。

注：謂殺一家非死罪三人，支解人，

【疏】議曰：謂一家之中，三人被殺，俱無死罪者。若三人之內，有一人合死及於數家各殺二人，唯合死刑，不入十惡。或殺一家三人，本條罪不至死，亦不入十惡。支解人者，謂殺人而支解，亦據本罪合死者。

注：造畜蠱毒、厭魅。

【疏】議曰：謂造合成蠱；雖非造合，乃傳畜，堪以害人者：皆是。即未成者，不入十惡。厭魅者，其事多端，不可具述，皆謂邪俗陰行不軌，欲令前人疾苦及死者。

六曰大不敬。謂盜大祀神御之物、乘輿服御物；盜及偽造御寶；合和御藥，誤不如本方及封題誤；若造御膳，誤犯食禁；御幸舟船，誤不牢固；指斥乘輿，情理切害及對捍制使，而無人臣之禮。

【疏】議曰：禮者，敬之本；敬者，禮之輿。故禮運云：「禮者君之柄，所以別嫌明微，考制度，別仁義。」責其所犯既大，皆無肅敬之心，故曰「大不敬」。

注：謂盜大祀神御之物、乘輿服御物；

【疏】議曰：大祀者，依祠令：「昊天上帝、五方上帝、皇地祇、神州、宗廟等為大祀。」職制律又云：「凡言祀者，祭、享同。」若大祭、大享，並同大祀。神御之物者，謂神祇所御之物。本條注云：「謂供神御者，帷帳几杖亦同。」造成未供而盜，亦是。酒醴饌具及籩、豆、簠、簋之屬，在神前而盜者，亦入「大不敬」；不在神所盜者，非也。乘輿服御物者，謂主上服御之物。人主以天下為家，乘輿巡幸，不敢指斥尊號，故託「乘輿」以言之。本條注云：「服通衾、茵之屬，真、副等。皆須監當之官部分擬進，乃為御物。」

注：盜及偽造御寶；

【疏】議曰：說文云：「璽者，印也。」古者尊卑共之，左傳云：「襄公自楚還，及方城，季武子取下，使公治問，璽書，追而予之。」是其義也。秦漢以來，天子曰「璽」，諸侯曰「印」。開元歲中，改璽曰「寶」。本條云「偽造皇帝八寶」，此言「御寶」者，為攝三后寶並入十惡故也。

注：合和御藥，誤不如本方及封題誤；

【疏】議曰：合和御藥，雖憑正方，中間錯謬，誤違本法。封題誤者，謂依方合訖，封題有誤，若以丸為散，應冷言熱之類。

注：若造御膳，誤犯食禁；

【疏】議曰：周禮：「食醫掌王之八珍。」所司特宜敬慎。營造御膳，須憑食經，誤不依經，即是「不敬」。

注：御幸舟船，誤不牢固；

【疏】議曰：帝王所之，莫不慶幸，舟船既擬供御，故曰「御幸舟船」。工匠造船，備盡心力，誤不牢固，即入此條。但「御幸舟船」以上三事，皆為因誤得罪，設未進御，亦同十惡；如其故為，即從「謀反」科罪。其監當官司，準法減科，不入「不敬」。

注：指斥乘輿，情理切害

【疏】議曰：此謂情有觖望，發言謗毀，指斥乘輿，情理切害者。若使無心怨天，唯欲誣搆人罪，自依反坐之法，不入十惡之條。舊律云「言理切害」，今改為「情理切害」者，蓋欲原其本情，廣恩慎罰故也。

注：及對捍制使，而無人臣之禮。

【疏】議曰：奉制出使，宣布四方，有人對捍，不敬制命，而無人臣之禮者。制使者，謂奉敕定名及令所司差遣者是也。

七曰不孝。謂告言、詛詈祖父母父母，及祖父母父母在，別籍、異財，若供養有闕；居父母喪，身自嫁娶，若作樂，釋服從吉；聞祖父母父母喪，匿不舉哀，詐稱祖父母父母死。

【疏】議曰：善事父母曰孝。既有違犯，是名「不孝」。

注：謂告言、詛詈祖父母父母。

【疏】議曰：本條直云「告祖父母父母」，此注兼云「告言」者，文雖不同，其義一也。詛猶呪也，詈猶罵也。依本條「詛欲令死及疾苦者，皆以謀殺論」，自當「惡逆」。唯詛求愛媚，始入此條。

問曰：依賊盜律：「子孫於祖父母父母求愛媚而厭、呪者，流二千里。」然厭魅、呪詛，罪無輕重。今詛為「不孝」，未知厭入何條？

答曰：厭、呪雖復同文，理乃詛輕厭重。但厭魅凡人，則入「不道」；若呪詛者，不入十惡。名例云：「其應入罪者，則舉輕以明重。」然呪詛是輕，尚入「不孝」；明知厭魅是重，理入此條。

注：及祖父母父母在，別籍、異財，

【疏】議曰：祖父母、父母在，子孫就養無方，出告反面，無自專之道。而有異財、別籍，情無至孝之心，名義以之俱淪，情節於茲並棄，稽之典禮，罪惡難容。二事既不相須，違者並當十惡。

注：若供養有闕；

【疏】議曰：禮云：「孝子之養親也，樂其心，不違其志，以其飲食而忠養之。」其有堪供而闕者，祖父母、父母告乃坐。

注：居父母喪，身自嫁娶，若作樂，釋服從吉；

【疏】議曰：「居父母喪，身自嫁娶」，皆謂首從得罪者。若其獨坐主婚，男女即非「不孝」。所以稱「身自嫁娶」，以明主婚不同十惡故也。其男夫居喪娶妾，合免所居之一官；女子居喪為妾，得減妻罪三等：並不入「不孝」。若作樂者，自作、遣人等。樂，謂擊鐘、鼓，奏絲、竹、匏、磬、塤、篪，歌舞，散樂之類。「釋服從吉」，謂喪制未終，而在二十七月之內，釋去衰裳而著吉服者。

注：聞祖父母父母喪，匿不舉哀及詐稱祖父母父母死。

【疏】議曰：依禮：「聞親喪，以哭答使者，盡哀而問故。」父母之喪，創巨尤切，聞即崩殞，擗踊號天。今乃匿不舉哀，或揀擇時日者，並是。其「詐稱祖父母、父母死」，謂祖父母、父母見在而詐稱死者。若先死而詐稱始死者，非。

八曰不睦。謂謀殺及賣緦麻以上親，毆告夫及大功以上尊長、小功尊屬。

【疏】議曰：禮云：「講信修睦。」孝經云：「民用和睦。」睦者，親也。此條之內，皆是親族相犯，為九族不相叶睦，故曰「不睦」。

注：謂謀殺及賣緦麻以上親，

【疏】議曰：但有謀殺及賣緦麻以上親，無問尊卑長幼，總入此條。若謀殺期親尊長等，殺訖即入「惡逆」。今直言謀殺，不言故、鬬，若故、鬬殺訖，亦入「不睦」。舉謀殺未傷是輕，明故、鬬已殺是重，輕重相明，理同十惡。賣緦麻以上親者，無問強、和，俱入「不睦」。賣未售者，非。

注：毆告夫及大功以上尊長、小功尊屬。

【疏】議曰：依禮：「夫者，婦之天。」又云：「妻者，齊也。」恐不同尊長，故別言夫號。大功尊長者，依禮，男子無大功尊，唯婦人於夫之祖父母及夫之伯叔父母是大功尊。大功長者，謂從父兄姊是也。「以上」者，伯叔父母、姑、兄姊之類。小功尊屬者，謂從祖父母、姑，從祖伯叔父母、姑，外祖父母，舅、姨之類。

九曰不義。謂殺本屬府主、刺史、縣令、見受業師，吏、卒殺本部五品以上官長；及聞夫喪匿不舉哀，若作樂，釋服從吉及改嫁。

注：　禮之所尊，尊其義也。此條元非血屬，本止以義相從，背義乖仁，故曰「不義」。

【疏】議曰：　謂殺本屬府主、刺史、縣令、見受業師，

注：　府主者，依令「職事官五品以上，帶勳官三品以上，得親事、帳內」，於所事之主，名為「府主」。國官、邑官於其所屬之主，亦與府主同。其都督、刺史，皆據制書出日；六品以下，皆據畫訖始是。「見受業師」，謂伏膺儒業，而非私學者。若殺訖，入「不義」；謀而未殺，自從雜犯。

【疏】議曰：　吏、卒殺本部五品以上官長；

注：　「吏」，謂流外官以下。「卒」，謂庶士、衛士之類。此等色人，類例不少，有殺本部五品以上官長，並入「不義」。官長者，依令：「諸司尚書，同長官之例。」

【疏】議曰：　及聞夫喪匿不舉哀，若作樂，釋服從吉及改嫁。

注：　夫者，妻之天也。移父之服而服，為夫斬衰，恩義既崇，聞喪即須號慟。而有匿哀不舉，居喪作樂，釋服從吉，改嫁忘憂，皆是背禮違義，故俱為十惡。其改嫁為妾者，非。

【疏】議曰：

十曰內亂。謂姦小功以上親、父祖妾及與和者。

【疏】議曰：　左傳云：「女有家，男有室，無相瀆。易此則亂。」若有禽獸其行，朋淫於家，紊亂禮經，故曰「內亂」。

注：　謂姦小功以上親，

【疏】議曰：　姦小功以上親者，謂據禮，男子為婦人著小功服而姦者。若婦人為男夫雖有小功之服，男子為報服緦麻者，非。謂外孫女於外祖父及外甥於舅之類。

注：　父祖妾及與和者。

【疏】議曰：父祖妾者，有子、無子並同，媵亦是；「及與和者」，謂婦人共男子和姦者：並入「內亂」。若被強姦，後遂和可者，亦是。

007 **八議**

【疏】議曰：周禮云：「八辟麗邦法。」今之「八議」，周之「八辟」也。禮云：「刑不上大夫。」犯法則在八議，輕重不在刑書也。其應議之人，或分液天潢，或宿侍旒扆，或多才多藝，或立事立功，簡在帝心，勳書王府。若犯死罪，議定奏裁，皆須取決宸衷，曹司不敢與奪。此謂重親賢，敦故舊，尊賓貴，尚功能也。以此八議之人犯死罪，皆先奏請，議其所犯，故曰「八議」。

一曰議親。謂皇帝袒免以上親及太皇太后、皇太后緦麻以上親，皇后小功以上親。

【疏】議曰：義取內睦九族，外協萬邦，布雨露之恩，篤親親之理，故曰「議親」。袒免者，據禮有五：高祖兄弟、曾祖從父兄弟、祖再從兄弟、父三從兄弟、身之四從兄弟是也。

注：及太皇太后、皇太后緦麻以上親，

【疏】議曰：太皇太后者，皇帝祖母也。皇太后者，皇帝母也。加「太」者，太之言大也，易稱「太極」，蓋取尊大之義。稱「皇」者，因子以明母也。其二后蔭及緦麻以上親，緦麻之親有四：曾祖兄弟、祖從父兄弟、父再從兄弟、身之三從兄弟是也。

注：皇后小功以上親。

【疏】議曰：皇后蔭小功以上親者，降姑之義。小功之親有三：祖之兄弟、父之從父兄弟、身之再從兄弟是也。此數之外，據禮內外諸親有服同者，並準此。

二曰議故。謂故舊。

【疏】議曰：謂宿得侍見，特蒙接遇歷久者。

三曰議賢。謂有大德行。

【疏】議曰：謂賢人君子，言行可為法則者。

四曰議能。謂有大才藝。

【疏】議曰：謂能整軍旅，莅政事，鹽梅帝道，師範人倫者。

五曰議功。謂有大功勳。

【疏】議曰：謂能斬將搴旗，摧鋒萬里，或率眾歸化，寧濟一時，匡救艱難，銘功太常者。

六曰議貴。謂職事官三品以上，散官二品以上及爵一品者。

【疏】議曰：依令：「有執掌者為職事官，無執掌者為散官。」爵，謂國公以上。

七曰議勤。謂有大勤勞。

【疏】議曰：謂大將吏恪居官次，夙夜在公，若遠使絕域，經涉險難者。

八曰議賓。謂承先代之後為國賓者。

【疏】議曰：書云：「虞賓在位，群后德讓。」詩曰：「有客有客，亦白其馬。」禮云：「天子存二代之後，猶尊賢也。」昔武王克商，封夏后氏之後於杞，封殷氏之後於宋，若今周後介公、隋後酅公，並為國賓者。

008 **八議者**

諸八議者，犯死罪，皆條所坐及應議之狀，先奏請議，議定奏裁；議者，原情議罪，稱定刑之律而不正決之。

【疏】議曰：此名「議章」。八議人犯死罪者，皆條録所犯應死之坐及録親、故、賢、能、功、勤、賓、貴等應議之狀，先奏請議。依令，都堂集議，議定奏裁。

注：議者，原情議罪，稱定刑之律而不正決之。

【疏】議曰：議者，原情議罪者，謂原其本情，議其犯罪。稱定刑之律而不正決之者，謂奏狀之内，唯云準犯依律合死，不敢正言絞、斬，故云「不正決之」。

流罪以下，減一等。其犯十惡者，不用此律。

【疏】議曰：流罪以下，犯狀既輕，所司減訖，自依常斷。其犯十惡者，死罪不得上請，流罪以下不得減罪，故云「不用此律」。

009 **皇太子妃**

諸皇太子妃大功以上親，

【疏】議曰：此名「請章」。皇后蔭小功以上親入議，皇太子妃蔭大功以上親入請者，尊卑降殺也。

應議者期以上親及孫，

【疏】議曰：八議之人，蔭及期以上親及孫，入請。期親者，謂伯叔父母、姑、兄弟、姊妹、妻、子及兄弟子之類。又例云：「稱期親者，曾、高同。」及孫者，謂嫡孫衆孫皆是，曾、玄亦同。其子孫之婦，服雖輕而義重，亦同期親之例。曾、玄之婦者，非。

若官爵五品以上，犯死罪者，上請；

【疏】議曰：官爵五品以上者，謂文武職事四品以下、散官三品以下、勳官及爵二品以下，五品以上。此等之人，犯死罪者，並為上請。

注：請，謂條其所犯及應請之狀，正其刑名，別奏請。

【疏】議曰：條其所犯者，謂條録請人所犯應死之坐。應請之狀者，謂皇太子妃大功以上親，應議者期以上親及孫，若官爵五品以上應請之狀。正其刑名者，謂録請人所犯，準律合絞、合斬。別奏者，不緣門下，別録奏請，聽敕。

流罪以下，減一等。其犯十惡，反逆緣坐，殺人，監守内姦、盜、略人、受財枉法者，不用此律。

【疏】議曰：流罪以下，減一等者，減訖各依本法。若犯十惡；反逆緣坐；及殺人者，謂故殺、鬬殺、謀殺等殺訖，不問首從；其於監守内姦、盜、略人、受財枉法者：此等請人，死罪不合上請，流罪已下不合減罪，故云「不用此律」。其盜不得財及姦、略人未得，並從減法。

010 **七品以上之官**

諸七品以上之官及官爵得請者之祖父母、父母、兄弟、姊妹、妻、子孫，犯流罪已下，各從減一等之例。

【疏】議曰：此名「減章」。「七品以上」，謂六品、七品文武職事、散官、衛官、勳官等身；「官爵得請者」，謂五品以上官爵，蔭及祖父母、父母、兄弟、姊妹、妻、子孫：犯流罪以下，各得減一等。若上章請人得減，此章亦得減；請人不得減，此章亦不得減。故云「各從減一等之例」。

011 **應議請減**

諸應議、請、減及九品以上之官，若官品得減者之祖父母、父母、妻、子孫，犯流罪以下，聽贖；

【疏】議曰：此名「贖章」。應議、請、減者，謂議、請、減三章內人，亦有無官而入議、請、減者，故不云官也；及九品已上官者，謂身有八品、九品之官；「若官品得減者」，謂七品已上之官，蔭及祖父母、父母、妻、子孫：犯流罪以下，並聽贖。

若應以官當者，自從官當法。

【疏】議曰：議、請、減以下人，身有官者，自從官當、除、免，不合留官取蔭收贖。

其加役流、

【疏】議曰：加役流者，舊是死刑，武德年中改為斷趾。國家惟刑是恤，恩弘博愛，以刑者不可復屬，死者務欲生之，情軫向隅，恩覃祝網，以貞觀六年奉制改為加役流。

反逆緣坐流、

【疏】議曰：謂緣坐反、逆得流罪者。其婦人，有官者比徒四年，依官當之法，亦除名；無官者，依留住法，加杖、配役。

子孫犯過失流、

【疏】議曰：謂耳目所不及，思慮所不到之類，而殺祖父母、父母者。

不孝流、

【疏】議曰：不孝流者，謂聞父母喪，匿不舉哀，流；告祖父母、父母者絞，從者流；呪詛祖父母、父母者，流；厭魅求愛媚者，流。

問曰：居喪嫁娶，合徒三年；或恐喝或強，各合加至流罪。得入不孝流以否？

答曰：恐喝及強，元非不孝，加至流坐，非是正刑。律貴原情，據理不合。

及會赦猶流者，

【疏】議曰：案賊盜律云：「造畜蠱毒，雖會赦，並同居家口及教令人亦流三千里。」斷獄律云：「殺小功尊屬、從父兄姊及謀反、大逆者，身雖會赦，猶流二千里。」此等並是會赦猶流。其造畜蠱毒，婦人有官無官，並依下文，配流如法。有官者，仍除名，至配所免居作。

各不得減贖，除名、配流如法。除名者，免居作。即本罪不應流配而特配者，雖無官品，亦免居作。

【疏】議曰：男夫犯此五流，假有一品已下及取蔭者，並不得減贖，除名、配流如法。三流俱役一年，稱加役流者役三年。家無兼丁者，依下條加杖、免役，故云「如法」。

注：除名者，免居作。即本罪不應流配而特配者，雖無官品，亦免居作。

【疏】議曰：犯五流之人，有官爵者，除名，流配，免居作。「即本罪不應流配而特流配者，雖無官品，亦免居作」，謂有人本犯徒以下，及有蔭之人本法不合流配，而責情特流配者，雖是無官之人，亦免居作。

其於期以上尊長及外祖父母、夫、夫之祖父母，犯過失殺傷，應徒；若故毆人至廢疾，應流；男夫犯盜謂徒以上。及婦人犯姦者：亦不得減贖。有官爵者，各從除、免、當、贖法。

【疏】議曰：過失殺祖父母、父母，已入五流；若傷，即合徒罪。故云「期以上」。其於期親尊長及外祖父母、夫、夫之祖父母，犯過失殺及傷，應合徒者；「故毆人至廢疾應流」，謂恃蔭合贖，故毆人至廢疾，準犯應流者；「男夫犯盜徒以上」，謂計盜罪至徒以上，強盜不得財亦同；及婦人犯姦者，並亦不得減贖。言「亦」者，亦如五流不得減贖之義。

注：有官爵者，各從除、免、當、贖法。

【疏】議曰：謂故毆小功尊屬至廢疾，及男夫於監守內犯十惡及盜，婦人姦入「內亂」者，並合除名。若男夫犯盜，斷徒以上，及婦人犯姦者，並合免官。其於期親以上尊長犯過失殺傷應徒，及故毆凡人至廢疾應流，並合官當。犯除名者，爵亦除；本犯免官、免所居官及官當者，留爵收贖。縱有官爵合減，亦不得減。故云「各從除、免、當、贖法」。

問曰：五流不得減贖。若會降，合減贖以否？

答曰：五流，除名、配流，會降至徒以下，有蔭、應贖之色，更無配役之文，即有聽贖者，有不聽贖者。止如加役流、反逆緣坐流、不孝流，此三流會降，並聽收贖。其子孫犯過失流，雖會降，亦不得贖。何者？文云：「於期以上尊長犯過失殺傷應徒，不得減贖。」此雖會降，猶是過失應徒，故不合贖。其有官者，自準除、免、當、贖之例。本法既不合例減，降後亦不得減科。其會赦猶流者，會降灼然不免。

012 婦人官品邑號

諸婦人有官品及邑號，犯罪者，各依其品，從議、請、減、贖、當、免之律，不得蔭親屬。

【疏】議曰：婦人有官品者，依令，妃及夫人，郡、縣、鄉君等是也。邑號者，國、郡、縣、鄉等名號是也。婦人六品以下無邑號，直有官品，即媵是也。依禮：「凡婦人，從其夫之爵位。」注云：「生禮死事，以夫為尊卑。」故犯罪應議、請、減、贖者，各依其夫品，從議、請、減、贖之法。若犯除、免、官當者，亦準男夫之例。故云「各從議、請、減、贖、當、免之律」。婦人品命既因夫、子而授，故不得蔭親屬。

若不因夫、子，別加邑號者，同封爵之例。

【疏】議曰：別加邑號者，犯罪一與男子封爵同：除名者，爵亦除；免官以下，並從議、請、減、贖之例，留官收贖。

013 五品以上妾有犯

諸五品以上妾，犯非十惡者，流罪以下，聽以贖論。

【疏】議曰：五品以上之官，是為「通貴」。妾之犯罪，不可配決。若犯非十惡，流罪以下，聽用贖論；其贖條內不合贖者，亦不在贖限。若妾自有子孫及取餘親蔭者，假非十惡，聽依贖例。

014 **人有議請減**

諸一人兼有議、請、減，各應得減者，唯得以一高者減之，不得累減。

【疏】議曰：假有一人，身是皇后小功親，合議減；又父有三品之官，合請減；又身有七品官，合例減。此雖三處俱合減罪，唯得以一議親高者減之，不得累減。

若從坐減、自首減、故失減、公坐相承減，又以議、請、減之類，得累減。

【疏】議曰：從坐減者，謂共犯罪，造意者為首，隨從者減一等。自首減者，謂犯法，知人欲告而自首者，聽減二等。故失減者，謂判官故出人罪，放而還獲，減一等；通判之官不知情，以失論，失出減判官之罪五等。又，斷獄律云：「斷罪，應決配之而聽收贖，應收贖而決配之，各減故、失一等。」謂故減故一等，失減失一等，是名「故失減」。公坐相承減者，謂同職犯公坐，假由判官斷罪失出，法減五等，放而還獲，又減一等；通判之官減七等，長官減八等，主典減九等。若有議、請、減之類，各又更減一等，是名「得累減」。

015 **以理去官**

諸以理去官，與見任同。解雖非理，告身應留者，亦同。

【疏】議曰：謂不因犯罪而解者，若致仕、得替、省員、廢州縣之類，應入議、請、減、贖及蔭親屬者，並與見任同。

注：解雖非理，告身應留者，亦同。

【疏】議曰：解雖非理者，謂責情及下考解官者；或雖經當、免，降所不至者，亦是告身應留者：並同見任官法。

贈官及視品官，與正官同。視六品以下，不在蔭親之例。

【疏】議曰：贈官者，死而加贈也。令云：「養素丘園，徵聘不赴，子孫得以徵官為蔭。」並同正官。「視品官」，依官品令：「薩寶府薩寶、祆正等，皆視流内品。」若以視品官當罪、減、贖，皆與正官同。

注：視六品以下，不在蔭親之例。

【疏】議曰：視品稍異正官，故不許蔭其親屬。其薩寶既視五品，聽蔭親屬。

用蔭者，存亡同。

【疏】議曰：應取議、請、減蔭親屬者，親雖死亡，皆同存日，故曰「存亡同」。

若藉尊長蔭而犯所蔭尊長，

【疏】議曰：「尊長」，謂祖父母、父母、伯叔父母、姑、兄姊是也。

及藉所親蔭而犯所親祖父母、父母者，並不得為蔭。

【疏】議曰：「所親」，謂旁親，非祖父母、父母及子孫，但旁蔭己身者，尊長、卑幼皆是。假如藉伯叔母蔭而犯伯叔母之祖父母、父母，藉姪蔭而犯姪之父母之類，並不得以蔭論。文稱「犯夫及義絕者，得以子蔭」，婦犯夫既得用子蔭，明夫犯婦亦取子蔭可知。其子孫例別生文，不入「所親」之限。即取子孫蔭者，違犯父、祖教令及供養有闕，亦得以蔭贖論。若取父蔭而犯祖者，不得為蔭。若犯父者，得以祖蔭。

即毆告大功尊長、小功尊屬者，亦不得以蔭論。

【疏】議曰：「大功尊長、小功尊屬」，「不睦」條中已具釋訖。若其毆告，亦不得蔭贖。

其婦人犯夫及義絕者，得以子蔭。雖出，亦同。

【疏】議曰：婦人犯夫，及與夫家義絕，并夫在被出，並得以子蔭者，為「母子無絕道」故也。

其假版官犯流罪以下，聽以贖論。

【疏】議曰：假版授官，不著令、式，事關恩澤，不要耆年，聽以贖論，不以假版官當罪。其準律不合贖者，處徒以上，版亦除削。

016　**無官犯罪**

諸無官犯罪，有官事發，流罪以下以贖論。謂從流外及庶人而任流內者，不以官當、除、免。犯十惡及五流者，不用此律。

【疏】議曰：無官犯罪，有官事發，流罪以下，皆依贖法。謂從流外及庶人而任流內者，其除名及當、免，在身見無流內告身者，亦同無官例。其於「贖章」內合除、免、官當者，亦聽收贖。故云「不以官當、除、免」。若犯十惡、五流，各依本犯除名及配流，不用此條贖法，故云「不用此律」。

問曰：「無官犯罪，有官事發，流罪以下以贖論。」雖稱以贖，如有七品以上官，合減以否？

答曰：既稱「流罪以下以贖論」，據贖條內不得減者，此條亦不合減。自餘雜犯應減者，並從減例。據下文「無蔭犯罪，有蔭事發，並從官蔭之法」，故知得依減之例。

卑官犯罪，遷官事發；在官犯罪，去官事發；或事發去官：犯公罪流以下各勿論，餘罪論如律。

【疏】議曰：卑官犯罪，遷官事發者，謂任九品時犯罪，得八品以上事發之類。在官犯罪，去官事發者，謂在任時犯罪，去任後事發。或事發去官者，謂事發勾問未斷，便即去職。此等三事，犯公罪流以下，各勿論。遷官者，但改官者即是，非獨進品始名遷官。餘罪論如律者，並謂私罪及公坐死罪，皆據律科，雖復遷官去任，並不免罪。

問曰：依令：「內外官敕令攝他司事者，皆為檢校。若比司，即為攝判。」未審此等犯公坐，去官免罪以否？

答曰：律云「在官犯罪，去官事發；或事發去官：犯公罪流以下各勿論」，但檢校、攝判之處，即是監臨，若有愆違，罪無減降。其有敕符差遣及比司攝判，攝時既同正職，停攝理是去官，公坐流罪亦從免法。若事關宿衛，情狀重者，錄奏聽敕。其寺丞、縣尉之類，本非別司而權判者，不同去官之例。諸司依令當直之官，既非攝判之色，不在去官之限。

其有官犯罪，無官事發；有蔭犯罪，無蔭事發；無蔭犯罪，有蔭事發：並從官蔭之法。

【疏】議曰：「有官犯罪，無官事發」，謂若有九品官犯流罪，合除名，其事未發，又犯徒一年，亦合除名，斷一年徒，以九品官當，并除名訖，其流罪後發，以官當流，比徒四年，前已當徒一年，猶有三年徒在，聽從官蔭之律，徵銅六十斤放免。其官高應得議、請、減，亦準此。「有蔭犯罪，無蔭事發」，謂父祖有七品官時，子孫犯罪，父、祖除名之後事發，亦得依七品子聽贖。其父祖或五品以上，當時準蔭得議、請、減，父、祖除免之後事發，亦依議、請、減法。「無蔭犯罪，有蔭事發」，謂父祖無官時子孫犯罪，父祖得七品官事發，聽贖；若得五品官，子孫聽減；得職事三品官，聽請；蔭更高，聽議。此等四事，各得從寬，故云「並從官蔭之法」。

017 以官當徒

諸犯私罪，以官當徒者，私罪，謂私自犯及對制詐不以實、受請枉法之類。

【疏】議曰：「私罪」，謂不緣公事，私自犯者；雖緣公事，意涉阿曲，亦同私罪。對制詐不以實者，對制雖緣公事，方便不吐實情，心挾隱欺，故同私罪。受請枉法之類者，謂受人囑請，屈法申情，縱不得財，亦為枉法。此例既多，故云「之類」也。

五品以上，一官當徒二年；九品以上，一官當徒一年。

【疏】議曰：九品以上官卑，故一官當徒一年。五品以上官貴，故一官當徒二年。

若犯公罪者，公罪，謂緣公事致罪而無私、曲者。**各加一年當。**

【疏】議曰：私、曲相須。公事與奪，情無私、曲，雖違法式，是為「公坐」。各加一年當者，五品以上，一官當徒三年；九品以上，一官當徒二年。

問曰：敕、制施行而違者，有公坐以否？

答曰：譬如制、敕施行，不曉敕意而違者，為失旨；雖違敕意，情不涉私，亦皆為公坐。

以官當流者，三流同比徒四年。

【疏】議曰：品官犯流，不合真配，既須當、贖，所以比徒四年。假有八品、九品官，犯私罪流，皆以四官當之；無四官者，準徒年當、贖。故云「三流同比徒四年」。

其有二官，謂職事官、散官、衛官同為一官，勳官為一官。

【疏】議曰：謂職事、散官、衛官計階等者，既相因而得，故同為一官。其勳官，從勳加授，故別為一官。是為「二官」。若用官當徒者，職事每階各為一官，勳官即正、從各為一官。

先以高者當，若去官未敘，亦準此。

【疏】議曰：「先以高者當」，謂職事等三官內，取最高者當之。若去官未敘者，謂以理去任及雖不以理去任，告身不追者，亦同。並準上例，先以高者當。

問曰：律云：「若去官未敘，亦準此。」或有去官未敘之人而有事發，或罪應官當以上，或不至官當，別敕令解，其官當敘法若為處分？

答曰：若本罪官當以上，別條云「以理去官與見任同」，即依以官當徒之法：用官不盡，一年聽敘，降先品一等；若用官盡者，三載聽敘，降先品二等。若犯罪未至官當，不追告身，敘法依考解例，期年聽敘，不降其品。從見任解者，敘法在獄官令。先已去任，本罪不至解官，奉敕解者，依刑部式，敘限同考解例。本犯應合官當者，追毀告身。

次以勳官當。

【疏】議曰：假有六品職事官，兼帶勳官柱國以上，犯私罪流，例減一等，合徒三年。以六品職事當徒一年，次以柱國當徒二年之類。

問曰：假有人任三品、四品職事，又帶六品以下勳官，犯罪應官當者，用三品職事當訖，次以何官當？

答曰：律云「先以高者當」，即是職事、散官、衛官中，取最高品當訖。「次以勳官當」，即須用六品勳官當罪，不得復用四品職事當之。

行、守者，各以本品當，仍各解見任。

【疏】議曰：假有從五品，下行正六品，犯徒二年半私罪，例減一等，猶徒二年，以本階從五品官當徒二年，仍解六品見任。其有六品散官，守五品職事，亦犯私罪徒二年半者，亦用本品官當徒一年，餘徒收贖，解五品職事之類。

問曰：先有正六品上散官，上守職事五品；或有從五品官，下行正六品上，犯徒當罪，若為追毀告身？

答曰：律云：「行、守者，各以本品當，仍各解見任。」其正六品上散官守五品者，五品所守，別無告身，既用六品官當，即與守官俱奪。若五品行六品者，以五品當罪，直解六品職事，其應當罪告身同階者，悉合追毀。

若有餘罪及更犯者，聽以歷任之官當。歷任，謂降所不至者。

【疏】議曰：若有餘罪者，謂二官當罪之外，仍有餘徒；或當罪雖盡而更犯法，未經科斷者：聽以歷任降所不至告身，以次當之。

其流內官而任流外職，犯罪以流內官當及贖徒年者，各解流外任。

【疏】議曰：假有勳官任流外職者，犯徒以上罪，以勳官當之；或犯徒用官不盡，而贖一年徒以上者：各解流外任。

018 十惡反逆緣坐

諸犯十惡、故殺人、反逆緣坐，本應緣坐，老、疾免者，亦同。

【疏】議曰：「十惡」，謂「謀反」以下、「內亂」以上者。「故殺人」，謂不因鬬競而故殺者；謀殺人已殺訖，亦同。餘條稱「以謀殺、故殺論」，及云「從謀殺、故殺」等，殺訖者皆準此。其部曲、奴婢者非，案賊盜律「殺一家非死罪三人」，注云：「奴婢、部曲非。」其故殺妾，及舊部曲、奴婢經放為良，本條雖罪不至死，亦同故殺之例。反逆緣坐者，謂緣謀反及大逆人得流罪以上者。

注：本應緣坐，老、疾免者亦同。

【疏】議曰：謂緣坐之中，有男夫年八十及篤疾，婦人年六十及廢疾，雖免緣坐之罪，身有官品者，亦各除名。

問曰：帶官應合緣坐，其身先亡，子孫後犯反、逆，亦合除名以否？

答曰：緣坐之法，惟據生存。出養入道，尚不緣坐，無宜先死，到遣除名。理務弘通，告身不合追毀。告身雖不合追毀，亦不得以為蔭。

獄成者，雖會赦，猶除名。獄成，謂贓狀露驗及尚書省斷訖未奏者。

【疏】議曰：犯十惡等罪，獄成之後，雖會大赦，猶合除名。獄若未成，即從赦免。注云贓狀露驗者，贓謂所犯之贓，見獲本物；狀謂殺人之類，得狀為驗。雖在州縣，並名獄成。「及尚書省斷訖未奏者」，謂刑部覆斷訖，雖未經奏者，亦為獄成。此是赦後除名，常赦不免之例。

即監臨主守，於所監守內犯姦、盜、略人，若受財而枉法者，亦除名；姦，謂犯良人。盜及枉法，謂贓一疋者。**獄成會赦者，免所居官。**會降者，同免官法。

【疏】議曰：「監守內姦」，謂犯良人。「盜及枉法」，謂贓一疋者。略人者，不和為略；年十歲以下，雖和亦同略法。律文但稱「略人」，即不限將為良賤。獄成者，亦同上法除名。會赦者，免所居官。此是赦後仍免所居之一官，亦為常赦所不免。

問曰：監守內略人，罪當除名之色。奴婢例非良人之限；若監守內略部曲，亦合除名以否？

答曰：據殺一家非死罪三人乃入「不道」，奴婢、部曲不同良人之例；強盜，若傷財主部曲，即同良人。各於當條見義，亦無一定之理。今略良人及奴婢，並合除名。舉略奴婢是輕，計贓入除名之法；略部曲是重，明知亦合除名。又，鬭訟律云：「毆傷部曲，減凡人一等，奴婢又減一等。」又令云：「轉易部曲事人，聽量酬衣食之直。」既許酬衣食之直，必得一疋以上，準贓即同奴婢，論罪又減良人。今準諸條理例除名，故為合理。

又問：依律：「共盜者，併贓論。」其有共受枉法之贓，合併贓科罪否？

答曰：「枉法」條中，無「併贓」之語，唯云：「官人受財，復以所受之財分求餘官，元受者併贓論，餘各依己分法。」其有共謀受者，不同元受之例，不合併贓得罪，各依己分為首從科之。

注：會降者，同免官法。

【疏】議曰：降既節級減罪，不合悉原，故降除名之科，聽從免官之法。假令降罪悉盡，亦依免官之例。即降後重斷，仍未奏畫，更逢赦降，猶合免所居之官。

其雜犯死罪，即在禁身死，若免死別配及背死逃亡者，並除名；皆謂本犯合死而獄成者。

【疏】議曰：「其雜犯死罪」，謂非上文十惡、故殺人、反逆緣坐、監守內姦、盜、略人、受財枉法中死罪者。即在禁身死者，謂犯罪合死，在禁身亡。若免死別配者，謂本犯死罪，蒙恩別配流、徒之類。「及背死逃亡者」，謂身犯死罪，背禁逃亡者。此等四色，所犯獄成，並從除名之律，故注云「皆謂本犯合死而獄成者」。背死逃亡者，即斷死除名，依法奏畫，不待身至。其下文「犯流徒獄成逃走」，亦準此。

會降者，聽從當、贖法。

【疏】議曰：雜犯死罪以下，未奏畫逢降，有官者聽官當，有蔭者依贖法。本法不得蔭贖者，亦不在贖限。其會赦者，依令解見任職事。

問曰：文云：「十惡、故殺人、反逆緣坐，會赦猶除名。雜犯死罪等，會降從當贖法。」若有別蒙敕放及會慮減罪，得同赦、降以否？

答曰：若使普覃惠澤，非涉殊私，雨露平分，自依恒典。如有特奉鴻恩，總蒙原放，非常之斷，人主專之，爵命並合如初，不同赦、降之限。其有會慮減罪，計與會降不殊，當免之科，須同降法；慮若全免，還從特放之例。

又問：加役流以下五流，犯者除名、配流如法。未知會赦及降，若為處分？

答曰：會赦猶流，常赦所不免，雖會赦、降，仍依前除名、配流。其不孝流、反逆緣坐流，雖會赦，亦除名。子孫犯過失流，會赦，免罪；會降，有官者聽依當、贖法。其加役流，犯非一色，入十惡者，雖會赦、降，仍合除名；稱「以枉法論」、「監守內以盜論」者，會赦免所居官，會降同免官之法；自餘雜犯，會赦從原，會降依當、贖法。凡斷罪之法，應例減者，先減後斷。其五流先不合減者，雖會降後，亦不合減科。

卷第三

名例三

019 **姦盜略人受財**

諸犯姦、盜、略人及受財而不枉法；並謂斷徒以上。

【疏】議曰：「姦、盜、略人」，並謂監臨外犯罪。及受財而不枉法者，謂雖即因事受財，於法無曲。並謂斷徒以上者。

若犯流、徒，獄成逃走；

【疏】議曰：犯流、徒者，謂非疑罪及過失，此外犯流、徒者。「獄成逃走」，謂減訖仍有徒刑；若依令責保參對及合徒不禁，亦同。律既不注限日，推勘逃實即坐。

問曰：免所居官之法，依律「比徒一年」。此條犯徒、流逃走，即獲免官之坐，未知免所居官人逃亡，亦入犯徒免官以否？

答曰：免所居官之色，亦有罪不至徒。本罪若其合徒，逃者即當免官之坐；若犯杖罪逃走，便異本犯徒、流，以其元是杖刑，不入免官之法。

祖父母、父母犯死罪，被囚禁，而作樂及婚娶者：免官。謂二官並免。爵及降所不至者，聽留。

【疏】議曰：曾、高以下，祖父母、父母犯死罪，見被囚禁，其子孫若作樂者，自作、遣人作者並同，上條遣人與自作不殊，此條理亦無別。「及婚娶者」，止據男夫娶妻，不言嫁娶者，明婦人不入此色。自「犯姦、盜」以下，並合免官。

注：謂二官並免。爵及降所不至者，聽留。

【疏】議曰：「二官」為職事官、散官、衛官為一官，勳官為一官。此二官並免，三載之後，降先品二等敘。「爵及降所不至者，聽留」，爵者，王及公、侯、伯、子、男。「降所不至者」，謂二等以外，歷任之官是也。若會降有餘罪者，聽從官當、減、贖法。

020 府號官稱

諸府號、官稱犯父祖名，而冒榮居之；

【疏】議曰：府號者，謂省、臺、府、寺之類。官稱者，謂尚書、將軍、卿、監之類。假有人父祖名常，不得任太常之官；父祖名卿，亦不合任卿職。若有受此任者，是謂「冒榮居之」。選司唯責三代官名，若犯高祖名者，非。

祖父母、父母老疾無侍，委親之官；

【疏】議曰：老謂八十以上，疾謂篤疾，並依令合侍。若不侍，委親之官者。其有才業灼然，要藉驅使者，令帶官侍，不拘此律。

問曰：親老疾合侍，今求選得官，將親之任，同「委親之官」以否？又，得官之後，親始老疾，不請解侍，復合何罪？

答曰：委親之官，依法有罪。既將之任，理異委親，及先已任官，親後老疾，不請解侍：並科「違令」之罪。

在父母喪，生子及娶妾，

【疏】議曰：在父母喪生子者，皆謂二十七月內而懷胎者。若父母未亡以前而懷胎，雖於服內而生子者，不坐；縱除服以後始生，但計胎月是服內而懷者，依律得罪。其娶妾，亦準二十七月內為限。

兄弟別籍、異財，冒哀求仕；

【疏】議曰：居喪未滿二十七月，兄弟別籍、異財，其別籍、異財不相須。「冒哀求仕」，謂父母喪，禫制未除及在心喪內者。並合免所居之一官，並不合計閏。

若姦監臨內雜戶、官戶、部曲妻及婢者：免所居官。謂免所居之一官。若兼帶勳官者，免其職事。即因冒榮遷任者，並追所冒告身。

【疏】議曰：雜户者，謂前代以來，配隸諸司職掌，課役不同百姓，依令「老免、進丁、受田，依百姓例」，各於本司上下。官户者，亦謂前代以來，配隸相生，或有今朝配沒，州縣無貫，唯屬本司。部曲妻者，通娶良人女為之。「及婢者」，官私婢亦同。但在監臨之內姦者，強、和並是。從「府號、官稱」以下，犯者並合免所居官。

注：謂免所居之一官。若兼帶勳官者，免其職事。

【疏】議曰：稱免所居官者，職事、散官、衛官同階者，總為一官。若有數官，先追高者；若帶勳官，免其職事；如無職事，即免勳官高者。

注：即因冒榮遷任者，並追所冒告身。

【疏】議曰：假有父祖名常，冒任太常之職，秩滿之後，遷任高官，事發論刑，先免所居高品，前得冒榮告身仍須追奪。

021 **除名者**

諸除名者，官爵悉除，課役從本色，

【疏】議曰：若犯除名者，謂出身以來，官爵悉除。課役從本色者，無蔭同庶人，有蔭從蔭例，故云「各從本色」。又，依令：「除名未敘人，免役輸庸，並不在雜徭及征防之限。」

六載之後聽敘，依出身法。

【疏】議曰：稱六載聽敘者，年之與載，異代別名，假有元年犯罪，至六年之後，七年正月始有敘法，其間雖有閏月，但據載言之，不以稱年，要以三百六十日為限。「若一依出身法」，犯除名人年滿之後，敘法依選舉令：「三品以上，奏聞聽勅。正四品，於從七品下敘；從四品，於正八品上敘；正五品，於正八品下敘；從五品，於從八品上敘；六品、七品，並於從九品上敘；八品、九品，並於從九品下敘。若有出身品高於此法者，聽從高。」「出身」，謂藉蔭及秀才、明經之類。準此令文，身高於常敘，自依出身法；出身卑於常敘，自依常敘。故云「出身品高者，聽從高」。又，軍防令：「勳官犯除名，限滿應敘者，二品於驍騎尉敘，三品於飛騎尉敘，四品於雲騎尉敘，五品以下於武騎尉敘。」

若本犯不至免官，而特除名者，敘法同免官例。婦人因夫、子得邑號，犯除名者，年滿之後，夫、子見在有官爵者，聽依式敘。

【疏】議曰：本犯不至免官者，情在可責而特除名，矜其所犯先輕，故許同免官之例收敘。

問曰：本犯雖非免官，當徒用官並盡，依律，當徒用官盡者，敘限同免官。未知當徒用官不盡，今被特責除名，敘法亦同免官以否？

答曰：凡稱除名、官當、不論本犯輕重，從例除、免，不計徒年。罪不至免官而特除名者，止論正犯免官之法，當徒官盡不在其中。

注：婦人因夫、子得邑號，犯除名者，年滿之後，夫、子見在有官爵者，聽依式敘。

【疏】議曰：婦人因夫、子而得邑號，曰夫人、郡君、縣君、鄉君等。其身犯罪而得除名，年滿敘日，計夫、子見在有官爵；仍合授夫人、郡、縣、鄉君者，並依前授，不降其品；若夫、子被降官者，並依降授法；如夫、子進官者，聽依高敘。其婦人敘法，令備明文，為因夫、子官爵，故不依降減之例。

問曰：婦人不因夫、子，別加邑號，犯名者，合敘以否？

答曰：律云：「不因夫、子，別加邑號者，同封爵之例。」爵無常敘之法，除名不合更敘。

免官者，三載之後，降先品二等叙。

【疏】議曰：稱「載」者，理與六載義同，亦止取三載之後，入四年聽叙。「降先品二等」，正四品以下，一階為一等；從三品以上及勳官，正、從各為一等。假有正四品上免官，三載之後，得從四品上叙。上柱國免官，三載之後，從上護軍叙。是為「三載之後，降先品二等叙」。

免所居官及官當者，期年之後，降先品一等叙。

【疏】議曰：「免所居官及官當」，罪又輕，故至期年聽叙。稱「期」者，匝四時曰期，從敕出解官日，至來年滿三百六十日也。稱「年」者，以三百六十日。稱「載」者，取其三載、六載之後，不計日月。

若本犯不至免所居官及官當，而特免官者，叙法同免所居官。

【疏】議曰：本犯不至免所居官者，謂非「府號、官稱犯父祖名」以下等罪。本犯不至官當者，謂九品以上犯私罪不至一年徒，公罪不至二年徒；五品以上犯私罪不至二年徒，公罪不至三年徒。特敕免官者，叙法一同免所居官，期年降先品一等叙，故云「叙法同免所居官」。

其免官者，若有二官，各聽依所降品叙。若勳官降一等者，從上柱國削授柱國；降二等者，削授上護軍之類。即降品卑於武騎尉者，聽從武騎尉叙。

【疏】議曰：「二官」，謂職事帶勳官，前已釋訖。若犯免官，職事、勳官並免。假從正六品上職事免官，降至從六品上叙；又帶上柱國，亦免，從上護軍叙。此是，各聽依所降品敘。故注云：「若勳官降一等者，從上柱國削授柱國；降二等者，削授上護軍之類。即降品卑於武騎尉者，聽從武騎尉叙。」

即免官、免所居官及官當，斷訖更犯，餘有歷任官者，各依當、免法。兼有二官者，先以高者當。

【疏】議曰：假有人犯免官及免所居官，或以官當徒，各用一官、二官當免訖，更犯徒、流，或犯免官、免所居官、官當，餘有歷任之官告身在者，各依上法當、免。未斷更犯，通以降所不至者當之。

注：兼有二官者，先以高者當。

【疏】議曰：此既重犯之人，明非見任職事。若有勳官、職事二官，先以高者當。假有前任六品職事及五品勳官，先以勳官當；若當罪不盡，亦以次高者當，不限勳官、職事。

仍累降之；所降雖多，各不得過四等。各，謂二官各降，不在通計之限。

【疏】議曰：假有前犯免官，已降二等；又犯免官，或當徒官盡，亦降二等。故云「仍累降之」。即雖斷訖更犯，經三度以上，敘日止依此律再降四等法。其免所居官及當徒用官不盡，斷訖更犯，後敘各降一等，及至四度重犯，總降四等，後犯雖多，止以四等為限。或頻犯免官訖，又再犯免所居官者，亦各計所犯，降四等敘之。故云「所降雖多，各不得過四等」。

注：各謂二官各降，不在通計之限。

【疏】議曰：職事、散官、衛官為一官，所降不得過四等；勳官為一官，所降亦不得過四等。此二官，犯者各降四等為法，不在通計之限。

若官盡未敘，更犯流以下罪者，聽以贖論。敘限各從後犯計年。

【疏】議曰：謂用官當、免並盡，未到敘日，更犯流罪以下者，聽以贖論。以其年限未充，必有敘法，故免決配，聽依贖論。本犯不合贖者，亦不得贖。

問曰：此條內有毆告大功尊長、小功尊屬者，合以贖論否？

答曰：上條「毆告大功尊長、小功尊屬，不得以蔭論」，今此自身官盡，聽以贖論，即非用蔭之色，聽同贖法。

注：敘限各從後犯計年。

【疏】議曰：犯免官及免所居官、官當者，未敘，更犯免官及免所居官、官當者，各依後犯，計年聽敘。官盡更犯，聽依贖法。若犯當免官，更三載之後聽敘；免所居官者，更期年之後聽敘。其犯徒、流不合贖而真配者，流即依令六載，徒則役滿敘之。雖役滿，仍在免官限內者，依免官敘例。

不在課役之限。雖有歷任之官，不得預朝參之例。

【疏】議曰：不在課役者，謂有敘限，故免其課役。雖有歷任之官者，假有一品職事，犯當免官，仍有歷任二品以下官，未敘之間，不得預朝參之例。其免所居官及以官當徒，限內未敘者，亦準此。

022 **以官當徒不盡**

諸以官當徒者，罪輕不盡其官，留官收贖；官少不盡其罪，餘罪收贖。

【疏】議曰：假有五品以上官，犯私坐徒二年，例減一等，即是「罪輕不盡其官，留官收贖」。官少不盡其罪者，假有八品官，犯私坐一年半徒，以官當徒一年，餘罪半年收贖之類。

其犯除、免者，罪雖輕，從例除、免；

【疏】議曰：假有五品以上職事及帶勳官，於監臨內盜絹一疋，本坐合杖八十，仍須準例除名；或受財六疋一尺而不枉法，本坐徒一年半，亦準例免官；或姦監臨內婢，合杖九十，亦準例免所居官。

罪若重，仍依當、贖法。

【疏】議曰：凡是除名、免官，本罪雖輕，從例除、免。罪重者，各準所犯，準當流、徒及贖法。假有職事正七品上，復有歷任從七品下，犯除名、流，不合例減者，以流比徒四年，以正七品上一官當徒一年，又以從七品下一官當徒一年，更無歷任及勳官，即徵銅四十斤，贖二年徒坐，仍準例除名；若罪當免官者，亦準此當、贖法，仍依例免官。此名「罪若重，仍依當、贖法」。

其除爵者，雖有餘罪，不贖。

【疏】議曰：爵者，既得傳授子孫，所以義同帶礪。今並除削，在責已深，為其國除，故有殘罪不贖。

023 除名比徒三年

諸除名者，比徒三年；免官者，比徒二年；免所居官者，比徒一年。流外官不用此律。謂以輕罪誣人及出入之類，故制此比。若所枉重者，自從重。

【疏】議曰：除名、免官、免所居官，罪有差降，故量輕重，節級比徒。流外之職，品秩卑微，誣告反坐，與白丁無異，故云「不用此律」。

注：謂以輕罪誣人及出入之類，故制此比。

【疏】議曰：假有人告五品以上官，監臨主守內盜絹一疋，若事實，盜者合杖八十，仍合除名；若虛，誣告人不可止得杖罪，故反坐比徒三年。免官者，謂告五品於監臨外盜絹五疋，科徒一年，仍合免官；若虛，反坐不可止科徒一年，故比徒二年。免所居官者，謂告監臨內姦婢，合杖九十，姦者合免所居官；若虛，反坐不可止得杖罪，故比徒一年。及出入之類者，謂不盜監臨內物，官人枉判作盜所監臨；或實盜監臨，官人判作不盜。即是官司出入除名，比徒三年；若出入免官者，比徒二年；出入免所居官，比徒一年之法。其藏匿罪人，若過致資給，或為保、證及故縱等，有除、免者，皆從比徒之例，故云「之類」。

注：若所枉重者，自從重。

【疏】議曰：謂誣告及出入之罪，重於比徒之法者，自從「反坐」等重法科之，不復仍準比徒之法。

若誣告道士、女官應還俗者，比徒一年；其應苦使者，十日比笞十；官司出入者，罪亦如之。

【疏】議曰：依格：「道士等輒著俗服者，還俗。」假有人告道士等輒著俗服，若實，並須還俗；既虛，反坐比徒一年。「其應苦使者，十日比笞十」，依格：「道士等有歷門教化者，百日苦使。」若實不教化，枉被誣告，反坐者誣告苦使十日比笞十，百日杖一百。「官司出入者」，謂應斷還俗及苦使，官司判放；或不應還俗及苦使，官司枉入：各依此反坐徒、杖之法，故云「亦如之」。失者，各從本法。

024 犯流應配

諸犯流應配者，三流俱役一年。本條稱加役流者，流三千里，役三年。役滿及會赦免役者，即於配處從戶口例。

【疏】議曰：犯流，若非官當、收贖、老疾之色，即是應配之人。三流遠近雖別，俱役一年為例。加役流者，本法既重，與常流理別，故流三千里，居役三年。

注：役滿及會赦免役者，即於配處從戶口例。

【疏】議曰：役滿一年及三年，或未滿會赦，即於配所從戶口例，課役同百姓。應選者，須滿六年，故令云：「流人至配所，六載以後聽仕。」反逆緣坐流及因反、逆免死配流，不在此例。即本犯不應流而特配流者，三載以後亦聽仕。

妻妾從之

【疏】議曰：妻妾見已成者，並合從夫。依令：「犯流斷定，不得棄放妻妾。」

問曰：妻有「七出」及「義絕」之狀，合放以否？

答曰：犯「七出」者，夫若不放，於夫無罪。若犯流聽放，即假偽者多，依令不放，於理為允。犯「義絕」者，官遣離之，違法不離，合得徒罪。「義絕」者離之，「七出」者不放。

父祖子孫欲隨者，聽之。

【疏】議曰：曾、高以下，及玄孫以上，欲隨流人去者，聽之。

移鄉人家口，亦準此。

【疏】議曰：移鄉人，妻妾隨之，父祖子孫欲隨者聽，不得棄放妻妾，皆準流人，故云「亦準此」。

若流、移人身喪，家口雖經附籍，三年內願還者，放還；

【疏】議曰：籍謂三年一造，申送尚書省。流人若到配所三年，必經造籍，故云「雖經附籍」，三年內聽還。既稱「願還」，即不願還者聽住。

即造畜蠱毒家口，不在聽還之例。下條準此。

【疏】議曰：依本條：「造畜蠱毒，并同居家口雖會赦，猶流。」況此已至配所，故云「不在聽還之例」。

注：下條準此。

【疏】議曰：謂下條云：「流人逃者身死，所隨家口仍準上法聽還。」上有「下條準此」之語，下有「準上法」之文，家口合還及不合還，一準上條之義。

025 流配人在道

諸流配人在道會赦，計行程過限者，不得以赦原。謂從上道日總計，行程有違者。

【疏】議曰：「行程」，依令：「馬日七十里；驢及步人，五十里；車，三十里。」其水程，江、河、餘水沿泝，程各不同。但車馬及步人同行，遲速不等者，並從遲者為限。

注：謂從上道日總計，行程有違者。

【疏】議曰：假有配流二千里，準步程合四十日，若未滿四十日會赦，不問已行遠近，並從赦原。從上道日總計，行程有違者，即不在赦限。

有故者不用此律。

【疏】議曰：故謂病患、死亡及請糧之類。準令：「臨時應給假者及前有阻難，不可得行，聽除假。」故不入程限。故云「不用此律」。

若程內至配所者，亦從赦原。

【疏】議曰：假有人流二千里，合四十日程，四十日限前已至配所，而遇恩赦者，亦免。

逃亡者雖在程內，亦不在免限。即逃者身死，所隨家口仍準上法聽還。

【疏】議曰：行程之內逃亡，雖遇恩赦，不合放免。即逃者身死，所隨家口雖已附籍，三年內願還者，準上法聽還。

026

犯死罪非十惡

諸犯死罪非十惡，而祖父母、父母老疾應侍，家無期親成丁者，上請。

【疏】議曰：謂非「謀反」以下、「內亂」以上死罪，而祖父母、父母，通曾、高祖以來，年八十以上及篤疾，據令應侍，戶內無期親年二十一以上、五十九以下者，皆申刑部，具狀上請，聽勅處分。若勅許充侍，家有期親進丁及親終，更奏；如元奉進止者，不奏。家無期親成丁者，律意屬在老疾人期親，其曾、高於曾、玄非期親，縱有，亦合上請。若有曾、玄數人，其中有一人犯死罪，則不上請。

犯流罪者，權留養親，謂非會赦猶流者。

【疏】議曰：犯流罪者，雖是五流及十惡，亦得權留養親。會赦猶流者，不在權留之例。其權留者，省司判聽，不須上請。

不在赦例，仍準同季流人未上道，限內會赦者，從赦原。

【疏】議曰：權留養親，動經多載，雖遇恩赦，不在赦限。依令：「流人季別一遣。」同季流人，若未上道而會赦者，得從赦原。

課調依舊。

【疏】議曰：侍丁，依令「免役，唯輸調及租」。為其充侍未流，故云「課調依舊」。

問曰：死罪囚家無期親，上請，勅許充侍。若逢恩赦，合免死以否？

答曰：權留養親，不在赦例，既無「各」字，止為流人。但死罪上請，勅許留侍，經赦之後，理無殺法，況律無不免之制，即是會赦合原。又，斷死之徒，例無輸課，雖得留侍，課不合徵，免課霑恩，理用為允。

又問：死罪是重，流罪是輕。流罪養親，逢赦不免；死罪留侍，卻得會恩。則死刑何得從寬，流坐乃翻為急，輕重不類，義有惑焉。

答曰：死罪上請，唯聽勑裁。流罪侍親，準律合住。合住者，須依常例；勑裁者，已沐殊恩。豈將恩許之人，比同曹判之色？以此甄異，非為重輕。

若家有進丁及親終期年者，則從流。計程會赦者，依常例。

【疏】議曰：本為家無成丁，故許留侍，若家有期親進丁及親終已經期年者，並從流配之法。計程會赦者，一準流人常例。

即至配所應侍，合居作者，亦聽親終期年，然後居作。

【疏】議曰：流人至配所，親老疾應侍者，並依侍法。合居作者，亦聽親終期年，然後居作。

問曰：犯死罪聽侍，流人權留養親，中間各犯死罪以下，若為科斷？

答曰：依下文：「犯罪已發及已配而更為罪者，各重其事。」若死囚重犯死罪，亦同犯流加杖法。若本坐是絞，重犯斬刑，即須改斷從斬；準前更犯絞者，亦依加杖例，若依前應侍，仍更重請。若犯流、徒者，各準流、徒之法。杖罪以下，依數決之。流人聽侍者，犯死罪上請。若犯流，依留住法加杖；侍親終，於配所累役。犯徒應役亦準此。應蔭贖者，各依本法。

027

徒應役無兼丁

諸犯徒應役而家無兼丁者，妻年二十一以上，同兼丁之限。婦女家無男夫兼丁者，亦同。

【疏】議曰：應役者，謂非應收贖之人，法合役身。「而家無兼丁者」，謂戶內全無兼丁。妻同兼丁，婦女雖復非丁，據禮「與夫齊體」，故年二十一以上同兼丁之限。其婦人犯徒，戶內無男夫年二十一以上，亦同無兼丁例。言以上者，謂五十九以下。其殘疾，既免丁役，亦非兼丁之限。

問曰：家內雖有二丁，俱犯徒坐，或一人先從征防，或任官，或逃走及被禁，並同兼丁以否？

答曰：家無兼丁，免徒加杖者，矜其糧餉乏絕，又恐家內困窮。一家二丁，俱在徒役，理同無丁之法，便須決放一人。征防之徒，遠從戍役，及犯徒罪以上，獄成在禁，同無兼丁之例，據理亦是弘通。居官之人，雖非丁色，身既見居榮祿，不可同無兼丁。若兼丁逃走在未發之前，既不預知，得同無兼丁之限。如家人犯徒，事發後，兼丁然始逃亡，若其許同無丁，便是長其姦詐，即同有丁之限，依法役身。

又問：二人俱徒，許決放一人。若三人俱犯徒坐，家內更無兼丁，若為決放？

答曰：律稱「家無兼丁」，本謂全無丁者。三人決放一人，即是家有丁在，足堪糧餉，不可更放一人。若一家四人徒役，決放二人，其徒有年月及尊卑不等者，先從見應役日少者決放；役日若停，即決放尊長。其夫妻並徒，更無兼丁者，決放其婦。

徒一年，加杖一百二十，不居作；一等加二十。流至配所應役者亦如之。

【疏】議曰：「徒一年，加杖一百二十，一等加二十」，即是半年徒加杖二十。「不居作」，既已加杖，故免居作。「流至配所應役者」，謂流人應合居役，家無兼丁，應加杖者，亦準此。

若徒年限內無兼丁者，總計應役日及應加杖數，準折決放。

【疏】議曰：徒限未滿，兼丁死亡，或入老、疾，或犯罪、征防，見無兼丁者，若犯徒一年，三百六十日合杖一百二十，即三十日當杖十；若犯一年半徒，五百四十日合杖一百四十，即是三十八日當杖十；若犯二年徒，七百二十日合杖一百六十，即是四十五日當杖十；若犯二年半徒，九百日合杖一百八十，即五十日當杖十；若犯三年徒，一千八十日合杖二百，即五十四日當杖十；若犯三年半徒，一千二百六十日亦合杖二百，即六十三日當杖十；若犯四年徒，一千四百四十日亦合杖二百，即七十二日當杖十。其役日未盡，不滿杖十者，律云：「加者，數滿乃坐。」既不滿十，據理放之。

盜及傷人者，不用此律。親老疾合侍者，仍從加杖之法。

【疏】議曰：「盜及傷人」，徒以上並合配徒，不入加杖之例。諸條稱「以盜論」及「以故殺傷論」、「以鬭殺傷論」者，各同真盜及真殺傷人之法。「親老疾合侍者」，謂有祖父母、父母年八十以上及篤疾合侍，家無兼丁者，雖犯盜及傷人，仍依前加杖之法。

028

工樂雜戶

諸工、樂、雜戶及太常音聲人，

【疏】議曰：工、樂者，工屬少府，樂屬太常，並不貫州縣。雜戶者，散屬諸司上下，前已釋訖。「太常音聲人」，謂在太常作樂者，元與工、樂不殊，俱是配隸之色，不屬州縣，唯屬太常，義寧以來，得於州縣附貫，依舊太常上下，別名「太常音聲人」。

犯流者，二千里決杖一百，一等加三十，留住，俱役三年；犯加役流者，役四年。

【疏】議曰：此等不同百姓，職掌唯在太常、少府等諸司，故犯流者不同常人例配，合流二千里者，決杖一百；二千五百里者，決杖一百三十；三千里者，決杖一百六十；俱留住，役三年。「犯加役流者，役四年」，名例云：「累徒流應役者，不得過四年。」故三年徒上，止加一年，以充四年之例。若是賤人，自依官戶及奴法。

若習業已成，能專其事，及習天文，并給使、散使，各加杖二百。

【疏】議曰：工樂及太常音聲人，皆取在本司習業，依法各有程試。所習之業已成，又能專執其事。及習天文業者，謂在太史局天文觀生及天文生，以其執掌天文。依令：「諸州有閹人，並送官，配內侍省及東宮內坊，名為給使。諸王以下，為散使。」多本是良人，以其宮闈驅使，并習業已成。天文生等犯流罪，並不遠配，各加杖二百。

犯徒者，準無兼丁例加杖，還依本色。

【疏】議曰：工、樂及太常音聲人，習業已成，能專其事及習天文，并給使、散使，犯徒者，皆不配役，準無兼丁例加杖。若習業未成，依式配役。如元是官戶及奴者，各依本法。還依本色者，工、樂還掌本業，雜戶、太常音聲人還上本司，習天文生還歸本局，給使、散使各送本所。故云「還依本色」。其有官蔭，仍依本法當、贖。若以流內官當徒及解流外任，亦同前還本色。敘限各依常法。

其婦人犯流者，亦留住，造畜蠱毒應流者，配流如法。

【疏】議曰：婦人之法，例不獨流，故犯流不配，留住，決杖、居作。造畜蠱毒，所在不容，擯之荒服，絕其根本，故雖婦人，亦須投竄，縱令嫁向中華，事發還從配遣，並依流配之法，三流俱役一年，縱使遇恩，不合原免。婦人教令造畜者，只得教令之坐，不同身自造畜，自依常犯科罪。

流二千里決杖六十，一等加二十，俱役三年；

【疏】議曰：婦人流二千里，決杖六十；流二千五百里，決杖八十；流三千里，決杖一百。三流俱役三年。若加役流，亦決杖一百，即是役四年。既決杖之文在上，明須先決後役。

若夫、子犯流配者，聽隨之至配所，免居作。

【疏】議曰：婦人元不合配，以夫、子流故，所以聽隨，矜其本法無流，所以得免居作。從流無杖，不在決例。其有夫、子在路身死，婦人不合從流，既得卻還，不復更令居作。

問曰：婦人先犯流刑，在身乃有官蔭，夫、子犯流，既聽隨去，未知官蔭合用以否？

答曰：律唯言「至配所免居作」，役既許免，更無罪名。若犯十惡、五流者，各依「除名」之律。若別犯流以下罪，聽從官當、減、贖法。

又問：注云：「造畜蠱毒，婦女應流者，配流如法。」未知此注唯屬婦人，唯復總及工、樂以否？

答曰：案賊盜律：「造畜蠱毒者，雖會赦，不免。同居不知情，亦流。」但是諸條犯流加杖、配徒之色，若有蠱毒，並須配遣，故於工、樂等留住下立例。注云：「造畜蠱毒應流者，配流如法。」斯乃工、樂以下總攝，不獨為婦人生文。

029 犯罪已發

諸犯罪已發及已配而更為罪者，各重其事。

【疏】議曰：已發者，謂已被告言；其依令應三審者，初告亦是發訖。及已配者，謂犯徒已配。而更為笞罪以上者，各重其後犯之事而累科之。

即重犯流者，依留住法決杖，於配所役三年。

【疏】議曰：犯流未斷，或已斷配訖、未至配所，而更犯流者，依工、樂留住法：流二千里，決杖一百；流二千五百里，決杖一百三十；流三千里，決杖一百六十；仍各於配所役三年，通前犯流應役一年，總役四年。若前犯常流，後犯加役流者，亦止總役四年。

若已至配所而更犯者，亦準此。

【疏】議曰：已至配流之處而更犯流者，亦準上解留住法，決杖、配役。其前犯處近，後犯處遠，即於前配所科決，不復更配遠流。

即累流、徒應役者，不得過四年。若更犯流、徒罪者，準加杖例。

【疏】議曰：有犯徒役未滿更犯流役，流役未滿更犯徒役，或徒、流役內復犯徒、流，應役身者，並不得過四年。假有元犯加役流，後又犯加役流，前後累徒雖多，役以四年為限。若役未訖，更犯流、徒罪者，準加杖例。犯罪雖多，累決杖、笞者，亦不得過二百。

問曰：有人重犯流罪，依留住法決杖，於配所役三年。未知此三年之役，家無兼丁，合準無兼丁例決杖以否？

答曰：流人雖無兼丁，而無加杖之例。三年之役，本替流罪，雖無兼丁，不合加杖。唯有元犯之流，至配所應役者，家無兼丁，得準徒加杖。

其杖罪以下，亦各依數決之，累決笞、杖者，不得過二百。其應加杖者，亦如之。

【疏】議曰：累流、徒應役四年限內，復犯杖、笞者，亦依所犯杖、笞數決。或初犯杖一百，中間又犯杖九十，後又犯笞五十，前後雖有二百四十，決之不得過二百。其犯徒應加杖者，亦如之。假如工、樂雜戶、官私奴婢等，並合加杖，縱令重犯流、徒，累決杖、笞，亦不得過二百。

030 **老小廢疾**

諸年七十以上、十五以下及廢疾，犯流罪以下，收贖。犯加役流、反逆緣坐流、會赦猶流者，不用此律；至配所，免居作。

【疏】議曰：依周禮：「年七十以上及未齔者，並不為奴。」今律：年七十以上、七十九以下，十五以下、十一以上及廢疾，為矜老小及疾，故流罪以下收贖。

問曰：上條「贖章」稱「犯流罪以下聽贖」，此條及官當條即言「收贖」。未知「聽」之與「收」有何差異？

答曰：上條犯十惡等，有不聽贖處，復有得贖之處，故云「聽贖」。其當徒，官少不盡其罪，餘罪「收贖」，及矜老小廢疾，雖犯十惡，皆許「收贖」。此是隨文設語，更無別例。

注：犯加役流、反逆緣坐流、會赦猶流者，不用此律；至配所，免居作。

【疏】議曰：加役流者，本是死刑，元無贖例，故不許贖。反逆緣坐流者，逆人至親，義同休戚，處以緣坐，重累其心，此雖老疾，亦不許贖。會赦猶流者，為害深重，雖會大恩，猶從流配。此等三流，特重常法，故總不許收贖。至配所免居作者，矜其老小，不堪役身，故免居作。其婦人流法，與男子不同：雖是老小，犯加役流，亦合收贖，徵銅一百斤；反逆緣坐流，依賊盜律：「婦人年六十及廢疾，並免。」不入此流。「即雖謀反，詞理不能動眾，威力不足率人者，亦皆斬，父子、母女、妻妾並流三千里」。其女及妻妾年十五以下、六十以上，亦免流配，徵銅一百斤；婦人犯會赦猶流，唯造畜蠱毒，并同居家口仍配。

八十以上、十歲以下及篤疾，犯反、逆、殺人應死者，上請；

【疏】議曰：周禮「三赦」之法：一曰幼弱，二曰老耄，三曰戇愚。今十歲合於「幼弱」，八十是為「老耄」，篤疾「戇愚」之類，並合「三赦」之法。有不可赦者，年雖老小，情狀難原，故反、逆及殺人，準律應合死者，曹司不斷，依上請之式，奏聽勅裁。

盜及傷人者，亦收贖。有官爵者，各從官當、除、免法。

【疏】議曰：盜者，雖是老小及篤疾，並為意在貪財。傷人者，老小疾人未離忿恨。此等二事，既侵損於人，故不許全免，令其收贖。若有官爵者，須從官當、除、免之法，不得留官徵贖，謂毆從父兄姊傷，合除名；盜五疋以上，合免官；毆凡人折支，合官當之類。

問曰：既云「盜及傷人亦收贖」，若或強盜合死，或傷五服內親亦合死刑，未知並得贖否？

答曰：「盜及傷人亦收贖」，但盜既不言強竊，傷人不顯親疏，直云「收贖」，不論輕重，為其老小，特被哀矜。設令強盜，傷親合死，據文並許收贖。

又問：既稱傷人收贖，即似不傷者無罪。若有毆殺他人部曲、奴婢及毆己父母不傷，若為科斷？

答曰：奴婢賤隸，唯於被盜之家稱人，自外諸條殺傷，不同良人之限。若老、小、篤疾，律許哀矜，雜犯死刑，並不科罪；傷人及盜，俱入贖刑。例云：「殺一家三人為不道。」注云：「殺部曲、奴婢者非。」即驗奴婢不同良人之限。唯因盜傷殺，亦與良人同。「其應出罪者，舉重以明輕」，雜犯死刑，尚不論罪；殺傷部曲、奴婢，明亦不論。其毆父母，雖小及疾可矜，敢毆者乃為「惡逆」。或愚癡而犯，或情惡故為，於律雖得勿論，準禮仍為不孝。老小重疾，上請聽裁。

又問：八十以上、十歲以下，盜及傷人亦收贖，注云「有官爵者，各從除、免、當、贖法」。未知本罪至死，仍得以官當贖以否？

答曰：條有「收贖」之文，注設「除、免」之法，止為矜其老疾，非謂故輕其罪。但雜犯死罪，例不當贖，雖有官爵，並合除名。既死無比徒之文，官有當徒之例，明其除、免、當法，止據流罪以下。若欲以官折死，便是律外生文，自須依法除名，死依贖例。

餘皆勿論。

【疏】議曰：除反、逆、殺人應死、盜及傷人之外，悉皆不坐，故云「餘皆勿論」。

九十以上，七歲以下，雖有死罪，不加刑；緣坐應配沒者不用此律。

【疏】議曰：禮云：「九十曰耄，七歲曰悼，悼與耄雖有死罪不加刑」。「緣坐應配沒者」，謂父祖反、逆，罪狀已成，子孫七歲以下仍合配沒，故云「不用此律」。愛幼養老之義也。

即有人教令，坐其教令者。若有贓應備，受贓者備之。

【疏】議曰：悼耄之人，皆少智力，若有教令之者，唯坐教令之人。或所盜財物，旁人受而將用，既合備償，受用者備之；若老小自用，還徵老小。故云「有贓應備，受贓者備之」。

問曰：悼耄者被人教令，唯坐教令之者。未知所教令罪，亦有色目以否？

答曰：但是教令作罪，皆以所犯之罪，坐所教令。或教七歲小兒毆打父母，或教九十耄者斫殺子孫，所教令者，各同自毆打及殺凡人之罪，不得以犯親之罪加於凡人。

031

犯時未老疾

諸犯罪時雖未老、疾，而事發時老、疾者，依老、疾論。

【疏】議曰：假有六十九以下犯罪，年七十事發，或無疾時犯罪，廢疾後事發，並依上解「收贖」之法；七十九以下犯反逆、殺人應死，八十事發，或廢疾時犯罪，篤疾時事發，得入「上請」之條；八十九犯死罪，九十事發，並入「勿論」之色。故云「依老、疾論」。

問曰：「律云犯罪時雖未老、疾，而事發時老、疾者，依老、疾論。」事發以後未斷決，然始老、疾者，若為科斷？

答曰：律以老、疾不堪受刑，故節級優異。七十衰老，不能徒役，聽以贖論。雖發在六十九時，至年七十始斷，衰老是一，不可仍遣役身，此是役徒內老疾依老疾論。假有七十九犯加役流事發，至八十始斷，止得依老免罪，不可仍配徒流。又，依獄官令：「犯罪逢格改者，若格輕，聽從輕。」依律及令，務從輕法，至於老疾者，豈得配流。八十之人，事發與斷相連者，例從輕典，斷依發時之法。唯有疾人與老者理別，多有事發之後，始作疾狀，臨時科斷，須究本情：若未發時已患，至斷時成疾者，得同疾法；若事發時無疾，斷日加疾，推有故作，須依犯時，實患者聽依疾例。

若在徒年限內老、疾，亦如之。

【疏】議曰：假有六十九以下配徒役，或二年、三年，役限未滿，年入七十；又有配役時無疾，役限內成廢疾：並聽準上法「收贖」。故云「在徒限內老、疾，亦如之」。又，計徒一年三百六十日，應贖者徵銅二十斤，即是一斤銅折役一十八日，計餘役不滿十八日，徵銅不滿一斤，數既不滿，並宜免放。

犯罪時幼小，事發時長大，依幼小論。

【疏】議曰：假有七歲犯死罪，八歲事發，死罪不論；十歲殺人，十一事發，仍得上請；十五時偷盜，十六事發，仍以贖論。此名「幼小時犯罪，長大事發，依幼小論」。

032 **彼此俱罪之贓**

諸彼此俱罪之贓謂計贓為罪者。

【疏】議曰：受財枉法、不枉法及受所監臨財物，并坐贓，依法：與財者亦各得罪。此名「彼此俱罪之贓」，謂計贓為罪者。

及犯禁之物，則沒官。若盜人所盜之物，倍贓亦沒官。

【疏】議曰：謂甲弩、矛矟、旌旗、幡幟及禁書、寶印之類，私家不應有者，是名「犯禁之物」。彼此俱罪之贓以下，並沒官。

注：若盜人所盜之物，倍贓亦沒官。

【疏】議曰：假有乙盜甲物，丙轉盜之，彼此各有倍贓，依法並應還主。甲既取乙倍備，不合更得丙贓；乙即元是盜人，不可以贓資盜，故倍贓亦沒官。若有糾告之人應賞者，依令與賞。

問曰：私鑄錢事發，所獲作具及錢、銅，或違法殺馬牛等肉，如此之類，律、令無文，未知合沒官以否？

答曰：其肉及錢，私家合有，準如律、令，不合沒官。作具及錢，不得仍用，毀訖付主，罪依法科。其鑄錢見有別格，從格斷。餘條有別格見行破律者，並準此。

取與不和，雖和，與者無罪。

【疏】議曰：「取與不和」，謂恐喝、詐欺、強市有剩利、強率斂之類。「雖和，與者無罪」，謂去官而受舊官屬、士庶饋與，或和率斂，或監臨官司和市有剩利，或雇人而告他罪得賞，但是不應取財而與者無罪，皆是。

若乞索之贓，並還主。

【疏】議曰：強乞索、和乞索，得罪雖殊，贓合還主。稱「並」者，從「取與不和」以下，並徵還主。

即簿斂之物，赦書到後，罪雖決訖，未入官司者，並從赦原；

【疏】議曰：「簿斂之物」，謂謀反、大逆人家資合沒官者。赦書到後，罪人雖已決訖，其物未入官司者，並從赦原。若簿斂之物已入所在官司守掌者，並不合放免。

若罪未處決，物雖送官，未經分配者，猶為未入。

【疏】議曰：若反、逆之罪仍未處決，罪人雖已斷訖，其身尚存者，物雖送官，但未經分配者，並從赦原。

即緣坐家口，雖已配沒，罪人得免者，亦免。

【疏】議曰：謂反逆人家口合緣坐沒官，罪人於後蒙恩得免，緣坐者雖已配沒，亦從放免。其奴婢同於資財，不從緣坐免法。

問曰：但是緣坐遇恩，罪人得免。其有罪人不合免者，緣坐亦有免法以否？

答曰：謀反、大逆，罪極誅夷，污其室宅，除惡務本。罪人既不會赦，緣坐亦不合原，去取之宜，皆隨罪人為法。其謀叛已上道及殺一家非死罪三人、支解人，緣坐雖及家口，其惡不同反、逆。又，律文特顯反逆緣坐，為與十惡同科，不得請、減及贖，自同五流，除名、配流如法。自餘緣坐流，並得減、贖，不除名。雖云合流，得減、贖者，明即與反、逆緣坐不同。赦書若十惡不原，非反、逆緣坐人仍從恩免，以其身非十惡，又非反、逆之家故也。

033 以贓入罪

諸以贓入罪，正贓見在者，還官、主；轉易得他物，及生產蕃息，皆為見在。

【疏】議曰：在律，「正贓」唯有六色：強盜、竊盜、枉法、不枉法、受所監臨及坐贓。自外諸條，皆約此六贓為罪。但以此贓而入罪者，正贓見在未費用者，官物還官，私物還主。轉易得他物者，謂本贓是驢，迴易得馬之類。及生產蕃息者，謂婢產子，馬生駒之類。

問曰：假有盜得他人財物，即將興易及出舉，別有息利，得同蕃息以否？其贓本是人、畜，展轉經歷數家，或有知情及不知者，如此蕃息，若為處分？

答曰：律注云：「生產蕃息」，本據應產之類而有蕃息。若是興生、出舉而得利潤，皆用後人之功，本無財主之力，既非孳生之物，不同蓄息之限，所得利物，合入後人。其有展轉而得，知情者，蓄息物並還前主；不知情者，亦入後人。

又問：有人知是贓婢，故買自幸，因而生子，合入何人？

答曰：知是贓婢，本來不合交關，違法故買，意在姦僞。贓婢所產，不合從良，止是生產蓄息，依律隨母還主。

已費用者，死及配流勿徵，別犯流及身死者，亦同。

【疏】議曰：因贓斷死及以贓配流，得罪既重，多破家業，贓已費用，矜其流、死，其贓不徵。若未經奏畫，會赦免流、死者，徵贓如法。畫訖會恩，即同免例。注云「別犯流及身死者」，謂雖不因贓配流，別為他罪流配及雖非身被刑戮，而別有死亡者，本犯之贓費用已盡，亦從免例。

餘皆徵之。盜者，倍備。

【疏】議曰：除非身死及已配流，其贓見在，并已費用，並在徵限，故曰「餘皆徵之」。「盜者，倍備」，謂盜者以其貪財既重，故令倍備，謂盜一尺，徵二尺之類。

若計庸、賃為贓者，亦勿徵。

【疏】議曰：庸，謂私役使所監臨及借車馬之屬，計庸一日為絹三尺，以受所監臨財物論。賃，謂碾磑、邸店、舟船之類，須計賃價為坐。既計庸、賃為贓，其贓元非正物，故雖非會赦，其贓並亦不徵。餘條庸、賃皆準此。

會赦及降者，盜、詐、枉法猶徵正贓；

【疏】議曰：謂會赦及降，唯盜、詐、枉法三色；正贓猶徵，各還官、主，盜者免倍贓。故云「猶徵正贓」。謂赦前事發者。若赦後事發，捉獲見贓，準鬬訟律徵之。

問曰：枉法會赦，正贓猶徵。未知此贓還官、還主？須定明例。

答曰：彼此俱罪之贓，例並合沒，雖復首得原罪，正贓猶徵如法。其贓追沒，於法何疑。

餘贓非見在及收贖之物，限內未送者，並從赦降原。

【疏】議曰：「餘贓非見在」，赦前已費用盡，若非轉易得他物及生產蕃息者，皆非見在之贓。及收贖之物者，謂犯罪徵銅，依令節級各依期限。限內未送，並從赦、降原；過限不送，不在免限。稱限內不送，唯據贖銅，餘贓舊無限約，逢赦並皆放免。其犯罪應贖徵銅，送有期限，違限不納，會赦不原。故云「限內未送者」，唯為贖銅生文，不為餘贓立制。

問曰：收贖之人，身在外處，雖對面斷罪，又牒本貫徵銅，未知以牒到本屬為期，即據斷日作限？

答曰：依令：「任官應免課役，皆據蠲符到日為限。」其徵銅之人，雖對面斷訖，或有一身被禁，所屬在遠，雖被釋放，無銅可輸，符下本屬徵收，須據符到徵日為限。若取對面為定，何煩更牒本屬。

034 **平贓者**

諸平贓者，皆據犯處當時物價及上絹估。

【疏】議曰：贓謂罪人所取之贓，皆平其價直，準犯處當時上絹之價。依令：「每月，旬別三等估。」其贓平所犯旬估，定罪取所犯旬上絹之價。假有人蒲州盜鹽，巂州事發，鹽已費用，依令「懸平」，即取蒲州中估之鹽，準蒲州上絹之價，於巂州斷決之類。縱有賣買貴賤，與估不同，亦依估價為定。

問曰：贓若見在犯處，可以將贓對平。如其先已費損，懸平若為準定？又有獲贓之所，與犯處不同，或遠或近，並合送平以否？

答曰：懸平之贓，依令準中估。其獲贓去犯處遠者，止合懸平；若運向犯處，準估其物，即須腳價、生產之類，恐加瘦損，非但姦偽斯起，人糧所出無從。同遣懸平，理便適中。

又問：在蕃有犯，斷在中華。或邊州犯贓，當處無估，平贓定罪，從何取中？

答曰：外蕃既是殊俗，不可牒彼平估，唯於近蕃州縣，準估量用合宜。無估之所而有犯者，於州、府詳定作價。

平功、庸者，計一人一日為絹三尺，牛馬駝騾驢車亦同；

【疏】議曰：計功作庸，應得罪者，計一人一日為絹三尺。牛馬駝騾驢車計庸，皆準此三尺，故云「亦同」。

其船及碾磑、邸店之類，亦依犯時賃直。

【疏】議曰：自船以下，或大小不同，或閑要有異，故依當時賃直，不可準常賃為估。邸店者，居物之處為邸，沽賣之所為店。稱「之類」者，鋪肆、園宅，品目至多，略舉宏綱，不可備載，故言「之類」。

庸、賃雖多，各不得過其本價。

【疏】議曰：假有借驢一頭，乘經百日，計庸得絹七疋二丈，驢估止直五疋，此則庸多，仍依五疋為罪。自餘庸、賃雖多，各準此法。

035 略和誘人

諸略、和誘人，若和同相賣；

【疏】議曰：不和為「略」，前已解訖。和誘者，謂彼此和同，共相誘引，或使為良，或使為賤，限外蔽匿，俱入此條，輕重之制，自從本法。若和同相賣者，謂兩相和同，共知違法。

及略、和誘部曲奴婢，若嫁賣之，即知情娶買，

【疏】議曰：上文皆據良人，此論部曲、客女、奴婢等。「略、和誘」，義並與上同。或得而自留，或轉將嫁賣，或乞人，亦同。其知情娶買者，謂從略、和誘以下，不問良賤，共知本情，或娶或買，限外不首，亦為蔽匿。

及藏逃亡部曲奴婢；

【疏】議曰：藏匿無日限。謂知是部曲、奴婢逃走，故將藏匿者。

署置官過限及不應置而置，

【疏】議曰：在令，置官各有員數。員外剩置，是名「過限」。案職制律：「官有員數，而署置過限及不應置而置。」注云：「謂非奏授者。」在此，雖有奏授，亦同蔽匿。於格、令無員而置，是名「不應置而置」。

詐假官、假與人官及受假者；

【疏】議曰：詐假官者，身實無官，假為職任。流內、流外，得罪雖別，詐假之義並同。或自造告身，或雇倩人作，或得他人告身而自行用，但於身不合為官，詐將告身行用，皆是。其假與人官者，謂所司假授人官，或偽奏擬，或假作曹司判補。「及受假者」，謂知假而受之。

若詐死，私有禁物： 謂非私所應有者及禁書之類。

【疏】議曰：詐死者，或本心避罪，或規免賦役，或因犯逃亡而遂詐死之類。私有禁物者，注云「謂非私所應有者」，謂甲弩、矛矟之類。「及禁書」，謂天文、圖書、兵書、七曜曆等，是名「禁書」。稱「之類」者，謂玄象器物等，既不是書，故云「之類」。

赦書到後百日，見在不首，故蔽匿者，復罪如初。媒、保不坐。

【疏】議曰：赦書原罪，皆據制書出日，昧爽以前，並從赦免。惟此蔽匿條中，乃云「赦書到後百日」，此據赦書所至之處，別取百日為限。「見在不首，故蔽匿者」，謂人、物及所假官等見在，故蔽匿隱藏而不首出，並復罪如初。「初」者，謂如犯罪之初，贓物應徵及倍，悉從初犯本法。若人有轉易在他所，但其人見在不首，皆為故蔽匿。其媒、保不坐者，謂嫁娶有媒，賣買有保，既經赦原，無問百日內外，雖不自首，並皆不坐。

其限內事發，雖不自首，非蔽匿。雖限內，但經問不臣者，亦為蔽匿。

【疏】議曰：從「略、和誘」以下，「私有禁物」以上，謂赦書到後，事發之所百日內發者，雖不自首，亦非蔽匿。以其限尚未充，故得無罪。

注：雖限內，但經問不臣者，亦為蔽匿。

【疏】議曰：上云「限內事發，雖不自首，非蔽匿」，謂限內事發，經問即臣，為無隱心，乃非蔽匿。其經問不臣，雖在限內，仍同蔽匿之法。

即有程期者，計赦後日為坐。

【疏】議曰：程者，依令：「公案，小事五日程，中事十日程，大事二十日程。」及公使，各有行程。如此之類，是為「有程期」者。律有「大集校閱，違期不到」之條，亦有計帳等，在令各有期限。此等赦前有違，經恩不待百日，但赦出後日仍違程期者，即計赦後違日為坐。赦後並須準事給程，以為期限。

其因犯逃亡，經赦免罪，限外不首者，止坐其亡，不論本罪。謂赦書到後，百日限外計之。

【疏】議曰：謂赦前犯罪，因即逃亡，會赦之後，罪皆原免，赦後百日，仍不自首，止有逃亡之坐，更不論其本罪。又如征防逃亡，會赦免罪，計百日限外，征防仍自未還，須計征防之日，以為逃亡定罪；限內流例若還，即同在家亡法。即軍人上番，因犯逃亡，經赦當下，亦同常亡之律。

注：謂赦書到後，百日限外計之。

【疏】議曰：上論蔽匿，既以百日之外為限，此逃亡之坐，亦以百日限外計之。

036 **會赦改正徵收**

諸會赦，應改正、徵收，經責簿帳而不改正、徵收者，各論如本犯律。謂以嫡為庶、以庶為嫡、違法養子，私入道、詐復除、避本業，增減年紀、侵隱園田、脫漏戶口之類；須改正；監臨主守之官，私自借貸及借貸人財物、畜產之類，須徵收。

【疏】議曰：前條以百日為限，此據赦後經責簿帳，即須改正、徵收，仍有隱欺，不改從正者，皆如本犯得罪。其應改正、徵收，具如子注。

注：謂以嫡為庶、以庶為嫡、違法養子，

【疏】議曰：依令：「王、公、侯、伯、子、男，皆子孫承嫡者傳襲。無嫡子，立嫡孫；無嫡孫，以次立嫡子同母弟；無母弟，立庶子；無庶子，立嫡孫同母弟；無母弟，立庶孫。曾、玄以下準此。」若不依令文，即是「以嫡為庶，以庶為嫡」。又，準令：「自無子者，聽養同宗於昭穆合者。」若違令養子，是名「違法」。即工、樂、雜戶，當色相養者，律、令雖無正文，無子者理準良人之例。

注：私入道、詐復除、避本業，

【疏】議曰：「私入道」，謂道士、女官，僧、尼同，不因官度者，是名私入道。詐復除者，謂課役俱免，即如太原元從，給復終身；沒落外蕃，投化，給復十年；放賤為良，給復三年之類。其有不當復限，詐同此色，是為「詐復除」。「避本業」，謂工、樂、雜戶、太常音聲人，各有本業，若迴避改入他色之類，是名避本業。

注：增減年紀、侵隱園田、脫漏戶口之類，須改正；

【疏】議曰：「增減年紀」，謂增年入老，減年入中、小者。其有增減，雖不免課役，亦是。「侵隱園田」，謂人侵他園田及有私隱、盜貿賣者。脫漏戶口者，全戶不附為「脫」，隱口不附為「漏」。稱「之類」者，謂增加疾狀，脫漏工、樂、雜戶之類。會赦以後，經責簿帳，即須改正，若不改正，亦論如本犯之律。

注：監臨主守之官，私自借貸及借貸人財物、畜產之類，須徵收。

【疏】議曰：「監臨」，謂於臨統部內。「主守」，謂躬親保典之所者。以官財物、畜產私自借貸及將官物、畜產私借貸人者，其車船之屬同財物，鷹犬之屬同畜產，故言「並須徵收」。

問曰：上條會赦以百日為限，下文會赦乃以責簿為期；若有上條赦後百日內，責簿帳，隱而不通者，下條未經責簿帳，經問不臣，合得罪否？

答曰：上條以罪重，故百日內經問不臣，罪同蔽匿，限內雖責簿帳，事終未發，縱不吐實，未得論罪。後條犯輕，赦後經責簿帳不通，即得本罪。經年不經責簿帳，據理亦未有辜。雖復經問不臣，未合得罪。

又問：蔽匿之事，限內未首及應改正，簿帳未通，乃有非是物主，傍人言告，未知告者得罪以否？

答曰：赦前之罪，各有程期，限內事發，律許免罪，終須改正、徵收，告者理不合坐。

037 犯罪未發自首

諸犯罪未發而自首者，原其罪。正贓猶徵如法。

【疏】議曰：過而不改，斯成過矣。今能改過，來首其罪，皆合得原。若有文牒言告，官司判令三審，牒雖未入曹局，即是其事已彰，雖欲自新，不得成首。

注：正贓猶徵如法。

【疏】議曰：稱正贓者，謂盜者自首，不徵倍贓。稱如法者，同未首前法，徵還官、主：枉法之類，彼此俱罪，猶徵沒官；取與不和及乞索之類，猶徵還主。

其輕罪雖發，因首重罪者，免其重罪；

【疏】議曰：假有盜牛事發，因首鑄錢，鑄錢之罪得原，盜牛之犯仍坐之類。

即因問所劾之事而別言餘罪者，亦如之。

【疏】議曰：劾者，推鞫之別名。假有已被推鞫，因問，乃更別言餘事，亦得免其餘罪，同「因首重罪」之義。故云「亦如之」。

即遣人代首，若於法得相容隱者為首及相告言者，各聽如罪人身自首法；緣坐之罪及謀叛以上本服期，雖捕告，俱同自首例。

【疏】議曰：遣人代首者，假有甲犯罪，遣乙代首，不限親疏，但遣代首即是。「若於法得相容隱者」，謂依下條「同居及大功以上親」等，若部曲、奴婢為主首。「及相告言者」，此還據得容隱者。縱經官司告言，皆同罪人身首之法。其小功、緦麻相隱，既減凡人三等，若其為首，亦得減三等。

注：緣坐之罪及謀叛以上本服期，雖捕告，俱同自首例。

【疏】議曰：緣坐之罪者，謂謀反、大逆及謀叛已上道者，並合緣坐。及謀叛以上本服期者，謂非緣坐，若叛未上道、大逆未行之類，雖尊壓、出降無服，各依本服期。雖捕告以送官司，俱同罪人自首之法。

其聞首告，被追不赴者，不得原罪。謂止坐不赴者身。

【疏】議曰：謂犯罪之人，聞有代首、為首及得相容隱者告言，於法雖復合原，追身不赴，不得免罪。「謂止坐不赴者身」，首告之人及餘應緣坐者，仍依首法。

即自首不實及不盡者，以不實不盡之罪罪之，至死者，聽減一等。自首贓數不盡者，止計不盡之數科之。

【疏】議曰：「自首不實」，謂強盜得贓，首云竊盜贓，雖首盡，仍以強盜不得財科罪之類。「及不盡者」，謂枉法取財十五疋，雖首十四疋，餘一疋，是為不盡之罪。稱「罪之者，不在除、免、倍贓、監主加罪、加役流之例。假有人強盜二十疋，自首十疋，餘有十疋不首，本法尚合死罪，為其自有悔心，罪狀因首而發，故至死聽減一等。

問曰：謀殺凡人，乃云是舅；或謀殺親舅，復云凡人，姓名是同，舅與凡人狀別。如此之類，若為科斷？

答曰：謀殺凡人是輕，謀殺舅罪乃重，重罪既得首免，輕罪不可仍加。所首姓名既同，唯止舅與凡人有異，謀殺之罪首盡，舅與凡人狀虛，坐是「不應得為從輕」，合笞四十。其謀殺親舅，乃云凡人者，但謀殺凡人，唯極徒坐；謀殺親舅，罪乃至流。謀殺雖已首陳，須科「不盡」之罪。三流之坐，準徒四年，謀殺凡人合徒三年，不言是舅，首陳不盡，處徒一年。

又問：一家漏十八口，並有課役，乃首九口，未知合得何罪？

答曰：律定罪名，當條見義。如戶內止隱九口，告稱隱十八口，推勘九口是實，誣告者不得反坐，以本條隱九口者，罪止徒三年，罪至所止，所誣雖多，不反坐。今首外仍隱九口，當條以「不盡」之罪罪之，仍合處徒三年。

又問：乙私有甲弩，乃首云止有稍一張，輕重不同，若為科處？

答曰：甲弩不首，全罪見在。首稍一張，是別言餘罪。首稍之罪得免，甲弩之罪合科。既自首不實，至死聽減一等。

又問：假有監臨之官，受財不枉法，贓滿三十疋，罪合加役流。其人首云「受所監臨」，其贓並盡，合科何罪？

答曰：律云：「以不實不盡之罪罪之，至死聽減一等。」但「不枉法」與「受所監臨」，得罪雖別，贓已首盡，無財可科，唯有因事、不因事有殊，止從「不應為重」，科杖八十。若枉法取物，首言「受所監臨」，贓亦首盡，無財可坐，所枉之罪未首，宜從所枉科之：若枉出入徒、流，自從「故出入徒、流」為罪；如枉出入百杖以下，所枉輕者，從「請求施行」為坐。本以因贓入罪，贓既首訖，不可仍用「至死減一等」之法。

注：自首贓數不盡者，止計不盡之數科之。

【疏】議曰：假有竊盜十疋，止首五疋，五疋不首，仍徒一年，是名「止計不盡之數科之」。「科之」之義，是復上文，亦與「罪之」之義不殊。不盡贓多，至死者減一等。

其知人欲告及亡叛而自首者，減罪二等坐之；

【疏】議曰：犯罪之徒，知人欲告及案問欲舉而自首陳；及逃亡之人，并叛已上道，此類事發歸首者：各得減罪二等坐之。

即亡叛者雖不自首，能還歸本所者，亦同。

【疏】議曰：「雖不自首」，謂不經官司首陳。「能還歸本所者」，謂歸初逃叛之所，亦同自首之法，減罪二等坐之。若本所移改，還歸移改之所，亦同。

其於人損傷，因犯殺傷而自首者，得免所因之罪，仍從故殺傷法。本應過失者，聽從本。

【疏】議曰：損，謂損人身體。傷，謂見血為傷。雖部曲、奴婢傷損，亦同良人例。

注：因犯殺傷而自首者，得免所因之罪，仍從故殺傷法。本應過失者，聽從本。

【疏】議曰：假有因盜故殺傷人，或過失殺傷財主而自首者，盜罪得免，故殺傷罪仍科。若過失殺傷，仍從過失本法。故云「本應過失聽從本」。

於物不可備償，本物見在首者，聽同免法。

【疏】議曰：稱「物」者，謂寶印、符節、制書、官文書、甲弩、旌旗、幡幟、禁兵器及禁書之類，私家既不合有，是不可償之色。「本物見在首者」，謂不可備償之類，本物見在，聽同首法。

即事發逃亡，雖不得首所犯之罪，得減逃亡之坐。

【疏】議曰：假有盜罪合徒，事發逃走，已經數日而復陳首，犯盜已發，雖首不原；逃走之罪，聽減二等。

若越度關及姦，私度亦同。姦，謂犯良人。

【疏】議曰：度關有三等罪：越度，私度，冒度。其私度、越度，自首不原；冒度之罪，自首合免。若姦良人者，自首不原。

并私習天文者，並不在自首之例。

【疏】議曰：天文玄遠，不得私習。從「於人損傷」以下，「私習天文」以上，俱不在自首之例。

038 **犯罪共亡**

諸犯罪共亡，輕罪能捕重罪首，重者應死，殺而首者，亦同。

【疏】議曰：犯罪事發，已囚、未囚及同犯、別犯而共亡者，或流罪能捕死囚，或徒囚能捕流罪首，如此之類，是為「輕罪能捕重罪首」。

注：重者應死，殺而首者，亦同。

【疏】議曰：律稱「應死」，未須斷訖。準犯合死，逃走，輕者殺而來首，亦同捕首法。其流罪以下逃亡，輕者能捕重罪首者，捕法自準捕亡律。若死罪之囚，不必捕格，方便殺得者，亦是。

及輕重等，獲半以上首者，皆除其罪。常赦所不原者，依常法。

【疏】議曰：假有五人俱犯百杖，相共逃走，有一人心悔，更獲二人而首，即是獲半以上。從「共亡」以下，本罪及亡罪並得從原，故云「皆除其罪」。

注：常赦所不原者，依常法。

【疏】議曰：常赦所不原者，謂雖會大赦，猶處死及流，若除名、免所居官及移鄉之類。此等既赦所不原，故雖捕首，亦不合免。

問曰：假有犯百杖者十人，同共逃走，六人歸首，又捕得逃者二人，得同獲半以上除罪以否？

答曰：律開相捕之法，本為少能捕多，輕能捕重，輕重等者猶須獲半。今六人共獲二人，便是以多捕少，依如律義，不合首原，亡罪首減二等，本犯仍依法斷。若輕能捕重，所獲雖少，合原。如輕重罪同，不可首多獲少，亦須首、獲數等，然可得原。

又問：甲乙二人，輕重罪等，俱共逃走，甲捕乙首，甲免罪否？

答曰：律稱「獲半以上首者，皆除其罪」，甲乙共亡者，甲能獲乙，逃罪已盡，更無亡人，獲半尚得免辜，況其逃亡全盡，甲合從原。假有十人合死，俱共逃亡，五人捕得五人，亦是首、獲相半。既開首捕之路，此類各合全免。

又問：緦麻以上犯罪共亡，得同捕首法以否？

答曰：緦麻以上親屬，有罪不合告言，藏亡尚許減罪，豈得輒相捕送。此捕為凡人發例，不與親戚生文。若捕親屬首者，得減逃亡之坐，本犯之罪不原，仍依傷殺及告親屬法。其犯謀叛以上，得依捕首之律。

即因罪人以致罪，而罪人自死者，聽減本罪二等；

【疏】議曰：「因罪人以致罪」，謂藏匿罪人，或過致資給及保、證不實之類。今罪人非被刑戮而自死者，又聽減罪二等。

若罪人自首及遇恩原減者，亦準罪人原減法；

【疏】議曰：謂因罪人以得罪，罪人於後自首及遇恩原減者，或得全原，或減一等、二等之類，一依罪人全原、減、降之法。

其應加杖及贖者，各依杖、贖例。

【疏】議曰：「其應加杖」，假有官戶、奴婢犯流而為過致資給，捉獲官戶、奴婢等，流罪加杖二百，過致資給者並依杖二百罪減之，不從流減。其罪人本合收贖，過致資給者亦依贖法，不以官當加杖、配役。

問曰：官戶等犯流，加杖二百，過致者應減幾等而科？

答曰：犯徒應加杖者，一等加二十，加至二百，當徒三年。乃至流刑，杖亦二百。即杖之流應減，在律殊無節文，比附刑名，止依徒減一等，加杖一百八十。

039 盜詐取人財物

諸盜、詐取人財物而於財主首露者，與經官司自首同。

【疏】議曰：盜，謂強盜、竊盜。詐，謂詐欺取人財物。而能悔過，於財主首露，與經官司首同。

若知人將告而於財主首者，亦得減罪二等。

問曰：假有甲盜乙絹五疋，經乙自首，乙乃取甲十疋之物，為正、倍等贓，合當何罪？

答曰：依律，首者唯徵正贓。甲既經乙自首，因乃剩取其物，既非監主，而乃因事受財，合科坐贓之罪。

其於餘贓應坐之屬，悔過還主者，聽減本罪三等坐之；

【疏】議曰：「餘贓」，謂盜、詐之外，應得罪者，並是。雖不於官司陳首，能悔過還主者，聽減本罪三等。假有枉法受財十疋，合流；悔過還主，得減三等，處徒二年之類。既云「坐之」，自依下例。

即財主應坐者，減罪亦準此。

【疏】議曰：「財主應坐」，謂受財枉法、不枉法、受所監臨及坐贓，與財人各亦得罪。若取人悔過還主，得減三等，財主亦減本坐三等科之。

問曰：貿易官物，復以本物卻還，或本物已費，別將新物相替，如此悔過，得免罪否？

答曰：若以本物卻還，得免計贓為罪，仍依「盜不得財」科之。若其非官本物，更以新物替之，雖復私自陪備，貿易之罪仍在。

040 同職犯公坐

諸同職犯公坐者，長官為一等，通判官為一等，判官為一等，主典為一等，各以所由為首；若通判官以上異判有失者，止坐異判以上之官。

【疏】議曰：同職者，謂連署之官。「公坐」，謂無私曲。假如大理寺斷事有違，即大卿是長官，少卿及正是通判官，丞是判官，府史是主典，是為四等。各以所由為首者，若主典檢請有失，即主典為首，丞為第二從，少卿、二正為第三從，大卿為第四從，即主簿、錄事亦為第四從；若由丞判斷有失，以丞為首，少卿、二正為第二從，大卿為第三從，典為第四從，主簿、錄事當同第四從。

注：若通判官以上異判有失者，止坐異判以上之官。

【疏】議曰：假如一正異丞所判有失，又有一正復同判，即二正同為首罪。若一正先依丞判，一正始作異同，異同者自為首科，同丞者便即無罪。假如丞斷合理，一正異斷有乖，後正直云「依判」，即同前正之罪；若云「依丞判」者，後正無辜。二卿異同，亦各準此。其通判官以上，異同失理，應連坐者，唯長官及檢勾官得罪，以下並不坐。通判官以下有失，或中間一是一非，但長官判從正法，餘者悉皆免罪。內外諸司皆準此。

問曰：假有判官處斷乖失，通判官異同得理，長官不依通判官斷，還同判官，各有何罪？

答曰：案若申覆，唯通判官一人合理，即上下俱得免科。如其當處斷訖施行，即乖失者依法得罪。唯通判、長官合理，餘悉不論。

其闕無所承之官，亦依此四等官為法。即無四等官者，止準見官為罪。

【疏】議曰：四等之內，但有闕官，雖一人處斷乖失，亦作四等為坐。假如大理卿，或丞、正一人見在，判有乖失，判者自當首罪，勾官仍同四等下從。「即無四等官者」，為關、戍之類，無通判官，關丞即至關令，并主典，唯有三等。假有典檢請有失，丞為第二從，令為第三從，錄事同為第三從。下州、縣市令唯與典二人，此等止準見官二等之罪。

若同職有私，連坐之官不知情者，以失論。

【疏】議曰：「同職」，謂連判之官及典。「有私」，故違正理。餘官連判不知挾私情者，以失論。假有人犯徒一年，判官曲理斷免，餘官不覺，自依失出之法，有私者為首，不覺者為從，仍為四等科之，失出減五等，失入減三等之類。自餘與奪之事，失者減三等。及云「以失論」之類，各從本條。

問曰：有主典增減文案，詐欺取贓五疋，判官不覺，依增減狀判訖。未知判官於詐欺贓失減，唯復於增減官文書失減？

答曰：但依律得罪，皆從所判為坐。取贓事在案外，增減文案見行，止從增減科之，不可從贓而科。

又問：判官、主典有私，故出流罪，通判及長官不知情，若為科首從之罪？

答曰：假令主典為首，還合流坐；判官為從，合徒三年。不知情者，從公坐失法，公坐既有四等，通判官第三從論，減典二等，又失出減五等，從流減七等，合杖九十；長官又減一等，合杖八十。其有放而還獲，及本應例減，仍各依本法。

即餘官及上官案省不覺者，各遞減一等；下官不覺者，又遞減一等。亦各以所由為首。 減，謂首減首，從減從。

【疏】議曰：餘官者，謂比州、比縣及省內比司，并諸府、寺、監不相管隸者。上官者，在京諸司向省臺及諸州向尚書省，諸縣向州之類。如州上文書向尚書省，有錯失，省司不覺者，省司所由之首，減州所由首一等，同職遞為四等法首從減之。其餘官不覺，亦準此。若省司下符向州錯失，州司不覺，州司所由首減省司所由首二等，同職遞為四等首從法減之。

檢、勾之官，同下從之罪。

【疏】議曰：檢者，謂發辰檢稽失，諸司錄事之類。勾者，署名勾訖，錄事參軍之類。皆同下從：若有四等官，同四等從；有三等官，同三等從；有二等官，同二等從。其無檢、勾之官者，雖判官發辰勾稽，若有乖失，自於判處得罪，不入勾、檢之坐。

應奏之事，有失勘讀及省審之官不駮正者，減下從一等。

【疏】議曰：尚書省應奏之事，須緣門下者，以狀牒門下省，準式依令，先門下錄事勘，給事中讀，黃門侍郎省，侍中審。有乖失者，依法駮正，卻牒省司。若實有乖失，不駮正者，錄事以上，減省下從一等。既無遞減之文，即侍中以下，同減一等。律以既減下從，得罪最輕，若更遞減，餘多無坐，駮正之法，唯在錄事以上，故所掌主典，律無罪名。

若辭狀隱伏，無以驗知者，勿論。

【疏】議曰：辭狀隱伏者，謂脫錯文字，增減事情，辭狀隱微，案覆難覺者。自餘官以下，案省不覺，並得免罪，故云「勿論」。

041 公事失錯

諸公事失錯，自覺舉者，原其罪；

【疏】議曰：「公事失錯」，謂緣公事致罪而無私曲者。事未發露而自覺舉者，所錯之罪得免。「覺舉」之義，與「自首」有殊。「首」者，知人將告，減二等；「覺舉」既無此文，但未發自言，皆免其罪。

應連坐者，一人自覺舉，餘人亦原之。

【疏】議曰：應連坐者，長官以下，主典以上及檢、勾官在案同判署者，一人覺舉，餘並得原。其檢、勾之官舉稽及事涉私者，曹司依法得罪。唯是公坐，情無私曲，檢、勾之官雖舉，彼此並無罪責。

其斷罪失錯，已行決者，不用此律。

【疏】議曰：斷罪失錯已行決者，謂死及笞、杖已行決訖，流罪至配所役了，徒罪役訖，此等並為「已行」。官司雖自覺舉，不在免例，各依失入法科之，故云「不用此律」。假有人枉被斷徒二年，已役一年，官司然始自覺舉者，一年未役者，自從舉免；已役一年者，從失入減三等，科杖八十之類。

其官文書稽程，應連坐者，一人自覺舉，餘人亦原之，主典不免；若主典自舉，並減二等。

【疏】議曰：「文書」，謂公案。小事五日程，中事十日程，大事二十日程，徒罪以上辯定後三十日程，此外不了，是名「稽程」。官人自覺舉者，並得全原，唯主典不免。若主典自舉，並減二等者，以官司不舉，故長官以下並減二等；如官人、主典連署舉者，官人並得免罪，主典仍減二等科之。其制勑，案成以後頒下，各給抄寫程：「二百紙以下限二日程，過此以外，每二百紙以下加一日程，所加多者不得過五日。」注云：「其赦書，計紙雖多，不得過三日。」此等抄寫程，既云案成以後，據令：「成制敕案，不別給程。」即是當日成了。違令限日，皆是有稽。稽而自舉者，同官文書法，仍為公坐，亦作四等科斷，各以所由為首；若涉私曲故稽，亦同私坐之法。

問曰：公坐相連，節級得罪，一人覺舉，餘亦原之。稽案既是公罪，勾官亦合連坐，勾、檢之官舉訖，餘官何故得罪？

答曰：公坐失錯，事可追改，一人舉覺，餘亦原之。至於行事稽留，不同失錯之例，勾官糾出，故不免科。

042 **共犯罪造意為首**

諸共犯罪者，以造意為首，隨從者減一等。若家人共犯，止坐尊長；於法不坐者，歸罪於其次尊長。尊長，謂男夫。

【疏】議曰：「共犯罪者」，謂二人以上共犯，以先造意者為首，餘並為從。家人共犯者，謂祖、父、伯、叔、子、孫、弟、姪共犯，唯同居尊長獨坐，卑幼無罪。

注：於法不坐者，歸罪於其次尊長。尊長，謂男夫。

【疏】議曰：「於法不坐者」，謂八十以上，十歲以下及篤疾。歸罪於其次者，假有尊長與卑幼共犯，尊長老、疾，依律不坐者，即以共犯次長者當罪，是名「歸罪於其次尊長」。尊長謂男夫者，假有婦人尊長，共男夫卑幼同犯，雖婦人造意，仍以男夫獨坐。

侵損於人者，以凡人首從論。

【疏】議曰：侵謂盜竊財物，損謂鬬毆殺傷之類。假令父子合家同犯，並依凡人首從之法，為其侵損於人，是以不獨坐尊長。

即共監臨主守為犯，雖造意，仍以監主為首，凡人以常從論。

【疏】議曰：「監臨主守」，具如後解。假有外人發意，共左藏官司、主典盜庫絹五疋，雖是外人造意，仍以監主為首，處徒二年；外人依常盜從，合杖一百，

043 共犯罪本罪別

諸共犯罪而本罪別者，雖相因為首從，其罪各依本律首從論。

【疏】議曰：謂五服內親，共他人毆、告所親及侵盜財物，雖是共犯，而本罪各別。假有甲勾他外人乙共毆兄，甲為首，合徒二年半；乙為凡鬬從，不下手，又減一等，合笞二十。又有卑幼勾人盜己家財物十疋，卑幼為首，合笞三十；他人為從，合徒一年，又減常盜一等，猶杖一百。此是「相因為首從，其罪各依本律首從論」。此例既多，不可具載，但是相因為首從，本罪別者，皆準此。

若本條言「皆」者，罪無首從；不言「皆」者，依首從法。

【疏】議曰：案賊盜律「謀殺期親尊長、外祖父母，皆斬。」如此之類，本條言「皆」者，罪無首從。不言「皆」者，依首從法科之。又，賊盜律云：「謀殺人者，徒三年。假有二人共謀殺人，未行事發，造意者為首，徒三年；從者徒二年半。」如此之類，不言「皆」者，依首從法。

即強盜及姦，略人為奴婢，犯闌入，若逃亡及私度、越度關棧垣籬者，亦無首從。

【疏】議曰：強盜之人，各肆威力；姦者，身並自犯，不為首從。略人為奴婢者，理與強盜義同。闌入者，謂闌入宮殿及應禁之所，各自身犯，亦無首從。逃亡者，假使十人皆征，身各闕事。私度者，謂無過所，從關門私過。越度者，謂不由門為越。關謂檢判之處，棧謂塹柵之所，垣謂宮殿及府廨垣

牆，籬謂不築牆垣，唯以藩籬為固之類。從「強盜」以下，皆以正犯科之，故云「亦無首從」。

044 共犯罪有逃亡

諸共犯罪而有逃亡，見獲者稱亡者為首，更無證徒，則決其從罪；

【疏】議曰：假有甲乙二人，共詐欺取物，合徒一年，甲實為首，當被捉獲，乙本為從，遂即逃亡，甲被鞫問，稱乙為首，更無證徒，即須斷甲為從，科杖一百。是名「決其從罪」。

後獲亡者，稱前人為首，鞫問是實，還依首論，通計前罪，以充後數。

【疏】議曰：後捉獲乙，稱甲為首，鞫問甲，稱是實，還依首坐，科徒一年。甲是庶人，前已決杖一百，即須以杖、笞贖直，準減徒年：一年徒贖銅二十斤，一百杖贖銅一十斤，以十斤杖銅，減半年徒罪，餘徒半年，依法配役。甲若單丁，前已決杖一百，今既處徒一年，合杖一百二十，即更決二十，通計前杖，以充後數。

問曰：有甲乙二人犯盜，準罪合流，甲元造意，乙是隨從，然乙事發逃亡，甲遂稱乙是首，官司斷甲為從，處徒三年，已役訖，然始獲乙，甲承是首，又甲是白丁，若為處分？

答曰：「流罪準徒四年」，又云：「從徒入流，比徒一年為剩；累徒流應役者，不得過四年。」其人雖復詐冒官司，不合更科流罪，止合徒一年。若犯加役流，自合三年配役，三年雖已役訖，仍須更配遠流，即是「通計前罪」，配所為折居作。

若前輸贖物，後應還者，還之。

【疏】議曰：假令甲有九品官，犯徒一年，詐為從罪，前斷處杖一百，徵銅十斤，今依首論，斷作一年徒坐，以九品一官當徒坐盡，前徵銅十斤者還之，是名「前輸贖物，後應還者，還之」。

其增減人罪，令有輕重者，亦從此律；

【疏】議曰：此設判官之罪。增人罪者，有人犯徒一年，止有九品一官，官司增罪，科徒二年，官當一年，餘徒收贖，後更審問，止合徒一年，前增一年贖物即合追還。減人罪者，若有一人身居兩職，並是九品以上，犯徒二年，官司減為一年半，用一官當徒一年，餘有半年，官當不盡，贖銅十斤，檢知前失，還用兩官當徒二年，前輸半年贖物亦合還主。又有白丁犯徒三年，官司斷徒一年，役訖事發，更須科徒二年，前一年役訖，後更配二年之類。

若枉入人徒年者，即計庸，折除課役及贖直；每枉一年，折二年；雖不滿年，役過五十日者，折一年。即當年無課役者，折來年。其有軍役者，折役日。

【疏】議曰：稱「枉入人徒年」，未必皆是無罪，但不應徒役而徒役，即是枉入徒年。若是全年枉入，子注具有明文。如不滿五十日役，即計枉役：二十日以下，各計日折丁庸；若枉三十五日，并折調；不滿五十日者，更不合折。及贖直者，假有七品以上子，被枉徒一年，即以役身之庸，折其贖直。計庸折銅，不盡，更徵餘贖；或折銅已盡，仍有餘庸，更亦不計。若有課役，依上法折除。其判官得罪，自從故失。或有中男十六以上應贖，犯杖一百，官司處徒一年，亦以役日計庸，折充贖直。盡與不盡，皆同上解。

注：每枉一年，折二年。雖不滿年，役過五十日者，折一年。

【疏】議曰：枉徒一年，通折二年課役。若枉三年，通折六年課役。雖不滿年，役過五十日，亦除一年者，依令：「丁役五十日，當年課、役俱免。」故五十日役者，得折一年。其稱折一年、二年者，皆以三百六十日為斷。

注：即當年無課役者，折來年。其有軍役者，折役日。

【疏】議曰：被枉徒之年，或遇恩復，或遭水旱而無課役者，聽折來年。其有軍役者，折上番之日，若枉一年，亦通折二年番役。

問曰：律稱折來年者，脫或來年旱澇及遇恩復無課役者，得折以後來年以否？

答曰：律稱「當年無課役，折來年」，律矜枉入徒役，聽折來年課輸。來歲既無課役，將來亦是來年。年與課役相須，本欲為其準折。若普蒙恩復及遭霜旱，依令課役並免，豈合即計為年？亦如已役、已輸，聽折來年課役。後年無者，更折有課役之年。此理既同，不可別生異議。

其本應徒，已決杖、笞者，即以杖、笞贖直，準減徒年。

【疏】議曰：假有本坐合徒一年，官司決杖一百，決訖事發，還合科徒。前已決杖一百，不可追改，準徒一年贖銅二十斤，即是十八日徒當銅一斤，準笞十。前決一百，總合減徒一百八十日，即當銅十斤，折徒半年。若一年徒罪已笞五十，即以五斤之銅，減徒役九十日；減外殘徒，各依式配役。

卷第六

名例六

045 二罪從重

諸二罪以上俱發，以重者論；謂非應累者，唯具條其狀，不累輕以加重。若重罪應贖，輕罪應居作、官當者，以居作、官當為重。

【疏】議曰：假有甲任九品一官，犯盜絹五疋，合徒一年；又私有矟一張，合徒一年半；又過失折人二支，合贖流三千里，是為「二罪以上俱發」。從「私有禁兵器」斷徒一年半，用官當訖，更徵銅十斤；既犯盜徒罪，仍合免官。是為「以重者論」。

注：謂非應累者，唯具條其狀，不累輕以加重。

【疏】議曰：以上三事，並非應累斷者，雖從兵器處罪，仍具條三種犯狀，不得將盜一年徒罪，累於私有禁兵器一年半徒上，故云「不累輕以加重」。所以「具條其狀」者，一彰罪多，二防會赦。雜犯死罪，經赦得原；蠱毒流刑，逢恩不免故也。

注：若重罪應贖，輕罪應居作、官當者，以居作、官當為重。

【疏】議曰：謂甲過失折人二支應流，依法聽贖；私有禁兵器合徒，官當，即以官當為重。若白丁犯者，即從禁兵器徒一年半，即居作為重罪。若更多犯，自依從重法。

問曰：有七品子犯折傷人，合徒一年，應贖；又犯盜，合徒一年，家有親老，應加杖。二罪俱發，何者為重？

答曰：律以贖法為輕，加杖為重，故盜者不得以蔭贖。家有親老，聽加杖放之，即是加杖為重罪。若贖一年半徒，自從重斷徵贖，不合從輕加杖。

等者，從一。

【疏】議曰：假有白丁，犯盜五疋，合徒一年；又鬬毆折傷人，亦合徒一年。此名「等者」，須從一斷。

若一罪先發，已經論決，餘罪後發，其輕若等，勿論；重者更論之，通計前罪，以充後數。

【疏】議曰：假有甲折乙一齒，合徒一年，又折丙一指，亦合徒一年。折齒之罪先發，已經配徒一年，或無兼丁及家有親老，已經決杖一百二十，有折指之罪後發，即從「等者勿論」。重者更論之，通計前罪，以充後數者，甲若毆丙，折二指以上，合徒一年半，更須加役半年；甲若單丁，又加杖二十。是為「重者更論之，通計前罪」之法。

即以贓致罪，頻犯者並累科；

【疏】議曰：假有受所監臨，一日之中，三處受絹一十八疋，或三人共出一十八疋，同時送者，各倍為九疋而斷，此名「以贓致罪，頻犯者並累科」。

若罪法不等者，即以重贓併滿輕贓，各倍論。累，謂止累見發之贓。倍，謂二尺為一尺。不等，謂以強盜、枉法等贓，併從竊盜、受所監臨之類。即監臨主司因事受財而同事共與，若一事頻受及於監守頻盜者，累而不倍。

【疏】議曰：「罪法不等者」，為犯強盜、枉法、不枉法、竊盜、受所監臨等，並是輕重不等。「即以重贓併滿輕贓」，假令縣令受財枉法六疋，合徒三年；不枉法十四疋，亦合徒三年；又監臨外竊盜二十九疋，亦徒三年；強盜二疋，亦合徒三年；受所監臨四十九疋，亦合徒三年。准此以上五處贓罪，各合徒三年，累於「受所監臨」，總一百疋，仍倍為五十疋，合流二千里之類。

注：累，謂止累見發之贓。倍，謂二尺為一尺。

【疏】議曰：假有官人枉法，受甲乙丙丁四人財物，各有八疋之贓，甲乙二人先發，贓有一十六疋，累而倍之，止依八疋而斷，依律科流，除名已訖；其丙丁二人贓物於後重發，即累見發之贓，別更科八疋之罪。後發者與前既等，理從勿論，不得累併前贓作一十六疋、斷作死罪之類。

問曰：有人枉法受一十五疋，七疋先發，已斷流訖，八疋後發，若為科斷？

答曰：枉法之贓，若一人邊而取，前發者雖已斷訖，後發者還須累論，併取前贓，更科全罪，不同頻犯止累見發之贓。通計十五疋，斷從絞坐。無祿之人，自依減法。

又問：脫有十人共行，資財同在一所，盜者一時將去，得同頻犯以否？

答曰：律注云：「監臨主司因事受財而同事共與，若一事頻受及於監守內頻盜，累而不倍。」除此三事，皆合倍論。十人之財，一時俱取，雖復似非頻犯，終是物主各別，元非一人之物，理與十處盜同，坐同頻犯，贓合倍折。若物付一人專掌，失即專掌者陪，理同一人之財，不得將為頻盜。

注：不等，謂以強盜、枉法等贓，併從竊盜、受所監臨之類。

【疏】議曰：強盜、枉法，計贓是重；竊盜、受所監臨，准贓乃輕。故名「不等」。假如強盜併從竊盜者，謂如有人諸處頻犯竊盜，已得八十二疋，累贓倍論，得四十一疋，罪合流三千里；復於諸處頻犯強盜，得財一十八疋，累贓倍得九疋，亦合流三千里。今將強盜九疋，併於竊盜四十一疋上，滿五十疋，處加役流。其枉法併從受所監臨者，假如官人頻受所監臨財物，倍得二十一疋二丈，合徒一年半；復頻受枉法贓，倍得二疋二丈，亦合徒一年半。今將枉法贓二疋二丈，併於受所監臨財物二十一疋二丈，總為二十四疋，科徒二年。其有強盜併入受所監臨，枉法併從竊盜，如此之類，俱以重贓併從輕贓者，皆同「併滿」之法。

注：即監臨主司因事受財而同事共與，若一事頻受及於監守頻盜者，累而不倍。

【疏】議曰：假有十人，同為鑄錢，官司於彼受物，是為「因事受財」，十人共以錢物行求，是為「同事共與」；或斷一人之事，頻受其財，是為「一事頻受」；若當庫人於所當庫內，若縣令於其所部頻盜者：此等三事，各累而不倍。若同事別與，或別事同與，各依前倍論，不同此例。

其一事分為二罪，罪法若等，則累論；

【疏】議曰：一事分為二罪者，假將私馬直絹五疋，博取官馬直絹十疋，依律：「貿易官物，計其等準盜論，計所利以盜論。」須分官馬十疋出兩種罪名：五疋等者，準盜論，合徒一年；五疋利者，以盜論，亦合徒一年。累為十疋，處徒一年半是也。此為庶人有兼丁作法。若是官人、品子應贖及單丁之人，用法各別。假有品官貿易官物，五疋是利，即合免官。其八品、九品，止有一官者，免官訖，仍徵銅十斤。若六品以下監臨官司，便同自盜。若將以盜五疋，累於準盜五疋上，從準盜作法，合徒一年半。累併既不加重，止從一重論，直取以盜五疋，凡盜二等，處徒二年，仍除名。其品子應贖者，直取五疋利，徒一年真役為重。

罪法不等者，則以重法併滿輕法。罪法等者，謂若貿易官物，計其等準盜論，計所利以盜論之類。罪法不等者，謂若請官器仗，以亡失併從毀傷，以考校不實併從失不實之類。

【疏】議曰：假有官司，非法擅賦斂於一家，得絹五十疋：四十五疋入官，坐贓論，合徒二年半；五疋入私，以枉法論，亦合徒二年半。即以入私五疋，累於入官者，為五十疋，坐贓致罪，處徒三年。

注：罪法等者，謂若貿易官物，計其等準盜論，計所利以盜論之類。

【疏】議曰：貿易官物，已從上解。或有判事枉法後，受絹十疋，五疋先許，是真枉法；五疋先未許，得枉法後然始總送，更有如此等事，並合累論。故云「之類」。

注：罪法不等者，謂若請官器仗，以亡失併從毀傷，

【疏】議曰：謂軍防之所，請官器仗，假有一千事，亡失二百事，合杖八十；毀傷四百事，亦合杖八十。故雜律云：「請官器仗，以十分論，亡失二分，毀傷四分，各杖八十；亡失三分，毀傷六分，各

杖一百。」今以亡失二百事，累於毀傷四百事，同毀傷六分之罪，合杖一百。

注：以考校不實，併從失不實之類。

【疏】議曰：職制律：「貢舉非其人，一人徒一年，二人加一等，罪止徒三年。若考校不實，減一等。失者，各減三等。」假有考校九人，二人故不實，合科杖一百；七人失不實，亦合科杖一百。須以故不實二人，併從失不實七人之上，為九人失不實，合徒一年。又，戶婚律：「脫口以免課役，一口徒一年，二口加一等，罪止徒三年。其漏無課役口，四口為一口。」假令脫有課役二口，合徒一年；漏無課役十口，亦合徒一年。須以有課役二口，併於無課役十口之上，為無課役十二口，處徒一年半之類。

累併不加重者，止從重。

【疏】議曰：假有以私物五疋，貿易官物直九疋，五疋準盜，合徒一年；計所利四疋，合杖九十。「罪法等者則累論」，以四疋累於五疋上，總為九疋，不加一年徒坐，止從準盜，處徒一年。併者，如前器仗，亡失一分，毀傷二分，俱合杖六十。以亡失一分，併毀傷二分之上，止是三分，未滿四分，不合加罪，止從亡失一分之類。

其應除、免、倍、沒、備償、罪止者，各盡本法。

【疏】議曰：假有八品官，枉法受財五疋，徒二年半；不枉法受財十二疋，亦徒二年半；竊盜二十四疋，亦徒二年半；監臨受財三十九疋，亦徒二年半；又詐欺取財二十四疋，亦徒二年半；又坐贓四十九疋，亦徒二年半：倍得七十六疋二丈。又請稍十張，亡失一張，合杖六十。其贓總累為坐贓五十疋，合徒三年，餘贓罪止不加。據枉法，合除名；不枉法，合免官；盜者，倍備，枉法、不枉法、受所監臨及坐贓等，並沒官；亡失官稍，備償；坐贓，罪止徒三年之類。如有二罪以上俱發者，即先以重罪官當，仍依例除、免，不得將為二罪唯從重論。

046

同居相為隱

諸同居，若大功以上親及外祖父母、外孫，若孫之婦、夫之兄弟及兄弟妻，有罪相為隱；

【疏】議曰：「同居」，謂同財共居，不限籍之同異，雖無服者，並是。「若大功以上親」，各依本服。「外祖父母、外孫若孫之婦、夫之兄弟及兄弟妻」，服雖輕，論情重。故有罪者並相為隱，反報俱隱。此等外祖不及曾、高，外孫不及曾、玄也。

部曲、奴婢為主隱：皆勿論，

【疏】議曰：部曲、奴婢，主不為隱，聽為主隱。非「謀叛」以上，並不坐。

即漏露其事及擿語消息亦不坐。

【疏】議曰：假有鑄錢及盜之類，事須掩攝追收，遂「漏露其事」。「及擿語消息」，謂報罪人所掩攝之事，令得隱避逃亡。為通相隱，故亦不坐。

其小功以下相隱，減凡人三等。

【疏】議曰：小功、緦麻，假有死罪隱藏，據凡人唯減一等，小功、緦麻又減凡人三等，總減四等，猶徒二年。

若犯謀叛以上者，不用此律。

【疏】議曰：謂謀反、謀大逆、謀叛，此等三事，並不得相隱，故不用相隱之律，各從本條科斷。

問曰：「小功以下相隱，減凡人三等。」若有漏露其事及擿語消息，亦得減罪以否？

答曰：漏露其事及擿語消息，上文大功以上共相容隱義同，其於小功以下理亦不別。律恐煩文，故舉相隱為例，亦減凡人三等。

047

官戶部曲

諸官戶、部曲、稱部曲者，部曲妻及客女亦同。官私奴婢有犯，本條無正文者，各準良人。

【疏】議曰：官戶隸屬司農，州、縣元無戶貫。部曲，謂私家所有。其妻，通娶良人；客女，奴婢為之，部曲之女亦是：犯罪皆與官戶、部曲同。官私奴婢有犯，本條有正文者，謂犯主及毆良人之類，各從正條。其「本條無正文」，謂闌入、越度及本色相犯，并詛詈祖父母、父母、兄姊之類，各準良人之法。

若犯流、徒者，加杖，免居作。

【疏】議曰：犯徒者，準無兼丁例加杖：徒一年，加杖一百二十；一等加二十，徒三年加杖二百。準犯三流，亦止杖二百。決訖，付官、主，不居作。

應徵正贓及贖無財者，準銅二斤各加杖十，決訖，付官、主；

【疏】議曰：犯罪應徵正贓及贖，無財可備者，皆據其本犯及正贓，準銅每二斤各加杖十，決訖付官、主。銅數雖多，不得過二百。今直言正贓，不言倍贓者，正贓無財，猶許加杖放免；倍贓無財，理然不坐。其有財堪備者，自依常律。

若老小及廢疾，不合加杖，無財者放免。

【疏】議曰：謂以上應徵贖之人，若年七十以上、十五以下及廢疾，依律不合加杖，勘檢復無財者，並放免不徵。其部曲、奴婢應徵贓贖者，皆徵部曲及奴婢，不合徵主。

即同主奴婢自相殺，主求免者，聽減死一等。親屬自相殺者，依常律。

【疏】議曰：奴婢賤人，律比畜產，相殺雖合償死，主求免者，聽減。若部曲故殺同主賤人，亦至死罪，主求免死，亦得同減法。但奴殺奴是重，主求免者尚聽；部曲殺奴既輕，主求免者，亦得免。既稱同主，即是私家。若是官奴自犯，不依此律。

注：親屬自相殺者，依常律。

【疏】議曰：律云「各準良人」，悉準良人為法。既犯親屬，不依求免減例。

048 **化外人相犯**

諸化外人，同類自相犯者，各依本俗法；異類相犯者，以法律論。

【疏】議曰：「化外人」，謂蕃夷之國，別立君長者，各有風俗，制法不同。其有同類自相犯者，須問本國之制，依其俗法斷之。異類相犯者，若高麗之與百濟相犯之類，皆以國家法律，論定刑名。

049 **本條別有制**

諸本條別有制，與例不同者，依本條。

【疏】議曰：例云「共犯罪以造意為首，隨從者減一等」；鬭訟律「同謀共毆傷人，各以下手重者為重罪，元謀減一等，從者又減一等」。又，例云「九品以上，犯流以下聽贖」；又斷獄律「品官任流外及雜任，於本司及監臨犯杖罪以下，依決罰例」。如此之類，並是與例不同，各依本條科斷。

即當條雖有罪名，所為重者自從重。

【疏】議曰：依詐偽律：「詐自復除，徒二年。若丁多以免課役，即從戶婚律脫口法，一口徒一年，二口加一等，罪止徒三年。」又，詐偽律「詐增減功過年限，因而得官者，徒一年。若因詐得賜，贓重，即從詐欺官私以取財物，准盜論，罪止流三千里」之類。

其本應重而犯時不知者，依凡論；本應輕者，聽從本。

【疏】議曰：假有叔姪，别處生長，素未相識，姪打叔傷，官司推問始知，聽依凡人鬬法。又如别處行盗，盗得大祀神御之物，如此之類，並是「犯時不知」，得依凡論，悉同常盗斷。其「本應輕者」，或有父不識子，主不識奴，毆打之後，然始知悉，須依打子及奴本法，不可以凡鬬而論，是名「本應輕者，聽從本」。

050　**斷罪無正條**

諸斷罪而無正條，其應出罪者，則舉重以明輕；

【疏】議曰：斷罪無正條者，一部律内，犯無罪名。「其應出罪者」，依賊盗律：「夜無故入人家，主人登時殺者，勿論。」假有折傷，灼然不坐。又條：「盗緦麻以上財物，節級減凡盗之罪。」若犯詐欺及坐贜之類，在律雖無減文，盗罪尚得減科，餘犯明從減法。此並「舉重明輕」之類。

其應入罪者，則舉輕以明重。

【疏】議曰：案賊盗律：「謀殺期親尊長，皆斬。」無已殺、已傷之文，如有殺、傷者，舉始謀是輕，尚得死罪；殺及謀而已傷是重，明從皆斬之坐。又例云：「毆告大功尊長、小功尊屬，不得以蔭論。」若有毆告期親尊長，舉大功是輕，期親是重，亦不得用蔭。是「舉輕明重」之類。

051　**乘輿車駕**

諸稱「乘輿」、「車駕」及「御」者，太皇太后、皇太后、皇后並同。

【疏】議曰：乘輿者，案賊盗律：「盗乘輿服御物者，流二千五百里。」若盗太皇太后、皇太后、皇后服御物者，得罪並同。車駕者，依衛禁律：「車駕行，衝隊者徒一年。」若衝三后隊，亦徒一年。又條：「闌入至御在所，斬。」至三后所，亦斬。是名「並同」。

稱「制」「勑」者，太皇太后、皇太后、皇后、皇太子「令」減一等。

【疏】議曰：依公式令：「三后及皇太子行令。」職制律：「制書有所施行而違者，徒二年。」若違三后及皇太子令，各減一等之類。

若於東宮犯、失及宮衛有違，應坐者亦同減例。本應十惡者，雖得減罪，仍從本法。

【疏】議曰：於東宮犯者，謂指斥東宮及對捍皇太子令使，車馬之屬不調習、駕馭之具不完牢，并闌入東宮宮殿門，宮臣宿衛冒名相代、兵仗遠身、輒離職掌、別處宿之類，謂之為「犯」。失者，謂合和皇太子藥誤不如本方及封題誤，并守衛不覺闌入東宮宮殿門，如此之類，謂之為「失」。犯之與失，得罪並減上臺一等科斷。

注：本應十惡者，雖得減罪，仍從本法。

【疏】議曰：謂於東宮犯、失，準上臺法罪當十惡者，今雖減科，仍從十惡本法。

052

稱期親祖父母

諸稱「期親」及稱「祖父母」者，曾、高同。

【疏】議曰：稱期親者，戶婚律：「居期喪而嫁娶者，杖一百。」即居曾、高喪，並與期同。「及稱祖父母者」，戶婚律云：「祖父母、父母在，別籍、異財，徒三年。」即曾、高在，別籍、異財，罪亦同。故云「稱期親及稱祖父母者，曾，高同」。

稱「孫」者，曾、玄同。

【疏】議曰：鬬訟律：「子孫違犯教令，徒二年。」即曾、玄違犯教令，亦徒二年。是為「稱孫者，曾、玄同」。

嫡孫承祖，與父母同。緣坐者，各從祖孫本法。

【疏】議曰：依禮及令，無嫡子，立嫡孫，即是「嫡孫承祖」。若聞此祖喪，匿不舉哀，流二千里。故云「與父母同」。

注：緣坐者，各從祖孫本法。

【疏】議曰：依賊盜律，反逆者，父子年十六以上皆絞，祖孫沒官。若嫡孫承祖，沒而不死。故云「各從祖孫本法」。

其嫡、繼、慈母，若養者，與親同。

【疏】議曰：嫡謂嫡母，左傳注云：「元妃，始嫡夫人，庶子於之稱嫡。」繼母者，謂嫡母或亡或出，父再娶者為繼母。慈母者，依禮：「妾之無子者，妾子之無母者，父命為母子，是名慈母。」非父命者，依禮服小功，不同親母。「若養者」，謂無兒，養同宗之子者。慈母以上，但論母；若養者，即并通父。故加「若」字以別之，並與親同。

稱「子」者，男女同。緣坐者，女不同。

【疏】議曰：稱子者，鬬訟律：「子孫違犯教令，徒二年。」此是「男女同」。緣坐者，謂殺一家三人之類，緣坐及妻子者，女並得免，故云「女不同」。其犯反逆、造畜蠱毒，本條緣坐及女者，從本法。

稱「袒免以上親」者，各依本服論，不以尊壓及出降。義服同正服。

【疏】議曰：皇帝蔭及祖免以上親，戶婚律：「嘗為祖免親之妻而嫁娶者，杖一百。」假令皇家絕服旁期及婦人出嫁，若男子外繼，皆降本服一等，若有犯及取蔭，各依本服，不得以尊壓及出降即依輕服之法。義服者，妻妾為夫，妾為夫之長子及婦為舅姑之類，相犯者並與正服同。

053 稱反坐及罪之

諸稱「反坐」及「罪之」、「坐之」、「與同罪」者，止坐其罪；死者，止絞而已。

【疏】議曰：稱反坐者，鬬訟律云：「誣告人者，各反坐。」及罪之者，依例云：「自首不實、不盡，以不實、不盡之罪罪之。」坐之者，依例：「餘贓應坐，悔過還主，減罪三等坐之。」與同罪者，詐偽律：「譯人詐偽致罪，有出入者，與同罪。」止坐其罪者，謂從「反坐」以下，並止坐其罪，不同真犯。故「死者止絞而已」。

稱「準枉法論」、「準盜論」之類，罪止流三千里，但準其罪。

【疏】議曰：稱準枉法論者，職制律云：「先不許財，事過之後而受財者，事若枉，準枉法論。」又條：「監臨內強市，有剩利，準枉法論。」又，稱準盜論之類者，詐偽律云：「詐欺官私以取財物，準盜論。」雜律云：「棄毀符、節印及門鑰者，準盜論。」如此等罪名，是「準枉法」、「準盜論」之類，並罪止流三千里。但準其罪者，皆止準其罪，亦不同真犯。

並不在除、免、倍贓、監主加罪、加役流之例。

【疏】議曰：謂從「反坐」以下，並不在除名、免官、免所居官，亦無倍贓，又不在監主加罪及加役流之例。其本法雖不合減，亦同雜犯之法減科。

稱「以枉法論」及「以盜論」之類，皆與真犯同。

【疏】議曰：以枉法論者，戶婚律云：「里正及官司妄脫漏增減以出入課役，贓重入己者，以枉法論。」又條：「非法擅賦斂入私者，以枉法論。」稱以盜論之類者，賊盜律云：「貿易官物，計所利，以盜論。」廄庫律云：「監臨主守以官物私自貸，若貸人及貸之者，無文記，以盜論。」所犯並與真枉法、真盜同，其除、免、倍贓悉依正犯。其以故殺傷、以鬭殺傷及以姦論等，亦與真犯同，故云「之類」。

054 **統攝案驗為監臨**

諸稱「監臨」者，統攝案驗為監臨。謂州、縣、鎮、戍、折衝府等，判官以上，各於所部之內，總為監臨。自餘，唯據臨統本司及有所案驗者。即臨統其身而不管家口者，姦及取財亦同監臨之例。

【疏】議曰：統攝者，謂內外諸司長官統攝所部者。案驗，謂諸司判官判斷其事者是也。

注：謂州、縣、鎮、戍、折衝府等，判官以上，各於所部之內，總為監臨。

【疏】議曰：此謂州、縣、鎮、戍、折衝府等判官以上，雖有曹務職掌不同，但於部內總為監臨之例。鎮、戍、折衝府，唯統攝身，不管家口。

注：自餘，唯據臨統本司及有所案驗者。即臨統其身而不管家口者，姦及取財亦同監臨之例。

【疏】議曰：「自餘」，為除州、縣、鎮、戍、折衝府以外，百司總是。若省、臺、寺、監及諸衛等，各於臨統本司之內，名挂本司者，並為「監臨」。若是來參事者，是為「案驗」。尚書省雖管州、府，文案若無關涉，不得常為監臨。內外諸司皆準此。「即臨統其身而不管家口者，姦及取財亦同監臨之例」，假若諸衛管府史身，官司姦府史家口及於府史家內取財；或折衝府官人唯管衛士，若姦衛士家口及於衛士家內取財，皆同監臨之法。內外不管家口之司，姦及取財皆準此。

問曰：假有主帥，於所部衛士家盜物，得同於監臨內取財以否？

答曰：主帥於所部衛士，統攝一身，既非取受之財，盜乃律文不攝，止同常盜，不是監臨。

稱「主守」者，躬親保典為主守。雖職非統典，臨時監主亦是。

【疏】議曰：「主守」，謂行案典吏，專主掌其事及守當倉庫、獄囚、雜物之類。其職非統典者，謂非管攝之司，臨時被遣監主者，亦是。

055 **稱日者以百刻**

諸稱「日」者，以百刻。計功庸者，從朝至暮。役庸多者，雖不滿日，皆併時率之。

【疏】議曰：職制律：「官人無故不上，一日笞二十。」須通晝夜百刻為坐。計功庸者，職制律：「監臨之官，私役使所監臨者，各計庸以受所監臨財物論。」從朝至暮，即是一日，不須準百刻計之。

注：役庸多者，雖不滿日，皆併時率之。

【疏】議曰：計庸多者，假若役二人，從朝至午，為一日功；或役六人，經一辰，亦為一日功。縱使一時役多人，或役一人經多日，皆須併時率之。

稱「年」者，以三百六十日。

【疏】議曰：在律稱年，多據徒役。此既計日，不以十二月稱年。

稱「人年」者，以籍為定。

【疏】議曰：稱人年處，即須依籍為定。假使貌高年小，或貌小年高，悉依籍書，不合準貌。籍既三年一造，非造籍之歲，通舊籍計之。

問曰：依戶令：「疑有姦欺，隨狀貌定。」若犯罪者年貌懸異，得依令貌定科罪以否？

答曰：令為課役生文，律以定刑立制。惟刑是恤，貌即姦生。課役稍輕，故得臨時貌定；刑名事重，止可依據籍書。律、令義殊，不可破律從令。或有狀貌成人而作死罪，籍年七歲，不得即科；

或籍年十六以上而犯死刑，驗其形貌，不過七歲：如此事類，貌狀共籍年懸隔者，犯流罪以上及除、免、官當者，申尚書省量定。須奏者，臨時奏聞。

稱「眾」者，三人以上。稱「謀」者，二人以上。謀狀彰明，雖一人同二人之法。

【疏】議曰：稱眾者，斷獄律云：「七品以上，犯罪不栲，皆據眾證定刑，必須三人以上始成眾。」但稱眾者，皆準此文。稱謀者，賊盜律云：「謀殺人者徒三年，皆須二人以上。」餘條稱謀者，各準此例。

注：謀狀彰明，雖一人同二人之法。

【疏】議曰：假有人持刀仗入他家，勘有仇嫌，來欲相殺，雖止一人，亦同謀法。故云「雖一人同二人之法」。

056 稱加就重

諸稱「加」者，就重次；稱「減」者，就輕次。

【疏】議曰：假有人犯杖一百，合加一等，處徒一年；或應徒一年，合加一等，處徒一年半之類，是名「就重次」。又有犯徒一年，應減一等，處杖一百；或犯杖一百，應減一等，決杖九十，是名「就輕次」。

唯二死、三流，各同為一減。

【疏】議曰：假有犯罪合斬，從者減一等，即至流三千里。或有犯流三千里，合例減一等，即處徒三年。故云「二死、三流，各同為一減」。其加役流應減者，亦同三流之法。

加者，數滿乃坐，又不得加至於死；本條加入死者，依本條。加入絞者，不加至斬。

【疏】議曰：加者數滿乃坐者，假令凡盜，少一寸不滿十疋，依賊盜律：「竊盜五疋徒一年，五疋加一等。」為少一寸，止徒一年。又不得加至於死者，依捕亡律：「宿衛人在直而亡者，一日杖一百，二日加一等。」雖無罪止之文，唯合加至流三千里，不得加至於死。「本條加入死者依本條」，依鬭訟律：「毆人折二支，流三千里。」又條云：「部曲毆傷良人者，加凡人一等。加者，加入於死。」此是「本條加入死者依本條」。

注：加入絞者，不加至斬。

【疏】議曰：部曲毆良人，折二支，已合絞坐；若故毆折，又合加一等。今既加入於絞，不合更加至斬。

其罪止有半年徒，若應加杖者，杖一百；應減者，以杖九十為次。

【疏】議曰：假有縣典，故增囚狀，加徒半年，縣尉知而判入，即以典為首，合徒半年。典若單丁，決杖一百。縣尉應減一等，處杖九十，徵銅九斤之類。

057 **稱道士女冠**

諸稱「道士」、「女官」者，僧、尼同。

【疏】議曰：依雜律云「道士、女官姦者，加凡人二等」。但餘條唯稱道士、女官者，即僧、尼並同。諸道士、女官時犯姦，還俗後事發，亦依犯時加罪，仍同白丁配徒，不得以告牒當之。

若於其師，與伯叔父母同。

【疏】議曰：師，謂於觀寺之內，親承經教，合為師主者。若有所犯，同伯叔父母之罪。依鬭訟律：「詈伯叔父母者，徒一年。」若詈師主，亦徒一年。餘條犯師主，悉同伯叔父母。

其於弟子，與兄弟之子同。

【疏】議曰：謂上文所解師主，於其弟子有犯，同俗人兄弟之子法。依鬬訟律：「毆殺兄弟之子，徒三年。」賊盜律云：「有所規求而故殺期以下卑幼者，絞」。兄弟之子是期親卑幼，若師主因嗔競毆殺弟子，徒三年；如有規求故殺者，合當絞坐。

觀寺部曲、奴婢於三綱，與主之期親同；

【疏】議曰：觀有上座、觀主、監齋，寺有上座、寺主、都維那，是為「三綱」。其當觀寺部曲、奴婢，於三綱有犯，與俗人期親部曲、奴婢同。依鬬訟律：「主毆殺部曲，徒一年。」又條：「奴婢有犯，其主不請官司而殺者，杖一百。」注云：「期親殺者，與主同。下條部曲準此。」又條：「部曲、奴婢毆主之期親者，絞。詈者，徒二年。」若三綱毆殺觀寺部曲，合徒一年；奴婢有罪，不請官司而殺者，杖一百。其部曲、奴婢毆三綱者，絞；詈者，徒二年。

餘道士，與主之緦麻同。 犯姦、盜者，同凡人。

【疏】議曰：鬬訟律：「部曲、奴婢毆主之緦麻親，徒一年。傷重者，各加凡人一等。」又條：「毆緦麻部曲、奴婢，折傷以上，各減殺傷凡人部曲、奴婢二等。」又條：「毆傷、殺他人部曲，減凡人一等；奴婢，又減一等。」即是觀寺部曲，毆當觀寺餘道士、女官、僧、尼等，各合徒一年。傷重，各加凡人一等；若毆道士等折一齒，即徒二年。奴婢毆，又加一等，徒二年半。是名「於餘道士，與主之緦麻同」。

注：犯姦、盜者，同凡人。

【疏】議曰：道士、女官、僧、尼犯姦盜，於法最重，故雖犯當觀寺部曲、奴婢，姦、盜即同凡人。謂三綱以下犯姦、盜，得罪無別。其奴婢姦、盜，一準凡人得罪。弟子若盜師主物及師主盜弟子物等，亦同凡盜之法。其有同財，弟子私取用者，即同「同居卑幼私輒用財」者，十疋笞十，十疋加一等，罪止杖一百。若不滿十疋者，不坐。

卷第七

衛禁上

【疏】議曰：衛禁律者，秦漢及魏未有此篇。晉太宰賈充等，酌漢魏之律，隨事增損，創制此篇，名為衛宮律。自宋洎于後周，此名並無所改。至於北齊，將關禁附之，更名禁衛律。隨開皇改為衛禁律。衛者，言警衛之法；禁者，以關禁為名。但敬上防非，於事尤重，故次名例之下，居諸篇之首。

058

闌入太廟門

諸闌入太廟門及山陵兆域門者，徒二年； 闌，謂不應入而入者。

【疏】議曰：太者，大也。廟者，貌也。言皇祖神主在於中，故名「太廟」。山陵者，三秦記云：「秦謂天子墳云山，漢云陵，亦通言山陵。」言高大如山如陵。兆域門者，孝經云：「卜其宅兆。」既得吉兆，周兆以為塋域。皆置宿衛防守，應入出者悉有名籍。不應入而入，為「闌入」，各得二年徒坐。其入太廟室，即條無罪名，依下文「廟減宮一等」之例，減御在所一等，流三千里。若無故登山陵，亦同太廟室之坐。

越垣者，徒三年。太社，各減一等。守衛不覺，減二等；守衛，謂持時專當者。

【疏】議曰：不從門為「越」。垣者，牆也。越太廟、山陵垣者，各徒三年。越太社垣及闌入門，皆減太廟一等。「守衛」，謂軍人於太廟、山陵、太社防守宿衛者，若不覺越垣及闌入，各減罪人罪二等。守衛，謂防守衛士晝夜分時專當者，非持時者不坐。

主帥又減一等。主帥，謂親監當者。

【疏】議曰：「主帥」，謂領兵宿衛太廟、山陵、太社三所者。但當檢校即坐，不限官之高下。又減守衛人罪一等，唯坐親監當者。

故縱者，各與同罪。餘條守衛及監門各準此。

【疏】議曰：「故縱者」，謂知其不合入而聽入，或知越垣而不禁，並與犯法者同罪。餘條守衛宮殿及諸防禁之處，皆有監門及守衛，故縱不覺，得罪各準此。

059

闌入宮門

諸闌入宮門，徒二年。闌入宮城門，亦同。餘條應坐者，亦準此。

【疏】議曰：宮門皆有籍禁，不應入而入者，得徒二年。嘉德等門為宮門，順天等門為宮城門，闌入得罪並同。餘條應坐者，亦準此宮門得罪，謂「越垣」及「防禁違式」、「冒代」之類。

殿門，徒二年半。持仗者，各加二等。仗，謂兵器杵棒之屬。餘條稱仗準此。

【疏】議曰：太極等門為殿門，闌入者，徒二年半。持仗各加二等，謂將兵器、杵棒等闌入宮門，得徒三年；闌入殿門，得流二千里。兵器，謂弓箭、刀矟之類。杵棒，或鐵或木為之皆是，故云「之屬」。餘條，謂下文「持仗及至御在所者」，并「持仗強盜者」，並準此。

入上閤内者，絞； 若有仗衛，同闌入殿門法。其宮内諸門，不立籍禁而得通内者，亦準此。

【疏】議曰：上閤之内，謂太極殿東為左上閤，殿西為右上閤，其門無籍，應入者準敕引入，闌入者絞。若有仗衛者，上閤之中，不立仗衛，内坐喚仗，始有仗入。其有不應入而入者，同闌入殿門，徒二年半，持仗者流二千里。「其宮内諸門，不立籍禁」，謂肅章、虔化等門，而得通内，而輒闌入者，並得絞罪。若有仗衛，亦同殿門法。

若持仗及至御在所者，斬。 迷誤者，上請。

【疏】議曰：謂持仗入上閤及通内諸門，并不持仗而至御在所者，各斬。迷誤，謂非故闌入者，上請聽敕。

即應入上閤内，但仗不入而持寸刃入者，亦以闌入論；

【疏】議曰：應入上閤内者，謂奉敕喚仗，隨仗引入者，得帶刀子之屬。若仗不在内而持寸刃入者，即以闌入論。若非兵器、杵棒之屬，止得絞刑；持仗者，斬。

仗雖入，不應帶横刀而帶入者，減二等。

【疏】議曰：仗雖入上閤内，不應帶横刀而輒帶入者，減罪二等，合徒三年。

即闌入御膳所者，流三千里。入禁苑者，徒一年。

【疏】議曰：御膳所，謂供御造食之處，其門亦禁。不應入而入者，流三千里。闌入禁苑者，徒一年。禁苑，謂御苑，其門有籍禁。御膳以下闌入，雖即持杖及越垣，罪亦不加。

060

闌入踰閾為限

諸闌入者，以踰閾為限。至閾未踰者，宮門杖八十，殿門以內遞加一等。

【疏】議曰：閾者，謂門限。闌入之人，行至門限未踰過，若至宮門，得杖八十。宮內人不應入殿門，至殿門閾未踰者，杖九十。殿內宿衛人至上閤閾未踰者，杖一百。

其越殿垣者，絞；宮垣，流三千里；皇城，減宮垣一等；京城，又減一等。

【疏】議曰：越過殿垣者，無問出入，俱至絞刑。宮垣，流三千里。皇城，謂朱雀等門之垣，合徒三年。京城，謂明德等門之垣，又減一等，合徒二年半。

061

宮殿門無籍

諸於宮殿門無籍及冒承人名而入者，以闌入論。

【疏】議曰：應入宮殿，在京諸司皆有籍。其無籍應入者，皆引入。其無籍，不得人引，而詐言有籍及冒承人名而入者，宮門，徒二年；殿門，徒二年半；持仗者，各加二等。

守衛不知冒名情，宮門杖八十，殿門以內遞加一等。

【疏】議曰：守衛，謂持時專當，親主籍者。應入者，唱名始過。不知冒名情者，不識其人，無心私許，宮門，杖八十；殿門以內，遞加一等。但云「不知冒情」，不云「不知無籍詐入」者，但冒承人名，有所憑據，人難識盡，是故罪輕。無籍而入者，準「闌入不覺故縱」法。

062 **非應宿衛自代**

諸宿衛者，以非應宿衛人冒名自代及代之者，入宮內，流三千里；殿內，絞。

【疏】議曰：宿衛者，謂大將軍以下、衛士以上，以次當上，宿衛宮殿。上番之日，皆據籍書。若「以非應宿衛人」，謂非諸衛大將軍、軍人以外，冒名自代及代之者，入宮內，並流三千里；殿內，並絞。

若以應宿衛人謂已下直者。自代及代之者，各以闌入論。

【疏】議曰：應宿衛人，謂諸衛所管應入宮殿上番者。注云「謂已下直者」，未當上番人之色，自代及代之者，彼此各以闌入罪論。闌入之罪，一準上法。

主司不覺，減二等；知而聽行，與同罪。主司，謂應判遣及親監當之官。餘條主司準此。

【疏】議曰：主司，謂折衝府及諸衛判兵之官。不覺人冒名自代及代之者，減所犯人罪二等；若知相代之情而聽行者，各與同罪。若冒代之事從府而來，即以府官所由為首，餘官節級為從坐；衛官不覺，遞減府官一等。如相冒之罪由衛，即以衛官所由為首，餘官節級為罪；府司不坐。及親監當之官者，諸衛當上人兵，各有本部主帥，雖從別團配隸，亦是監當之限。餘條主司準此者，謂一部律內，但言主司，並不覺減二等，知而聽行與同罪。

063 **因事入宮輒宿**

諸因事得入宮殿而輒宿及容止者，各減闌入二等。

【疏】議曰：因事得入宮殿者，謂朝參、辭見、迎輸、造作之類。不合宿者而輒宿，及容止所宿之人，各減闌入罪二等：在宮內，徒一年；殿內，徒一年半。

即將領人入宮殿內，有所迎輸、造作，門司未受文牒而聽入及人數有剩者，各以闌入論；至死者加役流。

【疏】議曰：將領人入宮殿，有所迎出；有所輸送，「造作」，謂宮內營造：門司皆須得牒，然後聽入。若未受文牒而輒聽入，及所入人數有剩者，門司各以闌入論。若入上閤內及御在所，應至死者，門司各加役流。

將領主司知者，各減闌入罪一等。入者知，又減五等；不知者，不坐。

【疏】議曰：將領主司，謂領人迎輸、造作。知門司未受文牒及人數有剩，而領入者，各減闌入罪一等：宮內，徒一年半；殿內，徒二年；入上閤內及至御在所，流三千里。「入者知，又減五等」，稱「又」者，謂減將領者罪五等。不知情入者，不坐。

問曰：「將領主司知者，減闌入罪一等。」不言不知。若有不知而領入者，合得何罪？

答曰：上條：「冒名相代，各以闌入罪論，主司不覺減二等。」注云：「餘條主司準此。」明將領主司不知，得減知情二等。上既有例，故不生文。

064 無著籍入宮殿

諸應入宮殿，未著門籍而入；雖有長籍，但當下直而輒入者：各減闌入五等。

【疏】議曰：「應入宮殿」，在京諸司入宮殿者，皆著門籍。若未著門籍而輒入；或「雖有長籍」，謂宿衛長上人，雖一日上，兩日下，皆有長籍，當下之日未合入宮殿，但當下直而輒入：各減闌入罪五等。

即宿次未到而輒宿，及籍在東門而從西門入者，又減二等。

【疏】議曰：即宿次未到者，謂應供奉之官及內官當直，各有宿次。其宿次未到而輒宿；及籍在東門而從西門入者，依令：「非應從正門入者，各從便門著籍。」假如西門有籍而從東門入，或側門有籍而從正門入：各又減罪二等，謂減闌入罪七等。

065 宮殿作罷不出

諸在宮殿內作罷而不出者，宮內，徒一年；殿內，徒二年；御在所者，絞。闌仗應出而不出者，亦同。

【疏】議曰：在宮殿內作罷者，丁夫、雜匠之徒作了。其有應出不出者，宮內，徒一年；殿內，徒二年；御在所者，絞。若有闌仗應出者，並即須出，有不出者，得罪與御在所同。

問曰：在宮殿內及御在所，作罷不出，律有正文。若在上閤內不出，律既無文，若為處斷？

答曰：上閤之內，例與闌仗所同。應出不出，此條無文者，為上文注云：「闌仗應出不出，與御在所同。」上閤內有宮人，同御在所，合絞；御不在，又無宮人，減二等。

不覺及迷誤者，上請。

【疏】議曰：營作之所，院宇或別，不覺衆出，或迷誤失道，錯向別門，非故不出，皆得上請。

將領主司知者，與同罪；不知者，各減一等。闌仗主司搜人不盡者，各準此。

【疏】議曰：將領主司，謂領人入者。若知有人不出，不即言者，與不出人同罪。其不知有人不出者，各減一等，謂御所、宮殿內各得減一等。「闌仗主司」，謂領人搜索闌仗者。其闌仗內有人不出，各準將領主司之罪，故云「各準此」。

若於闌仗內誤遺兵仗者，杖一百。弓、箭相須，乃坐。

【疏】議曰：闌仗之內，人皆出盡，所有兵器，亦不合留。或有誤遺兵仗者，合杖一百。兵仗之法，應須堪用。或遺弓無箭，或遺箭無弓，俱不得罪，故云「弓、箭相須，乃坐」。

問曰：誤遺弩弓無箭，或遺箭無弩，或有楯而無矛，各得何罪？

答曰：「弓箭相須，乃坐。」弩箭無弓，與常箭不別。有弩弓無箭，亦非兵仗之限。楯則獨得無用，亦與有弓無箭義同。

066 **登高臨宮中**

諸登高臨宮中者，徒一年；殿中，加二等。

【疏】議曰：宮殿之所，皆不得登高臨視。若視宮中，徒一年；視殿中，徒二年。

若於宮殿中行御道者，徒一年；有橫道及門仗外越過者非。

【疏】議曰：宮殿中當正門為「御道」，人臣並不得行。其在宮殿中及宮城中而行御道者，各徒一年。若有橫道，殿前即有橫階，殿內亦有橫道；殿門、宮門內外立仗之處，仗外雖無橫道：越過者無罪。

官門外者，笞五十。誤者，各減二等。

【疏】議曰：嘉德等門為宮門，順天等門為宮城門。準例，宮城門有犯，與宮門同。今云「宮門外」者，即順天門外行御道者，得笞五十。「誤者，各減二等」，謂從殿中至宮門外，誤行御道者，各得減二等。其登高臨宮、殿中有誤者，亦減罪二等。

067 **宿衛被奏劾**

諸宿衛人被奏劾者，本司先收其仗，違者徒一年。謂在宮殿中直者。

【疏】議曰：「宿衛人」，謂衛士已上、諸衛大將軍以下。有犯法被奏劾者，「本司」，謂當衛主司及主帥等，先收其杖。違而不收者，得徒一年。本司及主帥，各以所管應收仗而不收者一人得罪。謂在宮殿中當上直者，宮外宿不在此限。

068 **應出宮殿輒留**

諸應出宮殿，而門籍已除，輒留不出及被告劾，已有公文禁止，籍雖未除，不得輒入宮殿，犯者，各以闌入論。

【疏】議曰：應出宮殿，謂改任、行使、假患、番下、事故等，依令「門籍當日即除」。門籍已除，其人輒留不出；雖無假患等事及被告劾，已有文牒令禁止，籍雖未除，皆不得輒入宮殿，如有犯者：各以闌入論。

069 **闌入非御在所**

諸犯闌入宮殿，非御在所者，各減一等；無宮人處，又減一等。入上閤內，有宮人者，不減。

【疏】議曰：諸條稱闌入宮殿得罪者，其宮殿之所，御若不在，各得減闌入罪一等；雖是宮殿，見無宮人，又得減罪一等。假若在外諸宮，有宿衛人防守而闌入，合徒一年之類。若入上閤內，有宮人，雖非御在所，亦合絞；無宮人處，亦減二等。

即雖非闌入，輒私共宮人言語，若親為通傳書信及衣物者，絞。

【疏】議曰：文云「雖非闌入」，即是得應入宮之人，不得私與宮人言語。其親為通傳書信、衣物者，謂親於宮人處，領得書信、衣物將出及將外人書信、衣物付與宮人訖者，並得絞坐。

070 **已配仗衛迴改**

諸宿衛人已配仗衛，而官司輒迴改者，杖一百。若不依職掌次第，擅配割及別驅使者，罪亦如之。

【疏】議曰：依式：「衛士以上，應當番宿衛者，皆當衛見在長官，割配於職掌之所，各依仗衛次第坐立。」此即職掌已定。若官司無故輒迴改者，合杖一百。應須迴改者，不坐。若不依職掌次第而擅配隸，乖於式文及將別處驅使者，亦各杖一百。其有私使，計庸重者，從重論。

071 **奉勑夜開宮殿門**

諸奉勑以合符夜開宮殿門，符雖合，不勘而開者，徒三年；若勘符不合而為開者，流二千里；其不承勑而擅開閉者，絞；

【疏】議曰：「奉勑以合符夜開宮殿門」，依監門式：「受勑人具錄須開之門，并入出人帳，宣勑送中書，中書宣送門下。其宮內諸門，城門郎與見直諸衛及監門大將軍、將軍、中郎將、郎將、折衝、果毅內各一人，俱詣閤覆奏。御注聽，即請合符門鑰。監門官司先嚴門仗，所開之門內外並立隊，燃炬火，對勘符合，然後開之。」符雖合，不勘而開者，徒三年。若勘符不合，即合執奏。不奏而為開者，流二千里。其不承勑而擅開閉者，俱合絞罪。

若錯符、錯下鍵及不由鑰而開者，杖一百；即應閉忘誤不下鍵，應開毀管鍵而開者，徒一年。

【疏】議曰：「若錯符」，謂非所開閉之符。「及錯下鍵」，謂不依常法。「及不由鑰而開」，謂不用鑰而得開者。此三事，各合杖一百。即應閉，忘誤不下鍵及應開，毀管鍵而開者，各徒一年。謂牝者為管，牡者為鍵。

其皇城門，減宮門一等。京城門，又減一等。

【疏】議曰：皇城門，謂朱雀等門，從「合符夜開」以下，得罪各減宮門一等。其京城門，謂明德等門，亦從「合符夜開」以下，得罪各減皇城門一等。

即宮殿門閉訖，而進鑰違遲者，殿門杖一百，經宿加一等，每經一宿，又加一等；宮門以外，遞減一等。其開門出鑰遲，又各遞減進鑰一等。

【疏】議曰：依監門式：「駕在大內，宮城門及皇城門鑰匙，每去夜八刻出閉門，二更二點進入。京城門鑰，每去夜十三刻出閉門，二更二點進入。」違此不進，是名「進鑰違遲」。殿門杖一百，經宿加一等，合徒一年；每經一宿，又加一等，既無罪止之文，加至流三千里。宮門以外遞減一等者，即宮門及宮城門進鑰違遲，亦合杖九十，經宿杖一百，每經一宿又加一等，罪止徒三年；皇城門杖八十，罪止徒二年半；京城門杖七十，罪止徒二年。其開門出鑰遲者，依監門式：「宮城門及皇城門，四更二點出鑰開門。京城門，四更一點出鑰開門。」違式出鑰遲者，各遞減進鑰一等，即是殿門杖九十，宮門及宮城門杖八十，皇城門杖七十，京城門杖六十。駕在大明、興慶宮及東都，進請鑰匙，依式各有時刻，違者並依此科罪。

072 夜禁宮殿出入

諸於宮殿門雖有籍，皆不得夜出入。若夜入者，以闌入論；無籍入者，加二等；即持仗入殿門者，絞。夜出者，杖八十。

【疏】議曰：於宮殿門有籍之人，唯合晝日入出，若因夜開閉而輒入者，以闌入論。無籍夜入者，加二等。即持仗入殿門者，絞；有籍、無籍等。夜出宮殿門，俱杖八十。

若得出入者剩將人出入，各以其罪罪之；被將者知情各減一等，不知情不坐。

【疏】議曰：謂奉勑聽入出之人，剩將人入出者，各以其罪罪之：有籍者，以闌入論；無籍者，加二等；將出者，杖八十。「被將者知情」，謂被將之人，知剩將之情，各減前所將罪一等。不知情者，不坐。

073 向宮殿射

諸向宮殿內射，謂箭力所及者。宮垣，徒二年；殿垣，加一等。箭入者，各加一等；即箭入上閤內者，絞；御在所者，斬。

【疏】議曰：射向宮垣，得徒二年；殿垣，徒二年半。箭入者，宮內，徒二年半；殿內，徒三年。即箭入上閤內者，絞。「御在所者斬」，謂御在所宮殿。若非御在所，各減一等；無宮人處，又減一等。皆謂箭及宮、殿垣者。若箭力應及宮、殿而射不到者，從「不應為重」。不應及者，不坐。

問曰：何以知是御在所宮殿？

答曰：向宮垣射得徒二年，殿垣徒二年半，準其得罪，與「闌入」正同。上條：「闌入宮、殿，非御在所，各減一等。無宮人，又減一等。」即驗車駕不在，又無宮人，闌入上閤者合徒三年。此條箭入上閤絞，御在所斬，得罪既同「闌入」，明為御在宮中。御若不在，皆同上條減法：箭入宮中，徒一年半；殿中，徒二年；入上閤內，徒三年。

放彈及投瓦石者，各減一等。亦謂人力所及者。

【疏】議曰：放彈及投瓦石，比箭罪輕。放向宮垣，徒一年半；向殿垣，徒二年。入宮內，徒二年；殿內，徒二年半；入上閤內及御在所，流三千里。是為「各減一等」。「亦謂人力所及者」，據彈及投瓦石及宮殿方始得罪，如應及不到，亦從「不應為重」上減一等。

殺傷人者，以故殺傷論。

【疏】議曰：射及放彈，若投瓦石，有殺傷人者，以故殺傷論：殺人者，斬；傷人者，加鬬殺傷一等。

即宿衛人，於御在所誤拔刀子者，絞；左右並立人不即執捉者，流三千里。

【疏】議曰：宿衛人常執兵仗，得帶刀子。若在御所者，非勑遣用，不得輒拔刀子。其有誤拔者，絞。左右並立人，見其誤拔，皆須執捉。不即執捉者，流三千里。若有別勑處分令用及仗內賜食者，不坐。但舉宿衛人為例者，明餘人在御所亦不得誤拔刀子。其有誤拔及傍人不即執捉，一準宿衛人罪。

074 **車駕行衝隊**

諸車駕行，衝隊者，徒一年；衝三衛仗者，徒二年。謂入仗、隊間者。

【疏】議曰：車駕行幸，皆作隊仗。若有人衝入隊間者，徒一年；衝入仗間，徒二年。其仗衛主司依上例：故縱與同罪，不覺減二等。

誤者，各減二等。

【疏】議曰：若有人誤入隊間，得杖九十；誤入仗間，得徒一年。

若畜產唐突，守衛不備，入宮門者，杖一百；衝仗衛者，杖八十。

【疏】議曰：「畜產唐突」，謂走逸入宮門。守衛不備者，杖一百。入宮城門，罪亦同。若入殿門，律更無文，亦同宮門之坐。衝仗衛者，杖八十。仗衛者，在宮殿及駕行所，得罪並同。

075 **宿衛上番不到**

諸宿衛人，應上番不到及因假而違者，一日笞四十，三日加一等；過杖一百，五日加一等，罪止徒二年。

【疏】議曰：宿衛人應上番而不到，及因得假而違者，一日笞四十，三日加一等，滿十九日合杖一百。若過杖一百，五日加一等，罪止徒二年。計三十四日，即當罪止。

問曰：假有宿衛人，番期五日未滿，因一日假，遂違不上，為當止得四日違罪，唯復累至罪止而科？

答曰：番期有限，限內有故須請假，日滿即須赴番。違假不上，準日科斷。其人四日之外，即當下直，下日不勞請假，豈合計日累科。四日之外，明知不坐。

又問：應上不到，因假而違者，並罪止得徒二年。若準三十四日罪止，便是月番之外。今解下番之日不坐，恐理未盡？

答曰：依式：「三衛去京二千里外，六十日上；嶺南為季上。」三十四日罪止，為包遠道生文。

076 **宿衛兵仗**

諸宿衛者，兵仗不得遠身，違者杖六十；若輒離職掌，加一等；別處宿者，又加一等。主帥以上，各加二等。

【疏】議曰：兵仗者，謂橫刀常帶；其甲、矟、弓、箭之類，有時應執著者並不得遠身，不應執帶者常自近身。輒遠身者，各杖六十。其職掌之處，依次坐立，輒離職掌，加一等，合杖七十。即於別處宿者，又加一等，合杖八十。「主帥以上，各加二等」，稱主帥以上，謂隊副以上，至大將軍以下，兵仗遠身杖八十，輒離職掌杖九十，別處宿者杖一百，是「各加二等」。

077 **行宮營門**

諸行宮，外營門、次營門與宮門同，內營牙帳門與殿門同，御幕門與上閤同。至御所，依上條。

【疏】議曰：「行宮」，謂車駕行幸及所至安置之處。外營門、次營門與宮門同，闌入者得徒二年。內營牙帳門與殿門同，闌入者得徒二年半。御幕門與上閤同，闌入者絞。至御在所，依上條，合斬。自餘諸犯，或以闌入論及應加減者，並同正宮殿之法。

078 宮內外行夜

諸宮內外行夜，若有犯法，行夜主司不覺，減守衛者罪二等。

【疏】議曰：宮內外行夜，並置鋪、持更，即是「守衛者」。又有探更、行更之人，此「行夜者」。若當探、行之處，有犯法者，行夜主司不覺，減守衛者罪二等，謂上條：「闌入及越垣，守衛不覺減二等。」注云：「守衛，謂持時專當者。」行夜主司不覺犯法，皆減此持時專當人罪二等。

079 犯廟社禁苑罪名

諸本條無犯廟、社及禁苑罪名者，廟減宮一等，社減廟一等，禁苑與社同。

【疏】議曰：闌入廟、社及禁苑，本條各有罪名。其不立罪名之處，謂「闌入至閾未踰」、「因入輒宿」之類，各隨輕重，廟減宮一等，社減廟一等，禁苑與社同。

即向廟、社、禁苑射及放彈、投瓦石殺傷人者，各以鬬殺傷論，至死者加役流。

【疏】議曰：廟、社及禁苑，非人射及放彈、投瓦石之所。若有輒向射及放彈、投瓦石殺傷人者，各依鬬殺傷人罪法：若箭傷，徒二年；瞎一目，徒三年之類。至死者，唯處加役流。

即箭至隊、仗若闌仗內者，絞。

【疏】議曰：駕行皆有隊、仗，或闌仗而行。忽有人射箭至隊、仗所及至闌仗內者，各得絞罪。

宮門等冒名守衛

諸於宮城門外，若皇城門守衛，以非應守衛人冒名自代及代之者，各徒一年；

【疏】議曰：謂宮城門外隊仗，及傍城助鋪所，及朱雀等門，所有守衛之處，以非應守衛人冒名自代及代之者，各得徒一年。

以應守衛人代者，各杖一百。京城門，各減一等。

【疏】議曰：謂以當色下直、非當上之人自代及代之者，各杖一百。京城門各減一等者，謂明德等諸門，以非應守衛人自代，從一年徒上減一等；以應守衛人自代，從一百杖上減一等。

其在諸處守當者，各又減二等。餘犯應坐者，各減宿衛罪三等。

【疏】議曰：「其在諸處」，謂非皇城、京城等門，自餘內外捉道守鋪及別守當之處。相冒代者，各減京城二等：以非應守衛人自代及代之者，各杖八十；以應守衛人自代及代之者，各杖七十。「餘犯應坐者」，謂冒代之外，餘犯或兵仗遠身、輒離職掌及擅配割，或別驅使之類，本條應坐者，各減宿衛人罪三等。若逃走、違番，不在減例。

問曰：宿衛人以非應宿衛人冒名自代及代之者，入宮內，流三千里；殿內，絞。若未入宮、殿內事發，合得何罪？

答曰：以非應宿衛人自代，重於「闌入」之罪。若未至職掌之處，事發在宮、殿內，止依「闌入宮殿」而科。如未入宮門事發，律無正條，宜依「不應為重」，杖八十。其在宮外諸處冒代，未至職掌處，從「不應為輕」，笞四十。

081

越州鎮戍等城垣

諸越州、鎮、戍城及武庫垣，徒一年；縣城，杖九十；皆謂有門禁者。

【疏】議曰：諸州及鎮、戍之所，各自有城。若越城及武庫垣者，各合徒一年。越縣城，杖九十。縱無城垣，籬柵亦是。注云：「皆謂有門禁者。」其州、鎮、戍在城內安置，若不越城，直越州、鎮垣者，止同下文「越官府廨垣」之罪。

越官府廨垣及坊市垣籬者，杖七十。侵壞者，亦如之。從溝瀆內出入者，與越罪同。越而未過，減一等。餘條未過，準此。

【疏】議曰：官府者，百司之稱。所居之處，皆有廨垣。坊市者，謂京城及諸州、縣等坊市。其廨院或垣或籬，輒越過者，各杖七十。侵，謂侵地；壞，謂壞城及廨宇垣籬：亦各同越罪，故云「亦如之」。

注：從溝瀆內出入者，與越罪同。越而未過，減一等。餘條未過，準此。

【疏】議曰：溝瀆者，通水之渠。從此渠而入出，亦得越罪。「越而未過」，或在城及垣籬上，或在溝瀆中間，未得過者。從「越州城」以下，各得減一等。餘條未過準此者，謂越皇城、京城、宮殿垣及關、津應禁之處未過者，各得減罪一等。

即州、鎮、關、戍城及武庫等門，應閉忘誤不下鍵，若應開毀管鍵而開者，各杖八十；

【疏】議曰：州、鎮、關、戍城，武庫，各有禁門。應閉，皆須下鍵。其忘誤不下鍵，若應開毀管鍵而開者，各得杖八十。

錯下鍵及不由鑰而開者，杖六十。餘門，各減二等。

【疏】議曰：「錯下鍵」，謂管鍵不相當者。「及不由鑰而開者」，謂不用鑰而開。各杖六十。「餘門」，謂縣及坊、市之類，官有門禁者。若應閉忘誤不下鍵，應開毀管鍵而開，各杖六十；錯下鍵及不由鑰而開，各笞四十。故云「餘門各減二等」。

若擅開閉者，各加越罪二等；即城主無故開閉者，與越罪同；未得開閉者，各減已開閉一等。餘條未得開閉準此。

【疏】議曰：擅，謂非時而開閉者。州及鎮、戍、武庫門而有非時擅開閉者，加越罪二等，處徒二年。縣城以下，擅開閉者，並加越罪二等。「城主無故開閉者」，謂州、縣、鎮、戍等長官主執鑰者，不依法式開閉，與越罪同。其坊正、市令非時開閉坊、市門者，亦同城主之法。州、鎮、戍城門各徒一年，自縣城以下悉與越罪同。既云「城主無故開閉」，即是有故許開。若有警急驛使及制敕事速，非時至州、縣者，城主驗實，亦得依法為開。又依監門式：「京城每夕分街立鋪，持更行夜。鼓聲絕，則禁人行；曉鼓聲動，即聽行。若公使齎文牒者，聽。其有婚嫁，亦聽。」注云：「須得縣牒。喪、病須相告赴，求訪醫藥，齎本坊文牒者，亦聽。」其應聽行者，並得為開坊、市門。若有警急及收掩，雖州、縣亦聽非時而開。「未得開閉者」，謂未通人行者為未開，尚得人行者為未閉，各減已開閉一等。「餘條」，謂宮殿門以下有門禁之類，未得開閉者，皆準此減一等。

082 **私度關**

諸私度關者，徒一年。越度者，加一等；不由門為越。

【疏】議曰：水陸等關，兩處各有門禁，行人來往皆有公文，謂驛使驗符券，傳送據遞牒，軍防、丁夫有總曆，自餘各請過所而度。若無公文，私從關門過，合徒一年。「越度者」，謂關不由門，津不由濟而度者，徒一年半。

已至越所而未度者，減五等。謂已到官司應禁約之處。餘條未度準此。

【疏】議曰：水陸關棧，兩岸皆有防禁。越度之人已至官司防禁之所，未得度者，減越度五等，合杖七十。餘條未度準此者，謂城及垣籬、緣邊關塞有禁約之處，已至越所而未度者，皆減已越罪五等。若越度未過者，準上條「減一等」之例。

即被枉徒罪以上，抑屈不申及使人覆訖，不與理者，聽於近關州、縣具狀申訴，所在官司即準狀申尚書省，仍遞送至京。若無徒以上罪而妄陳者，即以其罪罪之。官司抑而不送者，減所訴之罪二等。

【疏】議曰：關外有人，被官司枉斷徒罪以上，其除、免之罪，本坐雖不合徒，亦同徒罪之法。「抑屈不申及使人覆訖，不與理者」，文稱「及」者，使人未覆，亦聽於近關州、縣具狀申訴。「所在官司」，謂近關州、縣，即準狀申尚書省，仍遞送至京。若勘無徒以上罪而妄訴者，妄訴徒、流，還得徒、流；妄訴死罪，還得死罪；妄訴除、免，皆準比徒之法：謂元無本罪而妄訴者。若實有犯，斷有出入，而訴不平者，不當此坐。其應禁及散送，並依所訴之罪，準令遞之。「若官司抑而不送者，減所訴之罪二等」，謂枉得死罪，官司不送，合徒三年之類。

083

不應度關

諸不應度關而給過所，取而度者，亦同。**若冒名請過所而度者，各徒一年。**

【疏】議曰：不應度關者，謂有征役番期及罪譴之類，皆不合輒給過所，而官司輒給；及身不合度關，而取過所度者；若冒他人名，請過所而度者：各徒一年。

即以過所與人及受而度者，亦準此。

【疏】議曰：以所請得過所而轉與人，及受他人過所而承度者，亦徒一年。但律文皆云「度者得徒一年」，明知未度者不合徒坐。若關司未判過所以前，準「越關未度，各減五等」之例；若已判過所，未出關門，同未過；各減一等。其與過所人既因度成罪，前人未度，亦同減科。不應給過所而給者，不在減例。

若家人相冒，杖八十。主司及關司知情，各與同罪；不知情者，不坐。即將馬越度、冒度及私度者，各減人二等；餘畜，又減二等。家畜相冒者，不坐。

【疏】議曰：家人不限良賤，但一家之人，相冒而度者，杖八十。既無「各」字，被冒名者無罪。若冒度、私度、越度，事由家長處分，家長雖不行，亦獨坐家長，此是「家人共犯，止坐尊長」之例。「主司」，謂給過所曹司及關司，知冒度之情，各同度人之罪。不知冒情，主司及關司俱不坐。將馬越度、冒度、私度各減人二等者，越度杖一百，冒度、私度杖九十。餘畜又減二等者，除馬之外，應請過所者，並為「餘畜」，越度杖八十，私度、冒度杖七十。其家畜相冒者，謂毛色、齒歲不同，相冒並不得罪也。

084

關津留難

諸關、津度人，無故留難者，一日主司笞四十，一日加一等，罪止杖一百。

【疏】議曰：關，謂判過所之處。津，直度人，不判過所者。依令：「各依先後而度。」無故留難不度者，一日主司笞四十。「主司」，謂關、津之司。一日加一等，七日罪止杖一百。此謂非公使之人。若軍務急速而留難不度，致稽廢者，自從所稽廢重論。

085 私度有他罪

諸私度有他罪重者，主司知情，以重者論；不知情者，依常律。

【疏】議曰：私度者，謂無過所，從關門私度，止徒一年。或有避死罪逃亡，別犯徒以上罪，是名「有他罪重」。關司知情者，以「故縱」罪論，各得所度人重罪。「不知情者依常律」，謂不知罪人別犯之情者，依常律「不覺故縱」之法。

086 人兵度關妄度

諸領人兵度關，而別人妄隨度者，將領主司以關司論，關司不覺減將領者罪一等；知情者，各依故縱法。有過所者，關司自依常律；將領主司知情減關司故縱罪一等，不知情者不坐。

【疏】議曰：準令：「兵馬出關者，依本司連寫敕符勘度。入關者，據部領兵將文帳檢入。」而別有人妄隨度者，罪在領兵官司，故云「將領主司以關司論」。知情與同罪，不覺減二等。若知別有重罪，亦依重罪科之。關司不覺者，謂關司承將領者文簿，不覺別人隨度者，減將領者罪一等，謂減度者罪三等。「知情者各依故縱法」，稱「各」者，將領主司及關司俱得度人之罪。有過所者，關司判度，自依常律，不減將領主司之罪。若將領主司知情，減關司故縱罪一等；不知情者，不坐。

087 齎禁私物度關

諸齎禁物私度關者，坐贓論；贓輕者，從私造、私有法。

【疏】議曰：禁物者，謂禁兵器及諸禁物，並私家不應有者，私將度關，各計贓數，從「坐贓」科罪：十疋徒一年，十疋加一等，罪止徒三年。準贓輕者，從私造、私有法。擅興律：「私有甲一領，弩三張，流二千里。矟一張，徒一年半。私造者，各加一等。」假令私將矟度關，平贓直絹三十疋，即從坐贓，科徒二年，不計矟為罪。將甲一領度關，從私有法，流二千里，即不計贓而斷。

若私家之物，禁約不合度關而私度者，減三等。

【疏】議曰：依關市令：「錦、綾、羅、縠、紬、綿、絹、絲、布、犛牛尾、真珠、金、銀、鐵，並不得度西邊、北邊諸關及至緣邊諸州興易。」從錦、綾以下，並是私家應有。若將度西邊、北邊諸關，計贓減坐贓罪三等。其私家不應有，雖未度關，亦沒官。私家應有之物，禁約不合度關，已下過所，關司捉獲者，其物沒官；若已度關及越度被人糾獲，三分其物，二分賞捉人，一分入官。

088

越度緣邊關塞

諸越度緣邊關塞者，徒二年。共化外人私相交易，若取與者，一尺徒二年半，三疋加一等，十五疋加役流；

【疏】議曰：緣邊關塞，以隔華、夷。其有越度此關塞者，得徒二年。以馬越度，準上條「減人二等」，合徒一年。餘畜又減二等，杖九十。但以緣邊關塞，越罪故重。若從關門私度人、畜，各與餘關罪同。若共化外蕃人私相交易，謂市買博易，或取蕃人之物及將物與蕃人，計贓一尺徒二年半，三疋加一等，十五疋加役流。

私與禁兵器者，絞；共為婚姻者，流二千里。未入、未成者，各減三等。即因使私有交易者，準盜論。

【疏】議曰：越度緣邊關塞，將禁兵器私與化外人者，絞。共為婚姻者，流二千里。其化外人越度入境，與化內交易，得罪並與化內人越度、交易同，仍奏聽勑。出入國境，非公使者不合，故但云「越度」，不言「私度」。若私度交易。得罪皆同。未入者，謂禁兵器未入，減死三等，得徒二年半。未成者，謂婚姻未成，減流三等，得徒二年。因使者，謂因公使入蕃，蕃人因使入國。私有交易者，謂市買博易，各計贓，準盜論，罪止流三千里。若私與禁兵器及為婚姻，律無別文，得罪並同「越度」、「私與禁兵器」、「共為婚姻」之罪。又，準別格：「諸蕃人所娶得漢婦女為妻妾，並不得將還蕃內。」又準主客式：「蕃客入朝，於在路不得與客交雜，亦不得令客與人言語。州、縣官人若無事，亦不得與客相見。」即是國內官人、百姓，不得與客交關。私作婚姻，同上法。如是蕃人入朝聽住之者，得娶妻妾，若將還蕃內，以違勑科之。

089 緣邊城戍

諸緣邊城戍，有外姦內入，謂非眾成師旅者。**內姦外出，而候望者不覺，徒一年半；主司，徒一年。**謂內外姦人出入之路，關於候望者。

【疏】議曰：國境緣邊。皆有城戍，式遏寇盜，預備不虞。其「有外姦內入」，謂蕃人為姦，或行間諜之類。注云：「謂非眾成師旅者。」依周禮：「五百人為旅，二千五百人為師。」此謂小小姦寇抄掠者。若成師旅，自依擅興律：「連接寇賊，被遣斥候，不覺賊來，徒三年。」有內姦外出者，謂國內人為姦，出向化外，或荒海之畔、幽險之中。候望之人，不覺有姦入出，合徒一年半。雖非候望者，但是城戍主司不覺，得徒一年。「謂內外姦人出入之路關於候望者」，目所堪見為關，謂在候望之內也。

其有姦人入出，力所不敵者，傳告比近城戍。若不速告及告而稽留，不即共捕，致失姦寇者，罪亦如之。

【疏】議曰：其有姦人入出，所經城戍皆即捕之。若力所不敵者，即須傳告比近城戍，令共捕逐。若不速告及告而稽留，不即共捕，致失姦寇者，並徒一年。

090 烽候不警

諸烽候不警，令寇賊犯邊；及應舉烽燧而不舉，應放多烽而放少烽者：各徒三年；

【疏】議曰：「烽候」，謂從緣邊置烽，連於京邑，烽燧相應，以備非常。放烽多少，具在別式。候望不舉，是名「不警」。若令蕃寇犯塞，外賊入邊；及應舉烽燧而不舉，應放多烽而放少烽者：各徒三年。

若放烽已訖，而前烽不舉，不即往告者，罪亦如之。以故陷敗戶口、軍人、城戍者，絞。

【疏】議曰：依職方式：「放烽訖而前烽不舉者，即差腳力往告之。」不即告者，亦徒三年。故云「亦如之」。「以故陷敗」，謂從「烽候不警」及「應舉烽燧而不舉，或應放多烽而放少烽」，或「放烽訖而前烽不舉，不即往告」等，以故陷敗戶口，或是軍人及城戍者，各得絞罪。

即不應舉烽燧而舉，若應放少烽而放多烽，及遶烽二里內輒放煙火者，各徒一年。

【疏】議曰：依式：「望見煙塵，即舉烽燧。」若無事故，是「不應舉」；若應放少烽，而放多烽；及遶烽二里內，皆不得有煙火，謂晝放煙，夜放火者：自「不應舉烽燧而舉」以下三事，各徒一年。放烽多少，具在式文，其事隱祕，不可具引。如有犯者，臨時據式科斷。

職制上

【疏】議曰：職制律者，起自於晉，名為違制律。爰至高齊，此名不改。隋開皇改為職制律。言職司法制，備在此篇。宮衛事了，設官為次，故在衛禁之下。

091 **官有員數**

諸官有員數，而署置過限及不應置而置，謂非奏授者。**一人杖一百，三人加一等。十人徒二年；**

【疏】議曰：「官有員數」，謂內外百司，雜任以上，在令各有員數。「而署置過限及不應置而置」，謂格、令無員，妄相署置。注云「謂非奏授者」，即是視六品以下及流外雜任等。所司判補一人杖一百，三人加一等，十人徒二年。若是應奏授，詐而不實者，從「詐假」法。如不合置官而故剩奏授者，從「上書詐不實」論。

後人知而聽者，減前人署置一等；規求者為從坐，被徵須者勿論。即軍務要速，量事權置者，不用此律。

【疏】議曰：前人署置過限及不應置而置，後人知其剩員而聽任者，減初置人罪一等，謂一人杖九十，四人以上杖一百，七人以上徒一年，十人徒一年半。「規求者為從坐」，謂人自規求而任者，為初置官從坐，合杖九十。「被徵須者」，謂被徵召而補者，勿論。「即軍務要速，量事權置者」，謂行軍之所，須置權官，不當署置之罪，故云「不用此律」。

092 貢舉非其人

諸貢舉非其人及應貢舉而不貢舉者，一人徒一年，二人加一等，罪止徒三年。非其人，謂德行乖僻，不如舉狀者。若試不及第，減二等。率五分得三分及第者，不坐。

【疏】議曰：依令：「諸州歲別貢人。」若別勑令舉及國子諸館年常送省者，為舉人。皆取方正清循，名行相副。若德行無聞，妄相推薦，或才堪利用，蔽而不舉者，一人徒一年，二人加一等，罪止徒三年。注云「非其人，謂德行乖僻，不如舉狀者」，若使名實乖違，即是不如舉狀，縱使試得及第，亦退而獲罪。如其德行無虧，唯試策不及第，減乖僻者罪二等。「率五分得三分及第者，不坐」，謂試五得三，試十得六之類，所貢官人，皆得免罪。若貢五得二，科三人之罪；貢十得三，科七人之罪。但有一人德行乖僻，不如舉狀，即以「乖僻」科之。縱有得第者多，並不合共相準折。

若考校、課試而不以實及選官乖於舉狀，以故不稱職者，減一等。負殿應附而不附，及不應附而附，致考有陞降者，罪亦同。

【疏】議曰：「考校」，謂內外文武官寮年終應考校功過者。其「課試」，謂貢舉之人藝業伎能，依令課試有數。若其官司考、試不以實及選官乖於所舉本狀，以故不稱職者，謂不習典憲，任以法官；明練經史，授之武職之類：各減「貢舉非其人」罪一等。「負殿應附不附」者，依令：「私坐每一斤為一負，公罪二斤為一負，各十負為一殿。」校考之日，負殿皆悉附狀，若故違不附；及不應附而附者，謂蒙別勑放免，或經恩降，公私負殿並不在附限，若犯免官以上及贓賄入己，恩前獄成，仍附景跡，除此等罪，並不合附而故附：致使考校有陞降者，得罪亦同，謂與考校、課試不實罪同，亦減「貢舉非其人」罪一等。

失者，各減三等。餘條失者準此。

承言不覺，又減一等；知而聽行，與同罪。

【疏】議曰：「失者，各減三等」，謂意在堪貢，心不涉私，不審德行有虧，得減故罪三等。自「試不及第」以下，「應附不附」以上，失者又各減三等。「餘條失者準此」，謂一部律內，公事錯失，本條無失減之文者，並準此減三等。承言不覺，亦從貢舉以下，承校試人言，不覺差失，從失減三等上更減一等，故云「又減一等」。知而聽行，亦從貢舉以下，知非其人，或試不及第，考校、課試知其不實，或選官乖狀，「各與同罪」，謂各與初試者同罪。

093 **刺史縣令私出界**

諸刺史、縣令、折衝、果毅，私自出界者，杖一百。經宿乃坐。

【疏】議曰：州、縣有境界，折衝府有地團。不因公事，私自出境界者，杖一百。注云「經宿乃坐」，既不云「經日」，即非百刻之限。但是經宿，即合此坐。

094 **在官應直不直**

諸在官應直不直，應宿不宿，各笞二十；通晝夜者，笞三十。

【疏】議曰：依令：「內外官應分番宿直。」若應直不直，應宿不宿，晝夜不相須，各笞二十。通晝夜不直者，笞三十。

若點不到者，一點笞十。一日之點，限取二點為坐。

【疏】議曰：內外官司應點檢者，或數度頻點，點即不到者，一點笞十。注云「一日之點，限取二點為坐」，謂一日之內，點檢雖多，止據二點得罪，限笞二十。若全不來，上計日以無故不上科之。

問曰：二日以上，日別常向曹司，曹司點檢，每點不到。若科無故不上，即是日別常來；若以累點科之，罪又重於不上。假有十日之內，日別皆來，每點不到，欲科何罪？

答曰：八品以下，頻點不到，便是已發更犯，合重其事，累點科之。如非流內之人，自須當日決放。初雖累點罪重，點多不至徒刑；計日不上初輕，日多即至徒坐。所以日別上者據點，全不來者計日。以此處斷，實允刑名。

095 官人無故不上

諸官人無故不上及當番不到，雖無官品，但分番上下，亦同。下條準此。

【疏】議曰：官人者，謂內外官人。「無故不上，當番不到」，謂分番之人，應上不到。注云「雖無官品」，謂但在官分番者，得罪亦同官人之法。下條準此者，謂「之官限滿不赴」及「官人從駕稽違及從而先還」，雖無官品，亦同官人之法。

若因暇而違者，一日笞二十，三日加一等；過杖一百，十日加一等，罪止徒一年半。邊要之官，加一等。

【疏】議曰：官人以下、雜任以上，因給暇而故違，並一日笞二十，三日加一等，二十五日合杖一百，三十五日徒一年，四十五日徒一年半。「邊要之官」，謂在緣邊要重之所，無故不上以下，各加罪一等。

096 之官限滿

諸之官限滿不赴者，一日笞十，十日加一等，罪止徒一年。即代到不還，減二等。

【疏】議曰：依令，之官各有裝束程限。限滿不赴，一日笞十，十日加一等，罪止徒一年。其替人已到，淹留不還，準不赴任之程，減罪二等。其有田苗者，依令「聽待收田訖發遣」。無田苗者，依限須還。

097 官人從駕稽違

諸官人從駕稽違及從而先還者，笞四十，三日加一等；過杖一百，十日加一等，罪止徒二年。侍臣，加一等。

【疏】議曰：「官人」，謂百官應從駕者。流外以下應從人，亦同官人之罪。其書吏、書僮之類，差逐官人者，不在此限。其有稽違不到及從而先還者，雖不滿日，笞四十，三日加一等；過杖一百，十日加一等，罪止徒二年。「侍臣」，謂中書、門下省五品以上，依令應侍從者，加罪一等。

098 大祀不預申期

諸大祀不預申期及不頒所司者，杖六十；以故廢事者，徒二年。

【疏】議曰：依令：「大祀，謂天地、宗廟、神州等為大祀。或車駕自行，或三公行事。齋官皆散齋之日，平明集省，受誓誡。二十日以前，所司預申祠部，祠部頒告諸司。」其不預申期及不頒下所司者，杖六十。即雖申及頒下，事不周悉，所坐亦同。以故廢祠祀事者，所由官司，徒二年。應連坐者，各依公坐法，節級得罪。

牲牢、玉帛之屬不如法，杖七十；闕數者，杖一百；全闕者，徒一年。全闕，謂一坐。

【疏】議曰：牲，謂牛、羊、豕。牢者，牲之體。玉，謂蒼璧祀天，黃琮祭地，五方上帝各依方色。帛，謂幣帛。稱「之屬」者，謂黍、稷以下，不依禮、令之法，一事有違，合杖七十；一事闕少，合杖一百；一坐全闕，合徒一年。其本是中、小祀，雖從大祀受祭，若有少闕，各依中、小祀遞減之法。闕坐更多，罪不過此。餘祀闕坐，皆準此。

即入散齋，不宿正寢者，一宿笞五十；致齋，不宿本司者，一宿杖九十；一宿各加一等。中、小祀遞減二等。凡言祀者，祭、享同。餘條中、小祀準此。

【疏】議曰：依令：「大祀，散齋四日，致齋三日。中祀，散齋三日，致齋二日。小祀，散齋二日，致齋一日。散齋之日，齋官晝理事如故，夜宿於家正寢。」不宿正寢者，一宿笞五十，一宿加一等。其無正寢者，於當家之內餘齋房內宿者，亦無罪。皆不得習穢惡之事。故禮云：「三日齋，一日用之，猶恐不敬。」致齋者，兩宿宿本司，一宿宿祀所。無本司及本司在皇城外者，皆於郊社、太廟宿齋。若不宿者，一宿杖九十，一宿加一等。通上散齋，故云「各加一等」。中、小祀者，謂社稷、日月、星辰、岳鎮、海瀆、帝社等為中祀，司中、司命、風師、雨師、諸星、山林、川澤之屬為小祀。從大祀以下犯者，中祀減大祀二等，小祀減中祀二等，故云「各遞減二等」。

注：凡言祀者，祭、享同。餘條中、小祀準此。

【疏】議曰：依祠令：「在天稱祀，在地為祭，宗廟名享。」今直舉祀為例，故曰「凡言祀者，祭、享同」。「餘條中、小祀準此」，但在中祀有犯，皆減大祀二等；小祀有犯，皆減中祀二等。謂下條「大祀在散齋，弔喪問疾」，賊盜律「盜大祀神御物」之類，本條無中、小祀罪名者，準此遞減。

099 **大祀散齋弔喪**

諸大祀在散齋而弔喪、問疾、判署刑殺文書及決罰者，笞五十；奏聞者，杖六十。致齋者，各加一等。

【疏】議曰：大祀散齋四日，並不得弔喪，亦不得問疾。刑謂定罪，殺謂殺戮罪人，此等文書不得判署，及不得決罰杖、笞。違者，笞五十。若以此刑殺、決罰事奏聞者，杖六十。若在致齋內犯者，各加一等。中、小祀犯者，各遞減二等。

100 **祭祀有事於園陵**

諸祭祀及有事於園陵，若朝會、侍衛，行事失錯及違失儀式者，笞四十。謂言辭諠嚣，坐立怠慢乖衆者，乃坐。

【疏】議曰：稱祭祀者，享亦同；「及有事於園陵」，謂謁陵等事；「若朝會」，謂百官朝參、集會；及侍衛祭祀之事：行事失錯及違失儀式者，笞四十。注云「謂言辭諠嚣，坐立怠慢」，謂聲高諠鬧，坐立不正，不依儀式，與衆乖者，乃坐。

應集而主司不告，及告而不至者，各笞五十。

【疏】議曰：「應集」，謂「祭祀」以下及餘事合集之人。而主司不頒告令集，罪在主司；告而不至，獨坐不至者。故云「各笞五十」。

101 廟享有喪

諸廟享，知有緦麻以上喪，遣充執事者，笞五十；陪從者，笞三十。主司不知，勿論。有喪不自言者，罪亦如之。其祭天地社稷則不禁。

【疏】議曰：廟享為吉事，左傳曰：「吉禘於莊公。」其有緦麻以上慘，不得預其事。若知有緦麻以上喪，遣充執事者，主司笞五十。雖不執事，遣陪從者，主司笞三十。若主司不知前人有喪者，勿論。即有喪不自言，而冒充執事及陪從者，亦如之。其祭天地社稷不禁者，禮云「唯祭天地社稷，為越紼而行事」，不避有慘，故云「則不禁」。

102 合和御藥

諸合和御藥，誤不如本方及封題誤者，醫絞。

【疏】議曰：合和御藥，須先處方，依方合和，不得差誤。若有錯誤，「不如本方」，謂分兩多少不如本方法之類。合成仍題封其上，注藥遲駛冷熱之類，并寫本方俱進。若有誤不如本方及封題有誤等，但一事有誤，醫即合絞。醫，謂當合和藥者，名例「大不敬」條內已具解訖。

料理簡擇不精者，徒一年。未進御者，各減一等。監當官司，各減醫一等。餘條未進御及監當官司，並準此。

【疏】議曰：「料理」，謂應熬削洗漬之類。「簡擇」，謂去惡留善，皆須精細之類。有不精者，徒一年。其藥未進御者，「各減一等」，謂應絞者從絞上減，應徒者從徒上減，是名「各減一等」。「監當官司」，依令：「合和御藥，在內諸省，省別長官一人，并當上大將軍、將軍、衛別一人，與尚藥、奉御等監視。藥成，醫以上先嘗。」除醫以外，皆是監當官司，並於已進、未進上，各減醫罪一等。注云「餘條未進御者」，謂下條「造御膳」、「御幸舟船」、「乘輿服御物」，但應供奉之物未進御者，各隨輕重減一等，監當官司又各減一等，故云「並準此」。

103 **造御膳犯食禁**

諸造御膳，誤犯食禁者，主食絞。若穢惡之物在食飲中，徒二年；簡擇不精及進御不時，減二等。不品嘗者，杖一百。

【疏】議曰：造御膳者，皆依食經，經有禁忌，不得輒造，若乾脯不得入黍米中，莧菜不得和鱉肉之類。有所犯者，主食合絞。「若穢惡之物」，謂物是不絜之類，在食飲中，徒二年。若簡擇不精者，謂簡米擇菜之類，有不精好；及進御不時者，依禮，飯齊視春宜溫，羹齊視夏宜熱之類，或期夕日中，進奉失度及冷熱不時者：減罪二等，謂從徒二年減二等。「不品嘗者，杖一百」，謂酸鹹若辛之味不品及應嘗不嘗，俱得杖一百之罪。

104 **御幸舟船**

諸御幸舟船，誤不牢固者，工匠絞。工匠各以所由為首。

【疏】議曰：御幸舟船者，皇帝所幸舟船，謂造作莊嚴。不甚牢固，可以敗壞者，工匠合絞。注云「各以所由為首」，明造作之人，皆以當時所由人為首。

若不整飾及闕少者，徒二年。

【疏】議曰：其舟船若不整頓修飾，及在船篙、棹之屬，所須者有所闕少，得徒二年。此亦以所由為首，監當官司各減一等。

105 **乘輿服御物**

諸乘輿服御物，持護修整不如法者，杖八十；若進御乖失者，杖一百。其車馬之屬不調習，駕馭之具不完牢，徒二年；未進御，減三等。

【疏】議曰：乘輿所服用之物，皆有所司執持修整，自有常法。不如法者，杖八十。「若進御乖失者」，依禮「授立不跪，授坐不立」之類，各依禮法，如有乖失違法者，合杖一百。其車馬之屬不調習，駕馭之具不完牢者，車謂輅車，馬謂御馬。其「之屬」，謂羊車及輦等。升車則馬動，馬動則鑾鳴之類，是為「調習」。若不如此，或御馬驚駭，車、輿及鞍、轡之屬有損壞，各徒二年。雖不如法，未將進御者，減三等。

應供奉之物闕乏者，徒一年；其雜供有闕，笞五十。

【疏】議曰：「應供奉之物」，謂衣服、飲食之類。但是應供奉者，皆須預備，有闕乏者，即徒一年。雜供有闕者，謂非尋常應供奉之物，可供而闕者，笞五十。

106 **主司借服御物**

諸主司私借乘輿服御物，若借人及借之者，徒三年。非服而御之物，徒一年。在司服用者，各減一等。非服而御，謂帷帳几杖之屬。

【疏】議曰：乘輿服御物，主司持護修整，常須如法，若有私借，或將借人及借之者，各徒三年。「非服而御之物」，謂除服御物之外，應供御所用者，得徒一年。雖非自借及借人，在司服用者，各減罪一等：服御物，徒三年上減；非服而御，徒一年上減。是為「各減一等」。

注：非服而御，謂帷帳几杖之屬。

【疏】議曰：帷帳几杖之屬者，謂筆硯、書史、器玩等，是應供御所須，非服用之物。色類既多，故云「之屬」。

107 **監當主食有犯**

諸監當官司及主食之人，誤將雜藥至御膳所者，絞。所，謂監當之人應到之處。

【疏】議曰：御廚造膳，從造至進，皆有監當官司。依令：「主食升階進食。」但是雜藥，誤將至御膳所者，絞。「雜藥」，謂合和為藥，堪服餌者。若有毒性，雖不合和，亦為「雜藥」。

108 **百官外膳**

諸外膳，謂供百官。**犯食禁者，供膳杖七十。若穢惡之物在食飲中及簡擇不淨者，笞五十。誤者，各減二等。**

【疏】議曰：百官常食以上，皆官廚所營，名為「外膳」，故注云「謂供百官」。「犯食禁者」，食禁已上解訖，若有犯者，所由供膳杖七十。「穢惡之物」，謂不淨物之類在食飲中，及簡擇有不淨，其所由者，得笞五十。若有誤失者，各減二等：誤犯食禁者，笞五十；誤簡不淨，笞三十。

109 **漏泄大事**

諸漏泄大事應密者，絞。大事，謂潛謀討襲及收捕謀叛之類。

【疏】議曰：依《鬭訟律》：「知謀反及大逆者，密告隨近官司。」其知謀反、大逆、謀叛，皆合密告，或掩襲寇賊，此等是「大事應密」，不合人知。輒漏泄者，絞。注云「大事，謂潛謀討襲」者，討謂命將誓師，潛謀征討；襲謂不聲鍾鼓，掩其不備者。既有潛謀討襲之事及收捕反、逆之徒，故云「謀叛之類」。

非大事應密者，徒一年半；漏泄於蕃國使者，加一等。仍以初傳者為首，傳至者為從。即轉傳大事者，杖八十；非大事，勿論。

【疏】議曰：「非大事應密」，謂依令「仰觀見風雲氣色有異，密封奏聞」之類。有漏泄者，是非大事應密，合徒一年半。國家之事，不欲蕃國聞知，若漏泄於蕃國使者，加一等，合徒二年。其大事，縱漏泄於蕃國使，亦不加至斬。漏泄之事，「以初傳者為首」，首謂初漏泄者。「傳至者為從」，謂傳至罪人及蕃使者。其間展轉相傳大事者，杖八十。「非大事，勿論」，非大事，雖應密，而轉傳之人並不坐。

110 **玄象器物**

諸玄象器物，天文，圖書，讖書，兵書，七曜曆，太一、雷公式，私家不得有，違者徒二年。私習天文者亦同。**其緯、候及論語讖，不在禁限。**

【疏】議曰：玄象者，玄，天也，謂象天為器具，以經星之文及日月所行之道，轉之以觀時變。易曰：「玄象著明，莫大於日月。故天垂象，聖人則之。」尚書云：「在璇璣玉衡，以齊七政。」天文者，史記天官書云天文，日月、五星、二十八宿等，故易曰：「仰則觀於天文。」圖書者，「河出圖，洛出書」是也。讖書者，先代聖賢所記未來徵祥之書。兵書，謂太公六韜、黃石公三略之類。七曜曆，謂日、月、五星之曆。太一、雷公式者，並是式名，以占吉凶者。私家皆不得有，違者，徒二年。若將傳用，言涉不順者，自從「造祆言」之法。「私習天文者」，謂非自有書，轉相習學者，亦得二年徒坐。緯、候及議者，五經緯、尚書中候、論語讖，並不在禁限。

111 稽緩制書

諸稽緩制書者，一日笞五十，謄制、敕、符、移之類皆是。**一日加一等，十日徒一年。**

【疏】議曰：制書，在令無有程限，成案皆云「即日行下」，稱即日者，謂百刻內也。寫程：「通計符、移、關、牒，滿二百紙以下，給二日程；過此以外，每二百紙以下，加一日程。所加多者，總不得過五日。其赦書，計紙雖多，不得過三日。軍務急速，皆當日並了。」成案及計紙程外仍停者，是為「稽緩」，一日笞五十。注云「謄制、敕、符、移之類」，謂奉正制、敕，更謄已出，符、移、關、解、刺、牒皆是，故言「之類」。一日加一等，計六日杖一百，十日徒一年，即是罪止。

其官文書稽程者，一日笞十，三日加一等，罪止杖八十。

【疏】議曰：「官文書」，謂在曹常行，非制、敕、奏抄者。依令：「小事五日程，中事十日程，大事二十日程，徒以上獄案辯定須斷者三十日程。其通判及勾經三人以下者，給一日程；經四人以上，給二日程；大事各加一日程。若有機速，不在此例。」機速，謂軍機急速，不必要準案程。應了不了，亦準稽程法。除此之外，皆準事。稽程者，一日笞十，三日加一等，罪止杖八十。

112 被制書施行違者

諸被制書，有所施行而違者，徒二年。失錯者，杖一百。失錯，謂失其旨。

【疏】議曰：「被制書」，謂奉制。有所施行而違者，徒二年。若非故違而失錯旨意者，杖一百。

問曰：條云「被制書施行而違者徒二年」，未知敕及奏抄得罪同否？

答曰：上條「稽緩制書」，注云：「謄制、敕、符、移之類皆是。」即明制、敕之義，輕重不殊。其奏抄御親畫聞，制則承旨宣用，御畫不輕承旨，理與制書義同。

113 **受制忘誤**

諸受制忘誤及寫制書誤者，事若未失，笞五十；已失，杖七十。轉受者，減一等。

【疏】議曰：謂承制之人，忘誤其事及寫制書脫剩文字，並文字錯失。事若未失者，謂未失制書之意，合笞五十。「已失」，謂已失事意而施行，合杖七十。「轉受者減一等」，若宣制忘誤及寫制失錯，轉受者雖自錯誤，為非親承制敕，故減一等：未失其事，合笞四十；事若已失，合杖六十。故云「轉受者減一等」。

卷第十

職制中

114 **制書誤輒改定**

諸制書有誤，不即奏聞，輒改定者，杖八十；官文書誤，不請官司而改定者，笞四十。知誤，不奏請而行者，亦如之。輒飾文者，各加二等。

【疏】議曰：「制書有誤」，謂旨意參差，或脫剩文字，於理有失者，皆合覆奏，然後改正、施行。不即奏聞，輒自改定者，杖八十。「官文書」，謂常行文書，有誤於事，改動者，皆須請當司長官，然後改正。若有不請自改定者，笞四十。知制書誤不奏，知官文書誤不請，依錯施行，「亦如之」：制書誤，得杖八十；官文書誤，得笞四十。依公式令：「下制、敕宣行，文字脫誤，於事理無改動者，勘檢本案，分明可知，即改從正，不須覆奏。其官文書脫誤者，諮長官改正。」輒飾文字者，「各加二等」，謂非動事，修飾其文，制書合杖一百，官文書合杖六十。若動事，自從「詐增減」法。

115 **上書奏事犯誤**

諸上書若奏事，誤犯宗廟諱者，杖八十；口誤及餘文書誤犯者，笞五十。

【疏】議曰：上書若奏事，皆須避宗廟諱。有誤犯者，杖八十。若奏事口誤及餘文書誤犯者，各笞五十。

即為名字觸犯者，徒三年。若嫌名及二名偏犯者，不坐。嫌名，謂若禹與雨、丘與區。二名，謂言徵不言在，言在不言徵之類。

【疏】議曰：普天率土，莫匪王臣。制字立名，輒犯宗廟諱者，合徒三年。若嫌名者，則禮云「禹與雨」，謂聲嫌而字殊；「丘與區」，意嫌而理別。「及二名偏犯者」，謂複名而單犯並不坐，謂孔子母名徵在，孔子云「季孫之憂，不在顓臾」，即不言徵；又云「杞不足徵」，即不言在。此色既多，故云「之類」。

116 **上書奏事誤**

諸上書若奏事而誤，杖六十；口誤，減二等。口誤不失事者，勿論。

【疏】議曰：「上書」，謂書奏特達。「奏事」，謂面陳。有誤者，杖六十。若口誤，減二等，合笞四十。若口奏雖誤，事意無失者，不坐。

上尚書省而誤，笞四十。餘文書誤，笞三十。誤，謂脫剩文字及錯失者。

【疏】議曰：上尚書省而誤者，謂內外百司應申尚書省，而有文字脫剩及錯失者，合笞四十。餘文書誤者，謂非上尚書省，凡是官文書誤者，合笞三十。

即誤有害者，各加三等。有害，謂當言勿原而言原之，當言千疋而言十疋之類。

【疏】議曰：上書、奏事誤有害者，合杖九十。上尚書省誤有害者，合杖七十。餘文書誤有害者，合杖六十。是名「各加三等」。注云「有害，謂當言勿原而言原之，當言千疋而言十疋之類」，稱「之類」者，自須以類求之，類例既多，事非一端。假有犯罪，當言原之而言勿原，當言勿原而言原之，承誤已行決及原放訖者，此即「當條雖有罪名所為重者」，自從「失出入」論，不可直從「有害」加三等。

若誤可行，非上書、奏事者，勿論。可行，謂案省可知，不容有異議，當言甲申而言甲由之類。

【疏】議曰：「上尚書省」以下，雖誤，案驗可行者，皆不坐。可行者，謂案驗其狀，省察是非，不容更有別議。當言甲申之日，而言甲由之日，如此之類，是案省可知，雖誤，皆不合罪。

117 **事應奏而不奏**

諸事應奏而不奏，不應奏而奏者，杖八十。應言上而不言上，雖奏上，不待報而行，亦同。**不應言上而言上及不由所管而越言上，應行下而不行下及不應行下而行下者，各杖六十。**

【疏】議曰：應奏而不奏者，謂依律、令及式，事應合奏而不奏；或格、令、式無合奏之文及事理不須聞奏者，是「不應奏而奏」：並合杖八十。應言上者，謂合申上而不言上。注云「雖奏上，不待報而行，亦同」，謂事合奏及已申上、應合待報者，皆須待報而行，若不待報而輒行者，亦同不奏、不申之罪。若據文且奏且行，或申奏知不須待報者，不當此坐。不應言上者，依律、令及格、式，不遣言上而輒言上；及不由所管而越言上者，假謂州管縣，都督管州，州、縣事須上省，皆須先申所管州、府，不申而越言上者；并「事應行下而不行下，不應行下而行下者」，謂應出符、移、關、牒、刺而不出行下，不應出符、移、關、牒、刺而出行下者：各杖六十。

118 **事直代判署**

諸公文有本案，事直而代官司署者，杖八十；代判者，徒一年。亡失案而代者，各加一等。

【疏】議曰：「公文」，謂在官文書。有本案，事直，唯須依行。或奏狀及符、移、關、解、刺、牒等，其有非應判署之人，代官司署案及署應行文書者，杖八十。若代判者，徒一年。其「亡失案而代者，各加一等」：代署者杖九十，代判者徒一年半。此皆謂事直而代者。若有增減、出入罪重者，即從重科。依令：「授五品以上畫『可』，六品以下畫『聞』」。「代畫者，即同增減制書。其有「制可」字，侍中所注，止當代判之罪。

119 **受制出使不返**

諸受制出使，不返制命，輒干他事者，徒一年半；以故有所廢闕者，徒三年。餘使妄干他事者，杖九十；以故有所廢闕者，徒一年。越司侵職者，杖七十。

【疏】議曰：受制、勑出使，事訖皆須返命奏聞。若不返命，更干預他事者，徒一年半；以故有所廢闕者，徒三年。「餘使」，謂非制使。妄干他事者，杖九十；以故有所廢闕者，徒一年。「越司侵職者」，謂設官分職，各有司存，越其本局，侵人職掌，杖七十。其受三后及皇太子令，出使不返命，得罪依減制、勅一等。

120 匿父母夫喪

諸聞父母若夫之喪，匿不舉哀者，流二千里；喪制未終，釋服從吉，若忘哀作樂，自作、遣人等。徒三年；雜戲，徒一年；即遇樂而聽及參預吉席者，各杖一百。

【疏】議曰：父母之恩，昊天莫報，荼毒之極，豈若聞喪。婦人以夫為天，哀類父母。聞喪即須哭泣，豈得擇日待時。若匿而不即舉哀者，流二千里。其嫡孫承祖者，與父母同。「喪制未終」，謂父母及夫喪二十七月內，釋服從吉，若忘哀作樂，注云「自作、遣人等」，徒三年。其父卒母嫁，及為祖後者祖在為祖母，若出妻之子，並居心喪之內，未合從吉，若忘哀作樂，自作、遣人等，亦徒三年。雜戲，徒一年。樂，謂金石、絲竹、笙歌、鼓舞之類。雜戲，謂樗蒲、雙陸、彈碁、象博之屬。「即遇樂而聽」，謂因逢奏樂而遂聽者；「參預吉席」，謂遇逢禮宴之席參預其中者：各杖一百。

聞期親尊長喪，匿不舉哀者，徒一年；喪制未終，釋服從吉，杖一百。大功以下尊長，各遞減二等。卑幼，各減一等。

【疏】議曰：「期親尊長」，謂祖父母，曾、高父母亦同，伯叔父母，姑，兄姊，夫之父母，妾為女君。此等聞喪，即須舉發，若匿不舉哀者，徒一年。「喪制未終」，謂未踰期月，釋服從吉者，杖一百。大功尊長：匿不舉哀，杖九十；未踰九月，釋服從吉，杖八十。小功尊長：匿不舉哀，杖七十；未踰五月，釋服從吉，杖六十。緦麻尊長：匿不舉哀，笞五十；未踰三月，釋服從吉，笞四十。其於卑幼，匿不舉哀及釋服從吉，各減當色尊長一等。「出降」者，謂姑、姊妹本服期，出嫁九月。若於九月內釋服從吉者，罪同期親尊長科之，其服數止準大功之月。餘親出降，準此。若有殤降為七月之類，亦準所降之月為服數之限，罪依本服科之。其妻既非尊長，又殊卑幼，在禮及詩，比為兄弟，即是妻同於幼。

問曰：聞喪不即舉哀，於後擇日舉訖，事發合得何罪？

答曰：依禮：「斬衰之哭，往而不返。齊衰之哭，若往而返。大功之哭，三曲而偯。小功、緦麻，哀容可也。」準斯禮制，輕重有殊，聞喪雖同，情有降殺。期親以上，不即舉哀，後雖舉訖，不可無罪，期以上從「不應得為重」；大功，從「不應得為輕」；小功以下，哀容可也，不合科罪。若未舉事發者，各從「不舉」之坐。

又問：居期喪作樂及遣人作，律條無文，合得何罪？

答曰：禮云：「大功將至，辟琴瑟。」鄭注云：「亦所以助哀。」又云：「小功至，不絕樂。」喪服云：「古者有死於宮中者，即三月為之不舉樂。」況乎身服期功，心忘寧戚，或遣人作樂，或自奏管絃，既玷大猷，須加懲誡，律雖無文，不合無罪，從「不應為」之坐：期喪從重，杖八十；大功以下從輕，笞四十。緦麻、卑幼，不可重於「釋服」之罪。

121 **府號官稱犯名**

諸府號、官稱犯父祖名，而冒榮居之；祖父母、父母老疾無侍，委親之官；即妄增年狀，以求入侍及冒哀求仕者：徒一年。 謂父母喪，禫制未除及在心喪內者。

【疏】議曰：府有正號，官有名稱。府號者，假若父名衛，不得於諸衛任官；或祖名安，不得任長安縣職之類。官稱者，或父名軍，不得作將軍；或祖名卿，不得居卿任之類。皆須自言，不得輒受。其有貪榮昧進，冒居此官；祖父母、父母老疾，委親之官，謂年八十以上或篤疾，依法合侍，見無人侍，乃委置其親，而之任所；妄增年狀，以求入侍者，或未年八十及本非篤疾，乃妄增年八十及篤疾之狀；「及冒哀求仕者」，謂父母之喪，二十五月大祥後，未滿二十七月，而預選求仕：從「府號、官稱」以下，各合處徒一年。注云「謂父母喪，禫制未除」，但父母之喪，法合二十七月，二十五月内是正喪，若釋服求仕，即當「不孝」，合徒三年；其二十五月外，二十七月内，是「禫制未除」，此中求仕，名為「冒哀」，合徒一年；若釋去禫服而求仕，自從「釋服從吉」之法。「及在心喪内者」，謂妾子及出妻之子，合降其服，皆二十五月内為心喪。

若祖父母、父母及夫犯死罪，被囚禁，而作樂者，徒一年半。

【疏】議曰：祖父母、父母及夫犯死罪，被囚禁，而子孫及妻妾作樂者，以其不孝不義，虧斁特深，故各徒一年半。

122

指斥乘輿

諸指斥乘輿，情理切害者，斬；言議政事乖失而涉乘輿者，上請。**非切害者，徒二年。**

【疏】議曰：指斥，謂言議乘輿，原情及理，俱有切害者，斬。注云「言議政事乖失而涉乘輿者，上請」，謂論國家法式，言議是非，而因涉乘輿者，與「指斥乘輿」情理稍異，故律不定刑名，臨時上請。「非切害者，徒二年」，謂語雖指斥乘輿，而情理非切害者，處徒二年。

對捍制使，而無人臣之禮者，絞。因私事鬬競者，非。

【疏】議曰：謂奉制勑使人，有所宣告，對使拒捍，不依人臣之禮，既不承制命，又出拒捍之言者，合絞。注云「因私事鬬競者，非」，謂不涉制勑，別因他事，私自鬬競；或雖因公事論競，不干預制勑者：並從「毆詈」本法。

123

驛使稽程

諸驛使稽程者，一日杖八十，二日加一等，罪止徒二年。

【疏】議曰：依令：「給驛者，給銅龍傳符；無傳符處，為紙券。」量事緩急，注驛數於符契上，據此驛數以為行程，稽此程者，一日杖八十，二日加一等，罪止徒二年。

若軍務要速，加三等；有所廢闕者，違一日，加役流；以故陷敗戶口、軍人、城戍者，絞。

【疏】議曰：「軍務要速」，謂是征討、掩襲、報告外境消息及告賊之類，稽一日徒一年，十一日流二千里，是為「加三等」。「有所廢闕者」，謂稽遲廢闕經略、掩襲、告報之類。「違一日加役流」，稱日者，須滿百刻。為由驛使稽遲，遂陷敗戶口、軍人、衛士、募人、防人一人以上及諸城戍者，絞。若臨軍對寇，告報稽期者，自從「乏軍興」之法。

124

驛使以書寄人

諸驛使無故，以書寄人行之及受寄者，徒一年。若致稽程，以行者為首，驛使為從；即為軍事警急而稽留者，以驛使為首，行者為從。有所廢闕者，從前條。**其非專使之書，而便寄者，勿論。**

【疏】議曰：有軍務要速，或追徵報告，如此之類，遣專使乘驛，齎送文書。「無故」，謂非身患及父母喪者，以所齎文書，別寄他人送之及受寄文書者，各徒一年。「若致稽程」，謂行不充驛數，計程重於徒一年者，即以受書行者為首，驛使為從。此謂常行驛使而立罪名。即為軍事警急，報告征討、掩襲、救援及境外消息之類而稽留，罪在驛使，故以驛使為首，行者為從。注云「有所廢闕者，從前條」，謂違一日，加役流；以故陷敗戶口、軍人、城戍者，絞。「其非專使之書」，謂非故遣專使所齎之書，因而附之，其使人及受寄人並勿論。

125 **文書應遣驛**

諸文書應遣驛而不遣驛，及不應遣驛而遣驛者，杖一百。若依式應須遣使詣闕而不遣者罪亦如之。

【疏】議曰：依公式令：「在京諸司有事須乘驛，及諸州有急速大事，皆合遣驛。」而所司乃不遣驛，非應遣驛，而所司乃遣驛，若違者：各杖一百。又，依儀制令：「皇帝踐祚及加元服，皇太后加號，皇后、皇太子立及赦元日，刺史若京官五品以上在外者，並奉表疏賀，州遣使，餘附表。」此即應遣使詣闕，而不遣者，亦合杖一百，故云「罪亦如之」。

126 **驛使不依題署**

諸驛使受書，不依題署，誤詣他所者，隨所稽留以行書稽程論減二等。若由題署者誤，坐其題署者。

【疏】議曰：文書行下，各有所詣，應封題署者，具注所詣州府。使人乃不依題署，誤詣他所，因此稽程者，隨所稽留，準上條行書稽留之程減二等，謂違一日杖六十，二日加一等，罪止徒一年。若有軍務要速者，加三等。有所廢闕者，從加役流上減二等，徒二年半。以故有所陷敗，亦從絞上減二等，徒三年。「若由題署者誤」，謂元題署者錯誤，即罪其題署之人，驛使不坐。

127 **增乘驛馬**

諸增乘驛馬者，一疋徒一年，一疋加一等。應乘驛驢而乘馬者減一等。**主司知情與同罪，不知情者勿論。**餘條驛司準此。

【疏】議曰：依公式令：「給驛：職事三品以上若王，四疋；四品及國公以上，三疋；五品及爵三品以上，二疋；散官、前官各遞減職事官一疋；餘官爵及無品人，各一疋。皆數外別給驛子。此外須將典吏者，臨時量給。」此是令文本數。數外剩取，是曰「增乘」，一疋徒一年，一疋加一等。「應乘驛驢而乘驛馬者」，又準駕部式：「六品以下前官、散官、衛官，省司差使急速者，給馬。使迴及餘使，並給驢。」即是應乘驢之人，而乘馬，各減增乘馬罪一等。主司知情與同罪者，謂驛馬主司知增乘驛馬，及知應乘驢而乘馬等情者，皆與乘者同罪。不知情者，勿論。餘條驛司準此者，謂「枉道」及「越過齎私物」之類。

128 **乘驛馬枉道**

諸乘驛馬輒枉道者，一里杖一百，五里加一等，罪止徒二年。越至他所者，各加一等。謂越過所詣之處。**經驛不換馬者，杖八十。**無馬者，不坐。

【疏】議曰：乘驛馬者，皆依驛路而向前驛。若不依驛路別行，是為「枉道」。「越至他所者」，注云「謂越過所詣之處」，假如從京使向洛州，無故輒過洛州以東，即計里加「枉道」一等。「經驛不換馬」，至所經之驛，若不換馬者，杖八十。因而致死，依廄牧令：「乘官畜產，非理致死者，備償。」「無馬者不坐」，謂在驛無馬，越過者無罪，因而致死者不償。

問曰：假有使人乘驛馬枉道五里，經過反覆，往來便經十里，如此犯者，從何科斷？

答曰：律云「枉道」，本慮馬勞，又恐行遲，於事稽廢。既有往來之理，亦計十里科論。

129 **乘驛馬齎私物**

諸乘驛馬齎私物，謂非隨身衣、仗者。一斤杖六十，十斤加一等，罪止徒一年。驛驢減二等。餘條驛驢準此。

【疏】議曰：乘驛馬者，唯得齎隨身所須衣、仗。衣謂衣被之屬，仗謂弓刀之類。除此之外，輒齎行者，一斤杖六十，十斤加一等，罪止徒一年。「驛驢減二等」，謂一斤笞四十，罪止杖九十。餘條驛驢準此者，謂「稽程」、「枉道」之類，諸條驛驢得罪，皆準馬減二等。

130 **長官使人有犯**

諸在外長官及使人於使處有犯者，所部屬官等不得即推，皆須申上聽裁。若犯當死罪，留身待報。違者，各減所犯罪四等。

【疏】議曰：「在外長官」，謂都督、刺史、折衝、果毅、鎮將、縣令、關監等。長官及諸使人於使處有犯者，所部次官以下及使人所詣之司官屬，並不得輒即推鞫。若無長官，次官執魚印者，亦同長官。皆須先申上司聽裁。「若犯當死罪」，謂據糾告之狀合死者，散留其身，待上報下。違者，各減所犯罪四等。留身者，印及管鑰付知事次官，其銅魚仍留擬勘。勑符雖復留身，未合追納。

131 **用符節事訖**

諸用符節，事訖應輸納而稽留者，一日笞五十，二日加一等，十日徒一年。

【疏】議曰：依令：「用符節，並由門下省。其符，以銅為之，左符進內，右符在外。應執符人，有事行勘，皆奏出左符，以合右符。所在承用事訖，使人將左符還。其使若向他處，五日內無使次者，所在差專使送門下省輸納。其節，大使出即執之，使還，亦即送納。」應輸納而稽留者，一日笞五十，二日加一等，十日徒一年。雖更違日，罪亦不加。其傳符，通用紙作，乘驛使人所至之處，事雖未訖，且納所司，事了欲還，然後更請，至門下送輸。既無限日，行至即納。違日者，既非銅魚之符，不可依此科斷，自依紙券，加官文書稽罪一等。其禁苑門符及交巡魚符，若木契等，於餘條得減罪二等，輸納稽遲者，準例亦減二等。若木契應發兵者，同上符節之罪。

132 **公事應行稽留**

諸公事應行而稽留，及事有期會而違者，一日笞三十，三日加一等，過杖一百，十日加一等，罪止徒一年半。

【疏】議曰：凡公事應行者，謂有所部送，不限有品、無品，而輒稽留；「及事有期會」，謂若朝集使及計帳使之類，依令各有期會，而違不到者：一日笞三十，三日加一等，過杖一百，十日加一等，罪止徒一年。半但事有期限者，以違限日為坐；無限者，以付文書及部領物後，計行程為罪。

即公事有限，主司符下乖期者，罪亦如之。若誤不依題署及題署誤，以致稽程者，各減二等。

【疏】議曰：「公事有限」，與上文「事有期會」義同。上文謂在下有違，此文謂「主司符下乖期者，罪亦如之」，並同違期會之罪。若使人不依題署，錯詣他所及由曹司題署有誤，而致稽程者，「各減二等」，謂違一日笞三十，減二等，笞十；罪徒一年半，減二等，各合杖一百。

卷第十一

職制下

133 奉使部送雇寄人

諸奉使有所部送，而雇人寄人者，杖一百；闕事者，徒一年。受寄雇者，減一等。

【疏】議曰：「奉使有所部送」，謂差為綱、典，部送官物及囚徒、畜產之屬。而使者不行，乃雇人、寄人而領送者，使人合杖一百。「闕事者」，謂於前事有所廢闕，合徒一年。其受寄及受雇者，不闕事杖九十，闕事杖一百，故云「減一等」。

即綱、典自相放代者，笞五十；取財者，坐贓論；闕事者，依寄雇闕事法。仍以綱為首，典為從。

【疏】議曰：或綱獨部送而放典不行，或典自領行而留綱不去，此為「自相放代」，笞五十。受財者，坐贓論。其闕事及不闕事，并受財輸財者，皆以綱為首，典為從。假有兩綱、兩典，一綱、一典取財代行，一綱、一典與財得住，與財者坐贓論減五等，縱典發意，亦以綱為首，典為從；取財者坐贓論。

其贓既是「彼此俱罪」，仍合沒官。其受雇者，已減使罪一等，不合計贓科罪，其贓不徵。若監臨官司將所部典行放取物者，並同監臨受財之法，不同綱、典之罪。即雖監臨，元止一典，放住代行者，亦同綱、典之例。

134 **長吏輒立碑**

諸在官長吏，實無政跡，輒立碑者，徒一年。若遣人妄稱己善，申請於上者，杖一百；有贓重者，坐贓論。受遣者，各減一等。雖有政跡，而自遣者，亦同。

【疏】議曰：「在官長吏」，謂內外百司長官以下，臨統所部者。未能導德齊禮，移風易俗，實無政跡，妄述己功，崇飾虛辭，諷諭所部，輒立碑頌者，徒一年。所部為其立碑頌者，為從坐。若遣人妄稱己善，申請於上者，杖一百。若虛狀上表者，從「上書詐不實」，徒二年。「有贓重者，坐贓論」，謂計贓重於本罪者，從贓而斷。「受遣者，各減一等」，各，謂立碑者徒一年上減，申請於上者杖一百上減。若官人不遣立碑，百姓自立及妄申請者，從「不應為重」，科杖八十，其碑除毀。

注：雖有政跡，而自遣者，亦同。

【疏】議曰：官人雖有政跡，而自遣所部立碑，或遣申請者，官人亦依前科罪。若所部自立及自申上，不知、不遣者，不坐。

135 **有所請求**

諸有所請求者，笞五十；謂從主司求曲法之事。即為人請者，與自請同。**主司許者，與同罪。**主司不許及請求者，皆不坐。**已施行，各杖一百。**

【疏】議曰：凡是公事，各依正理。輒有請求，規為曲法者，笞五十。即為人請求，雖非己事，與自請同，亦笞五十。「主司許者」，謂然其所請，亦笞五十，故云「與同罪」。若主司不許及請求之人，皆不坐。「已施行」，謂曲法之事已行，主司及請求之者各杖一百，本罪仍坐。

所枉罪重者，主司以出入人罪論；他人及親屬為請求者，減主司罪三等；自請求者，加本罪一等。

【疏】議曰：所枉重者，謂所司得囑請，枉曲斷事，重於一百杖者，主司得出入人罪論。假如先是一年徒罪，囑請免徒，主司得出入徒罪，還得一年徒坐。他人及親屬為請求者，減主司罪三等，唯合杖八十，此則減罪輕於已施行杖一百，如此之類，皆依杖一百科之。若他人、親屬等囑請徒二年半罪，主司曲為斷免者，他人等減三等，仍合徒一年，如此之類，減罪重於杖一百者，皆從減科。若身自請求而得枉法者，各加所請求罪一等科之。

即監臨勢要，勢要者，雖官卑亦同。為人囑請者，杖一百；所枉重者，罪與主司同，至死者減一等。

【疏】議曰：監臨者，謂統攝案驗之官。勢要者，謂除監臨以外，但是官人，不限階品高下，唯據主司畏懼不敢乖違者，雖官卑亦同。為人囑請曲法者，無問行與不行，許與不許，但囑即合杖一百。主司許者，笞五十。所枉重於杖一百，與主司出入坐同。主司據法合死者，監臨勢要合減死一等。

136 **受人財請求**

諸受人財而為請求者，坐贓論加二等；監臨勢要，準枉法論。與財者，坐贓論減三等。

【疏】議曰：「受人財而為請求者」，謂非監臨之官。「坐贓論加二等」，即一尺以上笞四十，一疋加一等罪，止流二千五百里。「監臨勢要，準枉法論」，即一尺以上杖一百，一疋加一等，罪止流三千里，無祿者減一等。「與財者，坐贓論減三等」，罪止徒一年半。若受他人之財，許為囑請，未囑事發者，止從「坐贓」之罪。若無心囑請，詭妄受財，自依「詐欺」科斷。取者雖是詐欺，與人終是求請，其贓亦合追沒。其受所監臨之財，為他司囑請，律無別文，止從坐贓加二等，罪止流二千五百里，即重於「受所監臨」。若未囑事發，止同「受所監臨財物」法。

若官人以所受之財，分求餘官，元受者併贓論，餘各依己分法。

【疏】議曰：謂有官之人，初受有事家財物，後減所受之物，轉求餘官，初受者併贓論，餘官各依己分法。假有判官，受得枉法贓十疋，更有兩官連判，各分二疋與之，判官得十疋之罪，餘官各得二疋之坐，一人仍並為二疋之從。其有共謀受財，分贓入己者，亦各依己分為首從之法。其中雖有造意及以預謀不受財者，事若枉法，止依曲法首從論，不合據贓為罪。如曲法罪輕，從「知所部有犯法不舉劾」，減罪人罪三等科之。

137 **有事以財行求**

諸有事以財行求，得枉法者，坐贓論；不枉法者，減二等。即同事共與者，首則併贓論，從者各依己分法。

【疏】議曰：有事之人，用財行求而得枉法者，坐贓論。「不枉法者」，謂雖以財行求，官人不為曲判者，減坐贓二等。「即同事共與者」，謂數人同犯一事，斂財共與，元謀斂者，併贓為首，仍倍論；其從而出財者，各依己分為從。

138

監主受財枉法

諸監臨主司受財而枉法者，一尺杖一百，一疋加一等，十五疋絞；

【疏】議曰：「監臨主司」，謂統攝案驗及行案主典之類。受有事人財而為曲法處斷者，一尺杖一百，一疋加一等，十五疋絞。

不枉法者，一尺杖九十，二疋加一等，三十疋加役流。

【疏】議曰：雖受有事人財，判斷不為曲法，一尺杖九十，二疋加一等，三十疋加役流。

無祿者，各減一等：枉法者二十疋絞，不枉法者四十疋加役流。

【疏】議曰：應食祿者，具在祿令。若令文不載者，並是無祿之官，受財者各減有祿一等：枉法者二十疋絞，不枉法者四十疋加役流。

139

有事先不許財

諸有事先不許財，事過之後而受財者，事若枉，準枉法論；事不枉者，以受所監臨財物論。

【疏】議曰：官司推劾之時，有事者先不許物，事了之後而受財者，事若曲法，準前條「枉法」科罪。既稱「準枉法」，不在除、免、加役流之例。若當時處斷不違正理，事過之後而與之財者，即以受所監臨財物論。

140 受所監臨財物

諸監臨之官，受所監臨財物者，一尺笞四十，一疋加一等；八疋徒一年，八疋加一等；五十疋流二千里。與者，減五等，罪止杖一百。

【疏】議曰：監臨之官，不因公事而受監臨內財物者，計贓一尺以上笞四十，一疋加一等；八疋徒一年，八疋加一等；五十疋流二千里。與財之人，減監臨罪五等，罪止杖一百。

乞取者，加一等；強乞取者，準枉法論。

【疏】議曰：「乞取者，加一等」，謂非財主自與，而官人從乞者，加「受所監臨」罪一等。以威若力強乞取者，準枉法論，有祿、無祿各依本法。其因得餉送而更強乞取者，既是一事分為二罪，以重法併滿輕法。若是頻犯及二人以上之物，仍合累併倍論。

141 因使受送遺

諸官人因使，於使所受送遺及乞取者，與監臨同；經過處取者，減一等。糾彈之官不減。**即強乞取者，各與監臨罪同。**

【疏】議曰：官人因使，於所使之處受送遺財物，或自乞取者，計贓準罪，與監臨官同。「經過處取者」，謂非所詣之處，因使經歷之所而取財者，減一等。糾彈之官不減者，謂職合糾彈之官，人所畏懼，雖經過之處，受送遺、乞取及強乞取者，各與監臨罪同。

142 **貸所監臨財物**

諸貸所監臨財物者，坐贓論；授訖未上，亦同。餘條取受及相犯，準此。**若百日不還，以受所監臨財物論。強者，各加二等。**餘條強者準此。

【疏】議曰：監臨之官於所部貸財物者，坐贓論。注云「授訖未上」者，若五品以上據制出日，六品以下據畫訖，並同已上之法。「餘條取受及相犯」，謂「受所監臨」及「毆詈」之類，故言「準此」。若百日不還，為其淹日不償，以受所監臨財物論。若以威力而強貸者，「各加二等」，謂百日內坐贓論加二等，滿百日外從受所監臨財物上加二等。注云「餘條強者準此」，謂如下條「私役使及借駝騾驢馬」之類，強者各加二等。但一部律內，本條無強取罪名，並加二等，故於此立例。所貸之物，元非擬將入己，雖經恩免，罪物尚徵還。縱不經恩，償訖事發，亦不合罪，為貸時本許酬償，不同「悔過還主」故也。若取受之贓，悔過還主，仍減三等。恩前費用，準法不徵貸者，赦後仍徵償訖，故聽免罪。

若賣買有剩利者，計利，以乞取監臨財物論。強市者，笞五十；有剩利者，計利，準枉法論。

【疏】議曰：官人於所部賣物及買物，計時估有剩利者，計利，以乞取監臨財物論。「強市者笞五十」，謂以威若力強買物，雖當價，猶笞五十；有剩利者，計利，準枉法論。

問曰：官人遣人或市司而為市易，所遣之人及市司為官人賣買有剩利，官人不知情及知情，各有何罪？

答曰：依律：「犯時不知，依凡論。」官人不知剩利之情，據律不合得罪。所為市者，雖不入己，既有剩利，或強賣買，不得無罪，從「不應為」：準官人應坐之罪，百杖以下，所市之人從「不應為輕」，笞四十；徒罪以上，從「不應為重」，杖八十。仍不得重於官人應得之罪。若市易已訖，官人知情，準「家人所犯知情」之法。

即斷契有數，違負不還，過五十日者，以受所監臨財物論。即借衣服、器翫之屬，經三十日不還者，坐贓論，罪止徒一年。

【疏】議曰：官人於所部市易，斷契有數，仍有欠物，違負不還，五十日以下，依雜律科「負債違契不償」之罪；滿五十一日，以受所監臨財物論。即借衣服、器翫之屬者，但衣服、器物，品類至多，不可具舉，故云「之屬」。借經三十日不還者，坐贓論，罪止徒一年。所借之物各還主。

143 役使所監臨

諸監臨之官，私役使所監臨，及借奴婢、牛馬駝騾驢、車船、碾磑、邸店之類，各計庸、賃，以受所監臨財物論。

【疏】議曰：監臨之官，私役使所部之人，及從所部借奴婢、牛馬駝騾驢、車船、碾磑、邸店之類，稱奴婢者，部曲、客女亦同，各計庸、賃之價，人、畜、車計庸，船以下準賃，以受所監臨財物論。強者，加二等。其借使人功，計庸一日絹三尺。人有強弱、力役不同，若年十六以上、六十九以下，犯罪徒役，其身庸依丁例；其十五以下、七十以上及廢疾，既不任徒役，庸力合減正丁，宜準當鄉庸作之價。若準價不充絹三尺，即依減價計贓科罪；其價不減者，還依丁例。

即役使非供己者，非供己，謂流外官及雜任應供官事者。**計庸坐贓論，罪止杖一百。其應供己驅使而收庸直者，罪亦如之。**供己求輸庸直者，不坐。

【疏】議曰：非供己，謂流外官者，謂諸司令史以下，有流外告身者。「雜任」，謂在官供事，無流外品。為其合在公家驅使，故得罪輕於凡人不合供官人之身，計庸坐贓致罪，一尺笞二十，一疋加一等，罪止杖一百。其應供己驅使者，謂執衣、白直之類，止合供身驅使，據法不合收庸，而收庸直，亦坐贓論，罪止杖一百，故云「亦如之」。注云「供己求輸庸直」，謂有公案者，不坐。別格聽收庸直者，不拘此例。

若有吉凶，借使所監臨者，不得過二十人，人不得過五日。其於親屬，雖過限及受饋、乞貸，皆勿論。親屬，謂緦麻以上及大功以上婚姻之家。餘條親屬準此。

【疏】議曰：吉，謂冠婚或祭享家廟。凶，謂喪葬或舉哀及殯殮之類。聽許借使監臨部內，所使總數不得過二十人，每人不得過五日。「其於親屬雖過限」，謂親屬別於數限外驅使及受饋餉財物、飲食，或有乞貸，皆勿論。親屬，謂本服緦麻以上親及大功以上親共為婚姻之家，並通受饋餉、借貸、役使，依法無罪。餘條親屬準此者，謂一部律內，稱「親屬」處，悉據本服內外緦麻以上及大功以上共為婚姻之家，故云「準此」。

營公廨借使者，計庸、賃，坐贓論減二等。即因市易剩利及懸欠者，亦如之。

【疏】議曰：借使所監臨奴婢、牛馬、車船、碾磑、邸店之類，為營公廨使者，各計庸、賃，坐贓論減二等。即為公廨市易剩利及懸欠其價不還者，亦計所剩及懸欠，坐贓論減二等，故云「亦如之」。

144 監臨受供饋

諸監臨之官，受豬羊供饋，謂非生者。**坐贓論。強者，依強取監臨財物法。**

【疏】議曰：監臨之官，於所部內受豬羊供饋者，即是殺訖始送，故注云「謂非生者」，舉豬羊為例，自餘禽獸之類皆是，各計其所直，坐贓論。強取者，依強取監臨財物法，計贓，準枉法論。其有酒食、瓜果之類而受者，亦同供饋之例，見在物徵還主。若以畜產及米麵之屬饋餉者，自從「受所監臨財物」法，其贓沒官。

145 **率斂監臨財物**

諸率斂所監臨財物饋遺人者，雖不入己，以受所監臨財物論。

【疏】議曰：率斂者，謂率人斂物，或以身率人以取財物饋遺人者，雖不入己，併倍以受所監臨財物論。若自入者，同「乞取」法。既是率斂之物，與者不合有罪，其物還主。

146 **監臨家人乞借**

諸監臨之官家人，於所部有受乞、借貸、役使、賣買有剩利之屬，各減官人罪二等；官人知情與同罪，不知情者各減家人罪五等。

【疏】議曰：「臨統案驗為監臨。」注云：「謂州、縣、鎮、戍折衝府等判官以上，總為監臨。自餘唯據臨統本司及有所案驗者。」此等之官家人，於其部內有受財、乞物、借貸、役使、賣買有剩利之屬者，各減官人身犯二等。若官人知情者，並與家人同罪。其「不知情者，各減家人罪五等」，謂準身自犯，得減七等。

其在官非監臨及家人有犯者，各減監臨及監臨家人一等。

【疏】議曰：在官非監臨者，謂非州、縣、鎮、戍、折衝府判官以上，其諸州參軍事及小錄事，於所部不得常為監臨，此為「在官非監臨」。若有事在手，便為有所案驗，即是監臨主司。無所案驗者，有所受乞、借貸、役使、賣買及假賃有剩利之屬，知情、不知情，各減監臨之官罪一等。家人有犯，亦減監臨家人罪一等。

問曰：州、縣、鎮、戍折衝府判官以上，於所部總為監臨，自餘唯據臨統本司及有所案驗者。里正、坊正既無官品，於所部内有犯，得作監臨之官以否？

答曰：有所請求及枉法、不枉法，律文皆稱監臨主司，明為臨統案驗之人，不限有品、無品，但職掌其事，即名監臨主司。其里正、坊正，職在驅催，既無官品，並不同監臨之例。止從「在官非監臨」，各減監臨之官罪一等。

147 **去官受舊官屬**

諸去官而受舊官屬、士庶饋與，若乞取、借貸之屬，各減在官時三等。謂家口未離本任所者。

【疏】議曰：「舊官屬」，謂前任所僚佐。「士庶」，謂舊所管部人。受其饋送財物，「若乞取、借貸之屬」，謂賣買、假賃有剩利、役使之類，「各減在官時三等」。並謂家口未離本任所者。其家口去訖，受饋餉者，律無罪名，若其乞索者，從「因官挾勢乞索」之法。

148 **挾勢乞索**

諸因官挾勢及豪強之人乞索者，坐贓論減一等；將送者，為從坐。親故相與者，勿論。

【疏】議曰：或有因官人之威，挾恃形勢及鄉閭首望、豪右之人，乞索財物者，累倍所乞之財，坐贓論減一等。「將送者為從坐」，謂領豪右人等乞索者，雖不將領而斂財送者，並為從坐。若強乞索者，加二等。注云「親故相與者，勿論」，親謂本服緦麻以上，及大功以上婚姻之家；故謂素是通家，或欽風若舊，車馬不吝，縞紵相貽之類者；皆勿論。

149 稱律令式

諸稱律、令、式，不便於事者，皆須申尚書省議定奏聞。若不申議，輒奏改行者，徒二年。即詣闕上表者，不坐。

【疏】議曰：稱律、令及式條內，有事不便於時者，皆須辨明不便之狀，具申尚書省，集京官七品以上，於都座議定，以應改張之議奏聞。若不申尚書省議，輒即奏請改行者，徒二年，謂直述所見，但奏改者。即詣闕上表，論律、令及式不便於時者，不坐。若先違令、式，而後奏改者，亦徒二年。所違重者，自從重斷。

卷第十二

戶婚上

【疏】議曰：戶婚律者，漢相蕭何承秦六篇律後，加廄、興、戶三篇，為九章之律。迄至後周，皆名戶律。北齊以婚事附之，名為婚戶律。隋開皇以戶在婚前，改為戶婚律。既論職司事訖，即戶口、婚姻，故次職制之下。

150 **脫戶**

諸脫戶者，家長徒三年；無課役者，減二等；女戶，又減三等。謂一戶俱不附貫。若不由家長，罪其所由。即見在役任者，雖脫戶及計口多者，各從漏口法。

【疏】議曰：率土黔庶，皆有籍書。若一戶之內，盡脫漏不附籍者，所由家長合徒三年。身及戶內並無課役者，減二等，徒二年。若戶內並無男夫，直以女人為戶而脫者，又減三等，合杖一百。注云「謂一戶俱不附貫」，此文不計人數，唯據脫戶。縱一身亦為一戶，不附，即依脫戶，合徒三年；縱有百口，但一口附戶，自外不附，止從漏口之法。「若不由家長」，謂家長不知脫戶之情，罪其所由，家長不坐。「即見在役任者」，謂身見在官驅使，而戶籍無名，雖脫戶，從漏口法。既見在役任，即無課調，若一身脫戶，合杖六十。「及計口多者，各從漏口法」，漏有課口，罪止徒三年；漏無課口，罪止徒一年半。

脫口及增減年狀，謂疾、老、中、小之類。**以免課役者，一口徒一年，二口加一等，罪止徒三年。**

【疏】議曰：謂脫口及增年入老，減年入中、小及增狀入疾，其從殘疾入廢疾，從廢疾入篤疾，廢疾雖免課役，若入篤疾即得侍人，故云「之類」，罪止徒三年。

其增減非免課役及漏無課役口者，四口為一口，罪止徒一年半；即不滿四口，杖六十。部曲、奴婢亦同。

【疏】議曰：口雖有所增減，非免課役者，謂增減其年，不動課役。其「漏無課役口者」，謂身雖是丁，見無課役及疾、老、中、小，若婦女。「四口為一口，罪止徒一年半」，漏四口徒一年，十二口徒一年半，不滿四口杖六十。並謂無課役者。若其戶內漏口，或有課役、無課役罪名不等者，從併滿之法，以課口累不課口科之。若課口自一口至罪止，或累併不加重者，止從一重科之。奴婢、部曲亦同不課之口。律稱「以免課役」，課、役理不相須，一事得免，即從脫、漏之法。

151 **里正不覺脫漏**

諸里正不覺脫漏增減者，一口笞四十，三口加一等；過杖一百，十口加一等，罪止徒三年。不覺脫戶者，聽從漏口法。州縣脫戶亦準此。**若知情者，各同家長法。**

【疏】議曰：里正之任，掌案比戶口，收手實，造籍書。不覺脫漏戶口者，脫謂脫戶，漏謂漏口，及增減年狀，一口笞四十，三口加一等；過杖一百，十口加一等，罪止徒三年。里正不覺脫戶者，聽從漏口法，不限戶內口之多少，皆計口科之。州縣脫戶，亦準此計口科罪，不依脫戶為法。若知脫漏增減之情者，總計里內脫漏增減之口，同家長罪法。州縣計口，罪亦準此。其脫、漏戶口之中，若有知情、不知情者，亦依併滿之法為罪。

152 **州縣不覺脫漏**

諸州縣不覺脫漏增減者，縣內十口笞三十，三十口加一等；過杖一百，五十口加一等。州隨所管縣多少，通計為罪。通計，謂管二縣者，二十口笞三十；管三縣者，三十口笞三十之類。計加亦準此。若脫漏增減併在一縣者，得以諸縣通之。若止管一縣者，減縣罪一等。餘條通計準此。**各罪止徒三年。知情者，各同里正法。**不覺脫漏增減，無文簿者，官長為首；有文簿者，主典為首。佐職以下，節級連坐。

【疏】議曰：「州縣不覺脫漏增減者」，與上條「里正不覺脫漏增減」義同，十口笞三十，三十口加一等，即是二百二十口杖一百；過杖一百，五十口加一等。「州隨所管縣多少，通計為罪」，若管二縣以上，即須通計，謂管二縣者，二十口笞三十；管三縣者，三十口笞三十之類。「計加亦準此」，謂一縣三十口，加一等，即州管二縣者，六十口加一等；管三縣者，九十口加一等；若管十縣，三百口加一等。「若脫漏增減併在一縣者」，謂管三縣，一縣內脫漏三十口，州始笞三十；若管四縣，一縣內脫漏四十口，州亦笞三十，故云「得以諸縣通之」。「若止管一縣者，減縣罪一等」，謂縣脫三十口，州得笞二十之類。「餘條通計準此」，謂一部律內，州管縣，監管牧，折衝府管校尉，應通計者，得罪亦準此，各罪止徒三年。「知情者，各同里正法」，其州縣知情，得罪同里正法，里正又同家長之法，共前條家長脫漏罪同。

注：不覺脫漏增減，無文簿者，官長為首；有文簿者，主典為首。佐職以下，節級連坐。

【疏】議曰：不覺脫漏增減，無簿帳及不附籍書，宣導既是長官事，由檢察遺失，故以長官為首，皆同「不覺脫漏增減」之坐，次通判官為第二從，判官為第三從，典為第四從。見有文簿，致使脫漏增減者，勘檢既由案主，即用典為首，判官為第二從，通判官為第三從，長官為第四從。其間有知情之官，並同家長之罪，即從私犯首從科之；不知情者，自依公坐之法。

153 里正官司妄脫漏

諸里正及官司，妄脫漏增減以出入課役，一口徒一年，二口加一等。贓重，入己者以枉法論，至死者加役流；入官者坐贓論。

【疏】議曰：里正及州、縣官司，各於所部之內，妄為脫漏戶口，或增減年狀，以出入課役，一口徒一年，二口加一等，十五口流三千里。若有因脫漏增減，取其課調入己，計贓得罪，重於脫漏增減口罪者，即準贓以枉法論，計贓至死者加役流；其贓入官者，坐贓論。其品官受贓雖輕，以枉法論，一疋以上即除名，不必要須贓重。衆人之物，亦累倍而論之。

154 **私入道**

諸私入道及度之者，杖一百；若由家長，家長當罪。**已除貫者，徒一年。本貫主司及觀寺三綱知情者，與同罪。若犯法合出觀寺，經斷不還俗者，從私度法。即監臨之官，私輒度人者，一人杖一百，二人加一等。**

【疏】議曰：「私入道」，謂為道士、女官、僧、尼等，非是官度，而私入道，及度之者，各杖一百。注云「若由家長，家長當罪」，既罪家長，即私入道者不坐。已除貫者，徒一年；及度之者，亦徒一年。「本貫主司」，謂私入道人所屬州縣官司及所住觀寺三綱，知情者，各與入道人及家長同罪。若犯法還俗，合出觀寺，官人斷訖，牒觀寺知，仍不還俗者，從「私度」法。斷後陳訴，須著俗衣，仍披法服者，從「私度」法，科杖一百。即監臨之官，不依官法，私輒度人者，一人杖一百，二人加一等，罪止流三千里。若州縣官司所度人，免課役多者，當條雖有罪名，所為重者自從重論，並依上條「妄增減出入課役」科之。其官司私度人，被度者知私度情，而受度者為從坐；若不知私度情者，而受度人無罪。

155 **子孫不得別籍**

諸祖父母、父母在，而子孫別籍、異財者，徒三年。別籍、異財不相須，下條準此。

【疏】議曰：稱祖父母、父母在，則曾、高在亦同。若子孫別生戶籍，財產不同者，子孫各徒三年。注云「別籍、異財不相須」，或籍別財同，或戶同財異者，各徒三年，故云「不相須」。「下條準此」，謂父母喪中別籍、異財，亦同此義。

若祖父母、父母令別籍及以子孫妄繼人後者，徒二年；子孫不坐。

【疏】議曰：若祖父母、父母處分，令子孫別籍及以子孫妄繼人後者，得徒二年，子孫不坐。但云「別籍」，不云「令其異財」，令異財者，明其無罪。

156 居父母喪生子

諸居父母喪，生子及兄弟別籍、異財者，徒一年。

【疏】議曰：「居父母喪生子」，已於名例「免所居官」章中解訖，皆謂在二十七月內而妊娠生子者，及兄弟別籍、異財，各徒一年。別籍、異財不相須。其服內生子，事若未發，自首亦原。

157 養子捨去

諸養子，所養父母無子而捨去者，徒二年。若自生子及本生無子，欲還者，聽之。

【疏】議曰：依戶令：「無子者，聽養同宗於昭穆相當者。」既蒙收養，而輒捨去，徒二年。若所養父母自生子及本生父母無子，欲還本生者，並聽。即兩家並皆無子，去住亦任其情。若養處自生子及雖無子，不願留養，欲遣還本生者，任其所養父母。

即養異姓男者，徒一年；與者，笞五十。其遺棄小兒年三歲以下，雖異姓，聽收養，即從其姓。

【疏】議曰：異姓之男，本非族類，違法收養，故徒一年；違法與者，得笞五十。養女者不坐。其小兒年三歲以下，本生父母遺棄，若不聽收養，即性命將絕，故雖異姓，仍聽收養，即從其姓。如是父母遺失，於後來識認，合還本生；失兒之家，量酬乳哺之直。

158

立嫡違法

諸立嫡違法者，徒一年。即嫡妻年五十以上無子者，得立嫡以長，不以長者亦如之。

【疏】議曰：立嫡者，本擬承襲。嫡妻之長子為嫡子，不依此立，是名「違法」，合徒一年。「即嫡妻年五十以上無子者」，謂婦人年五十以上，不復乳育，故許立庶子為嫡。皆先立長，不立長者，亦徒一年，故云「亦如之」。依令：「無嫡子及有罪疾，立嫡孫；無嫡孫，以次立嫡子同母弟；無母弟，立庶子；無庶子，立嫡孫同母弟；無母弟，立庶孫。曾、玄以下準此。」無後者，為戶絕。

159

養雜戶為子孫

諸養雜戶男為子孫者，徒一年半；養女，杖一百。官戶，各加一等。與者，亦如之。

【疏】議曰：雜戶者，前代犯罪沒官，散配諸司驅使，亦附州縣戶貫，賦役不同白丁。若有百姓養雜戶男為子孫者，徒一年半；養女者，杖一百。養官戶者，各加一等。官戶亦是配隸沒官，唯屬諸司，州縣無貫。與者，各與養者同罪，故云「亦如之」。雖會赦，皆合改正。若當色自相養者，同百姓養子之法。雜戶養官戶，或官戶養雜戶，依戶令：「雜戶、官戶皆當色為婚。」據此，即是別色準法不得相養。律既不制罪名，宜依「不應為」之法：養男從重，養女從輕。若私家部曲、奴婢，養雜戶、官戶男女者，依名例律「部曲、奴婢有犯，本條無正文者，各準良人」，皆同百姓科罪。

若養部曲及奴為子孫者，杖一百。各還正之。無主及主自養者，聽從良。

【疏】議曰：良人養部曲及奴為子孫者，杖一百。「各還正之」，謂養雜戶以下，雖會赦，皆正之，各從本色。注云「無主」，謂所養部曲及奴無本主者。「及主自養」，謂主養當家部曲及奴為子孫。亦各杖一百，並聽從良，為其經作子孫，不可充賤故也。若養客女及婢為女者，從「不應為輕」法，笞四十，仍準養子法聽從良。其有還壓為賤者，並同「放奴及部曲為良還壓為賤」之法。

160 放部曲為良

諸放部曲為良，已給放書，而壓為賤者，徒二年；若壓為部曲及放奴婢為良，而壓為賤者，各減一等；即壓為部曲及放為部曲，而壓為賤者，又各減一等。各還正之。

【疏】議曰：依戶令：「放奴婢為良及部曲、客女者，並聽之。皆由家長給手書，長子以下連署，仍經本屬申牒除附。」若放部曲、客女為良，壓為賤者，徒二年。「若壓為部曲者」，謂放部曲、客女為良，還壓為部曲、客女；及放奴婢為良，還壓為賤：各減一等，合徒一年半。「即壓為部曲者」，謂放奴婢為良，壓為部曲、客女；「及放為部曲者」謂放奴婢為部曲、客女，而壓為賤者：又各減一等，合徒一年。仍並改正，從其本色，故云「各還正之」。此文不言客女者，名例律「稱部曲者，客女同」，故解同部曲之例。

問曰：放客女及婢為良，卻留為妾者，合得何罪？

答曰：妾者，娶良人為之。據戶令：「自贖免賤，本主不留為部曲者，任其所樂。」況放客女及婢，本主留為妾者，依律無罪，準「自贖免賤」者例，得留為妾。

又問：部曲娶良人女為妻，夫死服滿之後，即合任情去住。其有欲去不放，或因壓留為妾及更抑配與部曲及奴，各合得何罪？

答曰：服滿不放，律無正文，當「不應為重」，仍即任去。若元取當色為婦，未是良人，留充本色，準法無罪。若是良人女壓留妾，即是有所威逼，從「不應得為重」科。或抑配與餘部曲，同「放奴婢為良卻壓為部曲」，合徒一年。如配與奴，同「與奴娶良人女」，合徒一年半。上籍為婢者，流三千里。此等轉嫁為妻及妾，兩和情願者，並不合得罪。唯本是良者，不得願嫁賤人。

161 相冒合戶

諸相冒合戶者，徒二年；無課役者，減二等。謂以疏為親及有所規避者。**主司知情，與同罪。**

【疏】議曰：依賦役令：「文武職事官三品以上若郡王期親及同居大功親，五品以上及國公同居期親，並免課役。」既為同居有所蠲免，相冒合戶，故得徒二年。無課役者，或籍資蔭贖罪，事既輕於課役，故減二等，得徒一年。注云「謂以疏為親」，律、令所蔭，各有等差，若以疏相合，即失戶數；規其資蔭，即失課役。如斯合戶，得此徒刑。若蠲免更多，或假蔭重者，各依本法，自從重論。「主司知情與同罪」，主司謂里正以上，知冒戶情，有課役、無課役，各與同罪。

即於法應別立戶而不聽別，應合戶而不聽合者，主司杖一百。

【疏】議曰：「應別」，謂父母終亡，服紀已闋，兄弟欲別者。「應合戶」，謂流離失鄉，父子異貫，依令合戶。而主司不聽者，各合杖一百。應別、應合之類，非止此條，略舉為例，餘並準此。

162 卑幼私輒用財

諸同居卑幼，私輒用財者，十疋笞十，十疋加一等，罪止杖一百。即同居應分，不均平者，計所侵，坐贓論減三等。

【疏】議曰：凡是同居之內，必有尊長。尊長既在，子孫無所自專。若卑幼不由尊長，私輒用當家財物者，十疋笞十，十疋加一等，罪止杖一百。「即同居應分」，謂準令分別。而財物不均平者，準戶令：「應分田宅及財物者，兄弟均分。妻家所得之財，不在分限。兄弟亡者，子承父分。」違此令文者，是為「不均平」。謂兄弟二人，均分百疋之絹，一取六十疋，計所侵十疋，合杖八十之類，是名「坐贓論減三等」。

163 賣口分田

諸賣口分田者，一畝笞十，二十畝加一等，罪止杖一百；地還本主，財沒不追。即應合賣者，不用此律。

【疏】議曰：「口分田」，謂計口受之，非永業及居住園宅。輒賣者，禮云「田里不鬻」，謂受之於公，不得私自鬻賣，違者一畝笞十，二十畝加一等，罪止杖一百，賣一頃八十一畝即為罪止。地還本主，財沒不追。「即應合賣者」，謂永業田家貧賣供葬，及口分田賣充宅及碾磑、邸店之類，狹鄉樂遷就寬者，準令並許賣之。其賜田欲賣者，亦不在禁限。其五品以上若勳官，永業地亦並聽賣。故云「不用此律」。

164 **占田過限**

諸占田過限者，一畝笞十，十畝加一等；過杖六十，二十畝加一等，罪止徒一年。若於寬閑之處者，不坐。

【疏】議曰：王者制法，農田百畝，其官人永業準品，及老、小、寡妻受田各有等級，非寬閑之鄉不得限外更占。若占田過限者，一畝笞十，十畝加一等；過杖六十，二十畝加一等，一頃五十一畝罪止徒一年。又，依令：「受田悉足者為寬鄉，不足者為狹鄉。」若占於寬閑之處不坐，謂計口受足以外，仍有剩田，務從墾闢，庶盡地利，故所占雖多，律不與罪。仍須申牒立案，不申請而占者，從「應言上不言上」之罪。

165 **盜耕種公私田**

諸盜耕種公私田者，一畝以下笞三十，五畝加一等；過杖一百，十畝加一等，罪止徒一年半。荒田，減一等。強者，各加一等。苗子歸官、主。下條苗子準此。

【疏】議曰：田地不可移徙，所以不同真盜，故云「盜耕種公私田者」。「一畝以下笞三十，五畝加一等」，三十五畝有餘，杖一百。「過杖一百，十畝加一等」，五十五畝有餘，罪止徒一年半。「荒田減一等」，謂在帳籍之內，荒廢未耕種者，減熟田罪一等。若強耕者，各加一等：熟田，罪止徒二年；

荒田，罪止徒一年半。「苗子各歸官、主」，稱苗子者，其子及草並徵還官、主。「下條苗子準此」，謂「妄認及盜貿賣」、「侵奪私田」、「盜耕墓地」，如此之類，所有苗子各還官、主。其盜耕人田，有荒有熟，或竊或強，一家之中罪名不等者，並依例「以重法併滿輕法」為坐。若盜耕兩家以上之田，只從一家而斷，併滿不加重者，唯從一重科。若親屬相侵得罪，各依服紀，準親屬盜財物法，應減者節級減科。若已上籍，即從下條「盜貿賣」之坐。

166 妄認盜賣公私田

諸妄認公私田，若盜貿賣者，一畝以下笞五十，五畝加一等；過杖一百，十畝加一等，罪止徒二年。

【疏】議曰：妄認公私之田，稱為己地，若私竊貿易，或盜賣與人者，「一畝以下笞五十，五畝加一等」，二十五畝有餘，杖一百。「過杖一百，十畝加一等」，五十五畝有餘，罪止徒二年。賊盜律云：「闌圈之屬，須絕離常處；器物之屬，須移徙其地。」雖有盜名，立法須為定例。地既不離常處，理與財物有殊，故不計贓為罪，亦無除、免、倍贓之例。妄認者，謂經理已得；若未得者，準妄認奴婢、財物之類未得法科之。盜貿易者，須易訖。盜賣者，須賣了。依令：「田無文牒，輒賣買者，財沒不追，苗子及買地之財並入地主。」

167 在官侵奪私田

諸在官侵奪私田者，一畝以下杖六十，三畝加一等；過杖一百，五畝加一等，罪止徒二年半。園圃，加一等。

【疏】議曰：律稱「在官」，即是居官挾勢。侵奪百姓私田者，「一畝以下杖六十，三畝加一等」，十二畝有餘，杖一百。「過杖一百，五畝加一等」，三十二畝有餘，罪止徒二年半。「園圃」，謂蒔果實、種菜蔬之所而有籬院者，以其沃瘠不類，故加一等。若侵奪地及園圃，罪名不等，亦準併滿之法。或將職分官田貿易私家之地，科斷之法，一準上條「貿易」為罪，若得私家陪貼財物，自依「監主詐欺」。其官人兩相侵者，同百姓例。即在官時侵奪、貿易等，去官事發，科罪並準初犯之時。

168 **盜耕人墓田**

諸盜耕人墓田，杖一百；傷墳者，徒一年。即盜葬他人田者，笞五十；墓田，加一等。仍令移葬。若不識盜葬者，告里正移埋，不告而移，笞三十。即無處移埋者，聽於地主口分內埋之。

【疏】議曰：墓田廣袤，令有制限。盜耕不問多少，即杖一百。傷墳者，謂窀穸之所，聚土為墳，傷者合徒一年。即將尸柩盜葬他人地中者，笞五十；若盜葬他人墓田中者，加一等，合杖六十。如盜葬傷他人墳者，亦同盜耕傷墳之罪。仍各令移葬。若不識盜葬之人，告所部里正移埋，不告而移，慮失尸柩，合笞三十。「即無處移埋者」，謂無閑荒之地可埋，聽於地主口分內埋之。

169 **部內旱澇霜雹**

諸部內有旱澇霜雹蟲蝗為害之處，主司應言而不言及妄言者，杖七十。覆檢不以實者，與同罪。若致枉有所徵免，贓重者，坐贓論。

【疏】議曰：旱謂亢陽，澇謂霖霪，霜謂非時降實，雹謂損物為災，蟲蝗謂螟螽蝥賊之類。依令：「十分損四以上，免租；損六，免租、調；損七以上，課、役俱免。若桑、麻損盡者，各免調。」其應損免者，皆主司合言。主司，謂里正以上。里正須言於縣，縣申州，州申省，多者奏聞。其應言而不言及妄言者，所由主司杖七十。其有充使覆檢不以實者，與同罪，亦合杖七十。若不以實言上，妄有增減，致枉有所徵免者，謂應損而徵，不應損而免，計所枉徵免，贓罪重於杖七十者，坐贓論，罪止徒三年。既是以贓致罪，皆合累倍而斷。

問曰：有應得損免，不與損免，以枉徵之物，或將入己，或用入官，各合何罪？

答曰：應得損、免而妄徵，亦準上條「妄脱漏增減」之罪：入官者，坐贓論；入私者，以枉法論，至死者加役流。

170 部内田疇荒蕪

諸部内田疇荒蕪者，以十分論，一分笞三十，一分加一等，罪止徒一年。州縣各以長官為首，佐職為從。**戶主犯者，亦計所荒蕪五分論，一分笞三十，一分加一等。**

【疏】議曰：「部内」，謂州縣及里正所管田。稱「疇」者，言田之疇類，或云：「疇，地畔也。」不耕謂之荒，不鋤謂之蕪。若部内總計，準口受田，十分之中，一分荒蕪者，笞三十。假若管田百頃，十頃荒蕪，笞三十。「一分加一等」，謂十頃加一等，九十頃荒蕪者，罪止徒一年。「州縣各以長官為首，佐職為從」，縣以令為首，丞、尉為從；州即刺史為首，長史、司馬、司戶為從；里正一身得罪。無四等罪名者，止依首從為坐。其檢、勾品官為「佐職」。其主典，律無罪名。戶主犯者，亦計所荒蕪五分論：計戶内所受之田，假有受田五十畝，十畝荒蕪，戶主笞三十，故云「一分笞三十」。「一分加一等」，即二十畝笞四十，三十畝笞五十，四十畝杖六十，五十畝杖七十。其受田多者，各準此法為罪。

171 里正授田課農桑

諸里正，依令：「授人田，課農桑。」若應受而不授，應還而不收，應課而不課，如此事類違法者，失一事，笞四十；一事，謂失一事於一人。若於一人失數事及一事失之於數人，皆累為坐。

【疏】議曰：依田令：「戶內永業田，每畝課植桑五十根以上，榆、棗各十根以上。土地不宜者，任依鄉法。」又條：「應收授之田，每年起十月一日，里正預校勘造簿，縣令總集應退應受之人，對共給授。」又條：「授田：先課役，後不課役；先無，後少；先貧，後富。」其里正皆須依令造簿通送及課農桑。若應合受田而不授，應合還公田而不收，應合課田農而不課，應課植桑、棗而不植，如此事類違法者，每一事有失，合笞四十。

注：一事，謂失一事於一人。若於一人失數事及一事失之於數人，皆累為坐。

【疏】議曰：一事，謂失一事於一人者，假若於一戶之上，不課種桑、棗為一事，合笞四十。「若於一人失數事」，謂於一人之身，應受不授，又不課桑、棗及田疇荒蕪；「及一事失之於數人」，謂應還不收之類，在於數人之上：皆累而為坐。

三事，加一等。縣失十事，笞三十；二十事，加一等。州隨所管縣多少，通計為罪。州、縣各以長官為首，佐職為從。

【疏】議曰：假有里正，應課而不課是一事，應受而不授是二事，應還而不收是三事，授田先不課役後課役是四事，先少後無是五事，先富後貧是六事，田疇荒蕪是七事，皆累為坐。其應累者，每三事加一等，即失二十二事徒一年。縣失者，亦準里正，所失十事笞三十，二十事加一等，一百七十事合徒一年。「州隨所管縣多少，通計為罪」，謂管二縣者，失二十事笞三十，失三百四十事徒一年。其管縣多者，通計各準此。

注：州、縣各以長官為首，佐職為從。

【疏】議曰：州縣以刺史、縣令為首，其長官闕者即次官為首，佐職及判戶曹之司為從。

各罪止徒一年，故者各加二等。

【疏】議曰：「各罪止徒一年」，謂州縣長官及里正，各罪止徒一年。故犯者各加二等，即是一事杖六十；縣十事笞五十；州管二縣者，二十事笞五十，計加亦準此通計為罪，各罪止徒二年。其州止管一縣者，各減縣罪一等，若有故、失，罪法不等者，亦依併滿之法。假如授田等失七事，合杖六十；又有故犯三事，亦合杖六十，即以故犯三事，併為失十事，科杖七十。其州縣應累併者，各準此。

172

應復除不給

諸應受復除而不給，不應受而給者，徒二年。其小徭役者，笞五十。

【疏】議曰：依令「人居狹鄉，樂遷就寬鄉，去本居千里外復三年，五百里外復二年，三百里外復一年」之類，應給復除而所司不給，不應受而所司妄給者，徒二年。「其小徭役」，謂充夫及雜使，準令應免不免，應役不役者，合笞五十。其妄給復除及應給不給，準贓重於徒二年者，依上條「妄脫漏增減以出入課役」，一口徒一年，二口加一等，贓重入己者，以枉法論，至死者加役流；入官者，坐贓論。其不應受復除人而求請主司，妄得復除者，依名例「若共監主為犯，雖造意，仍以監主為首」，即是所司為首，得復者為從。若他人為請求，妄得復者，自從「囑請」法。

173 **差科賦役違法**

諸差科賦役違法及不均平，杖六十。

【疏】議曰：依令：「凡差科，先富強，後貧弱；先多丁，後少丁。」「差科賦役違法及不均平」，謂貧富、強弱、先後、閑要等，差科不均平者，各杖六十。

若非法而擅賦斂，及以法賦斂而擅加益，贓重入官者，計所擅坐贓論；入私者，以枉法論，至死者加役流。

【疏】議曰：依賦役令：「每丁，租二石；調絁、絹二丈，綿三兩，布輸二丈五尺，麻三斤；丁役二十日。」此是每年以法賦斂。皆行公文，依數輸納；若臨時別差科者，自依臨時處分。如有不依此法而擅有所徵斂，或雖依格、令、式而擅加益，入官者，總計贓至六疋，即是重於杖六十，皆從「坐贓」科之。假有擅加益入官絹滿一百疋，比斂衆人之物，法合倍論，倍為五十疋，坐贓論，罪止徒三年。「入私者，以枉法論」，稱「入私」，不必入己，但不入官者，即為入私。官人有祿，枉法一尺杖一百，一疋加一等，十五疋絞；無祿者減一等，二十疋絞。今云「至死者加役流，」並不合絞。其間賦斂雖有入官，復有入私者，即是罪名不等，宜依「併滿」之法。假有擅賦斂得一百疋，九十疋入官，十疋入私，從入官九十疋倍為四十五疋，合徒二年半，倍入私十疋為五疋，亦徒二年半，不得累徒五年，須以入私十疋併滿入官九十疋，為一百疋，倍為五十疋，處徒三年。

174 **輸課稅物違期**

諸部內輸課稅之物，違期不充者，以十分論，一分笞四十，一分加一等。州、縣皆以長官為首，佐職以下節級連坐。

【疏】議曰：「輸課稅之物」，課租、調及庸，地租，雜稅之類。物有頭數，輸有期限，而違不充者，以十分論，一分笞四十。假有當里之內，徵百石物，十斛不充笞四十，每十斛加一等，全違期不入者徒二年。州、縣各以部內分數，不充科罪準此。

注：州、縣皆以長官為首，佐職以下節級連坐。

【疏】議曰：刺史、縣令，宣導之首，課稅違限，責在長官。「佐職以下節級連坐」，既以長官為首，通判官為第二從，判官為第三從，主典及檢勾之官為第四從。以勸導之首屬在長官，故不同判事差等。其里正處百戶之內，事在一人，既無節級連坐，唯得部內不充之罪。

戶主不充者，笞四十。

【疏】議曰：百姓當戶，應輸課稅，依期不充，即笞四十，不據分數為坐。

175

許嫁女報婚書

諸許嫁女，已報婚書及有私約，約，謂先知夫身老、幼、疾、殘、養、庶之類。**而輒悔者，杖六十。**男家自悔者，不坐，不追娉財。

【疏】議曰：許嫁女已報婚書者，謂男家致書禮請，女氏答書許訖。「及有私約」，注云「約，謂先知夫身老、幼、疾、殘、養、庶之類」，老幼，謂違本約相校倍年者；疾殘，謂狀當三疾，支體不完；養，謂非己所生；庶，謂非嫡子及庶、孽之類。以其色目非一，故云「之類」。皆謂宿相諳委，兩情具愜，私有契約，或報婚書，如此之流，不得輒悔，悔者杖六十，婚仍如約。若男家自悔者，無罪，娉財不追。

問曰：有私約者，準文唯言「老、幼、疾、殘、養、庶之類」，未知貧富貴賤亦入「之類」得為妄冒以否？

答曰：老、幼、疾、殘、養、庶之類，此緣事不可改，故須先約，然許為婚。且富貴不恒，貧賤無定，不入「之類」，亦非妄冒。

雖無許婚之書，但受娉財，亦是。娉財無多少之限，酒食非。以財物為酒食者，亦同娉財。

【疏】議曰：婚禮先以娉財為信，故禮云：「娉則為妻。」雖無許婚之書，但受娉財亦是。注云「娉財無多少之限」，即受一尺以上，並不得悔。酒食非者，為供設親賓，便是眾人同費，所送雖多，不同娉財之限。若「以財物為酒食者」，謂送錢財以當酒食，不限多少，亦同娉財。

若更許他人者，杖一百；已成者，徒一年半。後娶者知情，減一等。女追歸前夫，前夫不娶，還娉財，後夫婚如法。

【疏】議曰：「若更許他人者」，謂依私約報書，或受娉財，而別許他人者，杖一百。若已成者，徒一年半。後娶者知已許嫁之情而娶者，減女家罪一等：未成者，依下條「減已成者五等」，合杖六十；已成，徒一年。女歸前夫，若前夫不娶，女氏還娉財，後夫婚如法。

176 為婚女家妄冒

諸為婚而女家妄冒者，徒一年。男家妄冒，加一等。未成者，依本約；已成者，離之。

【疏】議曰：為婚之法，必有行媒，男女、嫡庶、長幼，當時理有契約，女家違約妄冒者，徒一年。男家妄冒者，加一等。「未成者依本約」，謂依初許婚契約。已成者，離之。違約之中，理有多種，或以尊卑，或以大小之類皆是。

177
有妻更娶

諸有妻更娶妻者，徒一年；女家，減一等。若欺妄而娶者，徒一年半；女家不坐。各離之。

【疏】議曰：依禮，日見於甲，月見於庚，象夫婦之義。一與之齊，中饋斯重。故有妻而更娶者，合徒一年。「女家減一等」，為其知情，合杖一百。「若欺妄而娶」，謂有妻言無，以其矯詐之故，合徒一年半。女家既不知情，依法不坐。仍各離之。稱「各」者，謂女氏知有妻、無妻，皆合離異，故云「各離之」。

問曰：有婦而更娶婦，後娶者雖合離異，未離之間，其夫內外親戚相犯，得同妻法以否？

答曰：一夫一婦，不刊之制。有妻更娶，本不成妻。詳求理法，止同凡人之坐。

178
以妻為妾

諸以妻為妾，以婢為妻者，徒二年。以妾及客女為妻，以婢為妾者，徒一年半。各還正之。

【疏】議曰：妻者，齊也，秦晉為匹。妾通賣買，等數相懸。婢乃賤流，本非儔類。若以妻為妾，以婢為妻，違別議約，便虧夫婦之正道，黷人倫之彝則，顛倒冠履，紊亂禮經，犯此之人，即合二年徒罪。「以妾及客女為妻」，客女，謂部曲之女，或有於他處轉得，或放婢為之；以婢為妾者：皆徒一年半。「各還正之」，並從本色。

問曰：或以妻為媵，或以媵為妻，或以妾作媵，或以媵作妾，各得何罪？

答曰：據鬬訟律：「媵犯妻，減妾一等。妾犯媵，加凡人一等。餘條媵無文者，與妾同。」即是夫犯媵，皆同犯妾。所問既非妻妾與媵相犯，便無加減之條。夫犯媵，例依犯妾，即以妻為媵，罪同以妻為妾。若以媵為妻，亦同以妾為妻。其以媵為妾，律、令無文，宜依「不應為重」，合杖八十。以妾為媵，令既有制，律無罪名，止科「違令」之罪。即因其改換，以告身與迴換之人者，自從「假與人官法。若以妾詐為媵而冒承媵姓名，始得告身者，依詐偽律：「詐增加功狀，以求得官者，合徒一年。」

若婢有子及經放為良者，聽為妾。

【疏】議曰：婢為主所幸，因而有子；即雖無子，經放為良者：聽為妾。

問曰：婢經放為良，聽為妾。若用為妻，復有何罪？

答曰：妻者，傳家事，承祭祀，既具六禮，取則二儀。婢雖經放為良，豈堪承嫡之重。律既止聽為妾，即是不許為妻。不可處以婢為妻之科，須從以妾為妻之坐。

179 **居父母夫喪嫁娶**

諸居父母及夫喪而嫁娶者，徒三年；妾減三等。各離之。知而共為婚姻者，各減五等；不知者，不坐。

【疏】議曰：父母之喪，終身憂戚，三年從吉，自為達禮。夫為婦天，尚無再醮。若居父母及夫之喪，謂在二十七月內，若男身娶妻，而妻女出嫁者，各徒三年。「妾減三等」，若男夫居喪娶妾，妻女作妾嫁人，妾既許以卜姓為之，其情理賤也，禮數既別，得罪故輕。「各離之」，謂服內嫁娶妻妾並離。「知而共為婚姻者」，謂妻父稱婚，婿父稱姻，二家相知是服制之內，故為婚姻者，各減罪五等，得杖一百。娶妾者，合杖七十。不知情，不坐。

若居期喪而嫁娶者杖一百，卑幼減二等；妾不坐。

【疏】議曰：若居期親之喪嫁娶，謂男夫娶婦，女嫁作妻，各杖一百。「卑幼減二等」，雖是期服，亡者是卑幼，故減二等，合杖八十。「妾不坐」，謂期服內男夫娶妾，女婦作妾嫁人，並不坐。

180 **父母囚禁嫁娶**

諸祖父母、父母被囚禁而嫁娶者，死罪，徒一年半；流罪，減一等；徒罪，杖一百。祖父母、父母命者，勿論。

【疏】議曰：祖父母、父母既被囚禁，固身囹圄，子孫嫁娶，名教不容。若祖父母、父母犯當死罪，嫁娶者徒一年半；流罪，徒一年；徒罪，杖一百。若娶妾及嫁為妾者，即準上文減三等。若期親尊長主婚，即以主婚為首，男女為從。若餘親主婚，事由主婚，主婚為首，男女為從；事由男女，即男女為首，主婚為從。其男女被逼，或男年十八以下，在室之女，並主婚獨坐。注云「祖父母、父母命者，勿論」，謂奉祖父母、父母命為親，故律不加其罪。依令，不得宴會。

181 **居父母喪主婚**

諸居父母喪，與應嫁娶人主婚者，杖一百。

【疏】議曰：居父母喪，與應合嫁娶之人主婚者，杖一百；若與不應嫁娶人主婚，得罪重於杖一百，自從重科。若居夫喪，而與應嫁娶人主婚者，律雖無文，從「不應為重」，合杖八十。其父母喪內，為應嫁娶人媒合，從「不應為重」，杖八十；夫喪從輕，合笞四十。

182 同姓為婚

諸同姓為婚者，各徒二年。緦麻以上，以姦論。

【疏】議曰：同宗共姓，皆不得為婚，違者，各徒二年。然古者受姓命氏，因彰德功，邑居官爵，事非一緒。其有祖宗遷易，年代寖遠，流源析本，罕能推詳。至如魯、衛，文王之昭；凡、蔣、周公之胤。初雖同族，後各分封，並傳國姓，以為宗本，若與姬姓為婚者，不在禁例。其有聲同字別，音響不殊，男女辨姓，豈宜仇匹，若陽與楊之類。又如近代以來，特蒙賜姓，譜牒仍在，昭穆可知，今姓之與本枝，並不合共為婚媾。其有複姓之類，一字或同，受氏既殊，元非禁限。若同姓緦麻以上為婚者，各依雜律姦條科罪。

問曰：同姓為婚，各徒二年。未知同姓為妾，合得何罪？

答曰：「買妾不知其姓，則卜之。」取決蓍龜，本防同姓。同姓之人，即嘗同祖，為妻為妾，亂法不殊。戶令云：「娶妾仍立婚契。」即驗妻、妾，俱名為婚。依準禮、令，得罪無別。

若外姻有服屬而尊卑共為婚姻，及娶同母異父姊妹，若妻前夫之女者，謂妻所生者。餘條稱前夫之女者，準此。**亦各以姦論。**

【疏】議曰：外姻有服屬者，謂外祖父母、舅、姨、妻之父母。此等若作婚姻者，是名「尊卑共為婚姻」。「及娶同母異父姊妹，若妻前夫之女者」，注云「謂妻所生者」，謂前夫之女，後夫娶之，是妻所生者。如其非妻所生，自從本法。「餘條稱前夫之女者，準此」，據雜律「姦妻前夫之女」，亦據妻所生者，故云「亦準此」。各以姦論。其外姻雖有服，非尊卑者為婚，不禁。

其父母之姑、舅、兩姨姊妹及姨、若堂姨，母之姑、堂姑，己之堂姨及再從姨、堂外甥女，女婿姊妹，並不得為婚姻，違者各杖一百。並離之。

【疏】議曰：「父母姑、舅、兩姨姊妹」，於身無服，乃是父母緦麻，據身是尊，故不合娶。「及姨」，又是父母小功尊；「若堂姨」，雖於父母無服，亦是尊屬；「母之姑、堂姑」，並是母之小功以上尊；「己之堂姨及再從姨、堂外甥女」，亦謂堂姊妹所生者，「女婿姊妹」，於身雖並無服，據理不可為婚：並為尊卑混亂，人倫失序。違此為婚者，各杖一百。自「同姓為婚」以下，雖會赦，各離之。

183 **為袒免妻嫁娶**

諸嘗為袒免親之妻，而嫁娶者，各杖一百；緦麻及舅甥妻，徒一年；小功以上，以姦論。妾，各減二等。並離之。

【疏】議曰：高祖親兄弟，曾祖堂兄弟，祖再從兄弟，父三從兄弟，身四從兄弟、三從姪、再從姪孫，並緦麻絕服之外，即是「袒免」。既同五代之祖，服制尚異他人，故嘗為袒免親之妻，不合復相嫁娶。輒嫁娶者，男女各杖一百。「緦麻及舅甥妻」，謂同姓緦麻之妻及為舅妻，若外甥妻，而更相嫁娶者，其夫尊卑有服，嫁娶各徒一年。「小功以上，以姦論」，小功之親，多是本族，其外姻小功者，唯有外祖父母。若有嫁娶，一同姦法。若經作袒免親妾者，各杖八十；緦麻親及舅甥妾，各杖九十；小功以上，各減姦罪二等：故云「妾各減二等」。並離之。姦妾，本條減妻一等，此條「以姦論，妾減二等」，即是娶妾者累減三等。稱以姦論者，並依姦法。小功之妻，若寡在夫家而嫁娶者，各依姦小功以上妻法。其被放出，或改適他人，即於前夫服義並絕，姦者，依律止是凡姦；若其嫁娶，亦同凡姦之坐。又，稱妾者，據元是袒免以上親之妾而娶者，得減二等。若是前人之妻，今娶為妾，止依娶妻之罪，不得以妾減之。如為前人之妾，今娶為妻，亦依娶妾之罪。

184 夫喪守志

諸夫喪服除而欲守志，非女之祖父母、父母而強嫁之者，徒一年；期親嫁者，減二等。各離之。女追歸前家，娶者不坐。

【疏】議曰：婦人夫喪服除，誓心守志，唯祖父母、父母得奪而嫁之。「非女之祖父母、父母」，謂大功以下，而輒強嫁之者，合徒一年。「期親嫁者」，謂伯叔父母、姑、兄弟、姊妹及姪，而強嫁之者，減二等，杖九十。各離之。女追歸前家，娶者不坐。

185 娶逃亡婦女

諸娶逃亡婦女為妻妾，知情者與同罪，至死者減一等。離之。即無夫，會恩免罪者，不離，

【疏】議曰：婦女犯罪逃亡，有人娶為妻妾，若知其逃亡而娶，流罪以下，並與同科；唯婦人本犯死罪而娶者，流三千里。仍離之。即逃亡婦女無夫，又會恩赦得免罪者，不合從離。其不知情而娶，準律無罪，若無夫，即聽不離。

186

監臨娶所監臨女

諸監臨之官，娶所監臨女為妾者，杖一百；若為親屬娶者，亦如之。其在官非監臨者，減一等。女家不坐。

【疏】議曰：「監臨之官」，謂職當臨統案驗者，娶所部人女為妾者，杖一百。為親屬娶者，亦合杖一百。親屬，謂本服緦麻以上親及大功以上婚姻之家。既是監臨之官為娶，親屬不坐。若親屬與監臨官同情強娶，或恐喝娶者，即以本律首從科之，皆以監臨為首，娶者為從。「其在官非監臨者」，謂在所部任官而職非統攝案驗，而娶所部之女及與親屬娶之，各減監臨官一等。女家，並不合坐。其職非統攝，臨時監主而娶者，亦同。仍各離之。

即枉法娶人妻妾及女者，以姦論加二等；為親屬娶者，亦同。行求者，各減二等。各離之。

【疏】議曰：有事之人，或妻若妾，而求監臨官司曲法判事，娶其妻妾及女者，以姦論加二等。其娶者有親屬，應加罪者，各依本法，仍加監臨姦罪二等。「為親屬娶者，亦同」，皆同自娶之坐。「行求者，各減二等」，其以妻妾及女行求，嫁與監臨官司，得罪減監臨二等。親屬知行求枉法，而娶人妻妾及女者，自依本法為從坐。仍各離之者，謂夫自嫁妻妾及女，與枉法官人，兩俱離之。妻妾及女理不自由，故並不坐。

187

和娶人妻

諸和娶人妻及嫁之者，各徒二年；妾，減二等。各離之。即夫自嫁者，亦同。仍兩離之。

【疏】議曰：和娶人妻及嫁之者，各徒二年。若和嫁娶妾，減二等，徒一年。「各離之」，謂妻妾俱離。「即夫自嫁者亦同」，謂同嫁妻妾之罪。二夫各離，故云「兩離之」。

188 **尊長與卑幼定婚**

諸卑幼在外，尊長後為定婚，而卑幼自娶妻，已成者，婚如法；未成者，從尊長。違者，杖一百。

【疏】議曰：「卑幼」，謂子、孫、弟、姪等。「在外」，謂公私行詣之處。因自娶妻，其尊長後為定婚，若卑幼所娶妻已成者，婚如法；未成者，從尊長所定。違者，杖一百。「尊長」，謂祖父母、父母及伯叔父母、姑、兄姊。

189 **妻無七出**

諸妻無七出及義絕之狀，而出之者，徒一年半；雖犯七出，有三不去，而出之者，杖一百。追還合。若犯惡疾及姦者，不用此律。

【疏】議曰：伉儷之道，義期同穴，一與之齊，終身不改。故妻無七出及義絕之狀，不合出之。七出者，依令：「一無子，二淫泆，三不事舅姑，四口舌，五盜竊，六妒忌，七惡疾。」義絕，謂「毆妻之祖父母、父母及殺妻外祖父母、伯叔父母、兄弟、姑、姊妹，若夫妻祖父母、父母、外祖父母、伯叔父母、兄弟、姑、姊妹自相殺及妻毆詈夫之祖父母、父母，殺傷夫外祖父母、伯叔父母、兄弟、姑、姊妹及與夫之緦麻以上親、若妻母姦及欲害夫者，雖會赦，皆為義絕。」妻雖未入門，亦從此令。若無此七出及義絕之狀，輒出之者，徒一年半。「雖犯七出，有三不去」，三不去者，謂：一，經持舅姑之喪；二，娶時賤後貴；三，有所受無所歸。而出之者，杖一百。並追還合。「若犯惡疾及姦者，不用此律」，謂惡疾及姦，雖有三不去，亦在出限，故云「不用此律」。

問曰：妻無子者，聽出。未知幾年無子，即合出之？

答曰：律云：「妻年五十以上無子，聽立庶以長。」即是四十九以下無子，未合出之。

190

義絕離之

諸犯義絕者離之，違者，徒一年。若夫妻不相安諧而和離者，不坐。

【疏】議曰：夫妻義合，義絕則離。違而不離，合得一年徒罪。離者，既無「各」字，得罪止在一人，皆坐不肯離者；若兩不願離，即以造意為首，隨從者為從。皆謂官司判為義絕者，方得此坐，若未經官司處斷，不合此科。「若夫妻不相安諧」，謂彼此情不相得，兩願離者，不坐。

即妻妾擅去者，徒二年；因而改嫁者，加二等。

【疏】議曰：婦人從夫，無自專之道，雖見兄弟，送迎尚不踰閾。若有心乖唱和，意在分離，背夫擅行，有懷他志，妻妾合徒二年。因擅去而即改嫁者，徒三年，故云「加二等」。室家之敬，亦為難久，帷薄之內，能無忿爭，相嗔蹔去，不同此罪。

問曰：妻妾擅去徒二年，因而改嫁者加二等。其有父母、期親等主婚，若為科斷？

答曰：下條：「嫁娶違律，祖父母、父母主婚者，獨坐主婚。若期親尊長主婚者，主婚為首，男女為從。」父母知女擅去，理須訓以義方。不送夫家，違法改嫁，獨坐父母，合徒三年；其妻妾之身，唯得擅去之罪。期親主婚，自依首從之法。

191 奴娶良人為妻

諸與奴娶良人女為妻者，徒一年半；女家，減一等。離之。其奴自娶者，亦如之。主知情者，杖一百；因而上籍為婢者，流三千里。

【疏】議曰：人各有耦，色類須同。良賤既殊，何宜配合。與奴娶良人女為妻者，徒一年半；女家減一等，合徒一年。仍離之。謂主得徒坐，奴不合科。其奴自娶者，亦得徒一年半。主不知情者，無罪；主若知情，杖一百；因而上籍為婢者，流三千里。若有為奴娶客女為妻者，律雖無文，即須比例科斷，名例律：「稱部曲者，客女同。」鬭訟律：「部曲毆良人，加凡人一等，奴婢又加一等。其良人毆部曲，減凡人一等，奴婢又減一等。即部曲、奴婢相毆傷殺者，各依部曲與良人相毆傷殺法。」注云：「餘條良人、部曲、奴婢私相犯，本條無正文者，並準此。」奴娶良人徒一年半，即娶客女減一等，合徒一年。主知情者，杖九十；因而上籍為婢者，徒三年。其所生男女，依戶令：「不知情者，從良；知情者，從賤。」

即妄以奴婢為良人，而與良人為夫妻者，徒二年。奴婢自妄者，亦同。**各還正之。**

【疏】議曰：以奴若婢，妄作良人，嫁娶為良人夫婦者，所妄之罪，合徒二年。奴婢自妄嫁娶，亦徒二年。「各還正之」，稱「正之」者，雖會赦，仍改正之。若娉財多，準罪重於徒二年者，依「詐欺」，計贓科斷。

192

雜戶不得娶良人

諸雜戶不得與良人為婚，違者，杖一百。官戶娶良人女者，亦如之。良人娶官戶女者，加二等。

【疏】議曰：雜戶配隸諸司，不與良人同類，止可當色相娶，不合與良人為婚。違律為婚，杖一百。「官戶娶良人女者，亦如之」，謂官戶亦隸諸司，不屬州縣，亦當色婚嫁，不得輒娶良人，違者亦杖一百。良人娶官戶女者，加二等，合徒一年半。官戶私嫁女與良人，律無正文，並須依首從例。

即奴婢私嫁女與良人為妻妾者，準盜論；知情娶者，與同罪。各還正之。

【疏】議曰：奴婢既同資財，即合由主處分，輒將其女私嫁與人，須計婢贓，準盜論罪，五疋徒一年，五疋加一等。知情娶者，與奴婢罪同；不知情者，不坐。自「雜戶與良人為婚」以下，得罪仍各離而改正。其工、樂、雜戶、官戶，依令「當色為婚」，若異色相娶者，律無罪名，並當「違令」。既乖本色，亦合正之。太常音聲人，依令「婚同百姓」，其有雜作婚姻者，並準良人。其部曲、奴婢有犯，本條無正文者，依律「各準良人」。如與雜戶、官戶為婚，並同良人共官戶等為婚之法，仍各正之。

193

違律為婚

諸違律為婚，雖有媒娉，而恐喝娶者，加本罪一等；強娶者，又加一等。被強者，止依未成法。

【疏】議曰：依律不許為婚，其有故為之者，是名「違律為婚」。假如雜戶與良人為婚，雖有媒娉而恐喝娶者，加本罪一等：本坐合杖一百，加一等，處徒一年。「強娶者，又加一等」，謂以威若力而強娶之，合徒一年半。「被強者，止依未成法」，下條「未成者各減已成五等」，女家止笞五十之類。

即應為婚，雖已納娉，期要未至而強娶，及期要至而女家故違者，各杖一百。

【疏】議曰："「即應為婚」，謂依律合為婚者。雖已納娉財，元契吉日未至，而男家強娶；及期要已至吉日，而女家故違不許者：各杖一百得罪，依律不合從離。

194 違律為婚離正

諸違律為婚，當條稱「離之」、「正之」者，雖會赦，猶離之、正之。定而未成，亦是。娉財不追；女家妄冒者，追還。

【疏】議曰：「違律為婚」，謂依律不合作婚而故違者。「當條稱離之」，謂上條「男家妄冒，或女家妄冒，離之」。又，「正之」者，謂上條「奴婢私嫁女與良人，仍正之」。雖會大赦，稱「離之」者，猶離之，稱「正之」者，猶正之。「定而未成，亦是」，假令雜戶與良人為婚已定，監臨之官娶所監臨女未成，會赦之後，亦合離、正，故云「定而未成，亦是」。男家送財已訖，雖合離、正，其財不追。若女家妄冒，應離、正者，追財物，還男家。凡稱「離之」、「正之」者，赦後皆合離、正。名例律云：「會赦，應改正，經責簿帳而不改正，各論如本犯律。」應離之輩，即是赦後須離，仍不離者，律無罪條，猶當「不應得為從重」，合杖八十。若判離不離，自從姦法。

195 嫁娶違律

諸嫁娶違律，祖父母、父母主婚者，獨坐主婚。本條稱以姦論者，各從本法，至死者減一等。

【疏】議曰：「嫁娶違律」，謂於此篇內不許為婚，祖父母、父母主婚者，為奉尊者教命，故獨坐主婚，嫁娶者無罪。假令祖父母、父母主婚，為子孫娶舅甥妻，合徒一年，唯祖父母、父母得罪，子孫不坐。

注：本條稱以姦論者，各從本法，至死者減一等。

【疏】議曰：「本條稱以姦論者」，謂上條「緦麻以上以姦論」。假令父與其子娶子之從母，依雜律：「姦從母者，流二千里；強者，絞。」即父亦得流二千里，同雜犯。其子若自犯，有官者仍除名。此名「各從本法」。至死減一等者，若強娶從母為妻，或婚寡伯叔母非被出及改嫁者，本條合死，今減一等，合流三千里。

若期親尊長主婚者，主婚為首，男女為從。餘親主婚者，事由主婚，主婚為首，男女為從；事由男女，男女為首，主婚為從。

【疏】議曰：期親尊長，次於父母，故主婚為首，男女為從。「餘親主婚者」，餘親，謂期親卑幼及大功以下主婚，即各以所由為首：事由主婚，主婚為首，男女為從；事由男女，男女為首，主婚為從。雖以首從科之，稱「以姦論」者，男女各從姦法，應除名者亦除名。

其男女被逼，若男年十八以下及在室之女，亦主婚獨坐。

【疏】議曰：「男女被逼」，謂主婚以威若力，男女理不自由，雖是長男及寡女，亦不合得罪。若男年十八以下及在室之女，亦主婚獨坐，男女勿論。

未成者，各減已成五等。媒人，各減首罪二等。

【疏】議曰：「未成者」，謂違律為婚，當條合得罪，定而未成者，減已成五等。假有同姓為婚，合徒二年，未成，即杖八十，此是名減五等。其媒人猶徒一年，未成者杖六十，是名「各減首罪二等」。各準當條輕重，依律減之。略舉同姓為例，餘皆倣此。凡違律為婚，稱「強」者，皆加本罪二等；稱「以姦論」有強者，止加一等。媒人，各減姦罪一等。

【疏】議曰：廄庫律者，漢制九章，創加廄律。魏以廄事散入諸篇。晉以牧事合之，名為廄牧律。自宋及梁，復名廄律。後魏太和年名牧產律，至正始年復名廄牧律。歷北齊、後周，更無改作。隋開皇以庫事附之，更名廄庫律。廄者，鳩聚也，馬牛之所聚；庫者，舍也，兵甲財帛之所藏，故齊魯謂庫為舍。戶事既終，廄庫為次，故在戶婚之下。

196 **牧畜產課不充**

諸牧畜產，準所除外，死、失及課不充者一，牧長及牧子笞三十，三加一等；過杖一百，十加一等，罪止徒三年。羊減三等。餘條羊準此。

【疏】議曰：廄牧令：「諸牧雜畜死耗者，每年率一百頭論，駝除七頭，騾除六頭，馬、牛、驢、羖羊除十，白羊除十五。從外蕃新來者，馬、牛、驢、羖羊皆聽除二十，第二年除十五；駝除十四，第二年除十；騾除十二，第二年除九；白羊除二十五，第二年除二十；第三年皆與舊同。」準率百頭以下除數，此是年別所除之數，不合更有死、失。「及課不充者」，應課者，準令：「牝馬一百疋，牝牛、驢各一百頭，每年課駒、犢各六十，騾駒減半。馬從外蕃新來者，課駒四十，第二年五十，第三年同舊課。牝駝一百頭，三年內課駒七十；白羊一百口，每年課羔七十口；羖羊一百口，課羔八十口。」準此欠數者，為課不充。除外死、失及課不充者一，牧長及牧子笞三十，三加一等，即是欠二十二，合杖一百；過杖一百，十加一等，計欠七十二，罪止徒三年。「羊減三等」，欠三以下未有罪名，欠四笞十，三口加一等，罪止徒一年半。注云「餘條羊準此」，餘條謂「養飼不如法」之類，但餘條論畜罪名無羊者，並減馬三等，故云「準此」。

新任不滿一年，而有死、失者，總計一年之內月別應除多少，準折為罪；若課不充，遊牝之時當其檢校者，準數為罪，不當者不坐。遊牝之後，而致損落者，坐後人。

【疏】議曰：「新任不滿一年」，謂任牧尉、牧長、牧子未滿期年，而有死、失。「總計一年之內月別應除多少，準折為罪」，謂若騾新從外蕃來，當年聽除十二，即是月別得除一頭。新任三月，除三頭；五月，除五頭。餘畜，一年準當色，應除數準新任，月別折除分數亦準此。若除外死、失，皆準上文得罪。「若課不充，遊牝之時當其檢校者，準數為罪」，準令：「牧馬、駝、牛、驢、羊，牝牡常同群。其牝馬、驢每年三月遊牝，應收飼者，至冬收飼。」不當遊牝之時，課雖不充，依律不坐。注云「遊牝之後而致損落者，坐後人」，謂雖不當遊牝之時檢校，於後損落，仍得其罪。

繫飼死者，各加一等；失者，又加二等。牧尉及監各隨所管牧多少，通計為罪，仍以長官為首，佐職為從。餘官有管牧者，亦準此。

【疏】議曰：繫飼死者加一等罪，謂應牧繫養之者，收飼理不合死，故加罪一等。雜畜一死笞四十，罪止流二千里。「失者，又加二等」，以其繫飼不合失落，故加二等。稱「又」者，明累加，即失一杖六十，罪止流三千里。繫飼羊，亦各減三等。牧尉及監各隨所管牧尉、長，通計為罪。依令：「牧馬、牛，皆百二十為群；駝、騾、驢，各以七十頭為群；羊，六百二十口為群。群別置牧長一人。率十五長，置尉一人。」其監，即不限尉多少。通計之義，已從戶婚解訖。仍以長官為首，佐職為從者，為群牧事重，委在長官。死、失及課不充，以監為首，副監及丞、簿為從。條言「佐職為從」，明主典無罪。注云「餘官有管牧者，亦準此」，其牧有置監管者，亦有隸州、縣官管者，故云「餘官有管牧者，亦準此」。

197 驗畜產不實

諸驗畜產不以實者，一笞四十，三加一等，罪止杖一百。若以故價有增減，贓重者，計所增減坐贓論；入己者，以盜論。

【疏】議曰：依廄牧令：「府內官馬及傳送馬驢，每年皆刺史、折衝、果毅等檢揀。其有老病不堪乘用者，府內官馬更對州官揀定，京兆府管內送尚書省揀，隨便貨賣。」檢揀者，並須以實，不以實者，一笞四十，三加一等，罪止杖一百。若以檢揀不實之故，令價有增減者，計增減之贓重，「坐贓論」，謂驗一不實，增三疋一尺及減三疋一尺，各笞五十；每一疋加一等，十疋徒一年，十疋加一等。若因此增減之贓，將入己者，計贓以盜論，仍徵倍贓；監主加二等，一疋以上除名。其中有增減不平之贓，有入己、不入己者，若一處犯，便是「一事分為二罪，罪法不等，即以重法併滿輕法」，須將以盜之贓累於坐贓之上科之，其應除、免、倍贓，各盡本法。若驗羊不實，減三等；其增減贓、坐贓及以盜論者，並各依本條，不在「羊減三等」之例。

198 受官羸病畜產

諸受官羸病畜產，養療不如法，笞三十；以故致死者，一笞四十，三加一等，罪止杖一百。

【疏】議曰：依廄牧令：「官畜在道，有羸病不堪前進者，留付隨近州縣養飼療救，粟草及藥官給。」而所在官司受之，須養療依法，有不如法者，笞三十。「以故致死者」，謂養療不如法而致死者，一笞四十，三加一等，罪止杖一百。

199 乘官畜私馱物

諸應乘官馬、牛、駝、騾、驢，私馱物不得過十斤，違者，一斤笞十，十斤加一等，罪止杖八十；

【疏】議曰：應乘官馬、牛、駝、騾、驢者，謂因公得乘傳遞，或是軍行。但因公事而得乘官畜者，私馱物不得過十斤。十斤之外更著者，一斤笞十，十斤加一等，罪止杖八十。

其乘車者，不得過三十斤，違者，五斤笞十，二十斤加一等，罪止徒一年。即從軍征討者，各加二等。

【疏】議曰：應乘官車，或載官私之物，載限之外，私物不得過三十斤。違者，五斤笞十，二十斤加一等，罪止徒一年。「從軍征討者，各加二等」，馬、牛以下，車以上，各加常犯二等：馬、牛、駝、騾、驢，七十一斤罪止杖一百；車，二百五斤罪止徒二年。

若數人共馱載者，各從其限為坐。監當主司知而聽者，併計所知，同私馱載法。

【疏】議曰：「若數人共馱載者」，謂乘官畜及車。應得私載物限外，謂畜過十斤，車過三十斤。假有十人，同乘官畜，馱私物各十斤，其中五人數外各過一斤，依律各笞十；三人各過十一斤，各笞二十；二人各過八兩，律云「過一斤笞十」，今數不滿一斤，依律各無罪。又有十人同車，載私物各三十斤，其中五人數外各過五斤，依律各笞十，三人各過二十五斤，各笞二十；二人各過二斤八兩，依律數不滿，各無罪。其監當主司知情者，併計前畜，總過三十九斤，同「私馱」法科，合笞四十；車總過一百五斤，同「私載」法，合杖六十之類。若從軍征討，亦依前各加二等。其有他人寄物，各計一斤以上為罪，皆同「私馱、載」法。主當車馬及寄物之人，得罪各等，亦無首從。監當官司知情，準上解。若隨身衣仗應將行者，各在私物斤數之外，不在計限。

200 **大祀犧牲不如法**

諸供大祀犧牲，養飼不如法，致有瘦損者，一杖六十，一加一等，罪止杖一百；以故致死者，加一等。

【疏】議曰：供大祀，犧牲用犢；人帝配之，即加羊豕。其養牲，「大祀在滌九旬，中祀三旬，小祀一旬，養飼令肥，不得捶扑」，違者，是「不如法」。致有瘦損者，一杖六十，一加一等，五不如法，罪止杖一百。以故致死者，加罪一等：一死杖七十，五死徒一年。其羊豕雖供人帝，為配大祀，故得罪與牛皆同。職制律：「中、小祀遞減二等，餘條中、小祀準此。」即中祀養牲不如法，各減大祀二等；小祀不如法，又減中祀二等。

201 **乘官畜脊破領穿**

諸乘駕官畜產，而脊破領穿，瘡三寸，笞二十；五寸以上，笞五十。謂圍繞為寸者。

【疏】議曰：「乘駕官畜產」，謂牛、馬、駝、騾、驢。乘騎者脊破，駕用者領穿，瘡三寸，笞二十；五寸以上，笞五十。稱「以上」者，瘡雖更大，罪亦不加。若是別傷，非乘駕所損，自從「傷官畜產」之罪，不當此坐。注云「謂圍繞為寸者」，便是瘡圍三寸，徑一寸；圍五寸一分，徑一寸七分。雖或方圓，準此為法，但廉隅不定，皆以圍繞為寸。

若放飼瘦者，計十分為坐，一分笞二十，一分加一等；即不滿十者，一笞三十，一加一等。各罪止杖一百。

【疏】議曰：若將官畜放飼，謂牧監之官及牧子以上令瘦者，計十分為坐。假令一群百疋馬，十疋瘦為一分，合笞二十；一分加一等，九分並瘦，或百疋皆瘦，合杖一百。「即不滿十者，一笞三十，一加一等」，謂止放八疋，一瘦笞三十；八疋並瘦，更加七等，合杖一百。故云「各罪止杖一百」。監及牧尉，皆以所管通計為罪。餘雜畜準數得罪皆準此，羊準例減三等。

202

官馬不調習

諸官馬乘用不調習者，一疋笞二十，五疋加一等，罪止杖一百。

【疏】議曰：依太僕式：「在牧馬，二歲即令調習。每一尉配調習馬人十人，分為五番上下，每年三月一日上，四月三十日下。」又令云：「殿中省尚乘，每配習馭調馬，東宮配翼馭調馬，其檢行牧馬之官，聽乘官馬，即令調習。」故「官馬乘用不調習者，一疋笞二十，五疋加一等」，即是四十一疋，罪止杖一百。上臺、東宮供御馬不調習，得罪重於此條，即從職制律「車馬不調習」本條科罪。

203

故殺官私馬牛

諸故殺官私馬牛者，徒一年半。贓重及殺餘畜產，若傷者，計減價，準盜論，各償所減價；價不減者，笞三十。見血踠跌即為傷。若傷重五日內致死者，從殺罪。

【疏】議曰：官私馬牛，為用處重：牛為耕稼之本，馬即致遠供軍，故殺者徒一年半。「贓重」，謂計贓得罪，重於一年半徒。假有殺馬，直十五疋絹，準盜合徒二年，此名「贓重」。「及殺餘畜產」，謂除馬牛之外，並為餘畜。「若傷」，謂雖不死，而有損傷。自馬牛及餘畜，各計所減價，準盜論。「減價」，謂畜產直絹十疋，殺訖，唯直絹兩疋，即減八疋價；或傷止直九疋，是減一疋價。殺減八疋償八疋，傷減一疋償一疋之類，其罪各準盜八疋及一疋而斷。「價不減者」，謂元直絹十疋，雖有殺傷，評價不減，仍直十疋，止得笞三十罪，無所陪償。注云「見血蹤跌即為傷」，見血，不限傷處多少，但見血即坐；蹤跌，謂雖不見血，骨節差跌亦即為傷。「若傷重」，謂所傷處重，五日内致死者，亦從殺罪及償減價。

其誤殺傷者，不坐，但償其減價。主自殺馬牛者，徒一年。

【疏】議曰：「誤殺傷者」，謂目所不見，心所不意，或非繫放畜產之所而誤傷殺，或欲殺猛獸而殺傷畜產者，不坐，但償其減價。「減價」同上解。主自殺馬牛，徒一年；誤殺者，不坐。

204 **官私畜毀食官私物**

諸官私畜產，毀食官私之物，登時殺傷者，各減故殺傷三等，償所減價；畜主備所毀。臨時專制亦為主。餘條準此。

【疏】議曰：畜產不限官私。或毀食官私之物者，毀謂有所唐突，或觝蹋之類。因其毀食，物主登時即殺傷者，各減前條「故殺傷」罪三等，若殺馬牛，杖九十；其傷馬牛及殺傷餘畜產，各計所減價，計贓準盜論減三等。如所殺馬牛準所減價，當絹十五疋者，徒二年上減三等；合杖一百，如此計贓得罪重，即從重論。仍各償所減價，畜主備所毀。假有一牛，直上絹五疋，毀食人物，平直上絹兩疋，其物主登時傷殺此牛，出賣直絹三疋，計減二疋，牛主償所損食絹二疋，物主酬所減牛價絹亦二疋之類。注云「臨時專制亦為主」，假如甲有馬牛，借乙乘用，有所毀食，即乙合當罪，仍令備償。「餘條準此」，謂下條「犬殺傷他人畜產」及「畜產觝齧人而應標幟羈絆」之類，雖非正主，皆罪在專制之人。

其畜產欲觝齧人而殺傷者，不坐、不償。亦謂登時殺傷者。即絕時，皆為故殺傷。

【疏】議曰：其畜產有觝齧人者，若其欲來觝齧人，當即殺傷，不坐、不償。故注云「亦謂登時殺傷者」。其事絕之後，然始殺傷者，皆依故殺傷之法，仍償減價。畜主亦依法得罪。

205

殺緦麻親馬牛

諸殺緦麻以上親馬牛者，與主自殺同；殺餘畜者，坐贓論，罪止杖一百。各償其減價。

【疏】議曰：「緦麻以上」，謂內外有服者。相殺馬牛，得罪「與主自殺同」，合徒一年。殺餘畜者，準減價坐贓論，罪止杖一百。準此律文，緦麻以上傷畜產者，不合得罪；若因傷重，五日內致死，依上條亦同殺法，並償所減價。

問曰：誤殺及故傷緦麻以上親畜產，律無罪名，未知合償減價以否？

答曰：律云：「殺緦麻以上親馬牛者，與主自殺同。」主傷馬牛及以誤殺，律條無罪；諸親與主同，明各不坐。不坐，即無備償，準例可知，況律條無文，即非償限。牛馬猶故不償，餘畜不償可知。

206

犬傷殺畜產

諸犬自殺傷他人畜產者，犬主償其減價；餘畜自相殺傷者，償減價之半。即故放令殺傷他人畜產者，各以故殺傷論。

【疏】議曰：犬性噬齧，或自殺傷他人畜產。「犬主償其減價」，以犬能噬齧，主須制之，為主不制，故令償減價。「餘畜」，除犬之外，皆是。「自相殺傷者」，謂牛相觝殺，馬相踶死之類。假有甲家牛，觝殺乙家馬，馬本直絹十疋，為觝殺，估皮肉直絹兩疋，即是減八疋絹，甲償乙絹四疋，是名「償減價之半」。「即故放令殺傷他人畜產者」，或犬性好噬豬羊，其牛馬能相觝踶，而故放者，責其故放，各與故殺傷罪同，謂同上條「故殺官私馬牛者，徒一年半。計贓應重，若傷及殺餘畜產者，計減價，準盜論，各償所減價；價不減者，笞三十」。兩主放畜產，而鬬有殺傷者，從「不應為重」，杖八十，各償所減價。

207 畜產觝蹋齧人

諸畜產及噬犬有觝蹋齧人，而標幟羈絆不如法，若狂犬不殺者，笞四十；以故殺傷人者，以過失論。若故放令殺傷人者，減鬬殺傷一等。

【疏】議曰：依雜令：「畜產觝人者，截兩角；蹋人者，絆足；齧人者，截兩耳。」此為標幟羈絆之法。若不如法，并狂犬本主不殺之者，各笞四十。以不施標幟羈絆及狂犬不殺之故，致殺傷人者，以過失論。過失者，各依其罪從贖法。律無異文，總依凡法，不限尊貴，其贖一也。若本應輕者，聽從本。其「故放令殺傷人者」，謂知犬及雜畜性能觝蹋及噬齧，而故放者，減鬬殺傷一等。其犯貴賤、尊卑、長幼、親屬等，各依本犯應加減為罪。其畜產殺傷人，仍作他物傷人，保辜二十日，辜內死者，減鬬殺一等；辜外及他故死者，自依以他物傷人法。假令故放雜畜產，觝蹋及齧殺子孫，於徒一年半上減一等，合徒一年；餘親卑幼，各依本服，於鬬殺傷上減一等。

即被雇療畜產被倩者，同過失法。及無故觸之，而被殺傷者，畜主不坐。

【疏】議曰：有人被雇療畜產及無故觸人畜產，而被殺傷者，畜主不坐。被雇本是規財，無故謂故自犯觸，如此被殺傷者，畜主不坐。若被倩療畜產被殺傷，依贖法。

208 監主借官奴畜

諸監臨主守，以官奴婢及畜產私自借，若借人及借之者，笞五十；計庸重者，以受所監臨財物論。驛驢，加一等。

【疏】議曰：監臨主守之官，以所監主官奴婢及畜產，「私自借」，謂身自借用，若轉借他人及借之者，或一人、一畜，但借即笞五十。或借數少而日多，或借數多而日少，計庸重於借罪者，以受所監臨財物論，累贓為坐。「驛驢，加一等」，謂借即得杖六十；計庸重，以受所監臨財物論加一等。其車船、碾磑、邸店之類，有私自借，若借人及借之者，亦計庸賃，各與借奴婢、畜產同。律雖無文，所犯相類。職制律：「監臨之官借所監臨及牛馬駝騾驢、車船、邸店、碾磑，各計庸賃，以受所監臨財物論。」計借車船、碾磑之類，理與借畜產不殊，故附此條，準例為坐。

即借驛馬及借之者，杖一百，五日徒一年；計庸重者，從上法。即驛長私借人馬驢者，各減一等，罪止杖一百。

【疏】議曰：即私借驛馬及官司借之者，各杖一百，五日徒一年。「計庸重者，從上法」，謂計驛馬之庸，當上絹八疋，合加一等，徒一年半。「即驛長私借人馬驢者，減一等」，準令：「驛馬驢一給以後，死即驛長陪填。」是故，驛長借人驢馬，得罪稍輕。「各減一等」，謂上文「借驛馬驢，加受所監臨財物一等」，今驛長借人驢馬各減一等，與「受所監臨財物」罪同，罪止杖一百。

209 官私畜損食物

諸放官私畜產，損食官私物者，笞三十；贓重者，坐贓論。失者，減二等。各償所損。若官畜損食官物者，坐而不償。

【疏】議曰：謂放官私畜產，損食官私之物，損食雖少，即笞三十。若準贓得二疋一尺，合笞四十，是名「計贓重者，坐贓論」。「失者，減二等」，謂非故放，因亡逸而損食者，減罪二等。「各償所損」，既云「損食官私之物」，或損或食，各令畜主備償。若官畜損食官物，坐而不償。公廨畜產損食當司公廨，既不同私物，亦坐而不償；若損食餘司公廨，並得罪仍備，一準上文。

210 庫藏主司搜檢

諸有人從庫藏出，防衛主司應搜檢而不搜檢，笞二十；以故致盜不覺者，減盜者罪二等。若夜持時不覺盜，減三等。

【疏】議曰：從庫藏出，依式「五品以上，皆不合搜檢」。其應搜檢而不搜檢者，防衛主司笞二十。以不搜檢故，而致盜物將出，計所盜之贓，主司減盜者罪二等。「若夜持時」，謂庫藏之所持更之人，不覺人盜物者，減盜者罪三等。持時，謂當時專持更者。假有不覺盜五疋絹，減三等，得杖八十之類。

主守不覺盜者，五疋笞二十，十疋加一等；過杖一百，二十疋加一等，罪止徒二年。若守掌不如法，以故致盜者，各加一等。故縱者，各與同罪；

【疏】議曰：「主守」，不限有品、無品，謂親主當庫藏者。不覺有人盜物，準絹「五疋笞二十」，不滿五疋，未合得罪。「十疋加一等」，八十五疋杖一百。「過杖一百，二十疋加一等」，一百四十五疋，罪止徒二年。「若守掌不如法」，謂防守、持更、鎖閉、封印乖違不如法，而致盜者，「各加一等」，謂防衛不如法，有人從庫藏出又不搜檢致盜，不覺上加一等，謂止減盜者一等；夜持時不如法，不覺盜，亦加一等，止減盜者二等；主守之司不如法，不覺盜，亦加一等，五疋笞三十；罪止徒二年半。此是「各加一等」。「故縱者，各與同罪」，謂防衛主司，并夜持時之人及主守之司，故縱盜者，並各與盜者同罪。稱「同罪」者，不在除、免、倍贓、監主加罪之例。

即故縱贓滿五十疋加役流，一百疋絞。若被強盜者，各勿論。

【疏】議曰：國家庫藏，本委主司，若主司知情容盜，得罪重於盜者。名例律「與同罪者，不在加役流之例」，故於庫藏條中特生此例：故縱贓四十九疋以下，與盜者罪同，不合除、免；滿五十疋，加役流，除名、配流如法；一百疋，絞。此謂故縱一人之罪。若故縱頻盜及衆人盜者，各依累倍之法。「若被強盜者，各勿論」，謂被威力盜之，非能拒得者，勿論。

211

假借官物不還

諸假請官物，事訖過十日不還者笞三十，十日加一等，罪止杖一百；私服用者，加一等。

【疏】議曰：「假請官物」，謂有吉凶，應給威儀、鹵簿，或借帳幕、氈褥之類。事訖，十日內皆合還官，若過十日不還者，笞三十。「十日加一等」，停留總過八十日，罪止杖一百。因而私服用者，謂吉凶事過以後，別私服用者，每加一等，過八十日徒一年。

若亡失所假者，自言所司，備償如法；不自言者，以亡失論。

【疏】議曰：假請官物有亡失者，若於請物所司自言失者，免罪，備償如法；不自言失，被人舉者，以亡失論。依雜律：「亡失官物者，準盜論減三等。」又條：「亡失官私器物，各備償。」故得亡失之罪，又備償之。

212

監主貸官物

諸監臨主守，以官物私自貸，若貸人及貸之者，無文記，以盜論；有文記，準盜論；文記，謂取抄署之類。**立判案，減二等。**

【疏】議曰：「監臨主守」，謂所在之處，官物有官司執當者。以此官物私自貸，若將貸人及貸之者，此三事，無文記，以盜論；有文記，準盜論。「文記，謂取抄署之類」，謂雖無文案，或有名簿，或取抄及署領之類，皆同。無文記以盜論者，與真盜同，若監臨主守自貸，亦加凡盜二等。有文記者準盜論，並五疋徒一年，五疋加一等。「立判案，減二等」，謂五疋杖九十之類。

即充公廨及用公廨物，若出付市易而私用者，各減一等坐之。 雖貸亦同。餘條公廨準此。即主守私貸，無文記者，依盜法。

【疏】議曰：「即充公廨」，謂以官物迴充公廨，及私用公廨之物，無文記、有文記、立判案，若官物從庫藏積聚之中，出付人將市易，其市易人私用者，各準前官物應坐之罪，皆減一等坐之。稱「私用」者，雖貸亦同。「餘條公廨準此」，謂一部律內，但稱公廨私用及貸，皆準此減盜罪坐之。「即主守私貸，無文記者，依盜法」，即與真盜同，加常盜二等，徵倍贓，有官者除名。故云「依盜法」。

所貸之人不能備償者，徵判署之官。 下條私借亦準此。

【疏】議曰：監臨主守以官物貸人，「所貸之人不能備償」，謂無物可徵者，徵判署之官。判案者為判官，署案者為主典及監事之類。注云「下條私借亦準此」，謂下條「監臨主守之官以官物借人」，若所借人不能備償，亦徵判署之官，故云「準此」。

213 **監主守以官物借人**

諸監臨主守之官，以官物私自借，若借人及借之者，笞五十；過十日，坐贓論減二等。

【疏】議曰：監臨主守之官，以所監臨主守之物，謂衣服、氈褥、帷帳、器玩之類，但是官物，私自借，若將借人及借之者，各笞五十。過十日，計所借之物，準坐贓論減二等，罪止徒二年。

214 **損敗倉庫積聚物**

諸倉庫及積聚財物，安置不如法，若暴凉不以時，致有損敗者，計所損敗坐贓論。州、縣以長官為首，監、署等亦準此。

【疏】議曰：倉，謂貯粟、麥之屬。庫，謂貯器仗、綿絹之類。積聚，謂貯柴草、雜物之所。皆須高燥之處安置；其應暴凉之物，又須暴凉以時。若安置不如法，暴凉不以時，而致損敗者，計所損敗多少，坐贓論。州、縣以長官為首，以下節級為從。監、署等，有所損壞，亦長官為首，以次為從，故云「亦準此」。

215 **財物應入官私**

諸財物應入官私而不入，不應入官私而入者，坐贓論。

【疏】議曰：凡是公私論競，割斷財物，應入官乃入私，應入私乃入官，應入甲而入乙，應入私而入公廨，各計所不應入而入，坐贓論。

216 **放散官物**

諸放散官物者，坐贓論。謂出用官物，有所市作及供祠祀、宴會，剩多之類。**物在，還官；已散用者，勿徵。**謂營造剩多，為物在。祀畢食訖，為散用。

【疏】議曰：「放散官物」，謂出用官物，有所市作，並謂官物還充官用者。假有營造屋宅及供祠祀、宴會，料度剩多，各計所剩，坐贓論。若物在未用，各準所剩還官。若祠祀禮畢，宴會食盡及營造事訖，皆勿徵。

217 **應輸課稅**

諸應輸課稅及入官之物，而迴避詐匿不輸，或巧僞濕惡者，計所闕，準盜論。主司知情，與同罪；不知情，減四等。

【疏】議曰：「應輸課稅」，謂租、調、地稅之類，及應入官之物，而迴避詐匿，假作逗留，遂致廢闕及巧僞濕惡，欺妄官司，皆總計所闕入官物數，準盜科罪，依法陪填。主司知其迴避詐匿、巧僞濕惡之情而許行者，各與同罪。不知情者，減罪四等。縣官應連坐者，亦節級科之。州官不覺，各遞減縣官罪一等。州縣綱、典不覺，各同本司下從科罪。若州縣發遣依法，而綱、典在路，或至輸納之所事有欺妄者，州縣無罪。

218 **監臨官僦運租稅**

諸監臨主守之官，皆不得於所部僦運租稅、課物，違者，計所利坐贓論。其在官非監臨，減一等。主司知情，各減一等。

【疏】議曰：凡是課稅之物，監臨主守皆不得於所部內僦勾客運。其有違者，計所利，坐贓論。除人畜糧外，並為利物。「在官非監臨，減一等」，謂從坐贓減一等。「主司知情者，各減一等」，謂知監臨僦運，坐贓上減一等；若非監臨僦運，坐贓上減二等。所利之錢，一非彼此俱罪，二非乞索之贓，既用功程而得，不合沒官、還主。

219 輸給給受留難

諸有所輸及出給，而受給之官無故留難，不受不給者，一日笞五十，三日加一等，罪止徒一年。門司留難者，亦準此。若請輸後至，主司不依次第，先給先受者，笞四十。

【疏】議曰：有應輸官之物及官物應出給與人，而受物出給之官無故留難，不受不給者，一日笞五十，三日加一等，罪止徒一年。而受給門司留難者，亦準受給官司之法，故云「亦準此」。若請輸後至，官司不依次第先受給及請輸前至，後給受者，笞四十。

220 官物有印封

諸官物有印封，不請所由官司，而主典擅開者，杖六十。

【疏】議曰：但是官物，有封閉印記，欲開者皆請所由官司。其主典不請官司而擅開者，杖六十。

221 輸課物齎財市糴

諸應輸課物，而輒齎財貨，詣所輸處市糴充者，杖一百。將領主司知情，與同罪。

【疏】議曰：應輸送課物者，皆須從出課物之所，運送輸納之處。若輒齎財貨，詣所輸處市糴充者，杖一百。將領主司若知齎物於送納之所市糴情，與輸人同罪。縱一人糴輸，亦得此罪。

222 出納官物有違

諸出納官物，給受有違者，計所欠剩，坐贓論。違，謂重受輕出，及當出陳而出新，應受上物而受下物之類。

【疏】議曰：監主官物，或受或給，而有違法者，謂稱量之物，出納須平，若重受輕出，即有餘剩；及當出陳而出新，應受上物而受下物，此即為欠。須計欠、剩之價，準坐贓科罪。其有輕受重出及應出新而出陳，應受上物而受中物，得罪與上文並同，故云「之類」。

其物未應出給而出給者，罪亦如之。官物還充官用而違者，笞四十。其主司知有欠剩不言者，坐贓論減二等。

【疏】議曰：其物未應出給者，依令：「應給祿者，春秋二時分給。」未至給時而給者，亦依前坐贓科罪。若給官物還充官用，有違者，笞四十。其主司知有欠剩，而不舉言者，計所欠剩，坐贓論減二等。

223 **官物應入私**

諸官物當應入私，已出庫藏，而未付給；若私物當供官用，已送在官及應供官人之物；雖不供官用，而守掌在官者：皆為官物之例。

【疏】議曰：謂官物應將給賜，及借貸官人及百姓，已出庫藏，仍貯在官，而未付給之間；若私物借充官用及應徵課稅之類，已送在官貯掌；或公廨物及官人月俸，應供官人之物；雖不供官用，而守掌在官；并檢驗贓賄，或兩競財物：如此之類，但守掌在官者，皆為官物之例。

擅興

【疏】議曰：擅興律者，漢相蕭何創為興律。魏以擅事附之，名為擅興律。晉復去擅為興。又至高齊，改為興擅律。隋開皇改為擅興律。雖題目增損，隨時沿革，原其旨趣，意義不殊。大事在於軍戎，設法須為重防。廄庫足訖，須備不虞，故此論兵次於廄庫之下。

224 **擅發兵**

諸擅發兵，十人以上徒一年，百人徒一年半，百人加一等，千人絞；謂無警急，又不先言上而輒發兵者。雖即言上，而不待報，猶為擅發。文書施行即坐。

【疏】議曰：依令：「差兵十人以上，並須銅魚、敕書勘同，始合差發。若急須兵處，準程不得奏聞者，聽便差發，即須言上。」若無警急，又不先言上，輒擅發十人以上、九十九人以下，徒一年；滿百人，徒一年半；百人加一等；七百人以上，流三千里；千人，絞。故注云「謂無警急，又不先言上而輒發兵者」。「雖即言上，而不待報」，謂準程應得言上者，並須待報，若不待報，猶為擅發。但「文書施行即坐」，不必要在得兵。其擅發九人以下，律、令無文，當「不應為從重」。

給與者，隨所給人數，減擅發一等。亦謂不先言上、不待報者。告令發遣，即坐。

【疏】議曰：雖有發兵文書，執兵者不合即與，亦須先言上待報，然後給與。違者，隨所給人數，減擅發罪一等。故注云「亦謂不先言上、不待報者」。告令發遣即坐，不必要待兵行。

其寇賊卒來，欲有攻襲，即城屯反叛，若賊有內應，急須兵者，得便調發。雖非所屬，比部官司亦得調發給與，並即言上。各謂急須兵，不容得先言上者。

【疏】議曰：　其有寇賊卒來入境，欲有攻擊掩襲；　及國內城鎮及屯聚兵馬之處，或反叛；　或外賊自相翻動，內應國家：　如此等事，急須兵者，「得便調發」，謂得隨便，未言上待報即許調發。「雖非所屬」，謂所在人兵不相管隸，急須兵處，雖比部官司亦得調發，掌兵軍司亦得隨便給與，各即言上。並謂急須兵處，不容先言上者。

若不即調發及不即給與者，準所須人數，並與擅發罪同；　其不即言上者，亦準所發人數，減罪一等。若有逃亡盜賊，權差人夫，足以追捕者，不用此律。

【疏】議曰：　應機赴敵，急須兵馬，若不即調發及雖調發，不即給與者，「準所須人數，並與擅發罪同」，謂須十人以上，不即調發及不即給與，各徒一年；　百人，各徒一年半；　每百人，各加一等；　千人以上，各得絞罪。「其不即言上者」，謂軍務警急，聽先調發給與，並即言上，以其不即言上，亦準所發人數，減罪一等。「若有逃亡盜賊」，謂非兵寇，直是逃亡，或為盜賊，所在官府得權差人夫，足以追捕，不同擅發兵之例，故云「不用此律」。

225 **調發供給軍事**

諸應調發雜物，供給軍事者，皆先言上待報，謂給軍用，當從私出皆是。**違者，徒一年；　給與者，減一等。**

【疏】議曰：　謂隨軍所須，戰具所用，供給軍事，雖非人兵，皆先言上、待報，始得調發。注云「謂給軍用，當從私出皆是」，若應用官物，自有常式；　此為出私家，故須先言上、待報。違者，徒一年。

若知不先言上、雖言上不待報，即給與者，減一等，合杖一百。

若事有警急，得便調發給與，並即言上。若不調發及不給與者，亦徒一年；不即言上者，各減一等。

【疏】議曰：事有警急，寇賊卒來，欲有攻襲等事，得便調發給與，並即言上。為事有警急，彼此準程，不得言上待報。若不即調發及不給與者，並徒一年；不即言上，各減一等，俱合杖一百。

226

不給發兵符

諸應給發兵符而不給，應下發兵符而不下，若下符違式，謂違令、式，不得承用者。

【疏】議曰：依公式令：「下魚符，畿內三左一右，畿外五左一右。左者在內，右者付外。行用之日，從第一為首。後更有事須用，以次發之，周而復始。」又條：「應給魚符及傳符，皆長官執。長官無，次官執。」此據元付在外之日，是為「應給發兵符」。其符通授官、差使、雜追徵等，以發兵事重，故以發兵為文。應下發兵符而不下者，謂差兵不下左符。「若下符違式」，謂不依次第，不得承用者。

及不以符合從事，或符不合不速以聞，各徒二年；其違限不即還符者，徒一年。餘符，各減二等。凡言餘符者，契亦同。即契應發兵者，同發兵符法。

【疏】議曰：不以符合從事者，謂執兵之司，得左符皆用右符勘合，始從發兵之事。若不合符即從事，或勘左符與右符不合不速奏者，各徒二年。「違限不即還符」謂執符之司勘符訖，依公式令：「封符付使人。若使人更往別處，未即還者，附餘使傳送。若州內有使次，諸府總附。五日內無使次，差專使送之。」若違此令限，不即還符者，得徒一年。「餘符各減二等」，餘符者，謂禁苑及交、巡魚符之類，若符至不合即從其事，或勘符不合不速奏聞，徒一年；不即還符，杖九十；是名「餘符各減二等」。注云「凡言餘符者，契亦同。即契應發兵者，同發兵符法」，依令：「車駕巡幸，皇太子監國，有兵馬受處分者，為木契。若王公以下，在京留守，及諸州有兵馬受處分，并行軍所及領兵五百人以上、馬五百疋以上征討，亦給木契。」既用木契發兵，即同發兵符法。監門式：「皇城內諸街鋪，各給木契。京城諸街鋪，各給木魚。」金部、司農，準式亦並給木契。但是在式諸契，並同「餘符」。

227 揀點衛士征人

諸揀點衛士，征人亦同。**取捨不平者，一人杖七十，三人加一等，罪止徒三年。**不平，謂捨富取貧，捨強取弱，捨多丁而取少丁之類。

【疏】議曰：揀點衛士，注云「征人亦同」。征人，謂非衛士，臨時募行者。若取捨不平者，一人杖七十，三人加一等，罪止徒三年。揀點之法，財均者取強，力均者取富，財力又均先取多丁，故注云「不平，謂捨富取貧，捨強取弱，捨多丁而取少丁」。「之類」者，謂老少、能否，臨時比校不平者，皆是。

若軍名先定而差遣不平，減二等；即應差主帥而差衛士者，加一等。其有欠剩者，各加一等。

【疏】議曰：「軍名先定」，謂衛士之徒，臨時差遣不平者，減罪二等：一人笞五十，三人加一等，罪止徒二年。即應差隊副以上而差衛士者，「加一等」，謂一人杖六十，三人加一等，罪止徒二年半。此直為主帥、衛士不同，故加一等，罪止徒二年半。其揀點衛士及征人有欠剩，亦各加本罪一等，主帥欠剩亦同。其不平之與欠剩，既罪名不等，即準「併滿」之法科之。

228 征人冒名相代

諸征人冒名相代者，徒二年；同居親屬代者，減二等。

【疏】議曰：介冑之士，有進無退，征名既定，不可假名。賞罰須有所歸，何宜輒相冒代。如有違者，首徒二年，從減一等。「同居親屬代者，減二等」，稱同居親屬者，謂同居共財者。若征處得勳，彼此俱不合敘。

若部内有冒名相代者，里正笞五十，一人加一等；縣内一人，典笞三十，二人加一等；州隨所管縣多少，通計為罪。各罪止徒二年。佐職以上，節級為坐。**主司知情，與冒名者同罪。**

【疏】議曰：部内有冒名者，謂里正所部之内，有征人冒名相代，里正不覺，一人里正笞五十，一人加一等，九人徒二年。若縣内一人，典笞三十，二人加一等，十五人杖一百，二十一人徒二年。注云「佐職以上，節級為坐」，即尉為第二從，丞為第三從，令及主簿、錄事為第四從。「州隨所管縣多少，通計為罪」，謂管二縣者，二人冒名，州典笞三十，四人加一等；管三縣者，三人冒名，州典笞三十，六人加一等之類。判司以上，節級皆如縣罪。計加通計亦準此。「各罪止徒二年」，謂里正及縣典、州典，各罪止徒二年。故注云「佐職以上，節級為坐」。知情者，謂里正及州縣遣兵之官，若主典，知冒代情，並與冒名者同罪。

其在軍冒名者，隊正同里正；凡言隊正，隊副同。

【疏】議曰：「其在軍冒名者」，謂衛士以上得罪，一同征人。隊正、副得罪，準里正，亦一人笞五十，一人加一等，罪止徒二年。「凡言隊正，隊副同」，稱「凡言」者，凡稱隊正之處，隊副即同。

旅帥、校尉，減隊正一等，果毅、折衝，隨所管校尉多少，通計為罪。其主典以上，並同州縣之法。

【疏】議曰：依軍防令：「每一旅帥管二隊正，每一校尉管二旅帥。」既非親監當者，同減隊正一等，謂一人冒名笞四十，一人加一等，罪止徒一年半。「果毅、折衝，隨所管校尉多少，通計為罪」，每府管五校尉之處，亦有管四校尉、三校尉者，謂管三校尉者，三人冒名；管四校尉者，四人冒名；管五校尉者，五人冒名：各得笞四十。不滿此數，不坐。通計之法，並準上文「州管縣」之義。注云

「其主典以上，並同州縣之法」，謂罪亦從下始，府典同州典，兵曹為第二從，長史、果毅為第三從，折衝為第四從，錄事同下從。依律，無四等官者，止準見府官為坐。

229 **校閱違期**

諸大集校閱而違期不到者，杖一百，三日加一等；主帥犯者，加二等。即差發從行而違期者，各減一等。

【疏】議曰：春秋之義，「春蒐，夏苗，秋獮，冬狩，皆因農隙以講大事」，即今「校閱」是也。又，車駕親行，是名「大集校閱」。而有「違期不到者」，謂於集時不到，即杖一百，每更三日，加一等。「主帥犯者，加二等」，謂隊副以上、將軍以下，集時不到者。「即差發從行而違限者，各減一等」，謂正身當時不到杖九十，每三日加一等，主帥以上同上解。其折衝府校閱，在式有文，不到者，各準「違式」之罪。若所司不告者，罪在所司。

230 **乏軍興**

諸乏軍興者斬，故、失等。謂臨軍征討，有所調發，而稽廢者。

【疏】議曰：興軍征討，國之大事。調發征行，有所稽廢者，名「乏軍興」。犯者合斬，故、失罪等：為其事大，雖失不減。注云「謂臨軍征討，有所調發」，兵馬及應須供軍器械，或所須戰具，各依期會，克日俱充。有所闕者，即是「稽廢」，故云「有所調發而稽廢者」。若充使命，告報軍期，而違限廢事者，亦是「乏軍興」，故、失罪等。

不憂軍事者，杖一百。謂臨軍征討，闕乏細小之物。

【疏】議曰：謂隨身七事及火幕、行具細小之物，臨軍征討，有所闕乏，一事不充，即杖一百。注云「謂臨軍征討」，亦據臨戰，不及別求。若未從軍，尚容求覓，即從「違式」法。

231 **征人稽留**

諸征人稽留者，一日杖一百，二日加一等，二十日絞。即臨軍征討而稽期者，流三千里；三日，斬。

【疏】議曰：謂名已從軍，兵馬並發，不即進路而致稽留者，一日杖一百，二日加一等，二十日絞，謂從軍人上道日計滿二十日。即臨軍征討者，謂鉦鼓相聞，指期交戰，而稽期者，流三千里；經三日者，斬。

若用捨從權，不拘此律。或應期赴難，違期即斬；或捨罪求功，雖怠不戮：如此之類，各隨臨時處斷，故不拘常律。

【疏】議曰：推轂寄重，義資英略，閫外之事，見可即為。軍中號令，理貴機速，用捨從權，務在成濟。故注云「或應期赴難，違期即斬；捨罪求功，雖怠不戮」者，謂或違於軍令，別求異功；或雖即愆期，擬收後效；或戮或捨，隨事處斷。如此之類，不拘此律。

232 **征討告消息**

諸密有征討，而告賊消息者，斬；妻、子流二千里。其非征討，而作間諜；若化外人來為間諜；或傳書信與化內人，并受及知情容止者：並絞。

【疏】議曰：或伺賊間隙，密期征討，乃有姦人告賊消息者，斬；妻、子流二千里。其非征討，而作間諜者，間謂往來，諜謂覘候，傳通家消息以報賊徒； 化外人來為間諜者，謂聲教之外，四夷之人，私入國内，往來覘候者； 或傳書信與化内人，并受化外書信，知情容止停藏者： 並絞。

233 **主將守城**

諸主將守城，為賊所攻，不固守而棄去及守備不設，為賊掩覆者，斬。若連接寇賊，被遣斥候，不覺賊來者，徒三年； 以故致有覆敗者，亦斬。

【疏】議曰：主將者，謂主領人兵，親為主將者，或鎮將、戍主，或留守邊城，州縣城主之類。守城為賊所攻擊，不能固守，棄城而去；「及守備不設」，謂預備有闕，巡警不嚴，被賊所掩襲覆敗者斬。「若連接寇賊」，謂軍壘連接，旗旍相望；「被遣斥候」，謂指斥候望，不覺賊來入境者： 徒三年。「以故致有覆敗者」，以其不覺賊來，為賊掩襲，致城及人兵有覆敗者，亦斬。

234 **主將臨陣先退**

諸主將以下，臨陣先退； 若寇賊對陣，捨仗投軍及棄賊來降，而輒殺者： 斬。

【疏】議曰：「主將以下」，謂戰士以上，臨陣交兵而有先退；「若寇賊對陣，而捨仗投軍」，謂背彼凶徒，捨仗歸命及雖非對陣，棄賊來降，而輒殺之者： 斬。謂「先退」以下，皆從此坐。

即違犯軍令，軍還以後，在律有條者，依律斷； 無條者，勿論。

【疏】議曰： 若違犯軍中號令者，軍還以後，其所違之罪，在律有條者，仍依律斷。直違將軍教令，在律無條，軍還之後，不合論罪，故云「無條者，勿論」。

235 鎮所放征人還

諸在軍所及在鎮戍，私放征、防人還者，各以征、鎮人逃亡罪論；　即私放輒離軍、鎮者，各減二等。

【疏】議曰：　在軍所者，謂在行軍之所。在鎮戍者，謂在鎮戍之處。「私放征、防人還者」，謂征、防之人未合還家，輒私放者。「各以征、鎮人逃亡罪論」，依捕亡律：「從軍征討而亡者，一日徒一年，一日加一等，十五日絞。臨對寇賊而亡者，斬。主司故縱，與同罪。」若放征人令還，各得此罪。又條：「防人向防及在防未滿而亡者，鎮人亦同，一日杖八十，三日加一等。」放防人還者，各得此罪。是名「各以征、鎮人逃亡罪論」。「即私放輒離軍鎮者」，謂放軍人去軍，防人離鎮，既非即放還家，征、防二色，各減本罪二等。

若放人多者，一人準一日；　放日多者，一日準一人。謂放三人各五日，放五人各三日，累成十五日之類。並經宿乃坐。**臨軍征討而放者，斬。被放者，各減一等。**

【疏】議曰：　依捕亡律：「從軍征討而亡，一日徒一年，一日加一等，十五日絞。」若放十五人，一日亦合絞。其放鎮戍人而還，一人一日杖八十，三日加一等，三十一日流三千里。若放三十一人，一日亦流三千里。即私放輒離軍鎮者，各減二等，謂放征人去軍，一日杖九十，一日加一等，十五日徒三年；　若放防人離鎮，一日杖六十，三日加一等，罪止徒二年半。是為「放人多者，一人準一日；　放日多者，一日準一人」。注云「謂放三人各五日，放五人各三日，俱累成十五日」，各合絞。稱「之類」者，或放七人各二日，又放一人經一日，亦為十五日，合絞。人之與日，並得相累，或人或日，累成十五日，皆至死刑，故云「之類」。「並經宿乃坐」，不經宿者，無罪。雖經宿，不滿日者一人，從「不應為」

之坐：征人從重，鎮戍從輕。注云「經宿乃坐」者，以人、日相率，恐放十人經半日即為五人之罪，故云「經宿乃坐」，還與百刻義同。「臨軍征討而放者，斬」，謂臨陣對寇，輒放征人，不待終日，即合處斬，被放者流三千里。被放征人、防人，各減主司罪一等，故云「各減一等」。

236 **征人巧詐避役**

諸臨軍征討，而巧詐以避征役，巧詐百端，謂若誣告人、故犯輕罪之類。

【疏】議曰：臨對寇賊，即欲追討，乃巧詐方便，推避征役。注云「巧詐百端」，或有誣告人罪，以求推對；或故犯輕法，意在留連；或故自傷殘；或詐為疾患。姦詐不一，故云「百端」。不可備陳，故云「之類」。

若有校試，以能為不能，以故有所稽乏者，以「乏軍興」論；未廢事者，減一等。主司不加窮覈而承詐者，減罪二等；知情者與同罪，至死者加役流。

【疏】議曰：有所「校試」，謂臨軍之時，一藝以上，應供軍用，軍中校試。故以能為不能，以巧詐不能之故，於軍有所稽違及致闕乏廢事者，「以乏軍興論」，故、失俱合斬。若於事未廢，減死一等。「主司不加窮覈」，主司謂應檢勘校試之人，不加窮研覈實，而承詐依信者，減罪人罪二等。「知情者」，謂知巧詐之情，並與犯者同罪，至死者加役流；未闕事者，流三千里。

237 **鎮戍有犯**

諸鎮、戍有犯，本條無罪名者，各減征人二等。

【疏】議曰：鎮、戍有所犯法，「本條無罪名者」，謂鎮、戍防人冒名相代及主司知情、不知情；

若鎮、戍拒賊而有巧詐避役，若有校、試以能為不能；並在鎮、戍中無有罪名者：各減征人二等。

238 **非公文出給戎仗**

諸戎仗，非公文出給而輒出給者，主司徒二年。雖有符牒合給，未判而出給者，杖一百。儀仗，各減三等。

【疏】議曰：出給戎仗兵器，非得公文而輒出給者，「主司徒二年」，主司謂當判署者。「雖有符牒合給，未判而出給」，謂有符牒到司，仍未行判，即準符牒出給者，杖一百。其於留守所及諸州、府差發，或應用魚符、敕書而不用者，亦徒二年。「儀仗，各減三等」，儀仗謂吉凶鹵簿、諸門戟稍之類，無文牒出給者，杖一百；未判出給者，杖七十。故云「各減三等」。

239 **遣番代違限**

諸鎮、戍應遣番代，而違限不遣者，一日杖一百，三日加一等，罪止徒二年；即代到而不放者，減一等。

【疏】議曰：依軍防令：「防人番代，皆十月一日交代。」如官司違限不遣，若準程稽違不早遣者，一日杖一百，三日加一等，罪止徒二年。「即代到不放」，謂防人十月一日替到不放者，「減一等」，謂一日杖九十，三日加一等，罪止徒一年半。

若鎮、戍官司役使防人不以理，致令逃走者，一人杖六十，五人加一等，罪止徒一年半。

【疏】議曰：依軍防令：「防人在防，守固之外，唯得修理軍器、城隍、公廨、屋宇。各量防人多少，於當處側近給空閑地，逐水陸所宜，斟酌營種，并雜蔬菜，以充糧貯及充防人等食。」此非正役，不責全功，自須苦樂均平，量力驅使。鎮、戍官司使不以理，致令逃走者，一人杖六十，五人加一等，罪止徒一年半。若使不以理，而防人雖不逃走，仍從「違令」科斷。

240 **興造言上**

諸有所興造，應言上而不言上，應待報而不待報，各計庸，坐贓論減一等。

【疏】議曰：修城郭，築堤防，興起人功，有所營造，依營繕令：「計人功多少，申尚書省聽報，始合役功。」或不言上及不待報，各計所役人庸，坐贓論減一等。其庸倍論，罪止徒二年半。

即料請財物及人功多少違實者，笞五十；若事已損費，各併計所違贓庸重者，坐贓論減一等。本料不實，料者坐；請者不實，請者坐。

【疏】議曰：「即料請財物及人功多少違實者」，謂官有營造，應須市買，料請所須財物及料用人功多少，故不以實者，笞五十。「若事已損費」，或已損財物，或已費人功，各併計所費功、庸，準贓重者，坐贓論減一等。重者，謂重於笞五十，即五疋一尺以上，坐贓論減一等，合杖六十者為贓重。本料不實，止坐元料之人。若由請人不實，即請者合坐。失者，各減三等。依名例律：「以贓致罪，頻犯者，各倍論。」此既因贓獲罪，功、庸出眾人之上，并通官物，即合累而倍論。若直費官財物，不損庸直，止據所費財科，不在倍限。雖費人功，倍併不重於官物，止從官物科斷，即是「累併不加重者，止從重論」。

241 **非法興造**

諸非法興造及雜徭役，十庸以上，坐贓論。謂為公事役使而非法令所聽者。

【疏】議曰：「非法興造」，謂法令無文；雖則有文，非時興造亦是，若作池、亭、賓館之屬。「及雜徭役」，謂非時科喚丁夫。驅使十庸以上，坐贓論。既準眾人為庸，亦須累而倍折。故注云「謂為公事役使而非法令所聽者」。因而率斂財物者，亦併計坐贓論，仍亦倍折。以其非法賦斂，不自入己，得罪故輕。

242 **工作不如法**

諸工作有不如法者，笞四十；不任用及應更作者，併計所不任贓、庸，坐贓論減一等。其供奉作者，加二等。工匠各以所由為罪。監當官司，各減三等。

【疏】議曰：「工作」，謂在官司造作。輒違樣式，有不如法者，笞四十。「不任用」，謂造作不任時用，及應更作者，併計所不任贓、庸，累倍坐贓論減一等，十疋杖一百，十疋加一等，罪止徒二年半。其供奉作加二等者，供奉之義，已於職制解訖，若不如法，杖六十；不任用及應更作，坐贓論加一等，罪止流二千里。其併倍訖，不重費官物者，並直計官物科之，其贓不倍。工匠各以所由為罪。監當官司各減三等者，謂親監當造作，若有不如法，減工匠三等，笞十；不任用及應更作，減坐贓四等，罪止徒一年；供奉作，罪止徒二年之類。

243 **私有禁兵器**

諸私有禁兵器者，徒一年半；謂非弓、箭、刀、楯、短矛者。

【疏】議曰：「私有禁兵器」，謂甲、弩、矛、矟、具裝等，依令私家不合有。若有矛、矟者，各徒一年半。注云「謂非弓、箭、刀、楯、短矛者」，此上五事，私家聽有。其旌旗、幡幟及儀仗，並私家不得輒有，違者從「不應為重」，杖八十。

弩一張，加二等；甲一領及弩三張，流二千里；甲三領及弩五張，絞。私造者，各加一等；甲，謂皮、鐵等。具裝與甲同。即得闌遺，過三十日不送官者，同私有法。

【疏】議曰：「弩一張，加二等」，謂加私有禁兵器罪二等，合徒二年半。「甲一領及弩三張，流二千里」，有甲、有弩，各得此罪。「甲三領及弩五張，絞」，亦甲、弩準數，各得絞罪。「私造者，各加一等」，謂私造甲、弩及禁兵器，各加私有罪一等。

問曰：私有甲三領及弩五張，準依律文，各合處絞。有人私有甲二領并弩四張，欲處何罪？

答曰：畜甲、畜弩，各立罪名，既非一事，不合併滿。依名例律：「其應入罪者，舉輕以明重。」有甲罪重，有弩坐輕；既有弩四張已合流罪，加一滿五，即至死刑，況加甲二領，明合處絞。私有弩四張，加甲一領者，亦合死刑。

注：甲，謂皮、鐵等。具裝與甲同。即得闌遺，過三十日不送官者，同私有法。

【疏】議曰：鐵甲、皮甲，得罪皆同。私有具裝，與甲無別：有一具裝，流二千里；有三領者，亦合絞。「即得闌遺，過三十日不送官」，謂得闌遺禁兵器以下，三十一日不送官者，同私有法。既稱過三十日，即三十日內不合此罪。又，依軍防令：「闌得甲仗，皆即輸官。」不送輸者，從「違令」，笞五十。滿五日者，依雜律「各以亡失罪論」，其亡失之罪，從本條解釋。其甲非皮、鐵者，依庫部式，亦有聽畜之處，其限外剩畜及不應畜而有者，亦準禁兵器論。但甲有禁文，非私家合有，為非皮、鐵，量罪稍輕，坐同禁兵器，理為適中。

造未成者，減二等。即私有甲、弩，非全成者，杖一百；餘非全成者，勿論。

【疏】議曰：「造未成者」，謂從上「禁兵器」以下，未成者，各減私造罪二等，謂甲三領、弩五張以上，縱更多有，各止處徒三年。「即私有甲、弩非全成者」，謂不堪著用，又非私造，杖一百。「餘非全成者，勿論」，謂甲、弩之外，所有禁兵器，非全成者，皆不坐。既是禁兵器，雖不合罪，亦須送官。

244 **功力採取不任用**

諸役功力，有所採取而不任用者，計所欠庸，坐贓論減一等。

【疏】議曰：謂官役功力，若採藥，或取材之類，而不任用者。若全不任用，須計全庸；若少不任用，準其欠庸，併倍坐贓論減一等。

若有所造作及有所毀壞，備慮不謹，而誤殺人者，徒一年半；工匠、主司各以所由為罪。

【疏】議曰：謂有所繕造營作及有所毀壞崩撤之類，不先備慮謹慎，而誤殺人者，徒一年半。「工匠、主司各以所由為罪」，或由工匠指撝，或是主司處分，各以所由為罪，明無連坐之法。律既但稱「殺人」，即明傷者無罪。

245 **丁夫差遣不平**

諸應差丁夫，而差遣不平及欠剩者，一人笞四十，五人加一等，罪止徒一年。即丁夫在役，日滿不放者，一日笞四十，一日加一等，罪止杖一百。各坐其所由。

【疏】議曰：差遣之法，謂先富強，後貧弱；先多丁，後少丁。凡丁分番上役者，家有兼丁，要月；家貧單身，閑月之類。違此不平及令人數欠剩者，一人笞四十，五人加一等，罪止徒一年。「即丁夫在役」，謂在役之人，日滿不放者，一日笞四十，一日加一等，罪止杖一百。注云「各坐其所由」，謂止坐不放者所由之人，明無連坐之法。

246 丁夫雜匠稽留

諸被差充丁夫、雜匠，而稽留不赴者，一日笞三十，三日加一等，罪止杖一百；將領主司加一等。防人稽留者，各加三等。即由將領者，將領者獨坐。餘條將領稽留者，準此。

【疏】議曰：丁夫、雜匠，被官差遣，不依程限而稽留不赴者，一日笞三十，三日加一等，罪止杖一百。「將領主司加一等」，主司謂親領監當者，一日笞四十，三日加一等，罪止徒一年。其「防人稽留者，各加三等」，一日杖六十，三日加一等，罪止徒二年。其將領主司亦加一等。若由將領主司稽留，丁夫、雜匠、防人不合得罪，唯罪將領之人，故云「將領者獨坐」。注云「餘條將領稽留者，準此」，餘條謂征人等，但是差行有主司將領，本條無將領罪名，事由將領者，皆將領者獨坐。

247 私使丁夫雜匠

諸丁夫、雜匠在役，而監當官司私使及主司於職掌之所，私使兵防者，各計庸準盜論；即私使兵防出城、鎮者，加一等。

【疏】議曰：丁夫、雜匠，見在官役役限之內，而監當官司私役使；「及主司」，謂應判署及親監當兵防之人，於職掌之所私使：「各計庸準盜論」，謂從丁夫以下，各計私使之庸準盜論。即雜使計庸不滿尺者，從「盜不得財」，笞五十。兵、防並據城隍內使者，若私使出城、鎮，加罪一等，謂計庸加準盜論罪一等。即強使者，依職制律：「強者加二等，餘條強者準此。」若強使兵、防出城者，即亦於本罪加一等上累加。雖稱丁夫、雜匠及兵、防，非在役限內而使者，丁夫、雜匠依上條「日滿不放」笞四十，一日加一等，罪止杖一百；兵、防從「代到不放」，一日杖九十，三日加一等，罪止徒一年。半計庸重者，若見是監臨官，依「役使所監臨」之罪；其非本部官者，依「不應得為」從輕，笞四十。庸多得罪重者，依職制律：「去官而受舊官屬、士庶饋與，若乞取、借貸之屬，各減在官時三等。」非監臨官私使，亦於準盜論上減三等。

卷第十七

賊盜一

【疏】議曰：賊盜律者，魏文侯時，里悝首制法經，有盜法、賊法，以為法之篇目。自秦漢逮至後魏，皆名賊律、盜律。北齊合為賊盜律。後周為劫盜律，復有賊叛律。隋開皇合為賊盜律，至今不改。前禁擅發兵馬，此須防止賊盜，故次擅興之下。

248

謀反大逆

諸謀反及大逆者，皆斬；父子年十六以上皆絞，十五以下及母女、妻妾、子妻妾亦同。祖孫、兄弟、姊妹若部曲、資財、田宅並沒官，男夫年八十及篤疾、婦人年六十及廢疾者並免；餘條婦人應緣坐者，準此。伯叔父、兄弟之子皆流三千里，不限籍之同異。

【疏】議曰：人君者，與天地合德，與日月齊明，上祇寶命，下臨率土。而有狡豎凶徒，謀危社稷，始興狂計，其事未行，將而必誅，即同真反。名例：「稱謀者，二人以上。若事已彰明，雖一人同二人之法。」大逆者，謂謀毀宗廟、山陵及宮闕。反則止據始謀，大逆者謂其行訖，故謀反及大逆者皆斬，父子年十六以上皆絞。言「皆」者，罪無首從，十五以下及母女、妻妾，注云「子妻妾亦同」，祖孫、兄弟、姊妹，若部曲、資財、田宅，並沒官。部曲不同資財，故特言之。部曲妻及客女，並與部曲同。奴婢同資財，故不別言。男夫年八十及篤疾，婦人年六十及廢疾，並免緣坐。注云「餘條婦人應緣坐者，準此」，謂「謀叛已上道」及「殺一家非死罪三人」，并「告賊消息」，此等之罪，緣坐各及婦人，其年六十及廢疾亦免。故云「婦人應緣坐者，準此」。「伯叔父、兄弟之子，皆流三千里，不限籍之同異」，雖與反逆人別籍，得罪皆同。若出繼同堂以外，即不合緣坐。

即雖謀反，詞理不能動眾，威力不足率人者，亦皆斬；謂結謀真實，而不能為害者。若自述休徵，假託靈異，妄稱兵馬，虛說反由，傳惑眾人而無真狀可驗者，自從祅法。**父子、母女、妻妾並流三千里，資財不在沒限。其謀大逆者，絞。**

【疏】議曰：即雖謀反者，謂雖構亂常之詞，不足動眾人之意；雖騁凶威若力，不能驅率得人；雖有反謀，無能為害者：亦皆斬。父子、母女、妻妾並流三千里，資財不在沒限。注云「謂結謀真實，而不能為害者」。若自述休徵，言身有善應；或假託靈異，妄稱兵馬；或虛論反狀，妄說反由：如此傳惑眾人，而無真狀可驗者，「自從祅法」，謂一身合絞，妻子不合緣坐。「謀大逆者，絞」，上文「大逆」即據逆事已行，此為謀而未行，唯得絞罪。律不稱「皆」，自依首從之法。

問曰：反、逆人應緣坐，其妻妾據本法，雖會赦猶離之、正之；其繼、養子孫依本法，雖會赦合正之。準離之、正之，即不在緣坐之限。反、逆事彰之後，始訴離之、正之，如此之類，並合放免以否？

答曰：刑法慎於開塞，一律不可兩科，執憲履繩，務從折中。違法之輩，已汩朝章，雖經大恩，法須離、正。離、正之色，即是凡人。離、正不可為親，須從本宗緣坐。

249 **緣坐非同居**

諸緣坐非同居者，資財、田宅不在沒限。雖同居，非緣坐及緣坐人子孫應免流者，各準分法留還。老、疾得免者，各準一子分法。

【疏】議曰：「緣坐非同居者」，謂謀反、大逆人親伯叔兄弟已分異訖，田宅、資財不在沒限。雖見同居，準律非緣坐，謂非期以上親及子孫，其祖母及伯叔母、姑、兄弟妻，各謂無夫者，律文不載，並非緣坐。其「緣坐人子孫」，謂伯叔子及兄弟孫，據律亦不緣坐。「各準分法留還」，謂未經分異，犯罪之後，並準戶令分法。其孫婦，雖非緣坐，夫沒即合歸宗，準法不入分限。注云「老、疾得免者」，男夫年八十及篤疾，婦人年六十及廢疾，各準戶內應分人多少，人別得準一子分法留還。

問曰：「老疾得免者，各準一子分法。」假有一人年八十，有三男、十孫，或一孫反逆，或一男見在；或三男俱死，唯有十孫。老者若為留分？

答曰：男但一人見在，依令作三男分法，添老者一人，即為四分。若三男死盡，依令諸子均分，老人共十孫為十一分，留一分與老者，是為「各準一子分法」。

若女許嫁已定，歸其夫。出養、入道及娉妻未成者，不追坐。出養者，從所養坐。**道士及婦人，若部曲、奴婢，犯反逆者，止坐其身。**

【疏】議曰：「女許嫁已定」，謂有許婚之書及私約，或已納娉財，雖未成，皆歸其夫。「出養」，謂男女為人所養。「入道」，謂為道士、女官，若僧、尼。「娉妻未成者」，雖克吉日，男女未相見，並不追坐。出養者，從所養家緣坐，不涉本生。「道士及婦人」，稱道士，僧、尼亦同；婦人不限在室及出嫁、入道。若部曲、奴婢者，奴婢不限官、私。「犯反逆者，止坐其身」，自道士以下，若犯謀反、大逆，並無緣坐，故云「止坐其身」。

問曰：雜戶及太常音聲人犯反、逆，有緣坐否？

答曰：雜戶及太常音聲人，各附縣貫，受田、進丁、老免與百姓同。其有反、逆及應緣坐，亦與百姓無別。若工、樂、官戶，不附州縣貫者，與部曲例同，止坐其身，更無緣坐。

250 **口陳欲反之言**

諸口陳欲反之言，心無真實之計，而無狀可尋者，流二千里。

【疏】議曰：有人實無謀危之計，口出欲反之言，勘無實狀可尋，妄為狂悖之語者，流二千里。若有口陳欲逆、叛之言，勘無真實之狀，律、令既無條制，各從「不應為重」。

251 **謀叛**

諸謀叛者，絞。已上道者皆斬，謂協同謀計乃坐，被驅率者非。餘條被驅率者，準此。

【疏】議曰：謀叛者，謂欲背國投偽，始謀未行事發者，首處絞，從者流。已上道者，不限首從，皆斬。注云「謂協同謀計乃坐」，協者和也，謂本情和同，共作謀計，此等各依謀叛之法。「被驅率者非」，謂元本不共同情，臨時而被驅率者，不坐。「餘條被驅率者，準此」，餘條謂「謀反、謀大逆」，或「亡命山澤，不從追喚」，「既肆凶悖，堪擅殺人」，并「劫囚」之類，被驅率之人，不合得罪。

妻、子流二千里；若率部眾百人以上，父母、妻、子流三千里；所率雖不滿百人，以故為害者，以百人以上論。害，謂有所攻擊虜掠者。

【疏】議曰：叛者，身得斬罪，妻、子仍流二千里。若唯有妻及子年十五以下合贖，婦人不可獨流，須依留住之法，加杖、居作。若子年十六以上，依式流配，其母至配所免居作。在室之女，不在配限，名例律「緣坐者，女不同」故也。若率部衆百人以上，罪狀尤重，故父母及妻、子流三千里。所率雖不滿百人，以故為害者，以百人以上論。注云「害，謂有所攻擊虜掠者」，或攻擊城隍，或虜掠百姓，依百人以上論，各身處斬，父母、妻、子流三千里。其攻擊城隍，因即拒守，自依反法。

即亡命山澤，不從追喚者，以謀叛論；其抗拒將吏者，以已上道論。

【疏】議曰：謂背誕之人，亡命山澤，不從追喚者，以謀叛論，首得絞刑，從者流三千里。「抗拒將吏者」，謂有將吏追討，仍相抗拒者，以已上道論，並身處斬，妻、子配流。抗拒有害者，父母、妻、子流三千里，並準上文：率部衆百人以上，不須有害；若不滿百人，要須有害，得罪乃與百人以上同。

252 謀殺府主等官

諸謀殺制使，若本屬府主、刺史、縣令及吏卒謀殺本部五品以上官長者，流二千里；工、樂及公廨戶、奴婢與吏卒同。餘條準此。**已傷者，絞；已殺者，皆斬。**

【疏】議曰：制使、本屬府主、國官、邑官，已從名例解訖。刺史、都督、縣令，並據本部者。吏卒謀殺都水使者，或折衝府衛士謀殺本府折衝、果毅，如此之類，並流二千里。工、樂，謂不屬縣貫，唯隸本司，并公廨戶、奴婢謀殺本司五品以上官長，罪與吏卒同。若司農官戶、奴婢謀殺司農卿者，理與工、樂謀殺太常卿、少府監無別。「餘條」，謂工、樂、官戶、奴婢毆詈本部五品以上官長，當條無罪名者，並與吏卒同。已傷者絞，仍依首從法。已殺者，皆斬。

253 謀殺期親尊長

諸謀殺期親尊長、外祖父母、夫、夫之祖父母、父母者，皆斬。犯姦而姦人殺其夫，所姦妻妾雖不知情，與同罪。

【疏】議曰：期親尊長、外祖父母、夫、夫之祖父母、父母，並於名例解訖。若妻妾同謀，亦無首從。注云「犯姦而姦人殺其夫」，謂妻妾與人姦通，而姦人殺其夫，謀而已殺、故殺、鬬殺者，所姦妻妾雖不知情，與殺者同罪，謂所姦妻妾亦合絞。

謀殺緦麻以上尊長者，流二千里；已傷者，絞；已殺者，皆斬。

【疏】議曰：「謀殺緦麻以上尊長」，則大功以下皆是，外姻有服尊長亦同，俱流二千里。已傷者，首處絞，從者流。謀而殺訖者，皆斬，罪無首從。

即尊長謀殺卑幼者，各依故殺罪減二等；已傷者，減一等；已殺者，依故殺法。

【疏】議曰：謂上文「尊長」，謀殺卑幼，當條無罪名者，各依故殺罪減二等，已傷者減一等。假如有所規求，謀殺期親卑幼，合徒三年；已傷者，流三千里；已殺者，依故殺法合絞之類。言「故殺法」者，謂，罪依故殺法，其首各依本謀論：造意者雖不行仍為首，從者不行減行者一等。假有伯叔數人，謀殺猶子訖，即首合流二千里，從而加功合徒三年；從者不加功，徒二年半；從者不行，減行者一等，徒二年之類。略舉殺期親卑幼，餘者不復備文。其應減者，各依本罪上減。

254 **部曲奴婢殺主**

諸部曲、奴婢謀殺主者，皆斬。謀殺主之期親及外祖父母者，絞；已傷者，皆斬。

【疏】議曰：稱部曲、奴婢者，客女及部曲妻並同。此謂謀而未行。但同籍良口以上，合有財分者，並皆為「主」。謀殺者，皆斬，罪無首從。「謀殺主之期親」，為別戶籍者，及外祖父母者，絞，依首從科。「已傷者皆斬」，謂無首從。其媵及妾，在令不合分財，並非奴婢之主。

255 **謀殺故夫父母**

諸妻妾謀殺故夫之祖父母、父母者，流二千里；已傷者，絞；已殺者，皆斬。部曲、奴婢謀殺舊主者，罪亦同。故夫，謂夫亡改嫁。舊主，謂主放為良者。餘條故夫、舊主，準此。

【疏】議曰：「妻妾謀殺故夫之祖父母、父母者，流二千里；已傷者，絞」，並據首從科之。「已殺者，皆斬」，罪無首從。謂一家之內，妻妾寡者數人，夫亡之後，並已改嫁，後共謀殺故夫之祖父母、父母，俱得斬刑。若兼他人同謀，他人依首從之法；不入「皆斬」之限。部曲、奴婢謀殺舊主，稱「罪亦同」者，謂謀而未殺，流二千里；已傷者，絞；已殺者，皆斬。注云「故夫，謂夫亡改嫁。舊主，謂主放為良者」，妻妾若被出及和離，即同凡人，不入「故夫」之限。其「舊主」，謂經放為良及自贖免賤者。若轉賣及自理訴得脫，即同凡人。「餘條故夫、舊主準此」，謂「毆詈」、「告言」之類，當條無文者，並準此。

256 **謀殺人**

諸謀殺人者，徒三年；已傷者，絞；已殺者，斬。從而加功者，絞；不加功者，流三千里。造意者，雖不行仍為首；雇人殺者，亦同。

【疏】議曰：「謀殺人者」，謂二人以上；若事已彰露，欲殺不虛，雖獨一人，亦同二人謀法，徒三年。已傷者，絞。已殺者，斬。「從而加功者，絞」，謂同謀共殺，殺時加功，雖不下手殺人，當時共相擁迫，由其遮遏，逃竄無所，既相因藉，始得殺之，如此經營，皆是「加功」之類，不限多少，並合絞刑。同謀，從而不加功力者，流三千里。「造意者」，謂元謀屠殺，其計已成，身雖不行，仍為首罪，合斬。餘加功者，絞。注云「雇人殺者，亦同」，謂造意為首，受雇加功者為從。

即從者不行，減行者一等。餘條不行，準此。

【疏】議曰：謂謀殺人，從者不行，減行者一等，合徒三年。注云「餘條不行，準此」，餘條謂「劫囚傷人」及「謀殺緦麻以上尊長已傷」之類，從者不行，亦減一等。其有發心謀殺即皆斬者，同謀不行，不在減例。謂謀殺期親尊長，同謀不行，亦得斬罪。

257 **劫囚**

諸劫囚者，流三千里；傷人及劫死囚者，絞；殺人者，皆斬。但劫即坐，不須得囚。

【疏】議曰：犯罪之人，身被囚禁，凶徒惡黨，共來相劫奪者，流三千里。若因劫輕囚傷人，及劫死囚而不傷人，各得絞罪，仍依首從科斷。因劫囚而有殺人者，皆合處斬，罪無首從。注云「但劫即坐，不須得囚」，謂以威若力強劫囚者，即合此坐，不須要在得囚。

若竊囚而亡者，與囚同罪；他人、親屬等。竊而未得，減二等；以故殺傷人者，從劫囚法。

【疏】議曰：謂私竊取囚，因即逃逸。與囚同罪者，謂竊死囚，還得死罪；竊流徒囚，還得流徒罪之類。假使得相容隱，亦不許竊囚，故注云「他人、親屬等」。「竊而未得，減二等」，謂竊計已行，未離禁處者，減所竊囚罪二等。謂未得死囚者，徒三年；未得流囚者，徒二年半之類。若因竊囚之故而殺傷人者，即從「劫囚」之法科罪。

問曰：父祖、子孫見被囚禁，而欲劫取，乃誤殺傷祖孫，或竊囚過失殺傷他人，各合何罪？

答曰：據律：「劫囚者，流三千里；傷人及劫死囚者，絞；殺人者，皆斬。」據此律意，本為殺傷傍人。若有誤殺傷被劫之囚，止得劫囚之坐；若其誤殺父祖，論罪重於劫囚，既是因誤而殺，須依過失之法；其因竊囚過失殺傷他人者，下條云「因盜而過失殺傷他人者，以鬬殺傷論。至死者，加役流」。既竊囚之事類因盜之罪，其有過失，彼此不殊，殺傷人者，亦依鬬殺傷人論，應至死者從加役流坐。其有誤殺傷本法輕於「竊囚未得」者，即從重科。

又問：竊囚而亡，被人追捕，棄囚逃走，後始拒格，因而殺傷，罪同劫囚以否？

答曰：下條「竊盜發覺，棄財逃走，因相拒捍，如此之類，事有因緣者，非強盜」。今者「竊囚而亡，棄囚逃走」，理與「竊盜發覺，棄財逃走」義同，止得「拒捕」而科，不同「劫囚」之坐。

258 規避執人

諸有所規避，而執持人為質者，皆斬。部司及鄰伍知見，避質不格者，徒二年。質期以上親及外祖父母者，聽身避不格。

【疏】議曰：有人或欲規財，或欲避罪，執持人為質。規財者求贖，避罪者防格。不限規避輕重，持質者皆合斬坐。「部司」，謂持質人處村正以上，并四鄰伍保，或知見，皆須捕格。若避質不格者，各徒二年。注云「質期以上親及外祖父母，聽身避不格」者，謂賊執此等親為質，唯聽一身不格，不得率衆總避。其質者無期以上親及非外祖父母，而避不格者，各徒二年。

259 殺一家三人

諸殺一家非死罪三人，同籍及期親為一家。即殺雖先後，事應同斷；或應合同斷，而發有先後者：皆是。奴婢、部曲非。**及支解人者**，謂殺人而支解者。**皆斬；妻、子流二千里。**

【疏】議曰：殺人之法，事有多端，但據前人身死，不論所殺之狀。但殺一家非死罪良口三人，即為「不道」。若三人內一人先犯死罪，而殺之者，即非「不道」，只依殺一人罪法。注云「同籍及期親為一家」，同籍不限親疏，期親雖別籍亦是。即殺一家三人，雖有先後，發時應合同斷；或所殺之事，應合同斷，事發乃有先後者：皆為一時殺法，總入「不道」。殺一家三人內，兼殺部曲、奴婢者，非。「及支解人者」，注云「謂殺人而支解者」，或殺時即支解，或先支解而後殺之，皆同支解，並入「不道」。若殺訖，絕時後更支解者，非。或故焚燒而殺，或殺時即焚燒者，文雖不載，罪與「支解」義同，皆合處斬，罪無首從。妻、子流二千里。

問曰：假有部曲若奴，殺別人部曲、奴婢一家三人，或支解，依例「有犯各準良人」，合入十惡以否？

答曰：部曲、奴婢雖與良人有殊，至於同類殺三人及支解者，不可別為差等，坐同良人，還入十惡。

祖父母夫為人殺

諸祖父母、父母及夫為人所殺，私和者，流二千里；期親，徒二年半；大功以下，遞減一等。受財重者，各準盜論。雖不私和，知殺期以上親，經三十日不告者，各減二等。

【疏】議曰：祖父母、父母及夫為人所殺，在法不可同天。其有忘大痛之心，捨枕戈之義，或有窺求財利，便即私和者，流二千里。若殺期親，私和者徒二年半。「大功以下，遞減一等」，謂大功，徒二年；小功，徒一年半；緦麻，徒一年。「受財重者，各準盜論」，謂受讎家之財，重於私和之罪，假如緦麻私和，合徒一年；受財十疋，準盜徒一年半之類。雖不私和，知殺期以上親，經三十日不告所在官司者，各減前私和之罪二等。雖則私和罪重，受財罪輕，其贓本合計限，為數少從重，終合沒官。發後輸財私和，依法合重其事。如傍親為出財私和者，自合「行求」之法，依雜律「坐贓論減五等」，其贓亦合沒官。其有五服內親自相殺者，疏殺親，合告；親殺疏，不合告；親疏等者，卑幼殺尊長得告，尊長殺卑幼不得告。其應相隱者，疏殺親，義服殺正服，卑幼殺尊長，亦得論告；其不告者，亦無罪。若殺祖父母、父母應償死者，雖會赦，仍移鄉避讎，以其與子孫為讎，故令移配。若子孫知而不告，從「私和」及「不告」之法科之。

問曰：監臨親屬為部下人所殺，因茲受財私和，合得何罪？

答曰：依律：「監臨之官，知所部有犯法，不舉劾者，減罪人罪三等。」況監臨內相殺，被殺者又是本親，一違律條，二乖親義，受財一疋以上，並是枉法之贓，贓輕及不受財，各得「私和」之罪。其間有罪重者，各從重科。

又問：主被人殺，部曲、奴婢私和受財，不告官府，合得何罪？

答曰：奴婢、部曲，身繫於主。主被人殺，侵害極深。其有受財私和，知殺不告，金科雖無節制，亦須比附論刑。豈為在律無條，遂使獨為僥倖。然奴婢、部曲，法為主隱，其有私和不告，得罪並同子孫。

卷第十八
賊盜二

261 **以物置人耳鼻**

諸以物置人耳、鼻及孔竅中，有所妨者，杖八十。其故屏去人服用、飲食之物，以故殺傷人者，各以鬭殺傷論。

【疏】議曰：耳鼻孔竅皆為要所，輒以他物置中，有所妨者，杖八十。本條毆罪重者，依毆法；毆未有罪者，亦不科。「其屏去人服用、飲食之物」，謂寒月屏去人衣服，或登高、乘馬私去梯轡，或飢渴之人屏去飲食之類。以屏去之故及置物於人孔竅之中，而殺傷人者，各以鬭殺傷論。若殺凡人或傷尊長應死，或於卑幼及賤人雖殺不合償死，及傷尊卑、貴賤各有等差，須依鬭訟律，從本犯科斷，故云「各以鬭殺傷論」。

若恐迫人，使畏懼致死傷者，各隨其狀，以故、鬭、戲殺傷論。

【疏】議曰：若恐迫人者，謂恐動逼迫，使人畏懼，而有死傷者。若履危險，臨水岸，故相恐迫，使人墜陷而致死傷者，依故殺傷法；若因鬬，恐迫而致死傷者，依鬬殺傷法；或因戲恐迫，使人畏懼致死傷者，以戲殺傷論。若有如此之類，各隨其狀，依故、鬬、戲殺傷法科罪。

262 **造畜蠱毒**

諸造畜蠱毒謂造合成蠱，堪以害人者。**及教令者，絞；造畜者同居家口雖不知情，若里正**坊正、村正亦同。**知而不糾者，皆流三千里。**

【疏】議曰：蠱有多種，罕能究悉，事關左道，不可備知。或集合諸蠱，置於一器之內，久而相食，諸蠱皆盡，若蛇在，即為「蛇蠱」之類。造謂自造，畜謂傳畜，可以毒害於人，故注云「謂造合成蠱，堪以害人者」。若自造，若傳畜貓鬼之類，及教令人，並合絞罪。若同謀而造，律不言「皆」，即有首從。其所造及畜者同居家口，不限籍之同異，雖不知情，若里正、坊正、村正知而不糾者，皆流三千里。

問曰：律文唯言里正、坊正、村正等罪，不言州、縣知情之法。若州、縣官司知而不糾，復合何罪？

答曰：里正之等，親管百姓，既同里閈，多相諳委。州、縣去人稍遠，管戶又多，是故律文遂無節制。若知而不糾，依鬬訟律：「監臨之官，知所部有犯法，不舉劾者，減罪人罪三等。糾彈之官，唯減二等。」

造畜者雖會赦，并同居家口及教令人，亦流三千里。八十以上、十歲以下及篤疾，無家口同流者，放免。**即以蠱毒毒同居者，被毒之人父母、妻妾、子孫不知造蠱情者，不坐。**

【疏】議曰：造畜蠱毒之人，雖會大赦，并同居家口及教令人，亦流三千里。注云：「八十以上、十歲以下及篤疾，無家口同流者，放免。」據此，老、幼及篤疾，身自犯罪，猶尚免流，今以同居共活，有同流家口亦配，無同居家口共去，其老、小及篤疾不能自存，故從放免。即造畜蠱毒之人，以蠱毒毒同居者，其被毒之人父母、妻妾、子孫不知造蠱毒情者，並免流罪。

問曰：被毒之人父母不知情者，放免。假有親兄弟，大房造蠱，以毒小房，既同父母，未知父母合免以否？

答曰：蠱毒家口，會赦猶流，恐其涉於知情，所以例不聽住。若以蠱毒毒同居，被毒之人父母、妻妾、子孫不知情者，不坐。雖復兄弟相毒，終是被毒之人父母，既無不免之制，不知情者合原。

又問：老、小、篤疾，無家口同流者，放免。其家總無良口，惟有部曲，若有奴婢一人，得為有同流家口，老、小、篤疾仍配以否？

答曰：部曲既許轉事，奴婢比之資財，諸條多不同良人，即非同流家口之例。

又問：依律：「犯罪未發自首，合原。」造畜蠱毒之家，良賤一人先首，事既首訖，得免罪以否？

答曰：犯罪首免，本許自新。蠱毒已成，自新難雪，比之會赦，仍並從流。

263 以毒藥藥人

諸以毒藥藥人及賣者，絞；謂堪以殺人者。雖毒藥，可以療病，買者將毒人，賣者不知情，不坐。**即賣買而未用者，流二千里。**

【疏】議曰：凡以毒藥藥人，謂以鴆毒、冶葛、烏頭、附子之類堪以殺人者，將用藥人，及賣者知情，並合科絞。注云：謂堪以殺人者。雖毒藥，可以療病，買者將以毒人，賣者不知毒人之情，賣者不坐。「即賣買而未用者」，謂買毒藥，擬將殺人，賣者知其本意，而未用者，流二千里。

問曰：毒藥藥人合絞。其有尊卑、長幼、貴賤，得罪並依律以否？

答曰：律條簡要，止為凡人生文。其有尊卑、貴賤，例從輕重相舉。若犯尊長及貴者，各依謀殺已殺法；　如其施於卑賤，亦準謀殺已殺論。如其藥而不死者，並同謀殺已傷之法。

脯肉有毒，曾經病人，有餘者速焚之，違者杖九十；　若故與人食并出賣，令人病者，徒一年，以故致死者絞；　即人自食致死者，從過失殺人法。盜而食者，不坐。

【疏】議曰：「脯肉有毒」，謂曾經人食，為脯肉所病者。有餘，速即焚之，恐人更食，須絕根本。違者，杖九十。其知前人食已得病，故將更與人食，或將出賣，以故令人病者，合徒一年；　因而致死者，絞。「即人自食致死者」，謂有餘，不速焚之，雖不與人，其人自食，因即致死者，從過失殺人法，徵銅入死家。注云「盜而食者，不坐」，謂人竊盜而食之，以致死傷者，脯肉主不坐，仍科「不速焚」之罪。其有害心，故與尊長食，欲令死者，亦準謀殺條論；　施於卑賤致死，依故殺法。

264 憎惡造厭魅

諸有所憎惡，而造厭魅及造符書呪詛，欲以殺人者，各以謀殺論減二等，於期親尊長及外祖父母、夫、夫之祖父母、父母，各不減。

【疏】議曰：　有所憎嫌前人而造厭魅，厭事多方，罕能詳悉，或圖畫形像，或刻作人身，刺心釘眼，繫手縛足，如此厭勝，事非一緒；　魅者，或假託鬼神，或妄行左道之類，或呪或詛，欲以殺人者：　各以謀殺論減二等。若於期親尊長及外祖父母、夫、夫之祖父母、父母，各不減，依上條皆合斬罪。

以故致死者，各依本殺法。欲以疾苦人者，又減二等。子孫於祖父母、父母，部曲、奴婢於主者，各不減。

【疏】議曰：「以故致死者」，謂以厭魅、符書呪詛之故，但因一事致死者，不依減二等，各從本殺法。「欲以疾苦人者」，謂厭魅、符書呪詛，不欲令死，唯欲前人疾病苦痛者，又減二等。稱「又減」者，謂大功以下親及凡人，非外祖父母。謀殺得減二等者，謂從謀殺上總減四等。注云「子孫於祖父母、父母，部曲、奴婢於主者，各不減」，即是期親尊長、外祖父母、夫、夫之祖父母、父母，唯減二等；其祖父母、父母以下，雖復欲令疾苦，亦同謀殺之法，皆斬，不同減例。

問曰：呪詛大功以上尊長、小功尊屬，欲令疾苦，未知合入十惡以否？

答曰：疾苦之法，同於毆傷。謀毆大功以上尊長、小功尊屬，不入十惡；如其已疾苦，理同毆法，便當「不睦」之條。

即於祖父母、父母及主，直求愛媚而厭呪者，流二千里。若涉乘輿者，皆斬。

【疏】議曰：子孫於祖父母、父母，及部曲、奴婢於主，造厭呪符書，直求愛媚者，流二千里。若涉乘輿者，罪無首從，皆合處斬。直求愛媚，便得極刑，重於「盜服御之物」，準例亦入十惡。

265 **殺人移鄉**

諸殺人應死會赦免者，移鄉千里外。其工、樂、雜戶及官戶、奴，并太常音聲人，雖移鄉，各從本色。部曲及奴，出賣及轉配事千里外人。

【疏】議曰：殺人應死，會赦免罪，而死家有期以上親者，移鄉千里外為戶。其有特勑免死者，亦依會赦例移鄉。工、樂及官戶、奴，並謂不屬縣貫。其雜戶、太常音聲人，有縣貫，仍各於本司上下，不從州縣賦役者。此等殺人，會赦雖合移鄉，「各從本色」，謂移鄉避讎，並從本色驅使。注云「部曲及奴，出賣」，謂私奴出賣，部曲將轉事人，各於千里之外。

若群黨共殺，止移下手者及頭首之人。若死家無期以上親，或先相去千里外，即習天文業已成，若婦人有犯及殺他人部曲、奴婢，並不在移限，部曲、奴婢自相殺者，亦同。**違者徒二年。**

【疏】議曰：「群黨共殺」，謂謀殺，造意合斬，從而加功者絞；同謀共鬭，各以下手重者為重罪，亦合處絞。律故云「止移下手及頭首之人」，謂雖不下手，發意元謀，或以威力使人殺者，並合移鄉。雖有從而加功，準律合死，既不下手共殺者，即不移鄉。若死家無期以上親，或先相去千里外；「即習天文」，謂天文觀生、天文生以上業已成者；「若婦人有犯」，謂無常居，隨夫所在；及殺他人部曲、奴婢：此等並不在移鄉避讎之限。注云「部曲、奴婢自相殺者，亦同」，謂亦不在移鄉之例。此以上應移而不移，不應移而移，違者各徒二年。

266

殘害死屍

諸殘害死屍，謂焚燒、支解之類。**及棄屍水中者，各減鬭殺罪一等；**緦麻以上尊長不減。

【疏】議曰：「殘害死屍」，謂支解形骸；割絕骨體及焚燒之類；及棄屍水中者：「各減鬭殺罪一等」，謂合死者，死上減一等；應流者，流上減一等之類。注云「緦麻以上尊長不減」，謂殘害及棄屍水中，各依鬭殺合斬，不在減例。

棄而不失及髡髮若傷者，各又減一等。即子孫於祖父母、父母，部曲、奴婢於主者，各不減。皆謂意在於惡者。

【疏】議曰：棄屍水中，還得不失。髡髮，謂髡去其髮。傷，謂故傷其屍，傷無大小，但非支解之類。「各又減一等」，謂凡人各減鬭殺罪二等，緦麻以上尊長唯減一等，大功以上尊長及小功尊屬仍入「不睦」。即子孫於祖父母、父母，部曲、奴婢於主者，各不減，並同鬭殺之罪，子孫合入「惡逆」，決不待時。注云「皆謂意在於惡者」，謂從殘害以下，並謂意在於惡。如無惡心，謂若願自焚屍，或遺言水葬及遠道屍柩，將骨還鄉之類，並不坐。

267 穿地得死人

諸穿地得死人不更埋，及於冢墓燻狐狸而燒棺槨者，徒二年；燒屍者，徒三年。緦麻以上尊長，各遞加一等；卑幼，各依凡人遞減一等。

【疏】議曰：因穿地而得死人，其屍不限新舊，不即埋掩，令其曝露；或於他人冢墓而燻狐狸之類，因燒棺槨者：各徒二年。謂唯燒棺槨，火不到屍。其燒棺槨者，緦麻以上尊長，從徒二年上遞加一等，至期親尊長，流二千五百里。其卑幼，各依凡人遞減一等：緦麻，於二年上減一等，徒一年半；小功，徒一年；大功，杖一百；期親，杖九十。若穿地得死人，可識知是緦麻以上尊長，而不更埋，亦從徒二年上遞加一等，卑幼亦從徒二年上遞減一等，各準「燒棺槨」之法。其燒屍者徒三年，緦麻以上尊長各遞加一等，謂從徒三年上遞加一等，燒大功尊長屍流三千里，雖期親尊長，罪亦不加。其卑幼，各遞減一等，謂緦麻卑幼減凡人一等，徒二年半；遞減至期親卑幼，猶徒一年。

問曰：下條「發冢者，加役流」，注云「招魂而葬亦是」。此文燒屍者徒三年，未知招魂而葬亦同以否？

答曰：準律，招魂而葬，發冢者與有屍同罪。律有「燒棺槨」之文，復著「燒屍」之罪，招魂而葬，棺內無屍，止得從「燒棺槨」之法，不可同「燒屍」之罪。

若子孫於祖父母、父母，部曲、奴婢於主冢墓燻狐狸者，徒二年；燒棺槨者，流三千里；燒屍者，絞。

【疏】議曰：稱子孫於祖父母、父母者，曾、高亦同。部曲、奴婢者，隨身、客女亦同。子孫於祖父母、父母，部曲、奴婢於主冢墓燻狐狸者，徒二年；若燒棺槨者，流三千里；燒屍者，絞。

268

造祅書祅言

諸造祅書及祅言者，絞。造，謂自造休咎及鬼神之言，妄說吉凶，涉於不順者。

【疏】議曰："造祅書及祅言者"，謂構成怪力之書，詐為鬼神之語。"休"，謂妄說他人及己身有休徵。"咎"，謂妄言國家有咎惡。觀天畫地，詭說災祥，妄陳吉凶，並涉於不順者，絞。

傳用以惑眾者，亦如之；傳，謂傳言。用，謂用書。**其不滿眾者，流三千里。言理無害者，杖一百。即私有祅書，雖不行用，徒二年；言理無害者，杖六十。**

【疏】議曰："傳用以惑眾者"，謂非自造，傳用祅言、祅書，以惑三人以上，亦得絞罪。注云："傳，謂傳言。用，謂用書。""其不滿眾者"，謂被傳惑者不滿三人。若是同居，不入眾人之限；此外一人以上，雖不滿眾，合流三千里。其"言理無害者"，謂祅書、祅言，雖說變異，無損於時，謂若豫言水旱之類，合杖一百。"即私有祅書"，謂前人舊作，衷私相傳，非己所製，雖不行用，仍徒二年。其祅書言理無害於時者，杖六十。

269

夜無故入人家

諸夜無故入人家者，笞四十。主人登時殺者，勿論；若知非侵犯而殺傷者，減鬬殺傷二等。

【疏】議曰："夜無故入人家"，依刻漏法：晝漏盡為夜，夜漏盡為晝。謂夜無事故，輒入人家，笞四十。家者，謂當家宅院之內。登於入時，被主人格殺之者，勿論。"若知非侵犯"，謂知其迷誤，或因醉亂，及老、小、疾患，並及婦人，不能侵犯，而殺傷者，減鬬殺傷二等。若殺他人奴婢，合徒三年，得減二等，徒二年之類。

問曰：外人來姦，主人舊已知委，夜入而殺，亦得勿論以否？

答曰：律開聽殺之文，本防侵犯之輩。設令舊知姦穢，終是法所不容，但夜入人家，理或難辨，縱令知犯，亦為罪人。若其殺即加罪，便恐長其侵暴，登時許殺，理用無疑。況文稱「知非侵犯而殺傷者，減鬭殺傷二等」，即明知是侵犯而殺，自然依律勿論。

其已就拘執而殺傷者，各以鬭殺傷論，至死者加役流。

【疏】議曰：「已就拘執」，謂夜入人家，已被擒獲，拘留執縛，無能相拒，本罪雖重，不合殺傷。主人若有殺傷，各依鬭法科罪，至死者加役流。

卷第十九

賊盜三

270 盜大祀神御物

諸盜大祀神御之物者，流二千五百里。謂供神御者，帷帳几杖亦同。**其擬供神御，**謂營造未成者。

【疏】議曰：「盜大祀神御之物」，公取、竊取皆為盜。大祀，謂天地、宗廟、神州等。其供神御所用之物而盜之者，流二千五百里。注云「謂供神御者，帷帳几杖亦同」，謂見供神御者，雖帷帳几杖亦得流罪，故云「亦同」。「其擬供神御」，謂上文神御之物及帷帳几杖，營造未成，擬欲供進者，故注云「謂營造未成者」。

及供而廢闋，若饗薦之具已饌呈者，徒二年；饗薦，謂玉幣、牲牢之屬。饌呈，謂已入祀所，經祀官省視者。**未饌呈者，徒一年半。已闋者，杖一百。**已闋，謂接神禮畢。**若盜釜、甑、刀、匕之屬，並從常盜之法。**

【疏】議曰：「供而廢闋」，謂神御之物，供祭已訖，退還所司者，故云「廢闋」。「若饗薦之具已饌呈者」，謂牲牢、棗栗、脯脩之屬，已入神所，呈閱祀官訖。而盜者，各徒二年。故注云「饗薦，謂玉幣、牲牢之屬」。「未饌呈者，徒一年半」，謂以上玉幣、牲牢、饌具之屬，未饌呈祀官而盜者，徒一年半。「已闋者」，謂神前飲食薦饗已了，退而盜者，得杖一百。「若盜釜、甑、刀、匕之屬」，謂並不用供神，故從常盜之法，一尺杖六十，一疋加一等；五疋徒一年，五疋加一等，罪止加役流。言「之屬」，謂盤、盂、雜器之類。

271 **盜御寶**

諸盜御寶者，絞；乘輿服御物者，流二千五百里；謂供奉乘輿之物。服通衾、茵之屬，真、副等。皆須監當之官，部分擬進，乃為御物。**其擬供服御及供而廢闋，若食將御者，徒二年；**將御，謂已呈監當之官。**擬供食御及非服而御者，徒一年半。**

【疏】議曰：稱「御」者，太皇太后、皇太后、皇后亦同，皇太子減一等。皇帝八寶，皆以玉為之，有「神寶」、「受命寶」、「皇帝行寶」、「皇帝之寶」、「皇帝信寶」、「天子行寶」、「天子之寶」、「天子信寶」。此等八寶，皇帝所用之物，並為「御寶」。其三后寶，以金為之，並不行用。盜者，俱得絞刑。其盜皇太子寶，準例合減一等，流三千里。若盜皇太子妃寶，亦流三千里：后寶既與御寶不殊，妃寶明與太子無別。「乘輿服御物」，謂供奉乘輿服用之物，三后服御之物亦同。盜者流二千五百里。若盜皇太子及妃所服用物，準例減一等，合徒三年。計贓重者，即準贓同常盜之法加一等，注云「謂供奉乘輿之物。服通衾、茵之屬」，稱「之屬」者，氈、褥之類。「真、副等」，真謂見供服用之衣，副謂副貳之服。皆須監當之官，部分擬進者，乃為御物。「其擬供服御」，謂營造未成。「及供而廢闋」，謂已供用事畢，是名「廢闋」。「若食將御者」，謂御食已呈監當之官擬進，而盜及食者。從「擬供服御」以下，各徒二年。故注云「將御，謂已呈監當之官」，「擬供食御」，謂未呈監當之官，及非服而御之物者，若食及盜，各徒一年半。贓重者，各計贓，以常盜論加一等。

272 **盜官文書印**

諸盜官文書印者，徒二年。餘印，杖一百。謂貪利之而非行用者。餘印，謂印物及畜產者。

【疏】議曰：印者，信也。謂印文書施行，通達上下，所在信受，故曰「官文書印」。盜此印者，徒二年。「餘印，杖一百」，餘印謂給諸州封函及畜產之印，在令、式，印應官給。但非官文書之印，盜者皆杖一百。注云「謂貪利之而非行用者」，皆謂藉以為財，不擬行用。若將行用，即從「偽造」、「偽寫」、「封用規避」之罪科之。

273 **盜制書**

諸盜制書者，徒二年。官文書，杖一百；重害文書，加一等；紙券，又加一等。亦謂貪利之，無所施用者。重害，謂徒罪以上獄案及婚姻、良賤、勳賞、黜陟、授官、除免之類。

【疏】議曰：　盜制書徒二年，敕及奏抄亦同。敕旨無御畫，奏抄即有御畫，不可以御畫奏抄輕於敕旨，各與盜制書罪同。「官文書」，謂在司尋常施行文書，有印無印等。「重害文書，加一等」，合徒一年。注云「亦謂貪利之」，亦如上條盜印藉為財用，無所施行。「重害，謂徒罪以上獄案及婚姻、良賤、勳賞、黜陟、授官、除免之類」，稱「之類」者，謂倉糧財物、行軍文簿帳及戶籍、手實之屬，盜者各徒一年。若欲動事，盜者自從增減之律。

即盜應除文案者，依凡盜法。

【疏】議曰：「即盜應除文案者」，依令：「文案不須常留者，每三年一揀除。」既是年久應除，即非見行文案，故依凡盜之法，計贓科罪。

274　**盜宮殿門符**

諸盜宮殿門符、發兵符、傳符者，流二千里；使節及皇城、京城門符，徒三年；餘符，徒一年。門鑰，各減三等。盜州、鎮及倉廚、廄庫、關門等鑰，杖一百。縣、戍等諸門鑰，杖六十。

【疏】議曰：　開閉殿門，皆用銅魚合符。用符鑰法式，已於擅興律解訖。「發兵符」，以銅為之，左者進內，右者付州、府、監及提兵鎮守之所，並留守應執符官人。其符雖通餘用，為發兵事重，故以發兵為目。「傳符」，謂給將乘驛者，依公式令：「下諸方傳符，兩京及北都留守為麟符，東方青龍，西方白虎，南方朱雀，北方玄武。兩京留守二十，左十九，右一；　餘皆四，左三，右一。左者進內，右者付外州、府、監應執符人。其兩京及北都留守符，並進內。須遣使向四方，皆給所詣處左符，書於骨帖上，內著符，裹用泥封，以門下省印印之。所至之處，以右符勘合，然後承用。」盜者，合流二千里。節者，皇華出使，黜陟幽明，輶軒奉制，宣威殊俗，皆執旌節，取信天下。「及皇城門」，謂朱雀等門；

「京城門」，謂明德等門。盜此門符及使節者，各徒三年。「餘符，徒一年」，餘符謂禁苑及交巡等符。案擅興律：「凡言餘符者，契亦同。即契應發兵者，同發兵符法。」然則盜發兵契，各同魚符之罪。「門鑰，各減三等」，謂各減所開閉之門魚符三等。假有盜宮殿門符，合流二千里；門鑰減三等，得徒二年。餘鑰應減門符，並準此。若是禁苑門鑰，不可輕於州、鎮、關門等鑰。盜州、鎮及官倉廚、廄庫及關門等鑰，各杖一百。「縣戍等諸門鑰」，稱「諸門鑰」者，謂內外百司及坊市門，官有門禁，盜其鑰者，各杖六十。

275 盜禁兵器

諸盜禁兵器者，徒二年；甲、弩者，流二千里。若盜罪輕，同私有法。盜餘兵器及旌旗、幡幟者，杖九十。若盜守衛宮殿兵器者，各加一等。即在軍及宿衛相盜，還充官用者，各減二等。

【疏】議曰：「盜禁兵器者，徒二年」，謂非弓、箭、刀、楯、短矛，私家不合有者，皆為「禁兵器」。甲、弩者，流二千里。盜罪輕者同私有法，即盜弩一張流二千里，盜甲一領亦流二千里，案擅興律：「私有甲一領及弩三張，流二千里。甲三領及弩五張，絞。」即盜甲三領，或盜弩五張，並得絞罪，是名「盜罪輕，同私有法」。其「盜餘兵器」，謂雖是官兵器，私家合有者，「及旌旗、幡幟者，杖九十」，並據「盜官物，計贓重，加凡盜一等」。「若盜守衛宮殿兵器者，又各加一等」，謂見用守衛宮殿，加凡盜二等。「即在軍」，謂在行軍之所，若宿衛相盜，還充官用者，各減二等。若入私者，各同上文盜法。

276

盜毁天尊佛像

諸盜毁天尊像、佛像者，徒三年。即道士、女官盜毁天尊像，僧、尼盜毁佛像者，加役流。真人、菩薩，各減一等。盜而供養者，杖一百。盜、毁不相須。

【疏】議曰：凡人或盜或毁天尊若佛像，各徒三年。「道士、女官盜毁天尊像，僧、尼盜毁佛像者，各加役流」，為其盜毁所事先聖形像，故加役流，不同俗人之法。「真人、菩薩，各減一等」，凡人盜毁，徒二年半；道士、女官盜毁真人，僧、尼盜毁菩薩，各徒三年。「盜而供養者，杖一百」，謂非貪利，將用供養者。但盜之與毁，各得徒、流之坐，故注云「盜、毁不相須」。其非真人、菩薩之像，盜毁餘像者，若化生神王之類，當「不應為從重」。有贓入己者，即依凡盜法。若毁損功庸多者，計庸坐贓論。各令修立。其道士等盜毁佛像及菩薩，僧、尼盜毁天尊若真人，各依凡人之法。

277

發冢

諸發冢者，加役流；發徹即坐。招魂而葬，亦是。**已開棺槨者，絞；發而未徹者，徒三年。**

【疏】議曰：禮云：「葬者，藏也，欲人不得見。」古之葬者，厚衣之以薪，後代聖人易之以棺槨。有發冢者，加役流。注云「發徹即坐。招魂而葬，亦是」，謂開至棺槨，即為發徹。先無屍柩，招魂而葬，但使發徹者，並合加役流。「已開棺槨者，絞」，謂有棺有槨者，必須棺、槨兩開，不待取物觸屍，俱得絞罪。其不用棺槨葬者，若發而見屍，亦同已開棺槨之坐。「發而未徹者」，謂雖發冢，而未至棺槨者，徒三年。

其冢先穿及未殯，而盜屍柩者，徒二年半；盜衣服者，減一等；器物、磚、版者，以凡盜論。

【疏】議曰：「其冢先穿」，謂先自穿陷，舊有隙穴者。「未殯」，謂屍猶在外，未殯埋。「而盜屍柩者，徒二年半」，謂盜者元無惡心，或欲詐代人屍，或欲別處改葬之類。「盜衣服者，減一等」，得徒二年。計贓重者，以凡盜論加一等。此文既稱「未殯」，明上文「發冢」殯訖而發者，亦是。若盜器物磚版者，謂冢先穿，取其明器等物，或磚若版，以凡盜論。

問曰：「發冢者，加役流。」律既不言尊卑、貴賤，未知發子孫冢，得罪同凡人否？

答曰：五刑之屬，條有三千，犯狀既多，故通比附。然尊卑貴賤，等數不同，刑名輕重，粲然有別。尊長發卑幼之墳，不可重於殺罪；若發尊長之冢，據法止同凡人。律云「發冢者，加役流」，在於凡人，便減殺罪一等；若發卑幼之冢，須減本殺一等而科之：已開棺槨者絞，即同已殺之坐；發而未徹者徒三年，計凡人之罪減死二等，卑幼之色亦於本殺上減二等而科；若盜屍柩者，依減三等之例。其於尊長，並同凡人。

278

盜園陵内草木

諸盜園陵内草木者，徒二年半。若盜他人墓塋内樹者，杖一百。

【疏】議曰：園陵者，三秦記云：「帝王陵有園，因謂之園陵。」三輔黃圖云：「謂陵四闌門通四園。」然園陵草木而合芟刈，而有盜者，徒二年半。若盜他人墓塋内樹者，杖一百。若贓重者，準下條「以凡盜論加一等」。若其非盜，唯止斫伐者，準雜律：「毀伐樹木稼穡，各準盜論。」園陵内，徒二年半；他人墓塋内樹，杖一百。

279 盗官私馬牛殺

諸盗官私馬牛而殺者，徒二年半。

【疏】議曰：馬牛軍國所用，故與餘畜不同。若盗而殺者，徒二年半。若準贓重於徒二年半者，以凡盗論加一等。其有盗殺犛牛之類，鄉俗不用耕駕者，計贓以凡盗論。

280 盗不計贓罪名

諸盗不計贓而立罪名，及言減罪而輕於凡盗者，計贓重，以凡盗論加一等。

【疏】議曰：從「盗大祀神御之物」以下，不計贓科，唯立罪名。亦有減處，並謂得罪應重，故別立罪名，若減罪輕於凡盗者，各須計贓，以凡盗論加一等。假有盗他人馬牛而殺，評馬牛贓直絹二十疋，若計凡盗，合徒二年半；以盗殺馬牛，故加凡盗一等，處徒三年。「及言減罪輕於凡盗者」，上條「盗屍柩者，徒二年半。盗衣服者，減一等」，假有盗屍柩上衣服，直絹二十疋，依凡盗徒二年半。文稱「減一等」，只徒二年；故依凡盗加一等，亦徒三年，是名「以凡盗論加一等」。若盗皇太子服用及盗中、小祀等物，雖得減罪，亦是「盗不計贓」。

281 強盗

諸強盗，謂以威若力而取其財，先強後盗、先盗後強等。若與人藥酒及食，使狂亂取財，亦是。即得闌遺之物，毆擊財主而不還；及竊盗發覺，棄財逃走，財主追捕，因相拒捍：如此之類，事有因緣者，非強盗。

【疏】議曰：強盜取人財，注云「謂以威若力」，假有以威脅人，不加凶力，或有直用凶力，不作威脅，而劫掠取財者；「先強後盜」，謂先加迫脅，然後取財；「先盜後強」，謂先竊其財，事覺之後，始加威力：如此之例，俱為「強盜」。若飲人藥酒，或食中加藥，令其迷謬而取其財者，亦從「強盜」之法，即得闌遺之物，財主來認，因即毆擊，不肯還物；及竊盜取人財，財主知覺，遂棄財逃走，財主逐之，因相拒捍：如此之類，是事有因緣，並非「強盜」，自從「鬬毆」及「拒捍追捕」之法。

問曰：據捕亡律：「被盜，雖傍人，皆得捕繫。」未審盜者將財逃走，傍人追捕，因即格傷，或絕時、不絕時，得罪同「強盜」否？

答曰：依律：「盜者，雖是傍人，皆得捕繫以送官司。」盜者既將財逃走，傍人依律合捕，其人乃拒傷捕者，即是「先盜後強」。絕時以後捕者，既無財主尋逐，便是不知盜由，因相拒格，唯有「拒捕」之罪，不成「強盜」。

不得財徒二年；一尺徒三年，二疋加一等；十疋及傷人者，絞；殺人者，斬。殺傷奴婢亦同。雖非財主，但因盜殺傷，皆是。**其持仗者，雖不得財，流三千里；五疋，絞；傷人者，斬。**

【疏】議曰：盜雖不得財，徒二年。若得一尺，即徒三年。每二疋加一等。贓滿十疋；雖不滿十疋及不得財，但傷人者：並絞。殺人者，並斬。謂因盜而殺、傷人者。注云「殺傷奴婢亦同」，諸條奴婢多悉不同良人，於此，殺傷奴婢亦同良人之坐。「雖非財主，但因盜殺傷皆是」，無問良賤，皆如財主之法。盜人若持仗，雖不得財，猶流三千里；贓滿五疋，合絞。持仗者雖不得財，傷人者斬。罪無首從。

282

竊盜

諸竊盜，不得財笞五十；一尺杖六十，一疋加一等；五疋徒一年，五疋加一等，五十疋加役流。

【疏】議曰：竊盜人財，謂潛形隱面而取。盜而未得者，笞五十。得財一尺杖六十，一疋加一等，即是一疋一尺杖七十。以次而加至贓滿五疋，不更論尺，即徒一年。每五疋加一等，四十疋流三千里，五十疋加役流。其有於一家頻盜及一時而盜數家者，並累而倍論。倍，謂二尺為一尺。若有一處贓多，累倍不加重者，止從一重而斷，其倍贓依例總徵。

283

監臨主守自盜

諸監臨主守自盜及盜所監臨財物者，若親王財物而監守自盜，亦同。**加凡盜二等，三十疋絞。**本條已有加者，亦累加之。

【疏】議曰：假如左藏庫物，則太府卿、丞為監臨，左藏令、丞為監事，見守庫者為主守，而自盜庫物者，為「監臨主守自盜」。又如州、縣官人盜部內人財物，是為「盜所監臨」。注云「若親王財物」，依令：「皇兄弟、皇子為親王。」監守自盜王家財物，亦同官物之罪。「加凡盜二等」，一尺杖八十，一疋加一等，一疋一尺杖九十，五疋徒二年，五疋加一等，是名「加凡盜二等」，「三十疋絞」。注云「本條已有加者，亦累加之」，謂監臨主守自盜所監主，不計贓之物，計贓重者，以凡盜論加一等，即是本條已有加於此，又加二等。假有武庫令自盜禁兵器，計贓直絹二十疋。凡人盜者，二十疋合徒二年半，以盜不計贓而立罪名，計贓重者加凡盜一等，徒三年；監主又加二等，流二千五百里。如此之類，是「本條已有加者，亦累加之」。

284

故燒人舍屋

諸故燒人舍屋及積聚之物而盜者，計所燒減價，併贓以強盜論。

【疏】議曰：賊人姦詐，千端萬緒，濫竊穿窬，觸途詭譎。或有燒人舍屋及積聚之物，因即盜取其財，計所燒之物減價，併於所盜之物，計贓以強盜論，十疋絞。

問曰：有人持仗燒人舍宅，因即盜取其財，或燒傷物主，合得何罪？

答曰：依雜律：「故燒人舍屋，徒三年。不限強之與竊。」然則持仗燒人舍宅，止徒三年。因即盜取財物，便是元非盜意，雖復持仗而行事，同「先強後盜」，計贓以強盜科罪。火若傷人者，同強盜傷人法。

285

恐喝取人財物

諸恐喝取人財物者，口恐喝亦是。**準盜論加一等；雖不足畏忌，財主懼而自與，亦同。**展轉傳言而受財者，皆為從坐。若為人所侵損，恐喝以求備償，事有因緣之類者，非。

【疏】議曰：恐喝者，謂知人有犯，欲相告訴，恐喝以取財物者。注云「口恐喝亦是」，雖口恐喝，亦與文牒同。計贓，「準盜論加一等」，謂一尺杖七十，一疋加一等，五疋徒一年半，五疋加一等，三十五疋流三千里。雖不足畏忌，但財主懼而自與財者，亦同恐喝之罪。注云「展轉傳言」，假若甲遣乙丙傳言於丁，恐喝取物五疋，甲合徒一年半，乙丙並各徒一年，是名「展轉傳言，受財者，皆為從坐」。「若為人所侵損，恐喝以求備償」，假有甲為乙踐損田苗，遂恐喝於乙，得倍苗之外，更取財者，為有損苗之由，不當恐喝之坐，苗外餘物，即當「非監臨主司，因事受財，坐贓論」科斷。此是「事有因緣之類者」，非恐喝。

問曰：恐喝取財五疋，首不行，又不受分；傳言者二人，一人受財，一人不受財，各合何罪？

答曰：律稱準盜，須依盜法。案下條「共盜者併贓論」，造意及從行而不受分，即受分而不行，各依本首從法：若造意不行，又不受分，即以行人專進止者為首，造意為從，至死減一等；從者不行，又不受分，笞四十。其首不行，又不受分，即以傳言取物者為首，五疋合徒一年半；造意者為從，合徒一年；又一人不受分，亦合為從，笞五十。

又問：監臨恐喝所部取財，合得何罪？

答曰：凡人恐喝取財，準盜論加一等。監臨之官，不同凡人之法，名例：「當條雖有罪名，所為重者，自從重。」理從「強乞」之律，合準枉法而科。若知有罪不虛，恐喝取財物者，合從真枉法而斷。

若財未入者，杖六十。即緦麻以上自相恐喝者，犯尊長，以凡人論；強盜亦準此。**犯卑幼，各依本法。**

【疏】議曰：恐喝取財，無限多少，財未入者，杖六十。即緦麻以上自相恐喝者，犯尊長，以凡人準盜論加一等。強盜亦準此者，謂別居期親以下卑幼，於尊長家行強盜者，雖同於凡人家強盜得罪，若有殺傷，應入十惡者，仍入十惡。「犯卑幼，各依本法」，謂恐喝緦麻、小功卑幼取財者，減凡人一等，五疋徒一年；大功卑幼減二等，五疋杖一百；期親卑幼減三等，五疋杖九十之類。

286 本以他故毆人奪物

諸本以他故毆擊人，因而奪其財物者，計贓以強盜論，至死者加役流；

【疏】議曰：謂本無規財之心，乃為別事毆打，因見財物，遂即奪之，事類「先強後盜」，故計贓以强盜論，一尺徒三年，二疋加一等。以先無盜心之故，贓滿十疋應死者，加役流。若奪財物不得者，止從故、鬬毆法。文稱「計贓以强盜論」，奪物贓不滿尺，同「强盜不得財」，徒二年。既元無盜心，雖持仗，亦不加其罪。

因而竊取者，以竊盜論加一等。若有殺傷者，各從故、鬬法。

【疏】議曰：先因他故毆擊，而輒竊取其財，以竊盜論加一等，一尺杖七十，一疋加一等。「若有殺傷者」，謂本因毆擊殺傷，元非盜財損害。「各從故、鬬法」，謂因鬬致死者，絞；故殺者，斬。稱「各」者，從「强奪」及「竊取」，各以故、鬬論。

問曰：監臨官司，本以他故毆擊部内之人，因而奪其財物，或竊取三十疋者，合得何罪？

答曰：律稱「本因他故毆擊人」，元即無心盜物，毆訖始奪，事與强盜相類，準贓雖依「强盜」，罪止加役流，故知其贓雖多，法不至死。「因而竊取，以竊盜論加一等者」，為監臨主司毆擊部内，因而竊物，以竊盜論加凡盜三等。上文「强盜」既不至死，下文「竊盜」不可引入絞刑，三十疋者罪止加役流。

又問：名例云：「稱以盜論者，與真犯同。」此條「因而竊取，以竊盜論加一等」，既云「加一等」，即重於竊盜之法。監臨竊三十疋者絞，今答不死，理有未通？

答曰：「本條別有制，與例不同者，依本條。」文稱：「奪其財物者，以强盜論，至死者加役流。」又云：「加者，不得加至於死。」是明本以他故毆人，因而奪物，縱至百疋，罪止加役流，況於竊取人財，豈得加入於死？監臨雖有加罪，加法不至死刑。況下條「略奴婢及和誘，各依强、竊等法，罪止流三千里」，注云「雖監臨主守，亦同」，即此條雖無監臨之文，亦不加入於死。

287 盜緦麻小功財物

諸盜緦麻、小功親財物者，減凡人一等；大功，減二等；期親，減三等。殺傷者，各依本殺傷論。此謂因盜而誤殺者。若有所規求而故殺期以下卑幼者，絞。餘條準此。

【疏】議曰：緦麻以上相盜，皆據別居。卑幼於尊長家強盜，已於「恐喝」條釋訖。其尊長於卑幼家竊盜若強盜，及卑幼於尊長家行竊盜者，緦麻、小功減凡人一等，大功減二等，期親減三等。「殺傷者，各依本殺傷論」，謂因盜誤殺傷人，若殺傷尊卑、長幼，各依本殺傷法。注云「此謂因盜而誤殺者」，謂本心只欲規財，因盜而誤殺人者，亦同因盜過失殺人，依鬬殺之罪。不言傷者，為傷罪稍輕，聽從誤傷之法。但殺人坐重，雖誤，同鬬殺論；若實故殺，自依故殺傷法。「若有所規求，故殺期以下卑幼者，絞」，即此條因盜，是為有所規求，故殺期以下卑幼者，絞。誤殺者，自依本鬬殺傷論。「餘條」，謂諸條姦及略、和誘，但是爭競，有所規求而故殺期以下卑幼，本條不至死者，並絞。故云「餘條準此」。

288 卑幼將人盜己家財

諸同居卑幼，將人盜己家財物者，以私輒用財物論加二等；他人，減常盜罪一等。若有殺傷者，各依本法。他人殺傷，縱卑幼不知情，仍從本殺傷法坐之。

【疏】議曰：「同居卑幼」，謂共居子孫、弟姪之類，將外人共盜己家財物者，以私輒用財物論加二等。案戶婚律：「同居卑幼，私輒用財者，十疋笞十，十疋加一等，罪止杖一百。」他人減凡盜一等，謂卑幼將人盜物雖多，罪止徒一年半，他人減常盜罪一等。其於首從，自依常例。「若有殺傷者，依本殺傷法」，謂依故殺傷法坐之」，謂卑幼不知他人殺傷之情，他人亦依強盜殺傷法。注云「他人殺傷，縱卑幼不知情，仍從本殺傷法坐之」，謂卑幼不知他人殺傷之情，仍從故殺傷法。稱「坐之」者，不在除、免、加役流之例。若他人誤殺傷尊長，卑幼不知情，亦依誤法。其被殺傷人非尊長者，卑幼不知殺傷情，唯得盜罪，無殺傷之坐。其有知情，并自殺傷者，各依本殺傷之法。

問曰：卑幼將人盜己家財物，以私輒用財物論加二等，他人減常盜一等。若卑幼共他人強盜者，律無加罪之文，未知更加罪以否？

答曰：強之與竊，罪狀不同。案職制律：「貸所監臨財物，強者加二等，餘條強者準此。」諸親相盜，罪有等差。將人盜己家財物者，加私輒用財物二等。更無強盜之文，上明殺傷之坐：若殺傷罪重，從殺傷法科；如殺傷坐輕，即準「強者加二等」。此是一部通例，故條不別生文。

289 **因盜過失殺傷人**

諸因盜而過失殺傷人者，以鬬殺傷論，至死者加役流。得財、不得財等。財主尋逐，遇他死者，非。

【疏】議曰：因行竊盜而過失殺傷人者，以其本有盜意，不從「過失」收贖，故以鬬殺傷論。其殺傷之罪至死者，加役流。注云「得財、不得財等」，謂得財與不得財，並從鬬殺傷科。「財主尋逐，遇他死者，非」，謂財主尋逐盜物之賊，或墜馬，或落坑致死之類，是遇他故而死，盜者唯得盜罪，而無殺傷之坐。

其共盜，臨時有殺傷者，以強盜論；同行人不知殺傷情者，止依竊盜法。

【疏】議曰：謂共行竊盜，不謀強盜，臨時乃有殺傷人者，以強盜論。「同行人而不知殺傷情者，止依竊盜法」，謂同行元謀竊盜，不知殺傷之情，止依「竊盜」為首從。殺傷者，依「強盜」法。

290 **私財婢奴貿易官物**

諸以私財物、奴婢、畜產之類，餘條不別言奴婢者，與畜產、財物同。**貿易官物者，計其等準盜論，計所利以盜論。**其貿易奴婢，計贓重於和誘者，同和誘法。官物賤，亦如之。

【疏】議曰：「以私家財物、奴婢、畜產之類」，或有碾磑、邸店、莊宅、車船等色，故云「之類」。注云「餘條不別言奴婢者，與畜產、財物同」，謂「反逆」條中稱「資財並沒官」，不言奴婢、畜產，即是總同財物；又廄庫律：「驗畜產不以實者，一笞四十，三加一等，罪止杖一百。若以故價有增減，贓重者，計所增減，坐贓論。」即無驗奴婢之文，若驗奴婢不實者，亦同驗畜產之法。故云「餘條不別言奴婢者，與畜產、財物同」。「貿易官物者」，謂以私物貿易官物。「計其等準盜論」，假將私奴貿易官奴，其奴各直絹五疋，其價雖等，仍準盜論，合徒一年。注云「官物賤，亦如之」，謂私奴直絹十疋，博官奴直絹五疋，亦徒一年。「計所利以盜論」，謂以私物直絹一疋，貿易官物直絹兩疋，即一疋是等，合準盜論，監主之與凡人並杖六十；一疋是利，以盜論，凡人亦杖六十。有倍贓，若是監臨主守，加罪二等，合杖八十。應累併者，皆將「以盜」累於「準盜」加罪之類，除、免、倍贓各盡本法。注云「其貿易奴婢，計贓重於和誘，同和誘法」，假有監臨之官，以私奴婢直絹三十疋，貿易官奴婢直絹六十疋，即是計利三十疋，監臨自盜合絞；凡人貿易奴婢，計利五十疋，即合加役流。以本條「和、略奴婢，罪止流三千里，雖監臨主守亦同」，即於此條「貿易」不可更重，故云「同和誘法」，並流三千里。

291 山野物已加功力

諸山野之物，已加功力刈伐積聚，而輒取者，各以盜論。

【疏】議曰：「山野之物」，謂草、木、藥、石之類。有人已加功力，或刈伐，或積聚，而輒取者，「各以盜論」，謂各準積聚之處時價，計贓，依盜法科罪。

292 略人略賣人

諸略人、略賣人不和為略。十歲以下，雖和，亦同略法。**為奴婢者，絞；為部曲者，流三千里；為妻妾子孫者，徒三年。**因而殺傷人者，同強盜法。

【疏】議曰：略人者，謂設方略而取之。略賣人者，或為經略而賣之。注云「不和為略。十歲以下，雖和，亦同略法」，為奴婢者，不共和同，即是被略；十歲以下，未有所知，易為誑誘，雖共安和，亦同略法。略人、略賣人為奴婢者，並絞。略人為部曲者，或有狀驗可憑，勘詰知實不以為奴者，流三千里。為妻妾子孫者，徒三年，為弟姪之類亦同。注云「因而殺傷人者，同強盜法」，謂因略人拒鬭，或殺若傷，同強盜法。既同強盜之法，因略殺傷傍人，亦同。因略傷人，雖略人不得，亦合絞罪。其略人以為奴婢不得，又不傷人，以強盜不得財徒二年；擬為部曲，徒一年半；擬為妻妾子孫者，徒一年。在律雖無正文，解者須盡犯狀，消息輕重，以類斷之：為奴婢者，即與強盜十疋相似，故略人不得，唯徒二年；為部曲者，本條減死一等，故略未得，徒一年半；為妻妾子孫者，減二等，故亦減「強盜不得財」二等，合徒一年。

和誘者，各減一等。若和同相賣為奴婢者，皆流二千里；賣未售者，減一等。下條準此。**即略、**

和誘及和同相賣他人部曲者，各減良人一等。

【疏】議曰：「和誘」，謂和同相誘，減略一等：為奴婢者，流三千里；為部曲者，徒三年；為妻妾子孫者，徒二年半。「若和同相賣」，謂元謀兩和，相賣為奴婢者，賣人及被賣人，罪無首從，皆流二千里。其數人共賣他人，自依首從之法。「賣未售者，減一等」，謂和同相賣，未售事發，各徒三年。注云「下條準此」，謂下條「得逃亡奴婢而賣未售」及「賣期親卑幼及子孫之婦等為奴婢未售」者，亦減一等，故云「準此」。「即略、和誘、和同相賣他人部曲者」，謂略他人部曲為奴婢者，流三千里；略部曲還為部曲者，合徒三年；略為妻妾子孫，徒二年半。和誘者各減一等：和誘部曲為奴婢，徒三年；還為部曲，徒二年半；為妻妾子孫，徒二年。若共他人部曲和同相賣為奴婢，減流一等，徒三年；為部曲者，徒二年半。故云「各減良人一等」。其略、和誘緦麻以上親部曲、客女者，律雖無文，令有「轉事，量酬衣食之直」，不可同於凡人，亦須依盜法而減：緦麻、小功部曲，減凡人部曲一等；大功，減二等；期親，減三等。

問曰：部曲、客女，被人所誘，將為妻妾子孫，而和同遂去。誘者已有罪名，去者合得何罪？

答曰：名例律：「共犯罪，以造意為首，隨從者減一等。」背主受誘，即當此條，準其罪，坐減誘者罪一等。自餘受誘，律無正文者，並合從坐科罪。若逃亡之罪重者，依例：「當條雖有罪名，所為重者，自從重。」

293 **略和誘奴婢**

諸略奴婢者，以強盜論；和誘者，以竊盜論。各罪止流三千里。雖監臨主守，亦同。即奴婢別齎財物者，自從強、竊法，不得累而科之。

【疏】議曰：「略奴婢者」，亦謂不和，經略而取，計贓以強盜論。「和誘者」，謂兩共和同，以竊盜論。各依強、竊為罪，其贓並合倍備，各罪止流三千里。注云「雖監臨主守，亦同」，謂雖是監臨主守應加，亦同罪止流三千里。「即奴婢別齎財物者」，謂除奴婢身所著衣服外，剩有財物，自從強、竊法：因略者，一尺徒三年，二疋加一等；和誘者，一尺杖六十，一疋加一等。各從一重科之，並不得將奴婢之身，累併財物同斷，故云「自從強、竊法，不得累而科之」。其奴婢身別齎財，略、誘者不知有物，止得略、誘本罪，贓不合科；如其知者，財雖奴婢將行，各同強、竊法。其略、誘良人或部曲、客女，衣服外有財者，亦同強、竊盜法。不取入己者，良人、部曲合有資財，不在坐限。

若得逃亡奴婢，不送官而賣者，以和誘論；藏隱者，減一等坐之。即私從奴婢買子孫及乞取者，準盜論；乞賣者，與同罪。 雖以為良，亦同。

【疏】議曰：凡捉得逃亡奴婢，依令：「五日內合送官司。」其有不送而私賣者，以和誘論，計贓依盜法。即私藏隱者，減盜罪一等坐之。「即私從奴婢買子孫及乞取者」，或買或乞，各平所乞、買奴婢之價，計贓準盜論，並不在除、免、倍贓、監臨加罪、加役流之例。「乞賣者，與同罪」，謂奴婢將子孫乞人及賣與人，並與買、乞者同罪。故注云「雖以為良，亦同」，謂乞、買者雖將為良人，亦與充賤罪同。

294 略賣期親卑幼

諸略賣期親以下卑幼為奴婢者，並同鬭毆殺法； 無服之卑幼亦同。**即和賣者，各減一等。其賣餘親者，各從凡人和略法。**

【疏】議曰：期親以下卑幼者，謂弟、妹、子、孫及兄弟之子孫、外孫、子孫之婦及從父弟、妹，並謂本條殺不至死者。假如鬭殺弟妹徒三年，殺子孫徒一年半；若略賣弟妹為奴婢，同鬭殺法徒三年，賣子孫為奴婢徒一年半之類。故云「各同鬬毆殺法」。如本條殺合至死者，自入「餘親」例。無服之卑幼者，謂己妾無子及子孫之妾，亦同「賣期親以下卑幼」，從本殺科之，故云「亦同」。假如殺妾徒三年，若略賣，亦徒三年之類。「即和賣者，各減一等」，謂減上文「略賣」之罪一等：和賣弟、妹，徒二年半；和賣子孫，徒一年之類。其賣餘親，各從凡人和略法者，但是五服之內，本條殺罪名至死者，並名「餘親」，故云「從凡人和略法」。

問曰：賣妻為婢，得同期親卑幼以否？

答曰：妻服雖是期親，不可同之卑幼，故諸條之內，每別稱夫。為百代之始，敦兩族之好，本犯非應義絕，或準期幼之親。若其賣妻為婢，原情即合離異。夫自嫁者，依律兩離；賣之充賤，何宜更合？此條「賣期親卑幼」，妻固不在其中，只可同彼「餘親」，從凡人和略之法；其於毆殺，還同凡人之罪。故知賣妻為婢，不入期幼之科。

又問：名例律云：「家人共犯，止坐尊長。」未知此文「和同相賣」，亦同家人共犯以否？

答曰：依例：「本條別有制，與例不同，依本條。」依文賣期親卑幼及兄弟、子孫、外孫之婦，賣子孫及己妾、子孫之妾，各有正條，被賣之人不合加罪，為其卑幼合受處分故也。其賣餘親，各從凡人和略法；既同凡人為法，不合止坐家長。

295 知略和誘和同相賣

諸知略、和誘、和同相賣及略、和誘部曲奴婢而買之者，各減賣者罪一等。

【疏】議曰：謂知略、和誘、和同相賣等情，而故買之者，「各減賣者罪一等」，謂各依其色，準前條減賣人罪一等。假有人知略賣良人為奴婢而買之者，從絞上減一等，合流三千里之類。

知祖父母、父母賣子孫及賣子孫之妾，若己妾而買者，各加賣者罪一等。展轉知情而買，各與初買者同。雖買時不知，買後知而不言者，亦以知情論。

【疏】議曰：若略、和誘他人而賣，得罪已重，故買者減賣者罪一等；若知祖父母賣子孫以下，得罪稍輕，故罪者加賣者罪一等。假有父祖賣子孫為奴婢，依鬪殺法，合徒一年半；知而買者，加罪一等，徒二年之類。注云「展轉知情而買」，假有甲知他人祖父賣子孫而買，復與乙，乙又賣與丙，展轉皆知賣子孫之情而買者，「各與初買者同」，謂甲、乙、丙俱合徒二年。若初買之時，不知略、和誘、和同相賣之情，買得之後訪知，即須首告。不首告者，亦以知情論，各同初買之罪。

問曰：知略、和誘充賤，而取為妻妾，合得何罪？

答曰：知略、和誘、和同相賣而買之者，各減賣者罪一等；其略為部曲、客女，減為賤罪一等；為妻妾子孫，又減一等：即是從賤為妻妾減罪二等，通初買減三等。假有知略良為婢合絞，買為婢者減一等，買為客女減二等，娶為妻妾減三等。舉斯一節，即買餘色減罪可知。

296 知略和誘強竊盜

諸知略、和誘及強盜、竊盜而受分者，各計所受贓，準竊盜論減一等。知盜贓而故買者，坐贓論減一等；知而為藏者，又減一等。

【疏】議曰：知略、和誘人及略、和誘奴婢，或強盜、竊盜，若知情而受分者，為其初不同謀，故計所受之贓，準竊盜論減一等。假有知人強盜，受絹五疋者，減竊盜一等，合杖一百之類。「其知盜贓而故買，坐贓論減一等」，謂知強、竊盜贓，故買十疋，合杖一百。知而故藏，又減一等，合杖九十。其餘犯贓，故買及藏者，律無罪名，從「不應為」：流以上從重，徒以下從輕。

297 共盜併贓論

諸共盜者，併贓論。造意及從，行而不受分，即受分而不行，各依本首從法。

【疏】議曰：共行盜者，併贓論，假有十人同盜得十疋，人別分得一疋，亦各得十疋之罪。若造意之人，或行而不受分，或受分而不行，從者亦有行而不受分，或受分而不行，雖行、受有殊，各依本首從為法，止用一人為首，餘為從坐。假有甲造意不行受分，乙為從行而不受分，仍以甲為首，乙為從之類。

若造意者不行，又不受分，即以行人專進止者為首，造意者為從，至死者減一等。從者不行，又不受分，笞四十；強盜，杖八十。

【疏】議曰：假有甲造意行盜而不行，所盜得財又不受分，乙、丙、丁等同行，乙為處分方略，即「行人專進止者」，乙合為首，甲不行為從，其強盜應至死者，減死一等，流三千里。雖有從名，流罪以下，仍不得減。其共謀竊盜，從者不行，又不受分，笞四十。若謀強盜，從者不行，又不受分，杖八十。

若本不同謀，相遇共盜，以臨時專進止者為首，餘為從坐。共強盜者，罪無首從。

【疏】議曰：行盜本不同謀，相遇共盜者，即以臨盜之時，專進止者為首，餘皆為從。注云「共強盜者，罪無首從」，謂強盜雖本不同謀，但是同行，並無首從。

主遣部曲、奴婢盜者，雖不取物，仍為首；若行盜之後，知情受財，強盜、竊盜，並為竊盜從。

【疏】議曰：主遣當家部曲、奴婢行盜，雖不取所盜之物，主仍為行盜首，部曲、奴婢為從。若部曲、奴婢私自行盜，主後知情受財，準所受多少，不限強之與竊，並為竊盜從。假有部曲等先強盜、竊盜得財，主後知情，受絹五疋，合杖一百之類。

問曰：有人行盜，其主先不同謀，乃遣部曲、奴婢隨他人為盜。為遣行人元謀作首，欲令部曲、奴婢主作首？

答曰：盜者首出元謀，若元謀不行，即以臨時專進止為首。今奴婢之主既不元謀，又非行色，但以處分奴婢，隨盜求財。奴婢之此行，由主處分，今所問者，乃是他人元謀，主雖驅使家人，不可同於盜者元謀。既自有首，其主即為從論，計入奴婢之贓，準為從坐。假有奴婢逐他人，總盜五十疋絹，奴婢分得十疋，奴婢為五十疋從，徒三年；主為十疋從，合徒一年之類。

298 **共謀強盜不行**

諸共謀強盜，臨時不行，而行者竊盜，共謀者受分，造意者為竊盜首，餘並為竊盜從；若不受分，造意者為竊盜從，餘並笞五十。

【疏】議曰：假有甲乙丙丁同謀強盜，甲為首，臨時不行，而行者竊盜；甲雖不行，共謀受分。甲既造意，為竊盜首；餘行者，並為竊盜從。甲若不受分，復不行，為竊盜從；從者不行，又不受分，笞五十。前條竊盜從不行，又不受分，笞四十，此條笞五十者，為元謀強盜故也。

若共謀竊盜，臨時不行，而行者強盜，其不行者造意受分，知情、不知情，並為竊盜首；造意者不受分及從者受分，俱為竊盜從。

【疏】議曰：同謀行竊盜，臨時有不行之人，而行人自為強盜。其不行者是元謀造意，受強盜贓分，不限知情、不知情，並為竊盜首。其造意者不受分及從者受分，俱為竊盜從。

299 **盜經斷後三犯**

諸盜經斷後，仍更行盜，前後三犯徒者，流二千里；三犯流者，絞。三盜止數赦後為坐。**其於親屬相盜者，不用此律。**

【疏】議曰：行盜之人，實為巨蠹。屢犯明憲，罔有悛心。前後三入刑科，便是怙終其事，峻之以法，用懲其罪。故有強盜、竊盜，經斷更為，三犯徒者，流二千里；三犯流者，絞。亦謂斷後又為者。其未斷經降、慮者，不入「三犯」之限。注云「三盜皆據赦後為坐」，謂據赦後三犯者，不論赦前犯狀為數。「親屬相盜者，不用此律」，謂自依親屬本條，不用此「三犯」之律。案職制律：「親屬，謂緦麻以上及大功以上婚姻之家。」假有於堂兄弟婦家及堂兄弟男女婚姻之家，犯盜徒、流以上，並不入「三犯」之例。

問曰：有三犯死罪，會降皆至流、徒，或一兩度止犯流、徒，或一兩度從死會降，總計三犯，亦同三犯流、徒以否？

答曰：律有「赦後」之文，不言降前之犯。死罪會降，止免極刑；流、徒之科，本法仍在。然其所犯本坐，重於正犯徒、流，準律而論，總當三犯之例。

300 **公取竊取皆為盜**

諸盜，公取、竊取皆為盜。器物之屬須移徙，闌圈繫閉之屬須絕離常處，放逸飛走之屬須專制，乃成盜。若畜產伴類隨之，不併計。即將入己及盜其母而子隨者，皆併計之。

【疏】議曰：「公取」，謂行盜之人，公然而取；「竊取」，謂方便私竊其財：皆名為盜。注云

「器物之屬須移徙」者，謂器物、錢帛之類，須移徙離於本處。珠玉、寶貨之類，據入手隱藏，縱未將行，亦是；其木石重器，非人力所勝，應須馱載者，雖移本處，未馱載間，猶未成盜。但物有巨細，難以備論，略舉綱目，各準臨時取斷。「闌圈繫閉之屬須絕離常處」，謂馬牛駝騾之類，須出闌圈及絕離繫閉之處。「放逸飛走之屬」，謂鷹犬之類，須專制在己，不得自由。乃成為盜。「若畜產伴類隨之」，假有盜馬一疋，別有馬隨，不合併計為罪。即因逐伴而來，遂將入己，及盜其母而子隨之者，皆併計為罪。

301 部内容止盜者

諸部内有一人為盜及容止盜者，里正笞五十，坊正、村正亦同。**三人加一等；縣内，一人笞三十，四人加一等；**部界内有盜發及殺人者，一處以一人論，殺人者仍同強盜之法。

【疏】議曰：「部内」，謂州、縣、鄉、里所管之内，百姓有一人為盜；「及容止盜者」，謂外盜入境，所部容止：所管里正笞五十。注云「坊正、村正亦同」，謂得罪亦同里正。「三人加一等」，四人行盜，合杖六十。「縣内，一人笞三十」，謂縣内一人行盜，縣令笞三十，「四人加一等」，有五人行盜即笞四十之類。注云「部界内有盜發」，謂里正等以上，部界之内有盜發及殺人者。「一處以一人論」，謂一處盜發，同部内一人行盜；一處殺人，同一人行強盜，故云「一處以一人論」。殺人者仍從強盜之法，下文「強盜者加一等」，殺人者亦加一等，與強盜同。即是部内有一人強盜者，里正等杖六十，雖非部内人，但當境内強盜發，亦準此。容止殺人賊者，亦依強盜之法。

州隨所管縣多少，通計為罪。各罪止徒二年。強盜者，各加一等。皆以長官為首，佐職為從。

【疏】議曰：「州隨所管縣多少，通計為罪，各罪止徒二年」，謂州、縣、里正、坊正、村正等，並罪止徒二年。「強盜者，各加一等」，罪止徒二年半。上注云「殺人同強盜之法」，故知殺人及發處若容止，各準「強盜」加之。其通計之法，已於戶婚律解訖。注云「以長官為首，佐職為從」，但宣風導俗，肅清所部，長官之事，故以長官為首。即刺史、縣令闕者，以次官當之。既云「佐職為從」，即罪不及主典。

即盜及盜發、殺人後，三十日捕獲，他人、自捕等。主司各勿論；限外能捕獲，追減三等。若軍役所有犯，隊正以上、折衝以下，各準部內征人冒名之法，同州、縣為罪。

【疏】議曰：謂部內有人行盜，及當境盜發，及部內人殺他人，及境內人被他殺，事發後三十日，自捕獲，并他人捕獲，「主司各勿論」，並得免罪。若三十日限外能捕獲者，追減三等。稱「追減」者，雖結正訖，仍得減之；若已經奏決者，依捕亡律「不在追減之例」。其軍役有犯，謂行軍及領軍人傜役之所，有犯盜及殺人事發，若容止盜者，隊正、隊副以上，折衝以下，得罪並「準部內征人冒名之法，同州、縣為罪」，謂隊正、隊副，團內一人為盜及容止盜者，若有盜發之所，竊盜者各笞五十；若是強盜及殺人，若被殺之處，每事各加一等。校尉、旅帥，減隊正、隊副一等。折衝、果毅，準所管校尉多少，通計為罪。假如部內一人為盜及容止盜者，里正笞五十，三人加一等；隊正同里正，亦一人笞五十，三人加一等，計二十五人，罪人徒二年。旅帥、校尉，一人笞四十，二十五人罪止徒一年半。折衝、果毅如管三校尉，三人笞四十，七十五人徒一年半；管四校尉者，四人笞四十，一百人罪止徒一年半。「同州、縣為罪」，長官為首，佐職為從。

【疏】議曰：鬭訟律者，首論鬭毆之科，次言告訟之事。從秦漢至晉，未有此篇。至後魏太和年，分繫訊律為鬭律。至北齊，以訟事附之，名為鬭訟律。後周為鬭競律。隋開皇依齊鬭訟名，至今不改。賊盜之後，須防鬭訟，故次於賊盜之下。

302 **鬭毆手足他物傷**

諸鬭毆人者，笞四十；謂以手足擊人者。**傷及以他物毆人者，杖六十；**見血為傷。非手足者，其餘皆為他物，即兵不用刃亦是。

【疏】議曰：相爭為鬭，相擊為毆。若以手足毆人者，笞四十。注云「謂以手足擊人者」，舉手足為例，用頭擊之類，亦是。傷，謂手足毆傷；及以他物毆而不傷者：各杖六十。注云「見血為傷」，謂因毆而見血者。非手足者，「即兵不用刃亦是」，謂手足之外，雖是兵器，但不用刃者，皆同他物之例。

問曰：毆人者，謂以手足擊人。其有撮挽頭髮，或擒其衣領，亦同毆擊以否？

答曰：條云，鬭毆謂以手足擊人，明是雖未損傷，下手即便獲罪。至如挽鬢撮髮，擒領扼喉，既是傷殺於人，狀則不輕於毆，例同毆法，理用無惑。

傷及拔髮方寸以上，杖八十。若血從耳目出及內損吐血者，各加二等。

【疏】議曰：謂他物毆人傷及拔髮方寸以上，各杖八十。方寸者，謂量拔髮無毛之所，縱橫徑各滿一寸者。若方斜不等，圍繞四寸為方寸。若毆人頭面，其血或從耳或從目而出，及毆人身體內損而吐血者，各加手足及他物毆傷罪二等。其拔髮不滿方寸者，止從毆法。其有拔鬢，亦準髮為坐。若毆鼻頭血出，止同傷科。毆人痢血，同吐血例。

303 **鬭毆折齒毀耳鼻**

諸鬭毆人，折齒，毀缺耳鼻，眇一目及折手足指，眇，謂虧損其明而猶見物。**若破骨及湯火傷人者，徒一年；折二齒、二指以上及髡髮者，徒一年半。**

【疏】議曰：因鬭毆人而折其齒；或毀破及缺穴人耳鼻，即毀缺人口眼亦同；「眇一目」，謂毆眇其目，虧損其明而猶見物者；及折手足指；若因打破骨而非折者；及以湯若火燒、盪傷人者：各徒一年。若湯火不傷，從他物毆法。若「折二齒、二指以上」，稱「以上」者，雖折更多，亦不加罪；及髡截人髮者：各徒一年半。其髡髮不盡，仍堪為髻者，止當拔髮方寸以上，杖八十。若因鬭髡髮，遂將入己者，依賊盜律：「本以他故毆擊人，因而奪其財物，計贓以強盜論。」以銅鐵汁傷人，比湯火傷人。如其以蛇蜂蝎螫人，同他物毆人法。若毆人十指並折，不堪執物，即二支廢，從篤疾，科流三千里。

304 **兵刃斫射人**

諸鬭以兵刃斫射人，不著者，杖一百。兵刃，謂弓、箭、刀、矟、矛、䂎之屬。即毆罪重者，從毆法。

【疏】議曰：因鬭遂以兵刃斫射人，不著者，杖一百。注云「兵刃，謂弓、箭、刀、矟、矛、䂎之屬」，稱「之屬」者，雖用殳、戟等，皆是。「即毆罪重者」，謂本條毆罪得徒一年以上者，斫射人不著，即從毆法。假如因鬭，斫射小功兄姊而不著者，即依本條毆罪，科徒一年，即不從斫射之罪。如此之類，即從毆法。

若刃傷，刃謂金鐵，無大小之限，堪以殺人者。**及折人肋，眇其兩目，墮人胎，徒二年。**墮胎者，謂辜內子死，乃坐。若辜外死者，從本毆傷論。

【疏】議曰：「若刃傷」，謂以金刃傷人，注云「刃謂金鐵，無大小之限，堪以殺人者」；「及折人肋」，謂鬭毆人折肋；「眇其兩目」，亦謂虧損其明而猶見物；「墮人胎」，謂在孕未生，因打而落者：各徒二年。注云「墮胎者，謂在辜內子死，乃坐」，謂在母辜限之內而子死者。子雖傷而在母辜限外死者，或雖在辜內胎落而子未成形者，各從本毆傷法，無墮胎之罪。其有毆親屬、貴賤等胎落者，各從徒二年上為加減之法，皆須以母定罪，不據子作尊卑。若依胎制刑，或致欺紿，故保辜止保其母，不因子立辜，為無害子之心也。若毆母罪重，同折傷科之。假有毆姊胎落，依下文：「毆兄、姊徒二年半，折傷者流三千里。」又條：「折傷，謂折齒以上。」墮胎合徒二年，重於折齒之坐，即毆姊落胎，合流三千里之類。

305 **毆人折跌支體瞎目**

諸鬭毆折跌人支體及瞎其一目者，徒三年；折支者，折骨；跌體者，骨差跌，失其常處。**辜內平復者，各減二等。**餘條折跌平復，準此。

【疏】議曰：因鬭毆「折跌人支體」，支體謂手足，或折其手足，或跌其骨體；「及瞎一目」，謂一目喪明，全不見物者：各徒三年。注云折支者，謂折四支之骨；跌體者，謂骨節差跌，失於常處。

「辜內平復者」，謂折跌人支體及瞎一目，於下文立辜限內，骨節平復及目得見物，並於本罪上減二等，各徒二年。注云「餘條折跌平復，準此」，謂於諸條尊卑、貴賤等鬬毆及故毆折跌，辜內平復，並減二年。雖非支體，於餘骨節平復亦同。若支先攣，是廢疾被折，故此毆攣支止依毆折一支，流二千里，有蔭合同減、贖。何者？例云：「故毆人至廢疾，流，不合減贖。」今先廢疾，不因毆令廢疾，所以聽其減、贖。

即損二事以上，及因舊患令至篤疾，若斷舌及毀敗人陰陽者，流三千里。

【疏】議曰：即損二事以上者，謂毆人一目瞎及折一支之類；「及因舊患令至篤疾」，假有舊瞎一目為殘疾，更瞎一目成篤疾，或先折一腳為廢疾，更折一腳為篤疾；「若斷舌」，謂全不得語；「毀敗陰陽」，謂孕嗣廢絕者：各流三千里。斷舌，語猶可解，毀敗陰陽不絕孕嗣者，並從傷科。

問曰：人目先盲，重毆睛壞；口或先啞，更斷其舌：如此之類，各合何罪？

答曰：人貌肖天地，稟形父母，莫不愛其所受，樂天委命。雖復宿遭痼疾，然亦痛此重傷。至於被人毀損，在法豈宜異制。如人舊啞，或先喪明，更壞其睛，或斷其舌，止得守文，還科斷舌、瞎目之罪？

306 **鬬故殺用兵刃**

諸鬬毆殺人者，絞。以刃及故殺人者，斬。雖因鬬，而用兵刃殺者，與故殺同。為人以兵刃逼己，因用兵刃拒而傷殺者，依鬬法。餘條用兵刃，準此。

【疏】議曰：鬬毆者，元無殺心，因相鬬毆而殺人者，絞。以刃及故殺者，謂鬬而用刃，即有害心；及非因鬬爭，無事而殺，是名「故殺」：各合斬罪。「雖因鬬而用兵刃殺者」，本雖是鬬，乃用兵刃殺人者，與故殺同，亦得斬罪，並同故殺之法。注云「為人以兵刃逼己，因用兵刃拒而傷殺」逼己之人，雖用兵刃，亦依鬭殺之法。「餘條用兵刃，準此」，謂餘親戚、良賤以兵刃逼人，人以兵刃拒殺者，並準此鬭法。又律云：「以兵刃殺者，與故殺同。」既無傷文，即是傷依鬭法。注云「因用兵刃拒而傷殺者」，為以兵刃傷人，因而致死，故連言之。

問曰：故殺人合斬，用刃鬭殺亦合斬刑，得罪既是不殊，準文更無異理。何須云「用兵刃殺者，與故殺同」？

答曰：名例：「犯十惡及故殺人者，雖會赦，猶除名。」兵刃殺人者，其情重，文同故殺之法，會赦猶遣除名。

不因鬭，故毆傷人者，加鬭毆傷罪一等。雖因鬭，但絕時而殺傷者，從故殺傷法。

【疏】議曰：不因鬭競，故毆傷人者，加鬭毆傷一等，若拳毆不傷，笞四十上加一等，合笞五十之類。「雖因鬭，但絕時而殺傷者」，謂忿競之後，各已分散，聲不相接，去而又來殺傷者，是名「絕時」，從故殺傷法。

307 保辜

諸保辜者，手足毆傷人限十日，以他物毆傷人者二十日，以刃及湯火傷人者三十日，折跌支體及破骨者五十日。毆、傷不相須。餘條毆傷及殺傷，各準此。

【疏】議曰：凡是毆人，皆立辜限。手足毆人，傷與不傷，限十日；若以他物毆傷者，限二十日；「以刃」，刃謂金鐵，無大小之限，「及湯火傷人」，謂灼爛皮膚，限三十日；若折骨跌體及破骨，無問手足、他物，皆限五十日。注云「毆、傷不相須」，謂毆及傷，各保辜十日。然傷人皆須因毆，今言不相須者，為下有僵仆，或恐迫而傷，此則不因毆而有傷損，故律云「毆、傷不相須」。「餘條毆傷及殺傷各準此」，謂諸條毆人，或傷人，故、鬬、謀殺，強盜，應有罪者，保辜並準此。

限內死者，各依殺人論；其在限外及雖在限內，以他故死者，各依本毆傷法。 他故，謂別增餘患而死者。

【疏】議曰：「限內死者，各依殺人論」，謂辜限內死者，不限尊卑、良賤及罪輕重，各從本條殺罪科斷。「其在限外」，假有拳毆人，保辜十日，計累千刻之外，是名「限外」；「及雖在限內」，謂辜限未滿，「以他故死者」，他故謂別增餘患而死，假毆人頭傷，風從頭瘡而入，因風致死之類，仍依殺人論，若不因頭瘡得風，別因他病而死，是為「他故」：各依本毆傷法。故注云「他故，謂別增餘患而死」。其有墮胎、瞎目、毀敗陰陽、折齒等，皆約手足、他物、以刃、湯火為辜限。

308 **同謀不同謀毆傷人**

諸同謀共毆傷人者，各以下手重者為重罪，元謀減一等，從者又減一等；若元謀下手重者，餘各減二等；至死者，隨所因為重罪。

【疏】議曰：「同謀共毆傷人者」，謂二人以上；同心計謀，共毆傷人者。假有甲乙丙丁謀毆傷人，甲為元謀，乙下手最重，毆人一支折。以下手重為重罪，乙合徒三年；甲是元謀，減一等，合徒二年半；丙丁等為從，又減一等，合徒二年。若不因鬬，乙為故毆之首，合流二千里；甲是元謀，減一等，合徒三年；丙丁徒二年半。若是元謀下手重者，假甲為元謀，下手最重，即甲合徒三年；乙丙丁各減二等，並徒二年。若故毆，即甲合流二千里；餘各減二等，各徒二年半之類。「至死」，謂被毆人致死。「隨所因為重罪」，謂甲毆頭，乙毆手，丙毆足，若由頭瘡致死者，即甲為重罪；由手傷致死者，即乙為重罪；由足傷致死者，即丙為重罪。重罪者償死；餘各減二等，徒三年，甲是元謀，止減一等，流三千里。

其不同謀者，各依所毆傷殺論；其事不可分者，以後下手為重罪。

【疏】議曰：「其不同謀者」，假有甲乙丙丁不同謀，因鬭共毆傷一人，甲毆頭傷，乙打腳折，丙打指折，丁毆不傷。若因頭瘡致死，甲得殺人之罪，償死；乙為折支，合徒三年；丙為折指，合徒一年；丁毆不傷，合笞四十。是為「各依所毆傷殺論」。「其事不可分者」，謂此四人共毆一人，其瘡不可分別，被毆致死。「以後下手者為重罪」，謂丁下手最後，即以丁為重罪，餘各徒三年；元謀減一等，流三千里。

若亂毆傷，不知先後輕重者，以謀首及初鬭者為重罪，餘各減二等。

【疏】議曰：假有人群黨共鬭，亂毆傷人，被傷殺者不知下手人名，又不知先後輕重，若同謀毆之，即以謀首為重罪；其不同謀，亂毆傷者，以初鬭者為重罪。自餘非謀首及非初鬭，各減二等，徒三年。若不至死，唯折二支：若謀鬭者，謀首流三千里，餘各徒二年半；其不同謀，初鬭者流三千里，餘亦減二等。

問曰：甲乙丙三人同謀毆人，各拳毆一下，合作首從以否？

答曰：律云：「同謀共毆人者，各以下手重者為重罪。」此據辜內致死，故有節級減文。下又云：「不同謀者，各依所毆傷殺論。」即明毆者得毆罪，傷者得傷罪，殺者得殺罪。拳毆人者笞四十；不同謀者各從毆科，同謀毆人豈得減罪？是知各笞四十，不為首從。若更有丁，亦與甲乙丙同謀，丁不下手，又非元謀，即減二等，笞二十之類。

又問：甲乙二人，同謀毆人，甲是元謀，又先下手，毆一支折；乙為從，後下手，毆一目瞎，各合何罪？

答曰：據上條：「折跌人支體及瞎其一目者，徒三年。即損二事以上及因舊患，令至篤疾者，流三千里。」此即同謀共毆人傷損二事，甲雖謀首，合徒三年；由乙損二事，合流三千里。若不同謀，各損一事，俱得本罪，並徒三年。

309 **威力制縛人**

諸以威力制縛人者，各以鬬毆論；因而毆傷者，各加鬬毆傷二等。

【疏】議曰：以威若力而能制縛於人者，各以鬬毆論。依上條：「手足之外，皆為他物。」縛人皆用徽纆，明同他物之限。縛人不傷，合杖六十；若傷，杖八十。「因而毆傷者」，謂因縛即毆者，傷與不傷，「各加鬬毆傷二等」，謂因縛用他物毆不傷者杖八十，傷者杖一百之類，是名「各加鬬毆傷二等」。

即威力使人毆擊，而致死傷者，雖不下手，猶以威力為重罪，下手者減一等。

【疏】議曰：威力使人者，謂或以官威，或恃勢力之類，而使人毆擊他人。致死傷者，威力之人雖不下手，猶以威力為重罪，下手者減一等。假有甲恃威力，而使乙毆殺丙，甲雖不下手，猶得死罪；乙減一等，流三千里。若折一指，甲雖不下手，合徒一年；乙減一等，杖一百之類。甲是監臨官，百姓無罪，喚問事以杖依法決罰致死，官人得殺人罪，問事不坐。若遣用他物、手足打殺，官人得威力殺人罪，問事下手者減一等科。

310 **兩相毆傷論如律**

諸鬬兩相毆傷者，各隨輕重，兩論如律；後下手理直者，減二等。至死者，不減。

【疏】議曰：「鬬兩相毆傷者」，假有甲乙二人，因鬬兩相毆傷，甲毆乙不傷，合笞四十；乙毆甲傷，合杖六十之類。或甲是良人，乙是賤隸，甲毆乙傷，減凡人二等，合笞四十；乙毆甲不傷，加凡人二等，合杖六十之類。其間尊卑、貴賤，應有加減，各準此例。「後下手理直者，減二等」，假甲毆乙不傷，合笞四十；乙不犯甲，無辜被打，遂拒毆之，乙是理直，減本毆罪二等，合笞二十。乙若因毆而殺甲，本罪縱不至死，即不合減，故注云「至死者不減」。

問曰：尊卑相毆，後下手理直得減，未知伯叔先下手毆姪，兄姊先下手毆弟妹，其弟、姪等後下手理直，得減以否？

答曰：凡人相毆，條式分明。五服尊卑，輕重頗異。只如毆緦麻兄姊杖一百，小功、大功遞加一等；若毆緦麻以下卑幼，折傷減凡人一等，小功、大功遞減一等。據服雖是尊卑，相毆兩俱有罪，理直則減，法亦無疑。若其毆親姪、弟妹，至死然始獲罪，傷重律則無辜。罪既不合兩論，理直豈宜許減？舉伯叔兄姊，但毆傷卑幼無罪者，並不入此條。

311 **於宮內爭忿**

諸於宮內忿爭者，笞五十；聲徹御所及相毆者，徒一年；以刃相向者，徒二年。

【疏】議曰：宮殿之內，致敬之所，忽敢忿爭，情乖恭肅，故宮內忿爭者，笞五十。嘉德等門以內為宮內；衛禁律「宮城門有犯，與宮門同」，即順天等門內亦是。若忿競之聲，徹於御所及有相毆擊者，各徒一年。以刃相向者，徒二年。既不論兵刃，即是刃無大小之限。

殿內，遞加一等。傷重者，各加鬬傷二等。計加重於本罪即須加。餘條稱加者，準此。

【疏】議曰：殿內忿爭，遞加一等者，謂太極等門為殿內，忿爭杖六十；聲徹御所及相毆者，徒一年半；以刃相向，徒二年半。若上閤內忿爭，杖七十；聲徹御所及相毆者，徒二年；以刃相向者，徒三年。「傷重者，各加鬬傷二等」，假有凡鬬，以他物毆傷人內損吐血，合杖一百；宮內加二等，徒一年半，即重於宮內相毆徒一年。凡鬬毆人折齒，合徒一年；若於殿內，是傷重加二等，合徒二年，是重於殿內相毆徒一年半。此為「各加鬬傷二等」。注云「計加重於本罪，即須加」，謂殿內凡鬬，相毆不傷，合徒一年半；假有甲於殿內毆緦麻尊長，本罪合徒一年，由在殿內，故加罪二等，合徒二年，是名「計加重於本罪」。不加本罪者，假如毆緦麻兄姊，合杖一百，以在殿內，故加二等，合徒一年半，即與殿內凡鬬罪同，此是計加不重於本罪，止依本徒一年半為坐。「餘條稱加者，準此」，謂一部律內，稱加得重於本罪者，即須加；之不重者，從本法。

312 毆制使府主縣令

諸毆制使、本屬府主、刺史、縣令及吏卒毆本部五品以上官長，徒三年；傷者，流二千里；折傷者，絞。折傷，謂折齒以上。

【疏】議曰：有因忿而毆制使、本屬府主、刺史、縣令及吏卒毆本部五品以上官長，其吏、卒等並於名例解訖，毆者，合徒三年；傷者，流二千里；折傷者，絞。注云「折傷，謂折齒以上」，依上條：「鬬毆人折齒、毀缺耳鼻、眇一目及折手足指，若破骨及湯火傷人者，各徒一年。」此云「折傷」者，折齒以上得徒一年以上，皆是。

若毆六品以下官長，各減三等；減罪輕者，加凡鬬一等；死者，斬。詈者，各減毆罪三等。須親自聞之，乃成詈。

【疏】議曰：「六品以下官長」，謂下鎮將及戍主，若諸陵署、在外諸監署六品以下，雖隸寺、監，當監署有印，別起正案行事，皆為當處官長。所管吏、卒而毆者，各減毆五品以上官長罪三等，合徒一年半。若傷者，流上減三等，合徒二年。折傷者，死上減三等，徒二年半。「減罪輕者，加凡鬭一等」，假有凡人，故毆六品官長折肋，合徒二年半，從死減三等，亦徒二年半；據上條：「計加重於本罪，即須加。」既云「加凡鬭一等」，從徒二年半上加一等，處徒三年，下條「流外官毆九品以上，各又加二等」，合流二千五百里。如此等，各減罪輕者，加凡鬭一等。因毆致死者，斬。「詈者，減毆罪三等」，謂詈制使以下，本部官長以上，從徒三年上減三等，合徒一年半；若詈六品以下官長，又減三等，合杖九十。此名「詈者，各減毆罪三等」。注云「須親自聞之，乃成詈」，謂皆須被詈者親自聞之，乃為詈。

即毆佐職者，徒一年；傷重者，加凡鬭傷一等；死者，斬。

【疏】議曰：「毆佐職者」，謂除長官之外，當司九品以上之官，皆為佐職。所部吏卒毆者，徒一年。傷重者，假如他物故毆傷佐職，凡鬭合杖九十。九品以上加二等，合徒一年，為佐職，又加一等，徒一年半之類，是名「傷重者，加凡鬭一等」。至死者，斬。

313

佐職統屬毆長官

諸佐職及所統屬官，毆傷官長者，各減吏卒毆傷官長二等；減罪輕者，加凡鬭一等；死者，斬。

【疏】議曰：「佐職」，謂當司九品以上。及所統屬官者，若省寺監管局、署，州管縣，鎮管戍，衛管諸府之類。是所統屬。「毆傷官長者」，官長謂尚書省諸司尚書，寺監少卿、少監，國子司業以上，少尹，諸衛將軍以上，千牛府中郎將以上，諸率府副率以上，諸府果毅以上。王府司馬，并諸州別駕，雖是次官，並同官長，或唯有長官一人。佐職毆者，各減吏卒毆傷官長罪二等。即吏卒毆官長，折傷者絞。若佐職及所統屬官毆五品以上官長，折傷減吏卒二等，合徒三年；若毆六品以下官長，折傷者減三等，徒一年半。「減罪輕者加凡鬭一等」，假如佐職毆六品以下官長折二齒，從死上減五等，合徒一年半，凡鬭折二齒，亦徒一年半，上條「計加重於本罪，即須加」，更加一等，處徒二年。餘罪計加得重，並準此。若佐職及所統屬官毆傷五品以上官長者，各減吏卒二等，假有吏卒毆五品以上官長，折肋合死，今為佐職毆，減吏卒二等，合徒三年；折肋本罪合徒二年，別條「六品毆傷五品加二等」，合徒三年，既云「減罪輕者，加凡鬭一等」，合流二千里。死者，斬。

314　**毆府主縣令父母**

諸毆本屬府主、刺史、縣令之祖父母、父母及妻、子者，徒一年；傷重者，加凡鬭傷一等。

【疏】議曰：毆本屬府主、刺史、縣令之祖父母、父母及妻、子者，徒一年。「傷重者，加凡鬭傷一等」，謂折一指或折一齒，凡毆亦徒一年，比凡鬭為輕，加凡鬭傷一等，合徒一年半之類。府主等祖父母、父母若是議貴，凡毆得徒二年，為是本屬府主之祖父母、父母，加一等，得徒二年半。傷重以上，並準例加一等。

315　**皇家袒免以上親**

諸皇家袒免親而毆之者，徒一年；傷者，徒二年；傷重者，加凡鬭二等。緦麻以上，各遞加一等。死者，斬。

【疏】議曰：禮云：「五世袒免之親，四世緦麻之屬。」皇家戚屬，理弘尊敬。袒免之親，其有毆者，合徒一年；傷者，徒二年。故、鬭及用他物不傷者，其罪一也。其於諸條相毆，唯立罪名，不言鬭毆，又不言以鬭論者，故毆、鬭毆及手足、他物，得罪悉同，並無差降。「傷重者，加凡鬭二等」，假有毆折二齒，凡鬭合徒一年半，加二等，合徒二年半之類。「緦麻以上，各遞加一等」，假有毆緦麻折二齒，徒三年；小功，流二千里；大功，流二千五百里；期親，流三千里。毆不傷，從徒一年上遞加；毆傷者，從徒二年上遞加，不加入死。故云「各遞加一等」。死者，斬。

問曰：皇家袒免親，或為佐職官，或為本屬府主、刺史、縣令之祖父母、父母、妻、子，或是己之所親，若有犯者，合遞加以否？

答曰：皇家親屬，為尊主之敬，故異餘人。長官佐職，為敬所部。尊敬之處，理各不同。律無遞加之文，法止各從重斷。若己之親，各準尊卑服數為罪，不在皇親及本屬加例。

又問：皇家袒免之親若有官品，而毆之者合累加以否？

答曰：律註毆袒免之親，據皇家親屬立罪，此由緣敬為重，官高亦合累加。

316 **流外官毆議貴**

諸流外官以下，毆議貴者，徒二年；傷者，徒三年；折傷者，流二千里。

【疏】議曰：「流外官」，謂勳品以下，爰及庶人。「毆議貴者徒二年」，議貴，謂文武職事官三品以上，散官二品以上及爵一品者。「傷者徒三年，折傷者流二千里」，謂折齒以上。若毆折一支，準凡人合徒三年，依下文「加凡鬭二等」，流二千五百里；若毆折二支，流三千里。本條雖云「加凡鬭傷二等」，律無加入死之文，止依凡人之法。

毆傷五品以上，減二等；若減罪輕及毆傷九品以上，各加凡鬭傷二等。

【疏】議曰：流外官以下，「毆傷五品以上，減二等」，謂減議貴二等，毆者徒一年，傷者徒二年，折傷者徒二年半。「若減罪輕」，假有毆五品以上折一支，從流二千五百里減二等，徒二年半，即是減罪輕於凡鬬徒三年，加二等，處流二千五百里之類。「及毆傷九品以上，各加凡鬬傷二等」，謂毆九品以上、六品以下之官，不傷杖六十，傷即杖八十； 他物不傷杖八十，傷即杖一百之類。若毆至死者，各依凡人法。

問曰：律稱「流外官以下，毆議貴徒二年」。若奴婢、部曲毆議貴者，為共凡人罪同，為依本法加罪以否？

答曰：依下條：「部曲毆傷良人，加凡人一等，奴婢又加一等。」此是良人與奴婢、部曲凡鬬之罪。其部曲、奴婢毆凡人，尚各加罪，況於皇族及官品貴者，理依加法。唯據本條加至死者，始合處死： 假如有部曲毆良人折二支，加凡鬬一等，注云「加者，加入於死」，既於凡鬬流三千里上加一等，合至絞刑。別條雖加，不入於死： 設有部曲，故毆良人九品以上一支折，凡鬬折一支徒三年，九品以上加凡鬬二等，流二千五百里，故毆又加一等，流三千里，部曲毆又加一等，即不合入死，亦止流三千里，此名「餘條不加入死」之類。

317 九品以上毆議貴

諸流內九品以上毆議貴者，徒一年。傷重及毆傷五品以上，若五品以上毆傷議貴，各加凡鬬傷二等。

【疏】議曰：流內九品以上、六品以下毆議貴者，徒一年。「傷重」，謂他物毆凡人內損吐血，合杖一百；毆議貴，合加二等，徒一年半。此名「傷重」。其六品以下毆傷五品以上；若五品以上毆傷議貴，或毆不傷：亦各加凡鬬毆二等。

318 監臨官司毆統屬

諸監臨官司，於所統屬官及所部之人有高官而毆之，及官品同自相毆者，並同凡鬬法。

【疏】議曰：監臨官司於所統屬佐官以下，及所管部屬之人有高官而監臨官司毆之者，同凡鬬法，不計階、品，為其所管故也。「及官品同」，謂六品以下、九品以上，或五品以上非議貴者，議貴謂三品以上、一品以下，並為「官品同」，並謂不相管隸。自相毆者，並同凡鬬之罪。假有勳官騎都尉而毆上柱國，其上柱國既非議貴，罪與凡鬬同。其統屬下司毆上司者，長官以外，皆據品科。其有府及鎮、戍隸州者，亦為統屬之限。

問曰：州參軍事，毆州內縣令帶五品以上勳官，得為「統屬」同凡鬬以否？

答曰：縣令是州内統屬之官，假令品高，州官毆之，準上文各同凡鬭之法。

319 **拒毆州縣使**

諸拒州縣以上使者，杖六十；毆者，加二等；傷重者，加鬭傷一等。謂有所徵攝，權時拒捍不從者。**即被禁掌，而拒捍及毆者，各加一等。**

【疏】議曰：「拒州縣以上使」，稱「以上」者，省、臺、寺、監及在京諸司等，並是。遣使追攝，拒捍不從者，杖六十。「毆者，加二等」，杖八十。「傷重者」，謂他物毆内損吐血，凡鬭合杖一百，加鬭傷一等，徒一年。注云「謂有所徵攝，權時拒捍不從者」。「即被禁掌，拒捍及毆者，各加一等」，謂有司禁錄，或復散留，而輒拒捍，合杖七十；毆所司者，合杖九十；傷重者，謂重一百杖以上；加凡鬭二等；若使人官品高者，各依本品加：是名「各加一等」。

320 **部曲奴婢良人相毆**

諸部曲毆傷良人者，官戶與部曲同。**加凡人一等。**加者，加入於死。**奴婢，又加一等。若奴婢毆良人折跌支體及瞎其一目者，絞；死者，各斬。**

【疏】議曰：名例律：「稱部曲者，妻亦同。」此即部曲妻，不限良人及客女。毆傷良人者，注云「官戶與部曲同」，「加凡人一等」，謂加凡鬭毆傷一等。注云「加者，加入於死」，謂部曲毆良人，損二事以上，及因舊患令至篤疾、斷舌及毀敗陰陽，凡毆流三千里者，部曲加一等合死，此名「加入於死」。「奴婢又加一等」，謂加凡鬭二等。「若奴婢毆良人，折跌支體及瞎其一目者，絞」，跌體、瞎目，各罪止徒三年，即明毆良人準凡人相毆罪合流者，各入死罪；因毆致死，各斬。

其良人毆傷殺他人部曲者，減凡人一等；奴婢，又減一等。若故殺部曲者，絞；奴婢，流三千里。

【疏】議曰：良人毆傷或殺他人部曲者，「減凡人一等」，謂毆殺者，流三千里；折一支者，徒二年半之類。「奴婢，又減一等」，毆殺者，徒三年；折一支，徒二年之類。若不因鬭，故殺部曲者，合絞。若謀而殺訖，亦同。其故殺奴婢者，流三千里。

即部曲、奴婢相毆傷殺者，各依部曲與良人相毆傷殺法。餘條良人、部曲、奴婢私相犯，本條無正文者，並準此。**相侵財物者，不用此律。**

【疏】議曰：部曲鬭毆殺奴婢，流三千里；折一支，徒二年半；折一齒，杖一百。奴婢毆部曲，損傷二事以上，及因舊患，令至篤疾及斷舌、毀敗陰陽者，絞；折一支者，流二千里；折一齒者，徒一年半。若部曲故殺奴婢，亦絞。是名「各依部曲與良人相毆傷殺法」。「餘條良人、部曲、奴婢私相犯」，謂「謀殺人」、「穿地得屍不更埋」之類私相犯，本條無正文者，並準此條加減之法。相侵財物者，各依凡人相侵盜之法，故云「不用此律」。

321 主殺有罪奴婢

諸奴婢有罪，其主不請官司而殺者，杖一百。無罪而殺者，徒一年。期親及外祖父母殺者，與主同。下條部曲準此。

【疏】議曰：奴婢賤隸，雖各有主，至於殺戮，宜有稟承。奴婢有罪，不請官司而輒殺者，杖一百。「無罪殺者」，謂全無罪失而故殺者，徒一年。注云「期親及外祖父母殺者，與主同」，謂有罪殺者，杖一百；無罪殺者，徒一年。故云「與主同」。「下條部曲」者，下條無期親及外祖父母傷殺部曲罪名，若有傷殺，亦同於主，故云「準此」。

322 **毆部曲死決罰**

諸主毆部曲至死者，徒一年。故殺者，加一等。其有愆犯，決罰致死及過失殺者，各勿論。

【疏】議曰：「主毆部曲至死者，徒一年」，不限罪之輕重。「故殺者，加一等」，謂非因毆打，本心故殺者，加一等，合徒一年半。其有愆犯，而因決罰致死及過失殺之者，並無罪。

問曰：妾有子，或無子，毆殺夫家部曲、奴婢，合當何罪？或有客女及婢，主幸而生子息，自餘部曲、奴婢而毆，得同主期親以否？

答曰：妾毆夫家部曲、奴婢，在律雖無罪名，輕重相明，須從減例。下條云「妾毆夫之妾子，減凡人二等。妾子毆傷父妾，加凡人三等」，則部曲與主之妾相毆，比之妾子與父妾相毆法：即妾毆夫家部曲，亦減凡人二等；部曲毆主之妾，加凡人三等。若妾毆夫家奴婢，減部曲一等；奴婢毆主之妾，加部曲一等；至死者，各依凡人法。其有子者，若子為家主，母法不降於兒，並依主例；若子不為家主，於奴婢止同主之期親。餘條妾子為家主及不為家主，各準此。客女及婢，雖有子息，仍同賤隸，不合別加其罪。

323 **部曲奴婢過失殺主**

諸部曲、奴婢過失殺主者，絞；傷及詈者，流。

【疏】議曰：部曲、奴婢，是為家僕，事主須存謹敬，又亦防其二心，故雖過失殺主者，絞。若過失傷主及詈者，流。不言里數者，為止合加杖二百故也。

即毆主之期親及外祖父母者，絞；已傷者，皆斬；詈者，徒二年；過失殺者減毆罪二等，傷者又減一等。

【疏】議曰：部曲、奴婢毆主之期親，謂異財者；及毆主之外祖父母者：絞。傷者，皆斬，罪無首從。詈者，徒二年。過失殺者，減毆罪二等，合徒三年，加杖二百，過失傷者，又減一等，合徒二年半，加杖一百八十。

毆主之緦麻親，徒一年；傷重者，各加凡人一等。小功、大功，遞加一等。加者，加入於死。**死者，皆斬。**

【疏】議曰：部曲奴婢毆主之緦麻親者，無問正服、義服，並徒一年。「傷重者」，謂毆罪重於徒一年，各加凡鬭一等。假有部曲，用他物毆主緦麻親內損吐血，依凡人合杖一百，犯良人加一等，緦麻加凡人一等，合徒一年半。若奴婢以他物故毆主之緦麻親傷，準凡人合杖九十，奴婢犯良人加二等，此條傷重又加一等，合徒一年半。故云「傷重，各加凡人一等」。「小功、大功遞加一等」，謂奴婢用他物毆傷小功親，徒二年；大功，徒二年半。是名「遞加一等」。注云「加者，加入於死」，假如部曲毆主大功親折支，準凡人徒三年，部曲加一等，合流二千里，其大功親加三等，合絞，即是「加者，加入於死」。其緦麻、小功，部曲有犯，各從本罪準此加例，加應入死者，處絞。「死者，皆斬」，謂奴婢、部曲毆主緦麻以上親至死者，皆斬，罪無首從。

324 毆緦麻親部曲奴婢

諸毆緦麻、小功親部曲奴婢，折傷以上，各減殺傷凡人部曲奴婢二等；大功，又減一等。過失殺者，各勿論。

【疏】議曰：「毆緦麻、小功親部曲」，謂毆身之緦麻、小功親部曲。減凡人部曲二等，謂總減三等。假如毆折肋者，凡人合徒二年，減三等，合杖一百。若毆奴婢折齒，凡人合徒一年，奴婢減二等，緦麻、小功親奴婢又減二等，總減四等，合杖七十。故云「折傷以上，各減凡人部曲、奴婢二等」。「大功，又減一等」，謂毆大功部曲折齒，總減四等，合杖七十；若毆大功奴婢，合杖六十。自外毆折傷以上，各準此例為減法。其有過失殺緦麻以上部曲、奴婢者，各無罪。

325 毆傷妻妾

諸毆傷妻者，減凡人二等；死者，以凡人論。毆妾折傷以上，減妻二等。

【疏】議曰：妻之言齊，與夫齊體，義同於幼，故得「減凡人二等」。「死者，以凡人論」，合絞。以刃及故殺者，斬。毆妾，非折傷無罪；折傷以上，減妻罪二等，即是減凡人四等。若殺妾者，止減凡人二等。

若妻毆傷殺妾，與夫毆傷殺妻同。皆須妻、妾告，乃坐。即至死者，聽餘人告。殺妻，仍為「不睦」。**過失殺者，各勿論。**

【疏】議曰：「若妻毆傷殺妾」，謂毆者，減凡人二等；死者，以凡人論。注云「皆須妻、妾告，乃坐」，即外人告者，無罪。「至死者，聽餘人告」，餘人不限親疏，皆得論告。「殺妻，仍為不睦」，妻即是緦麻以上親，準例自當「不睦」，為稱「以凡人論」，故重明此例。「過失殺者，各勿論」，為無惡心，故得無罪。

326 媵妻毆詈夫

諸妻毆夫，徒一年；若毆傷重者，加凡鬬傷三等；須夫告，乃坐。**死者，斬。**

【疏】議曰：妻毆夫，徒一年。「若毆傷重者，加凡鬬傷三等」，假如凡人以他物，毆傷人內損吐血，合杖一百，加凡鬬三等，處徒二年。此是計加之法。「須夫告，乃坐」，謂要須夫告，然可論罪。因毆致死者，斬。

媵及妾犯者，各加一等。加者，加入於死。**過失殺傷者，各減二等。**

【疏】議曰：依令：「五品以上有媵，庶人以上有妾。」故媵及妾犯夫者，各加妻犯夫一等，謂毆夫者，徒一年半；毆傷重者，加凡鬬傷四等。「加者，加入於死」，若毆夫折一支，或瞎一目，凡鬬徒三年，加四等合絞，是名「加入於死」。「過失殺者，各減二等」，謂妻、妾、媵過失殺者，並徒三年。假如妻折夫一支，加凡人三等，流三千里，過失減二等，合徒二年半；若媵及妾折夫一支合絞，過失減二等，合徒三年。自餘折傷，各隨輕重，準此加減之例。

即媵及妾詈夫者，杖八十。若妾犯妻者，與夫同。媵犯妻者，減妾一等。妾犯媵者，加凡人一等。殺者，各斬。餘條媵無文者，與妾同。

【疏】議曰：媵及妾詈夫者，杖八十。「若妾犯妻者，與犯夫同」，謂毆者，徒一年半；死者，斬。「媵犯妻者，減妾一等」，毆者，徒一年；傷重者，從重上減妾一等。「妾犯媵者，加凡人一等」，謂毆者，笞五十；折一齒者，徒一年半之類。「死者，各斬」，謂媵及妾犯夫及妻，若妾犯媵，毆殺者，各斬。注云「餘條媵無文者」，謂上條「毆妾折傷以上，減妻二等」之類，妻、妾相犯及犯夫，當條無文者，各與妾同。

327 **毆緦麻兄姊**

諸毆緦麻兄姊，杖一百。小功、大功，各遞加一等。尊屬者，又各加一等。傷重者，各遞加凡鬭傷一等；死者，斬。即毆從父兄姊，準凡鬭應流三千里者，絞。

【疏】議曰：「毆緦麻兄姊」，謂本宗及外姻有緦麻服者，並同。毆此兄姊，杖一百。小功，徒一年。大功徒一年半。「尊屬者，又各加一等」，謂毆緦麻尊屬，徒一年；小功尊屬，徒一年半。大功尊屬，依禮，唯夫之祖父母及夫之伯叔父母，此並各有本條，自從「毆夫之祖父母，絞；夫之伯叔父母，減夫犯一等，徒二年半」，即此大功無尊屬加法。「傷重者，各遞加凡鬭傷一等」，謂他物毆緦麻兄姊內損吐血，準凡人杖一百上加一等合徒一年，小功徒一年半，大功徒二年；尊屬又加一等，即緦麻徒一年半，小功徒二年之類。因毆致死者，各斬。假有毆小功尊屬折二支，加凡人三等，不云加入於死，罪止遠流。「即毆從父兄姊，準凡鬭應流三千里者」，謂損二事以上，或因舊患令至篤疾、斷舌及毀敗陰陽，此是凡鬭應流三千里，於從父兄姊犯此流者，合絞。

若尊長毆卑幼折傷者，緦麻減凡人一等，小功、大功遞減一等；死者，絞。即毆殺從父弟妹及從父兄弟之子孫者，流三千里；若以刃及故殺者，絞。

【疏】議曰：「若尊長毆卑幼折傷者」，謂折齒以上。既云「折傷」，即明非折傷不坐。因毆折傷緦麻卑幼，減凡人一等；小功，減二等；大功，減三等。假有毆緦麻卑幼折一指，凡鬭合徒一年，減一等，杖一百；小功減二等，杖九十；大功減三等，杖八十。其毆傷重者，遞減各準此。因毆致死者，尊長各絞。「即毆殺從父弟妹」，謂堂弟妹；「及從父兄弟之子孫」，謂堂姪及姪孫者：流三千里。若以刃殺及不因鬬而故殺者，俱合絞刑。

328 毆兄姊弟妹

諸毆兄姊者，徒二年半；傷者，徒三年；折傷者，流三千里；刃傷及折支，若瞎其一目者，絞；死者，皆斬；詈者，杖一百。伯叔父母、姑、外祖父母，各加一等。即過失殺傷者，各減本殺傷罪二等。

【疏】議曰：兄姊至親，更相急難，彎弧垂泣，義切匪他。輒有毆者，徒二年半。毆傷者，徒三年。「折傷者」，或折齒，或折手足指，但折一事，即合處流。若用刃傷及折支，或跌其支體，「若瞎其一目」，謂全失其明者，各得絞罪。因毆致死者，首、從皆斬。詈者，合杖一百。其「伯叔父母、姑、外祖父母，各加一等」，謂加犯兄姊一等：毆者，徒三年；傷者，流二千里，文無「加入死」，折傷亦止流坐；詈者，徒一年。過失殺若傷，「各減本殺傷二等」，謂過失殺者，各減死罪二等，合徒三年；過失折齒者，從流減二等之類。其過失之罪，兄姊以下，並同減二等。

若毆殺弟妹及兄弟之子孫、曾、玄孫者，各依本服論。外孫者，徒三年；以刃及故殺者，流二千里。過失殺者，各勿論。

【疏】議曰：毆殺弟妹及兄弟之子孫者，兄弟子期服，孫即小功。注云「曾、玄孫者，各依本服論」，兄弟曾孫為緦麻，玄孫當袒免，服紀既疏，恩情轉殺，故云「各依本服論」。謂毆殺曾孫，合絞；玄孫既當袒免，自依凡人法。此條毆兄弟曾、玄孫，既依本服，即明上條毆殺從父兄弟曾、玄孫，降服已盡，亦同凡人。其毆殺弟妹及兄弟之子孫、外孫者，各徒三年；以刃及故殺者，流二千里；過失殺者，各勿論。

329 **毆詈祖父母父母**

諸詈祖父母、父母者，絞；毆者，斬；過失殺者，流三千里；傷者，徒三年。若子孫違犯教令，而祖父母、父母毆殺者，徒一年半；以刃殺者，徒二年；故殺者，各加一等。即嫡、繼、慈、養殺者，又加一等。過失殺者，各勿論。

【疏】議曰：子孫於祖父母、父母，情有不順而輒詈者，合絞；毆者，斬。律無「皆」字，案文可知：子孫雖共毆擊，原情俱是自毆，雖無「皆」字，各合斬刑。下條「妻妾毆夫之祖父母、父母傷者，皆斬」，舉輕明重，皎然不惑。過失殺者，流三千里；傷者，徒三年。見血為「傷」，傷無大小之限。「若子孫違犯教令」，謂有所教令，不限事之大小，可從而故違者，而祖父母、父母即毆殺之者，徒一年半；以刃殺者，徒二年。「故殺者，各加一等」，謂非違犯教令而故殺者，手足、他物殺，徒二年；用刃殺，徒二年半。「即嫡、繼、慈、養殺者」，為情疏易違，故「又加一等」。律文既云「又加」，即以刃故殺者，徒二年半上加一等，徒三年；違犯教令以刃殺者，二年上加一等，徒二年半；毆殺者，一年半上加一等，徒二年。「過失殺者，各勿論」，即有違犯教令，依法決罰，邂逅致死者，亦無罪。

330 **妻妾毆詈夫父母**

諸妻妾詈夫之祖父母、父母者，徒三年；須舅姑告，乃坐。毆者，絞；傷者，皆斬；過失殺者徒三年，傷者徒二年半。

【疏】議曰：妻妾有詈夫之祖父母、父母者，徒三年。注云：「須舅姑告，乃坐。」毆者，絞；傷者，皆斬，罪無首從。過失殺者，徒三年；傷者，徒二年半。

即毆子孫之婦，令廢疾者，杖一百；篤疾者，加一等；死者，徒三年；故殺者，流二千里。妾，各減二等。過失殺者，各勿論。

【疏】議曰：祖父母、父母毆子孫之婦，令廢疾者，依戶令「腰脊折，一支廢，為廢疾」，合杖一百。篤疾者，「兩目盲，二支廢」，加一等，合徒一年。死者，徒三年。「故殺者」，謂不因毆詈，無罪而輒殺者，流二千里。若毆妾，令廢疾，杖八十；篤疾，杖九十；至死者，徒二年；故殺者，徒二年半。過失殺者，各勿論。

331 妻妾毆詈故夫父母

諸妻妾毆、詈故夫之祖父母、父母者，各減毆、詈舅姑二等；折傷者，加役流；死者，斬；過失殺傷者，依凡論。

【疏】議曰：「故夫」，謂夫亡改嫁者；其被出及和離者，非。「各減毆、詈舅姑罪二等」，謂毆者，徒三年；詈者，徒二年；折齒以上者，加役流；死者，斬。文無「皆」字，即有首從。「過失殺傷者，依凡論」，謂殺者，依凡人法，贖銅一百二十斤；傷者，各依凡人傷法徵贖。其銅入被傷殺之家。

其舊舅姑，毆子孫舊妻妾，折傷以上，各減凡人三等；死者，絞；過失殺者，勿論。

【疏】議曰：其舊舅姑，毆子孫舊妻妾，折傷以上，「各減凡人三等」，謂折指者，合杖八十；折一支者，徒一年半之類。「死者，絞」，既不言故殺者斬，即是故殺者亦絞。過失殺者，勿論。

問曰：子孫之婦，夫亡守志，其姑少寡，改醮他人，或被棄放，此姑婦相犯者，合得何罪？

答曰：子孫身亡，妻妾改嫁，舅姑見在，此為「舊舅姑」。今者，姑雖被棄，或已改醮他人，子孫之妻，孀居守志，雖於夫家義絕，母子終無絕道，子既如母，其婦理亦如姑。姑雖適人，婦仍在室，理依親姑之法，不得同於舊姑。若夫之嫡、繼、慈、養，不入此條。

332 毆兄妻夫弟妹

諸毆兄之妻及毆夫之弟妹，各加凡人一等。若妾犯者，又加一等。

【疏】議曰：嫂叔不許通問，所以遠別嫌疑。毆兄之妻及毆夫之弟妹者，禮敬頓乖，故「各加凡人一等」。「若妾犯者，又加一等」，謂妾毆夫之弟、妹，加妻一等，總加凡人二等。夫之弟、妹毆兄妾，以凡人論。

即妾毆夫之妾子，減凡人二等；毆妻之子，以凡人論。若妻之子毆傷父妾，加凡人一等。妾子毆傷父妾，又加二等。至死者，各依凡人法。

【疏】議曰：「即妾毆夫之妾子，減凡人二等」，為匹敵之故，得罪稍輕。「毆妻之子，以凡人論」，為女君尊重，故同凡鬬。若妻之子毆傷父妾，加凡人一等。妾子毆傷父妾，又加二等。稱「又加」者，總加三等，若毆折一齒，徒二年半之類。注云「至死者，各依凡人法」，當條雖有加減，至死者，並與凡人同。

333 **毆妻前夫子**

諸毆傷妻前夫之子者，減凡人一等；同居者，又減一等。死者，絞。

【疏】議曰：「毆傷妻前夫之子者」，謂改醮之婦，攜子適人，後夫毆傷者，減凡人一等。「同居者」，謂與繼父同居，立廟服期。「又減一等」，謂減凡人二等。若毆之令至篤疾及斷舌、毀敗陰陽，如此之類，得徒二年半。不同居，徒三年。因毆致死者，同居、不同居，俱得絞罪。

毆傷繼父者，謂曾經同居，今異者。**與緦麻尊同；同居者，加一等。**餘條繼父準此。

【疏】議曰：繼父者，謂母後嫁之夫。注云「謂曾經同居，今異者」，依禮「繼父同居，服期」，謂妻少子幼，子無大功之親，與之適人，所適者亦無大功之親，而所適者以其資財，為之築家廟於家門之外，歲時使之祀焉，是謂「同居」。繼子之妻，雖不從服，若有犯夫之繼父者，從下條「減夫犯一等」。其不同居者，謂先嘗同居，今異者。繼父若自有子及有大功之親，雖復同住，亦為異居。若未嘗同居，則不為異居，即同凡人之例。其先同居今異者，毆之同緦麻尊，合徒一年；傷重者，各加凡鬬二等；死者，斬。同居者，雖著期服，終非本親，犯者不同正服，止加緦麻尊一等，謂毆者，合徒一年半；傷重者，加凡人三等。注云「餘條繼父準此」，謂諸條準服尊卑相犯得罪，並準此例。雖於「繼父」下注，即稱「妻前夫之子」，並與「繼父」義同。律稱「與緦麻尊同」，其有謀殺及賣，理當「不睦」。於前夫之子，不言與緦麻卑幼同，毆之準凡人減罪，不入緦麻卑幼之例。

即毆傷見受業師，加凡人二等。死者，各斬。謂伏膺儒業，而非私學者。

【疏】議曰：禮云「凡教學之道，嚴師為難。師嚴道尊，方知敬學」。如有親承儒教，伏膺函丈，而毆師者，加凡人二等。「死者，各斬」，稱「各」者，並毆繼父至死，俱得斬刑。注云「謂伏膺儒業，而非私學者」，儒業，謂經業。非私學者，謂弘文、國子、州縣等學。私學者，即禮云「家有塾，遂有序」之類。如有相犯，並同凡人。

問曰：毆見受業師，加凡人二等。其博士若有高品，累加以否？

答曰：毆見受業師，加凡人二等，先有官品，亦從品上累加。若鬭毆無品博士，加凡人二等，合杖六十；九品以上，合杖八十；若毆五品博士，亦於本品上累加之。

334 **毆詈夫期親尊長**

諸妻毆詈夫之期親以下、緦麻以上尊長，各減夫犯一等。減罪輕者，加凡鬬傷一等。**妾犯者，不減。死者，各斬。**

【疏】議曰：依喪服：「夫之所為兄弟服，妻降一等。」今妻毆夫緦麻以上尊長，減夫一等，以從夫為服，罪亦降夫。注云「減罪輕者，加凡鬬傷一等」，謂故毆緦麻兄姊折一支，合流二千五百里，妻若減夫一等，徒三年。故毆凡人折一支，既合流二千里，即是減罪輕，加凡人一等，流二千五百里，是「減罪輕者，加凡鬬傷一等」。「妾犯者，不減」，妾犯尊長，即與夫同。「死者，各斬」，謂毆尊長致死，妻、妾並合斬刑。雖云減夫一等，若本制服重，即從重論。假如毆夫之伯叔父母折肋，當大功尊加凡人四等，合流二千五百里，若準夫減一等，即徒三年。名例律云：「當條雖有罪名，所為重者，自從重。」須準服加四等，流二千五百里之類。

毆傷卑屬，與夫毆同；死者，絞。即毆殺夫之兄弟子，流三千里；故殺者，絞。妾犯者，各從凡鬭法。若尊長毆傷卑幼之婦，減凡人一等；妾，又減一等；死者，絞。

【疏】議曰：「毆傷卑屬」，謂是夫家卑屬。「與夫毆同」，謂毆夫之從父兄弟子孫有服者折傷以上，緦麻減凡人一等，諸如此類，並與夫同。死者，絞。即毆殺夫之兄弟子，流三千里；故殺者，絞。「妾犯者，各同凡鬭法」，謂並依凡人鬭法科罪。「若尊長毆傷卑幼之婦」，謂夫之期親以下、緦麻以上尊長，毆傷卑幼之婦，減凡人一等；妾，減凡人二等；死者，絞。

335 **祖父母為人毆擊**

諸祖父母、父母為人所毆擊，子孫即毆擊之，非折傷者，勿論；折傷者，減凡鬭折傷三等；至死者，依常律。謂子孫元非隨從者。

【疏】議曰：祖父母、父母為人所毆擊，子孫理合救之。當即毆擊，雖有損傷，非折傷者，無罪。「折傷者，減凡鬭折傷三等」，謂折一齒合杖八十之類。「至死者」，謂毆前人致死，合絞；以刃殺者，合斬。故云「依常律」。注云「謂子孫元非隨從者」，若元隨從，即依凡鬭首從論。律文但稱祖父母、父母為人所毆擊，不論親疏尊卑。其有祖父母、父母之尊長，毆擊祖父母、父母，依律毆之無罪者，止可解救，不得毆之，輒即毆者，自依鬭毆常法。若夫之祖父母、父母，共妻之祖父母、父母相毆，子孫之婦亦不合即毆夫之祖父母、父母，如當毆者，即依常律。

問曰：主為人所毆擊，部曲、奴婢即毆擊之，得同子孫之例以否？

答曰：部曲、奴婢非親，不同子孫之例，唯得解救，不得毆擊。

鬪毆誤殺傍人

諸鬪毆而誤殺傷傍人者，以鬪殺傷論；至死者，減一等。

【疏】議曰：「鬪毆而誤殺傷傍人者」，假如甲共乙鬪，甲用刃、杖欲擊乙，誤中於丙，或死或傷者，以鬪殺傷論。不從過失者，以其元有害心，故各依鬪法。至死者，減一等，流三千里。

若以故僵仆而致死傷者，以戲殺傷論。即誤殺傷助己者，各減二等。

【疏】議曰：仰謂之僵，伏謂之仆。謂共人鬪毆，失手足跌，而致僵仆，誤殺傷傍人者，以戲殺傷論。別條「戲殺傷人者，減鬪殺傷人二等」，謂殺者徒三年，折一支者徒二年之類。「即誤殺傷助己者，各減二等」，假如甲與乙共毆丙，其甲誤毆乙至死，減二等；傷，減二等。或僵仆壓乙殺傷，減戲殺傷二等；殺乙，從戲殺減二等，總減四等，合徒二年。若壓折一支，亦減四等，徒一年，是名「各減二等」。

問曰：甲共子乙同謀毆丙，而乙誤中其父，因而致死，得從「誤殺傷助己」減二等以否？

答曰：律云「鬪毆而誤殺傷傍人，以鬪殺傷論」，殺傷傍人，坐當「過失」，行者本為緣鬪，故從「鬪殺傷」論；若父來助己而誤殺者，聽減二等，便即輕於「過失」，依例「當條雖有罪名，所為重者，自從重」論，合從「過失」之坐，處流三千里。

又問：以鬪僵仆，誤殺助己父母；或雖非僵仆，鬪誤殺期親尊長，各合何罪？

答曰：以鬪僵仆，誤殺父母，或期親尊長，若減罪輕於「過失」者，並從「過失」之法。

又問：假有數人，同謀殺甲，夜中忽遽，乃誤殺乙，合得何罪？

答曰：此既本是謀殺，與鬪毆不同。鬪毆彼此相持，謀殺潛行屠害。毆甲誤中於丙，尚以鬪殺傷論，以其元無殺心，至死聽減一等；況復本謀害甲，元作殺心，雖誤殺乙，原情非鬭者。若其殺甲是謀殺人，今既誤殺乙，合科「故殺」罪。

337 部曲奴婢詈舊主

諸部曲、奴婢詈舊主者，徒二年；毆者，流二千里；傷者，絞；殺者，皆斬；過失殺傷者，依凡論。

【疏】議曰：部曲、奴婢詈舊主者，徒二年；毆者，流二千里；傷者，絞，有首從；殺者，皆斬，罪無首從。過失殺傷者，並準凡人收贖，銅入傷殺之家。

即毆舊部曲、奴婢，折傷以上，部曲減凡人二等，奴婢又減二等；過失殺者，各勿論。

【疏】議曰：主毆舊部曲、奴婢，折傷以上，「部曲，減凡人二等」，謂折齒合杖九十；「奴婢，又減二等」，合杖七十之類。過失殺者，勿論。

問曰：部曲、奴婢毆詈舊主期以下親，或舊主親屬毆傷所親舊部曲、奴婢，得減凡人以否？

答曰：五服尊卑，各有血屬，故毆尊長，節級加之。至如奴婢、部曲，唯繫於主。為經主放，顧有宿恩，其有毆詈，所以加罪。非主之外，雖是親姻，所有相犯，並依凡人之法。

又問：有人謀殺舊部曲、奴婢，或於舊部曲、奴婢家強盜，有殺傷者，合減罪以否？

答曰：毆舊部曲、奴婢，得減凡人，爰至於死，亦依減例，明謀殺及諸雜犯，合依減法。唯盜財物，特異常犯，止依凡人之法，不合減科。

338 戲殺傷人

諸戲殺傷人者，減鬬殺傷二等；謂以力共戲，至死和同者。**雖和，以刃，若乘高、履危、入水中，以故相殺傷者，唯減一等。即無官應贖而犯者，依過失法收贖。**餘條非故犯，無官應贖者，並準此。

【疏】議曰：「戲殺傷人者」，謂以力共戲，因而殺傷人，減鬬罪二等。若有貴賤、尊卑、長幼，各依本鬬殺傷罪上減二等。雖則以力共戲，終須至死和同，不相瞋恨而致死者。「雖和，以刃」，禮云：「死而不吊者三，謂畏、壓、溺。」況乎嬉戲，或以金刃，或乘高處險，或臨危履薄，或入水中，既在險危之所，自須共相警戒，因此共戲，遂致殺傷，雖即和同，原情不合致有殺傷者，唯減本殺傷罪一等。「即無官應贖」，謂有蔭及老、小、廢疾之類，而犯應贖罪者，依「過失」法收贖。假有過失殺人，贖銅一百二十斤，戲殺得減二等，贖銅六十斤，即是輕重不類，故依「過失」贖罪，不從減法。注云「餘條非故犯」，謂一部律內，諸條非故犯罪，無官應得收贖者，並準此。假有甲為人合藥，誤不如本方殺人，合徒二年半，若白丁，則從真役；若是官品之人合贖者，不可徵銅五十斤，亦徵一百二十斤，則是「餘條」之類。

其不和同及於期親尊長、外祖父母、夫、夫之祖父母雖和，並不得為戲，各從鬬殺傷法。

【疏】議曰：謂戲者元不和同；及於期親尊長、外祖父母、夫、夫之祖父母，此等尊長，非應共戲，縱雖和同，並不得為戲：各從鬬殺傷之法。假有共期親尊長戲，折一支者，仍處絞之類。

339 過失殺傷人

諸過失殺傷人者，各依其狀，以贖論。謂耳目所不及，思慮所不到；共舉重物，力所不制；若乘高履危足跌及因擊禽獸，以致殺傷之屬，皆是。

【疏】議曰：過失之事，注文論之備矣。殺傷人者，各準殺傷本狀，依收贖之法。注云「謂耳目所不及」，假有投磚瓦及彈射，耳不聞人聲，目不見人出，而致殺傷；其思慮所不到者，謂本是幽僻之所，其處不應有人，投瓦及石，誤有殺傷；或共舉重物，而力所不制；或共升高險，而足蹉跌；或因擊禽獸，而誤殺傷人者：如此之類，皆為「過失」。稱「之屬」者，謂若共捕盜賊，誤殺傷旁人之類，皆是。其本應居作、官當者，自從本法。

340 **密告謀反大逆**

諸知謀反及大逆者，密告隨近官司，不告者，絞。知謀大逆、謀叛不告者，流二千里。知指斥乘輿及妖言不告者，各減本罪五等。官司承告，不即掩捕，經半日者，各與不告罪同；若事須經略，而違時限者，不坐。

【疏】議曰：謀反者，謂知人潛謀欲危社稷；大逆者，謂知人於宗廟及山陵、宮闕已有毀損：並須密告隨近官司。知而不即告者，絞。「若知謀大逆」，謂知始謀欲毀宗廟、山陵等；謀叛者，謂知謀欲背國從偽：亦須密告官司。不告者，流二千里。若「知指斥乘輿」，謂情理切害；及妖言者，謂妄說休咎之言：不告者「各減本罪五等」，本應死者，從死上減五等；妖言惑不滿眾者，流上減五等，是名「各減五等」。官司承告謀反以下，不即掩捕，若「經半日者」，謂經五十刻，不即掩捕，各與「不告」罪同。「若事須經略」，謂人眾既多，須得人兵器仗，如此經略，以故違時限而失罪人者，不坐。其知謀反以下，雖不密告隨近官司，能自捕送者，亦與密告同。因其自捕，驚失罪人；或已就拘執而失者：並同「失囚」之法。

341 **誣告謀反大逆**

諸誣告謀反及大逆者，斬；從者，絞。若事容不審，原情非誣者，上請。若告謀大逆、謀叛不審者，亦如之。

【疏】議曰：「誣告謀反及大逆者」，謂知非反、逆，故欲誣之，首合斬，從合絞。「若事容不審者」，謂或奉別勑閱兵，或欲修葺宗廟；見閱兵疑是欲反，見修宗廟疑為大逆之類，本情初非誣告者，具狀上請，聽勑。若告謀大逆、謀叛不審，亦合上請，故云「亦如之」。

342 **誣告反坐**

諸誣告人者，各反坐。即糾彈之官，挾私彈事不實者，亦如之。反坐致罪，準前人入罪法。至死，而前人未決者，聽減一等。其本應加杖及贖者，止依杖、贖法。即誣官人及有蔭者，依常律。

【疏】議曰：凡人有嫌，遂相誣告者，準誣罪輕重，反坐告人。「即糾彈之官」，謂據令應合糾彈者，若有憎惡前人，或朋黨親戚，挾私飾詐，妄作糾彈者，並同「誣告」之律。反坐其罪，準前人入罪之法，至死而前人雖斷訖未決者，反坐之人聽減一等。若誣人反、逆，雖復未決引虛，不合減罪。本應加杖者，謂誣告部曲、奴婢流罪，若實，部曲、奴婢止加杖二百；既虛，誣告者不流，亦準杖法反坐。單丁應加杖者，亦依決杖反坐。「及贖者」，謂誣告老、小、廢疾，若實，即前人合贖；虛，即反坐者亦依贖論。「即誣官人及有蔭者」，假有白丁誣七品官流罪，若實，官人即合例減、官當；如虛，反坐還得流罪。誣告有蔭之人，事合減、贖；反坐之者，不得準前人減、贖法，並真配徒、流。是名「依常律」。

若告二罪以上，重事實及數事等，但一事實，除其罪；重事虛，反其所剩。即罪至所止者，所誣雖多，不反坐。

【疏】議曰：「若告二罪以上，重事實」，假有甲告乙毆人折一齒，合徒一年；又告人盜絹五疋，亦合徒一年；或故殺他人馬一疋，合徒一年半。推殺馬是實，毆、盜是虛，是名「告二罪以上，重事實」。又有丙告丁三事，各徒一年，此名「數事等」，但一事實，除其罪。重事虛，反其所剩者，假如甲告乙盜絹五疋，合徒一年；又告故殺官私馬牛，合徒一年半。若其盜是實，殺馬牛是虛，即是剩告半年之罪，反坐半年，故云「反其所剩」。「即罪至所止者，所誣雖多，不反坐」，假有告人非監臨主司因事受財百疋，勘當五十疋實，坐贓五十疋，罪止徒三年；剩告五十疋，為「罪至所止，不反坐」之類。

其告二人以上，雖實者多，猶以虛者反坐。謂告二人以上，但一人不實，罪雖輕，猶反其坐。**若上表告人，已經聞奏，事有不實，反坐罪輕者，從上書詐不實論。**

【疏】議曰：告二人以上，罪雖實者多，「猶以虛者反坐」，以其人、事各別，故得罪不同。注云「謂告二人以上，但一人不實，罪雖輕，猶反其坐」，假有人告甲乙丙丁四人之罪，三人徒罪以上並實，一人笞罪事虛，不得以實多放免，仍從笞罪反坐。若上表告人，已經聞奏，事有不實，反坐罪輕於上書不實，準從「上書詐不實」，處徒二年。不應反坐者，無罪。假如甲上表告乙兩箇徒一年，一實，一虛，準律既免反坐，於甲無「上書不實」之罪。

343 告小事虛

諸告小事虛，而獄官因其告，檢得重事及事等者，若類其事，則除其罪；離其事，則依本誣論。

【疏】議曰：告小事虛，而獄官因其告，檢得重事者，假有告人盜驢，檢得盜馬，其價又貴，是為

「得重事」。「及事等者」，假如告盜甲家馬，檢得盜乙家騾，其價相似，是為「事等」。「若類其事」，謂騾、馬、驢等，色目相類，所告雖虛，除其妄罪。離其事者，謂告人盜馬，檢得鑄錢之屬，是「離其事」，「則依本誣論」，仍得誣告盜馬之罪。此條為依告狀檢贓生文，不同獄官狀外求罪之例。

問曰：告人私有弩，獄官因告乃檢得甲，是類事以否？

答曰：稱「類」者，謂其形狀難辨，原情非誣，所以得除其罪。然弩之與甲，雖同禁兵，論其形樣，色類全別，事非疑似，元狀是誣。如此之流，不得為「類」。

344 **誣告人流罪引虛**

諸誣告人流罪以下，前人未加拷掠，而告人引虛者，減一等；若前人已拷者，不減。即拷證人，亦是。誣告期親尊長、外祖父母、夫、夫之祖父母，及奴婢、部曲誣告主之期親、外祖父母者，雖引虛，各不減。

【疏】議曰：誣告死罪，自有別制。唯誣告人流罪以下，前人未加拷掠，而告人自引虛者，得減反坐之罪一等。若前人已拷者，無問杖數多少，然後引虛，即不合減。「即拷證人亦是」，謂雖不拷被告之人，拷傍證之者，雖自引虛，亦同已拷，不減。其誣告期親尊長以下，及奴婢、部曲誣告主之外祖父母以上，雖即引虛，各不合減。

問曰：律云：「前人未加拷掠，而告人引虛，減一等。」未知前人已經斷訖，然後引虛，合減以否？

答曰：律文但言「已加拷掠」，不言事經斷訖。拷訖已傷，律有成制；斷訖未損，理合減科。若事經奏訖，不合追減。及已役、已配，亦是已損已傷前人，計與拷掠義同，不在減科之例。

345 告祖父母父母者絞

諸告祖父母、父母者，絞。謂非緣坐之罪及謀叛以上而故告者。下條準此。

【疏】議曰：父為子天，有隱無犯。如有違失，理須諫諍，起敬起孝，無令陷罪。若有忘情棄禮而故告者，絞。注云「謂非緣坐之罪」，緣坐謂謀反、大逆及謀叛以上，皆為不臣，故子孫告亦無罪，緣坐同首法，故雖父祖聽捕告。若故告餘罪者，父祖得同首例，子孫處以絞刑。下條準此者，謂告期親尊長，情在於惡，欲令入罪而故告之，故云「準此」。若因推劾，事不獲免，隨辯注引，不當告坐。

即嫡、繼、慈母殺其父，及所養者殺其本生，並聽告。

【疏】議曰：嫡、繼、慈母者，名例並已釋訖。此等三母殺其父，及所養父母殺其所生父母，並聽告。若嫡、繼母殺其所生庶母，亦不得告。故律文但云殺其父者聽告。

問曰：所生之母被出，其父更娶繼妻，其繼母乃殺所出之母，出母之子合告以否？

答曰：所養父母，本是他人，殺其所生，故律聽告。今言出母，即是所生，名例稱：「犯夫及義絕者，得以子蔭。」即子之於母，孝愛情深，顧復之恩，終無絕道。繼母殺其親母，準例亦合聽告。

又問：嫡、繼、慈母，有所規求，故殺子孫，合得何罪？又，子孫得自理訴以否？此母或被出，或父卒後行，若為科斷？

答曰：子孫之於祖父母、父母，皆有祖父子孫之名，其有相犯之文，多不據服而斷。賊盜律：「有所規求而故殺期以下卑幼者，絞。」論服相犯，例準傍期；在於子孫，不入期服。然嫡、繼、慈、養，依例雖同親母，被出、改嫁，禮制便與親母不同。其改嫁者，唯止服期，依令不合解官，據禮又無心喪，雖曰子孫，唯準期親卑幼，若犯此母，亦同期親尊長。被出者，禮既無服，並同凡人。其應理訴，亦依此法。

346 告期親尊長

諸告期親尊長、外祖父母、夫、夫之祖父母，雖得實，徒二年；其告事重者，減所告罪一等；所犯雖不合論，告之者猶坐。即誣告重者，加所誣罪三等。告大功尊長，各減一等；小功、緦麻，減二等；誣告重者，各加所誣罪一等。

【疏】議曰：「告期親尊長、外祖父母、夫、夫之祖父母」，依名例律：「並相容隱，被告之者，與自首同；告者，各徒二年。」告事重於徒二年者，「減所告罪一等」，假有告期親尊長盜上絹二十五疋，合徒三年，尊長同首法免罪，卑幼減所告罪一等，合徒二年半之類。注云「所犯雖不合論」，謂期親以下，或年八十以上，十歲以下，若篤疾，犯罪雖不合論，而卑幼告之，依法猶坐。即誣告期親尊長，得罪重於二年徒者，「加所誣罪三等」，假有誣告期親尊長一年半徒罪，加所誣罪三等，合徒三年，此亦是「計加得重於本罪，即須加。」「告大功尊長，各減一等」，謂告得實，徒一年半；重於徒一年半者，即減期親罪一等。假有告大功尊長三年徒，減期親一等，處徒二年。告小功、緦麻尊長，雖得實，同減期親二等，合徒一年；告事重者，亦減期親尊長二等。假有告三年徒，雖實，徒一年半之類。「誣告重者」，謂誣告大功、小功、緦麻重者。「各加所誣罪一等」，假有誣告大功尊長一年半徒，加所誣罪一等，合徒二年；誣告小功、緦麻尊長徒一年罪，亦加所誣罪一等，徒一年半之類。

即非相容隱，被告者論如律。若告謀反、逆、叛者，各不坐。其相侵犯，自理訴者，聽。下條準此。

【疏】議曰：小功、緦麻，非相容隱，被告之者，不得同於首原，各依律科斷，故云「被告者論如律。」「若告謀反、逆、叛者」，謂期親尊長以下，犯謀反、逆、叛三事，以其不臣，故雖論告，不科其罪。「其相侵犯」，謂期親以下、緦麻以上，或侵奪財物，或毆打其身之類，得自理訴。非緣侵犯，不得別告餘事。注云「下條準此」，謂下條「告緦麻以上卑幼」，雖有罪名，相侵犯，亦得自理。

問曰：告期親尊長竊盜三十疋，依撿二十五疋實，五疋虛，合得何罪？

答曰：律云：「一事分為二罪，罪法若等，則累論。罪法不等，即以重法併滿輕法。」按尋此狀，正當「累併」之條，將重併輕，總為三十疋，減所告罪一等，便合處徒三年。

347 **告緦麻卑幼**

諸告緦麻、小功卑幼，雖得實，杖八十；大功以上，遞減一等。誣告重者，期親，減所誣罪二等；大功減一等；小功以下，以凡人論。

【疏】議曰：稱「緦麻、小功」，即外姻有服者亦是。其相隱既得減罪，有過不合告言，故雖得實，合杖八十。告大功卑幼，減小功一等；期親卑幼，又減一等。「誣告重者」，謂誣告期親重於杖六十者。「減所誣罪二等」，猶如誣告弟姪九十杖罪，合減所誣二等，合杖七十。若告大功，減一等，合杖八十。若告小功以下，以凡人論，仍得杖九十。

問曰：女君於妾，依禮無服。其有誣告，得減罪以否？

答曰：律云：「毆傷妻者，減凡人二等；死者，以凡人論。若妻毆傷殺妾，與夫毆傷殺妻同。」又條：「誣告期親卑幼，減所誣罪二等。」其妻雖非卑幼，義與期親卑幼同。夫若誣告妻，須減所誣罪二等；妻誣告妾，亦與夫誣告妻同。

即誣告子孫、外孫、子孫之婦妾及已之妾者，各勿論。

【疏】議曰：誣告子孫、外孫、子孫之婦妾者，曾、玄婦妾亦同；及已之妾者：各勿論。其有告得實者，亦不坐。被告得相容隱者，俱同自首之法。

348 **子孫違犯教令**

諸子孫違犯教令及供養有闕者，徒二年。謂可從而違，堪供而闕者。須祖父母、父母告，乃坐。

【疏】議曰：祖父母、父母有所教令，於事合宜，即須奉以周旋，子孫不得違犯；「及供養有闕者」，禮云「七十，二膳；八十，常珍」之類，家道堪供，而故有闕者：各徒二年。故注云「謂可從而違，堪供而闕者」。若教令違法，行即有愆；家實貧窶，無由取給：如此之類，不合有罪。皆須祖父母、父母告，乃坐。

349 **部曲奴婢告主**

諸部曲、奴婢告主，非謀反、逆、叛者，皆絞；被告者同首法。**告主之期親及外祖父母者，流；大功以下親，徒一年。誣告重者，緦麻，加凡人一等；小功、大功，遞加一等。即奴婢訴良，妄稱主壓者，徒三年；部曲，減一等。**

【疏】議曰：日月所照，莫匪王臣。奴婢、部曲，雖屬於主，其主若犯謀反、逆、叛，即是不臣之人，故許論告。非此三事而告之者，皆絞，罪無首從。注云「被告者，同首法」，謂其主雜犯死罪以下，部曲、奴婢告之，俱同為首之法，奴婢獲罪，主得免科。奴婢為主隱，雖告。準名例律，相容隱告言，自合同首。今律文重言「同首法」者，以「相隱」條無相隱字故。「告主之期親及外祖父母者，流」，不言里數者，為同加杖二百。「大功以下親，徒一年」，稱大功以下，小功、緦麻亦同。此等並謂告得實。「誣告重者」，謂所誣之罪重於徒一年。「緦麻，加凡人一等」，若誣告主緦麻親徒一年，加一等，合徒一年半；小功，徒二年；大功，徒二年半之類。大功以下諸親，犯有輕重，應計等級加者，但重於徒一年，皆準此加法。「即奴婢訴良，妄稱主壓者」，謂奴婢本無良狀，而妄訴良，云主壓充賤者，合徒三年。不同誣告主者，開其自理之路。部曲，減一等。其主誣告部曲、奴婢者，即同誣告子孫之例，其主不在坐限。

350 **誣告府主刺史縣令**

諸誣告本屬府主、刺史、縣令者，加所誣罪二等。

【疏】議曰：誣告本屬府主等，加所誣罪二等者，謂誣告一年徒罪，合徒二年之類。若告除名、免官、免所居官等事虛，亦準比徒法加罪。其有緦麻以上親，任本屬府主、刺史、縣令者，自依「告親」法；若告尊長，各從重論。

351 **投匿名書告人罪**

諸投匿名書告人罪者，流二千里。謂絕匿姓名及假人姓名，以避己作者。棄置、懸之俱是。

【疏】議曰：有人隱匿己名，或假人姓字，潛投犯狀，以告人罪，無問輕重，投告者即得流坐。故注云「謂絕匿姓名及假人姓名，以避己作者。棄置、懸之俱是」，謂或棄之於街衢，或置之於衙府，或懸之於旌表之類，皆為「投匿」之坐。假人姓名，經官司判入，言告人罪，從「違令」科。非是投匿，所以科「違令」。投匿告祖父母，科絞；告期親卑幼，減凡人二等；大功，減一等；小功以下，以凡人論。匿名書告他人部曲、奴，依凡人法。是大功相犯，不合減一等、二等，他皆倣此。告緦麻以上親部曲、奴，即依減法。

得書者，皆即焚之，若將送官司者，徒一年。官司受而為理者，加二等。被告者，不坐。輒上聞者，徒三年。

【疏】議曰：匿名之書，不合檢校，得者即須焚之，以絕欺詭之路。得書不焚，以送官府者，合徒一年。官司既不合理，受而為理者，加二等，處徒二年。被告者，假令事實，亦不合坐。若是書不原事，以後別有人論告，還合得罪。輒上聞者，合徒三年。若得告反逆之書，事或不測，理須聞奏，不合燒除。

問曰：投匿名書，告人謀反、大逆，或虛或實，捉獲所投之人，未知若為科罪？

答曰：隱匿姓字，投書告罪，投書者既合流坐，送官者法處徒刑，用塞誣告之源，以杜姦欺之路。但反逆之徒，釁深夷族，知而不告，即合死刑，得書不可焚之，故許送官聞奏。狀既是實，便須上請聽裁；告若是虛，理依誣告之法。

352 囚不得告舉他事

諸被囚禁，不得告舉他事。其為獄官酷己者，聽之。

【疏】議曰：人有犯罪，身在囚禁，唯為獄官酷己者得告，自餘他罪並不得告發。即流囚在道，徒囚在役，身嬰枷鎖，或有援人，亦同被囚禁之色，不得告舉他事。又準獄官令：「囚告密者，禁身領送。」即明知謀叛以上，聽告；餘準律不得告舉。

即年八十以上，十歲以下及篤疾者，聽告謀反、逆、叛、子孫不孝及同居之內為人侵犯者，餘並不得告。官司受而為理者，各減所理罪三等。

【疏】議曰：老、小及篤疾之輩，犯法既得勿論，唯知謀反、大逆、謀叛，子孫不孝及闕供養，及同居之內為人侵犯，如此等事，並聽告舉。自餘他事，不得告言。如有告發，不合為受。官司受而為理者，從「被囚禁」以下，減所推罪三等。假有告人徒一年，官司受而為理，合杖八十之類。

問曰：有人被囚禁，更首別事，其事與餘人連坐，官司合受以否？

答曰：律云「被囚禁不得告舉他事。」此既首論身事，非關別告他人，縱連傍人，官司亦合為受。被首之者，仍依法推科。

353 犯罪經所在官司首

諸犯罪欲自陳首者，皆經所在官司申牒，軍府之官不得輒受。其謀叛以上及盜者，聽受，即送隨近官司。若受經一日不送及越覽餘事者，各減本罪三等。其謀叛以上，有須掩捕者，仍依前條承告之法。

【疏】議曰：犯罪未發，皆許自新。其有犯罪欲自陳首者，皆經所在官司申牒。但非軍府，此外曹局，並是「所在官司」。「軍府之官」，謂諸衛以下、折衝府以上，並是領兵曹司，不許輒受首事。其謀叛以上事是「重害」，及盜賊之輩，並即須追掩，故聽於軍府陳首。軍府受得，即送隨近官司。其受首謀反、逆、叛者，若有支黨，必須追掩，不得過半日。及首盜者，受經一日，不送隨近州縣及越覽餘事者，減本罪三等。假有告人脫戶，合徒三年，軍府受而為推者，合徒一年半之類。其謀反、大逆、叛，為有支黨，事須掩捕，「仍依前條承告之法」，謂若滿半日不掩，還同知而不告之罪：謂謀反、大逆，不告合死；謀大逆、謀叛，不告者流。

354 **以赦前事相告言**

諸以赦前事相告言者，以其罪罪之。官司受而為理者，以故入人罪論。至死者，各加役流。

【疏】議曰：「以赦前事相告言者」，謂事應會赦，始是赦前之事，不合告言；若常赦所不免，仍得依舊言告。假有會赦，監主自盜得免，有人輒告，以其所告之罪罪之，謂告徒一年贓罪者，監主自盜即合除名，告者還依比徒之法科罪。官司違法，受而為理者，「以故入人罪論」。謂若告赦前死罪，前人雖復未決，告者免死處加役流，官司受而為理，至死者亦得此罪，故稱「各加役流」。若官司以赦前合免之事彈舉者，亦同「受而為理」之坐。

若事須追究者，不用此律。追究，謂婚姻、良賤、赦限外蔽匿，應改正徵收及追見贓之類。

【疏】議曰：「事須追究者」，備在注文。「不用此律」者，謂不用入罪之律。注云「追究，謂婚姻、良賤、赦限外蔽匿」，謂違律為婚，養奴為子之類，雖會赦，須離之、正之。「赦限外蔽匿」，謂會赦應首及改正徵收，過限不首，若經責簿帳不首、不改正徵收。及應徵見贓，謂盜詐之贓，雖赦前未發，赦後捉獲正贓者，是謂「見贓之類」，合為追徵。

問曰：準誣告條：「至死而前人未決，聽減一等。流罪以下，前人未加拷掠，而告人引虛，得減一等。」又準：「官司入人罪，若未決放，聽減一等。」有誣告赦前死罪，官司受而為推，得依此條減罪以否？

答曰：依律：「以赦前事相告言者，以其罪罪之。官司為理者，以故入人罪論。」此是赦前之罪，並不許言告。論實尚無減例，誣告豈得減之？不至死者，俱無減法；至死者，處加役流。

355 告人罪須明注年月

諸告人罪，皆須明注年月，指陳實事，不得稱疑。違者，笞五十。官司受而為理者，減所告罪一等。即被殺、被盜及水火損敗者，亦不得稱疑，雖虛，皆不反坐。其軍府之官，不得輒受告事辭牒，若告謀叛以上及盜者，依上條。

【疏】議曰：告人罪，皆注前人犯罪年月，指陳所犯實狀，不得稱疑。「違者，笞五十」，但違一事，即笞五十，謂牒未入司，即得此罪。官司若受疑辭為推，並準所告之狀，減罪一等，即以受辭者為首，若告死罪，流三千里；告流，處徒三年之類。即被殺、被盜，為害特甚，或被人決水、縱火漂焚財物，盜即不限強、竊，漂焚不問多少，告者皆須明注日月，不合稱疑。推問雖虛，皆不反坐。若稱疑者，官司亦不合受理；即雖受理，官司亦得免科。「其軍府之官」，亦謂諸衛及折衝府等，不得輒受告事辭牒。告謀叛以上及盜者，依上條「為受即送官司」之法。

356 為人作辭牒加狀

諸為人作辭牒，加增其狀，不如所告者，笞五十；若加增罪重，減誣告一等。

【疏】議曰：為人雇倩作辭牒，加增告狀者，笞五十。若加增其狀，得罪重於笞五十者，「減誣告罪一等」，假有前人合徒一年，為人作辭牒增狀至徒一年半，便是剩誣半年，減誣告一等，合杖九十之類。若因雇倩受財，得贓重者，同非監臨主司因事受財坐贓之罪，如贓重，從贓科；贓輕者，從減誣告一等法。

即受雇誣告人罪者，與自誣告同，贓重者坐贓論加二等，雇者從教令法。若告得實，坐贓論；雇者不坐。

【疏】議曰：上文「為人作辭牒」，雖復得物，不雇誣告，因有加增，得減誣告一等；此文「即受雇誣告人罪者」，謂彼此同謀，本共誣搆，情規陷害，故與自誣告罪同。「贓重者，坐贓論加二等」，假有得絹十疋，受雇誣告人一年半徒，坐贓論，十疋合徒一年，加二等，即徒二年之類。「雇者從教令法」，依下條「教令為從」，減受雇者一等，仍得一年徒。「若告得實，坐贓論」，謂受絹十疋，告得實事，合徒一年之類。「雇者不坐」，以其得實，故得無罪。

357

教令人告事虛

諸教令人告，事虛應反坐；得實應賞，皆以告者為首，教令為從。

【疏】議曰：「教令人告，事虛應反坐」，謂誣告人者，各反坐；「得實應賞」，謂告齎禁物度關及博戲、盜賊之類令有賞文，或告反、逆臨時有加賞者：皆以告者為首，教令者為從。

問曰：律云：「得實應賞，皆以告者為首，教令為從。」未知告得賞物，若為作首從分財？

答曰：應賞在令有文，分賞元無等級，既為首從之法，須準律條論之，又不可徒、杖別作節文，約從杖一百之例：假如教人告杖一百罪虛，即告者為首，合杖一百，教令為從，合杖九十，即從者十分減一。應賞義亦準此。假有輕重不同，並準十分為例。

即教令人告緦麻以上親，及部曲、奴婢告主者，各減告者罪一等；被教者，論如律。若教人告子孫者，各減所告罪一等。雖誣亦同。

【疏】議曰：其有教令人自告緦麻以上親，或教人部曲、奴婢告主者，告實及誣，各減告者罪一等。其告緦麻以上親，即尊者坐重，卑者坐輕； 部曲、奴婢告主，皆絞。故云「各減告者罪一等」。「被教者，論如律」，謂被教告緦麻以上親及告主，各得本罪。「若教人告子孫者」，告子孫本既無罪，「各減所告罪一等」，雖是死罪，亦減死處流。注云「雖誣亦同」，謂雖教誣告，亦減罪一等。既上條「祖父母、父母誣告子孫、外孫、子孫之婦妾及己之妾，各勿論」； 此條但云「教人告子孫，各減所告罪一等」，既外孫以下，亦準「教令告子孫」法，減所告罪一等。教人部曲、奴婢告主期親以下，雖無別理，亦合有罪： 教告主期親及外祖父母者，科「不應為重」； 教告主大功以下、緦麻以上，科「不應為輕」。雖無正文，比例為允。

358 邀車駕撾鼓訴事

諸邀車駕及撾登聞鼓，若上表，以身事自理訴，而不實者，杖八十； 即故增減情狀，有所隱避詐妄者，從上書詐不實論。

【疏】議曰： 車駕行幸，在路邀駕申訴； 及於魏闕之下，撾鼓以求上聞； 及上表披陳身事： 此三等，如有不實者，各合杖八十。注云「即故增減情狀，有所隱避詐妄者，從上書詐不實論」，謂上文以理訴不實，得杖八十； 若其不實之中，有故增減情狀，有所隱避詐妄者，即從「上書詐不實」論，處徒二年。

自毀傷者，杖一百。雖得實，而自毀傷者，笞五十。即親屬相為訴者，與自訴同。

【疏】議曰： 「邀車駕」以下，訴人所訴非實，輒自毀傷者，皆杖一百。若所訴雖是實，而自毀傷者，笞五十。「即親屬相為訴者」，親屬，謂緦麻以上及大功以上婚姻之家。為訴者，「與自訴同」，自「邀車駕」以下，虛、實得罪，各與自訴罪同。

359 越訴

諸越訴及受者，各笞四十。若應合為受，推抑而不受者笞五十，三條加一等，十條杖九十。

【疏】議曰：凡諸辭訴，皆從下始。從下至上，令有明文。謂應經縣而越向州、府、省之類，其越訴及官司受者，各笞四十。若有司不受，即訴者亦無罪。「若應合為受」，謂非越訴，依令聽理者，即為受。推抑而不受者，笞五十。「三條加一等」，謂不受四條杖六十，十條罪止杖九十。若越過州訴，受詞官人判付縣勘當者，不坐。請狀上訴，不給狀，科「違令」，笞五十。

即邀車駕及撾登聞鼓，若上表訴，而主司不即受者，加罪一等。其邀車駕訴，而入部伍內，杖六十。部伍，謂入導駕儀仗中者。

【疏】議曰：有人邀車駕及撾登聞鼓，若上表申訴者，主司即須為受。「不即受者，加罪一等」，謂不受一條杖六十，四條杖七十，十條杖一百。其邀車駕訴人，輒入部伍內者，杖六十。注云「部伍，謂入導駕儀仗中者」，依鹵簿令：「駕行，導駕者：萬年縣令引，次京兆尹，總有六引。」注云：「駕從餘州、縣出者，所在刺史、縣令導駕，並準此。儀仗依本品。」若訴人入此儀仗中者，杖六十。

問曰：有人於殿庭訴事，或實或虛，合科何罪？

答曰：依令：「尚書省訴不得理者，聽上表。」受表恒有中書舍人、給事中、御史三司監受。若不於此三司上表，而因公事得入殿庭而訴，是名「越訴」。不以實者，依上條杖八十；得實者，不坐。

360 強盜殺人

諸強盜及殺人賊發，被害之家及同伍即告其主司。若家人、同伍單弱，比伍為告。當告而不告，一日杖六十。主司不即言上，一日杖八十，三日杖一百。官司不即檢校、捕逐及有所推避者，一日徒一年。竊盜，各減二等。

【疏】議曰：強盜及以殺人賊發，被害之家及同伍共相保伍者，須告報主司者，謂坊正、村正、里正以上。若家人同伍單弱，不能告者，「比伍為告」，每伍家之外，即有「比伍」，亦須速告主司。「當告而不告」，謂家有男夫年十六以上，不為告者，一日杖六十。主司不即言於所在官司，「一日杖八十，三日杖一百」，須計去官司遠近，準行程外為罪。「官司不即檢校」，謂隨近受告官司，不即檢校、捕逐，及與隨近州、縣、鎮、戍、府、監等相推，或假以餘事辭託者，一日徒一年。若是竊盜，從「同伍」以下，各減二等。謀殺人已傷及殺部曲、奴婢，比「竊盜不告」科之。

361 監臨知犯法

諸監臨主司知所部有犯法，不舉劾者，減罪人罪三等。糾彈之官，減二等。

【疏】議曰：「監臨」，謂統攝之官。「主司」，謂掌領之事及里正、村正、坊正以上。知所部之人，有違犯法、令、格、式之事，不舉劾者，「減罪人罪三等」，假有人犯徒一年，不舉劾者，得杖八十之類。「糾彈之官，唯減二等」，謂職當糾彈者。其金吾當檢校之處，知有犯法不舉劾者，亦同減罪人罪二等。

即同伍保內，在家有犯，知而不糾者，死罪，徒一年；流罪，杖一百；徒罪，杖七十。其家唯有婦女及男年十五以下者，皆勿論。

【疏】議曰：「即同伍保內」，謂依令「伍家相保」之內，在家有犯，知死罪不糾，得徒一年；知流罪不糾，杖一百；知徒罪不糾，杖七十；犯百杖以下，保人不糾，無罪。其伍保之家，唯有婦女及男年十五以下，不堪告事，雖知不糾，亦皆勿論。雖是伍保之內，所犯不在家中，知而不糾，不合科罪。

卷第二十五

詐偽

【疏】議曰：詐偽律者，魏分賊律為之。歷代相因，迄今不改。既名詐偽，應以詐事在先；以御寶事重，遂以「偽造八寶」為首。鬬訟之後，須防詐偽，故次鬬訟之下。

362 **偽造皇帝寶**

諸偽造皇帝八寶者，斬。太皇太后、皇太后、皇后、皇太子寶者，絞。皇太子妃寶，流三千里。偽造不錄所用，但造即坐。

【疏】議曰：皇帝有傳國神寶、有受命寶、皇帝三寶、天子三寶，是名「八寶」。依公式令：「神寶，寶而不用；受命寶，封禪則用之；皇帝行寶，報王公以下書則用之；皇帝之寶，慰勞王公以下書則用之；皇帝信寶，徵召王公以下書則用之；天子行寶，報番國書則用之；天子之寶，慰勞番國書則用之；天子信寶，徵召番國兵馬則用之。皆以白玉為之。」寶者，印也，印又信也。以其供御，故不與印同名。八寶之中，有人偽造一者，即斬。其太皇太后、皇太后、皇后、皇太子妃寶，偽造者，流三千里。太皇太后以下寶，皆以金為之，並不行用。注云「偽造不錄所用」，謂寶既金、玉為之，偽造者不必皆須金、玉為之，亦不問用與不用，造者即坐。

363 **偽寫官文書印**

諸偽寫官文書印者，流二千里。餘印，徒一年。寫，謂倣效而作，亦不錄所用。

【疏】議曰：上文稱「偽造皇帝八寶」，寶以玉為之，故稱「造」。此云「偽寫官文書印」，印以銅為之，故稱「寫」。注云「寫，謂倣效而作」，謂倣效為之，不限用泥、用蠟等，故云「不錄所用」，但作成者，即流二千里。「餘印，徒一年」，餘印謂諸州等封函印及畜產之印，亦不錄所用。上文但造寶即坐，不須堪行用；此文雖寫印不堪行用，謂不成印文及大小懸別，如此之類，不合流坐，從下條：造未成者，減三等。

即偽寫前代官文書印，有所規求，封用者，徒二年。因之得成官者，從詐假法。

【疏】議曰：依式「周、隋官亦聽成蔭」，或爭封邑之類，事緣前代，乃偽寫前代之印，心有規求，封用者，徒二年。稱「封用」者，或印文書及封文簿，事兼兩用，故連云「封用」。注云「因之得成官者，從詐假法」，謂偽寫封用為舊公驗，因之成官者，從詐假法。其偽寫未成及成而未封用，依下文「未施行減三等」例，亦減已封用三等。

364

偽寫宮殿門符

諸偽寫宮殿門符、發兵符、發兵，謂銅魚合符應發兵者，雖通餘用，亦同。餘條稱發兵者，皆準此。**傳符者，絞；**

【疏】議曰：「宮殿門符」，謂非時開宮殿門，皆須勘魚符合，然始得開。偽寫此符及偽寫發兵符，注云「發兵，謂銅魚合符」，依公式令「下左符進內，右符付州、府」等，應有差科徵發，皆並勑符與銅魚同封行下，勘符合，然後承用，故稱「銅魚合符」。「應發兵，雖通餘用，亦同」，謂其符通雜徵發人事及有所用度，若除授、替代州府長官及差行追禁，並用此符，故稱「雖通餘用，亦同」，謂同發兵符罪。「餘條稱發兵者」，謂擅興律「應給發兵符而不給」，賊盜律「盜發兵符」，故云餘條「皆準此」。「傳符者」，謂給驛用之。偽寫及造此等符者，並合絞。

使節及皇城、京城門符者，流二千里。餘符，徒二年。餘符，謂禁苑門及交巡魚符之類。

【疏】議曰：使節者，周禮有「掌節」之司，注云「道路用旌節」。然大使擁節而行，是名「使節」。其皇城門，謂朱雀等諸門；京城門，謂明德等諸門。偽作此等符及節者，流二千里；餘符，徒二年。注云「餘符，謂禁苑門及交巡魚符之類」，禁苑諸門有符，開閉、守衛、交兵之處皆有交符，巡更、警夜之所並執巡魚符勘過。據擅興律：「凡言餘符者，契亦同。即契應發兵者，同發兵符法。」此條云「之類」者，即是諸契，非發兵。偽造者，並同「餘符」之罪，各合徒二年。

365 偽寶印符節假人

諸以偽寶、印、符、節及得亡寶、印、符、節假人，若出賣，及所假若買者封用，各以偽造、寫論。即以偽印印文書施行，若假與人，及受假者施行，亦與偽寫同；未施行，及偽寫印、符、節未成者，各減三等。

【疏】議曰：以偽造寶、印、符、節及得亡寶、印、符、節，假與他人；若出賣與他人；及所假所買之人，雖非身自造、寫，若將封用：各依偽造、偽寫法科之。

【疏】議曰：上文謂偽造、寫及得亡寶、印、符、節假人及賣買等罪，此文欲論以偽印文書施行。謂以偽印印文書，自將行用，若以偽印文書假與他人，及有受得偽文書行用，並謂已入官司者，其罪各依偽造、寫法。「未施行」，謂偽文書未將行用，及偽寫印、符、節未成者，各減已施行及已成罪三等。

問曰：有人得亡寶、印、符、節，假賣與人，其所假買者，未將行用。未知假賣之人，亦合得依未施行法減罪以否？

答曰：準依律文，本防行用，故云「若假人，若出賣及所假若買者封用，各以偽造、寫論」。封用之文，承賣買之下，若已封用，俱得全罪；如未行用，並合依未施行減三等。下條盜寶、印、符、節及假賣與人，其假買未封用，並合依此減法。其假買偽印文書未施行，假賣人亦同減例。

又問：二人共造偽印印文牒，從者乃將施行，未知二人合有首從以否？

答曰：依名例律：「共犯罪，以造意為首，隨從者減一等。」偽印既非劫盜，止合造意為首；從者雖復行用，止依從法減科。

366

盜寶印符節封用

諸盜寶、印、符、節封用；謂意在詐偽，不關由所主。**即所主者盜封用及以假人，若出賣；**所假**及買者封用：各以偽造、寫論。**

【疏】議曰：盜寶、印、符、節封用，注云「謂意在詐偽，不關由所主」，謂盜用官印等，不由所當之人；或執印等主司，私盜封用及所主者將印假與他人，若將出賣與人；并所假、買之人，若將封用：各以偽造、寫論，並依自造之法。

問曰：有人身為案主，受人請求，乃為盜印印偽文牒，既非掌印，合作首從以否？

答曰：一人須印行用，一人盜印與之，即是共犯，須論首從。盜者雖為案主，非掌印之人，便是共犯，合為首從。

主司不覺人盜封用者，各減封用罪五等；印，又減二等。**即事直及避稽而盜用印者，各杖一百；事雖不直，本法應用印而封用者，加一等。主司不覺，笞五十；故縱者，各與同罪。**

【疏】議曰：掌寶及符、節主司，不覺有人盜用者，減盜用人罪五等；印，又減二等。謂不覺用寶及符，應死者，死上減五等，徒一年半；不覺用符、節應流，流上減五等，徒一年；不覺用餘符，徒二年上減五等，杖八十；不覺用印，流上減七等，合杖九十。即文書正直及避文案稽遲，而盜用印者，各杖一百。「事雖不直，本法應用印」，謂事雖枉曲，本法應封用印者，終須申筓而盜封用印者，加一等，合徒一年。若不直，罪重即從重斷。「主司不覺，笞五十」，謂從「事直及避稽」以下，不覺，各笞五十。故縱者，各與同罪。

367 詐為制書

諸詐為制書及增減者，絞；口詐傳及口增減，亦是。**未施行者，減一等。**施行，謂中書覆奏及已入所司者。雖不關由所司，而詐傳增減，前人已承受者，亦為施行。餘條施行準此。

【疏】議曰：「詐為制書」，意在詐偽，而妄為制敕及因制敕成文，而增減其字者，絞。注云「口詐傳及口增減，亦是」，謂詐傳敕語及奉敕宣傳，口中詐有增減動事者，並與增減制書同。「未施行，減一等」，謂詐為制敕及詐增減已訖，而未施行，減一等。注云「施行，謂中書覆奏」，此謂詐為敕語及雖奉制敕處分，就中增減，中書承受，已覆奏訖。若其不須覆奏者，即據已入所司；或有詐為中書宣出制敕，文書已入所在曹司，應承受施行及起請行判曹司者，並為「已施行」。「雖不關由所司」，謂所宣制敕及增減，不入曹司，徑即詐向規求之所，其前人已承受者，亦為「施行」。假有甲詐宣制敕，向乙索物，乙已承受，不要得物，承受之者，此類即是「施行」。「餘條施行準此」，餘條謂「以偽印文書施行」及下條「詐為官文書施行」，如此諸條，已施行及未施行皆準此。

其收捕謀叛以上，不容先聞而矯制，有功者，奏裁；無功者，流二千里。

【疏】議曰：「其收捕謀叛以上」，謂所在收捕謀反、逆、叛。「不容先聞」，謂不容先得奏聞，恐其滋蔓，或致逃逸，而矯行制敕，務速收掩，有功者，奏裁。「無功者，流二千里」，以其矯行制書，無功可錄，免其死罪，宥以流刑。

368 對制上書不以實

諸對制及奏事、上書，詐不以實者，徒二年；非密而妄言有密者，加一等。對制，謂親見被問。

奏事，謂面陳，若附奏亦是。上書，謂書奏特達。詐，謂知而隱欺及有所求避之類。

【疏】議曰：「對制」，謂親被顧問；「奏事」，謂面陳事由，若附他人而奏，亦同自奏之法；「上書」，謂特達御所：此等若有詐不以實者，徒二年。「非密而妄言有密」，謂非謀反、逆、叛應密之事，而妄言有密，「加一等」，謂加對制不實一等，徒二年半。注文已如上解。「詐，謂知而隱欺」，謂知事不實，故為隱欺。「及有所求避」，或妄求功賞，或迴避罪戾之類。若被官司責罰，情在咆哮，或有因鬬忿爭，欲相恐迫，口雖告密，問即不承，既無文牒入司，坐當「不應為重」。其有已陳文牒，問始承虛；或口稱有密，下辯仍執，於後承妄者：並同「未奏減一等」，徒二年。

若別制下問、案、推，無罪名謂之問，未有告言謂之案，已有告言謂之推。**報上不以實者，徒一年；其事關由所司，承以奏聞而不實者，罪亦如之。未奏者，各減一等。**

【疏】議曰：「若別制下問」，謂不緣曹司，特奉制敕，遣使就問。注云「無罪名謂之問」，謂問百姓疾苦，豐儉水旱之類。案者，謂風聞官人有罪，未有告言之狀，而奉制案問。推者，謂事發遣推，已有告言之者。而乃報上不以實者，各徒一年。其事關曹司，承以奏聞，而有不實，亦得徒一年。「未奏者，各減一等」，謂承前人上書詐不以實，若非密及下問、案、推報上不實，事關所司，承以聞奏，申報不實，未奏者，各減一等。並謂被問、被推之人報答不實者，各獲此罪。

369 詐為官文書增減

諸詐為官文書及增減者，杖一百；準所規避，徒罪以上，各加本罪二等；未施行，各減一等。

【疏】議曰：「詐為官文書」，謂詐為文案及符、移、解牒、鈔券之類，或增減以動事者，杖一百。準所規避之事，當徒罪以上，事發者，各加本罪二等；未發，即依二罪之法，從重科之。規避者，假有於法不應為官，詐求得官者，徒二年；又詐為官文書及增減而規官不解，加本罪二等，合徒三年。避者，或有本犯徒三年，詐為增減以避此罪者，合加二等，流二千五百里。即詐為官文書及增減訖，事未施行，「各減一等」，杖罪以下，杖上減；徒罪以上，各從徒、流、死上減。

即主司自有所避，違式造立及增減文案，杖罪以下，杖一百；徒罪以上，各加所避罪一等；造立即坐。若增減以避稽者，杖八十。

【疏】議曰：謂主司欲避身罪，違式造立文案，或於舊案增減者，「杖罪以下」，謂笞十以上，即前罪之外，得杖一百。或避徒罪以上，事發者，即就所避徒上，各加所避罪一等。注云「造立即坐」，謂不必避得前罪，但造立及增減即坐。若增減以避文案稽違，並於本罪之外，加杖八十。未發者，從二罪法。

問曰：主司自有所避，違式造立文案，徒罪以上，加所避罪一等。加罪有公有私，若用官當，合併滿以否？

答曰：主司若避公罪，有所增減、造立，即坐本罪，依公坐加罪為私罪。若應以官當者，須以私併公，通所加私罪為公坐當法。其於負殿者，各依公私兩論。

370 詐假官假與人官

諸詐假官，假與人官及受假者，流二千里。謂偽奏擬及詐為省司判補、或得他人告身施用之類。

【疏】議曰：「詐假官」，謂虛偽詐假以得官，若虛假授與人官及受詐假官者，並流二千里。注云「謂偽奏擬」，但流內九品以上官，皆注訖奏擬。「及詐為省司判補」，視品、流內等官。或得他人正授告身，或同姓字，或改易己名，妄冒官司，以居職任。稱「之類」者，亦有己之告身應合追毁，私自盜得而假詐之者。若詐申聞及增減重者，從重法。

其於法不應為官，謂有罪譴，未合仕之類。而詐求得官者，徒二年。

【疏】議曰：「其於法不應為官」，謂有罪譴，未合仕之類。假如除名者六載後聽敘，免官者三載後聽敘，免所居官者周年聽敘，若有此等年限未滿，而詐求得官者，徒二年。稱「之類」者，謂犯罪應用高官而詐用卑官，及流人未滿六載之類。

若詐增減功過年限而預選舉，因之以得官者，徒一年；流外官，各減一等；求而未得者，又各減二等。下條準此。

【疏】議曰：「若詐增減功過年限」，謂詐增功勞考第，或減其負殿及下考年限，而預選及舉，因之以得官者，徒一年。又，依選舉令：「官人身及同居大功以上親，自執工商，家專其業者，不得仕。其舊經職任，因此解黜，後能修改，必有事業者，三年以後聽仕。其三年外仍不修改者，追毀告身，即依庶人例。」其有官及無官之人，依令不得仕，而詐求得官；及未滿三年，隱狀選得官者：並同「增減功過年限預選得官」，合徒一年。其三年外仍不修改，若方便不輸告身，依舊為官者，亦同「不應為官」之坐。若追納之後，卻盜及私贖得，以為官者，依上條「詐假官」以下，並依流內官當色輕重上減一等，故云「各減一等」。「求而未得，又各減二等」，謂從「詐假官」未得，流上減二等，合徒二年半，流外官又減一等，徒二年；於法不應為官，求而未得，減二等，徒一年，流外官又減一等，杖一百；詐增減功過年限而預選舉，求而未得，減二等，杖九十，流外官又減一等，杖八十。注云「下條準此」，謂下條「非正嫡詐承襲」未得，亦各減二等。

371 **非正嫡詐承襲**

諸非正嫡，不應襲爵，而詐承襲者，徒二年；非子孫而詐承襲者，從詐假官法。若無官蔭，詐承他蔭而得官者，徒三年。非流內及求贖，杖罪以下，各杖一百；徒罪以上，各加一等。

【疏】議曰：依封爵令：「王、公、侯、伯、子、男，皆子孫承嫡者傳襲。」以次承襲，具在令文。其有不合襲爵而詐承襲者，合徒二年。「非子孫」，謂子孫之外，詐云是嫡而妄承襲者，從「詐假官」法，合流二千里。若無官蔭，詐妄承取他人官蔭而得官者，徒三年。「非流內」，謂假蔭得學生及七品邑，若勳品以下，及求贖杖罪以下，本罪之外，各合杖一百；徒罪以上，加一等，謂於百杖上加一等，合徒一年。此是「犯罪已發而更為者，重其事」。從「詐承襲」以下，求而未得，各減二等。

問曰：取蔭求贖，杖罪杖一百，徒罪加一等。其官司知而故縱，未知從下條「承詐知而聽行與同罪」，惟復依斷獄律「斷罪應決配之而聽收贖，減本罪故失一等」而科？

答曰：既稱「知而故縱」，即是「知而聽行」，理從「同罪」而科。

372 **詐稱官所捕人**

諸詐為官及稱官所遣而捕人者，流二千里。為人所犯害，犯其身及家人、親屬、財物等。**而詐稱官捕及詐追攝人者，徒一年。**未執縛者，各減三等。

【疏】議曰：「詐為官」，謂身自詐作官人，及詐稱官司遣捕人者，並流二千里。若為人侵犯其身，或犯家人、親屬，或侵奪身及家人、親屬、財物等，乃詐稱官司遣捕，或稱官司遣追攝者，並徒一年。雖詐有追攝及捕，而未執縛者，「各減三等」。稱「各」者，捕人未縛，流上減三等，合徒二年；為人所犯害，詐稱官捕及詐追攝人未縛，徒一年上減三等，合杖八十。

問曰：捕亡律：「被人毆擊折傷以上，若盜及強姦，雖傍人，皆得捕繫。」其傍人雖合捕攝，乃詐稱官遣而捕繫之，合科何罪？

答曰：此條注云「犯其身及家人、親屬、財物等」，謂非折傷以上、盜及強姦之色，而詐稱官捕，合徒一年。若前人本法合捕，雖傍人詐稱官捕，止從下文「其應捕攝」，杖八十。

其應捕攝，無官及官卑詐稱高官者，杖八十。即詐稱官及冒官人姓字，權有所求為者，罪亦如之。

【疏】議曰：謂毆人折傷以上，或強姦及盜，此等應須捕攝，其捕攝之人，或無官詐稱有官，或官卑詐稱高官者，杖八十。即詐稱是官及冒承官人姓名，「權有所求為者」，或經過之處，權有所求，或出入公門，心規禮待，非有捕攝者，情是詐欺之類，亦合杖八十，故云「亦如之」。

問曰：前人不合捕攝，乃詐稱官捕，因而殺傷前人，或拒毆傷殺捕者，各合何罪？

答曰：詐捕攝人，已成凶狡，更加毆打傷殺情狀，彌所難原。前人既不相干，即當「故殺傷」法。若前人拒毆，殺傷捕者，名例云：「本應輕者，聽從本。」既不合捕，橫被執持，雖有殺傷，止同鬭殺。

373 **詐欺官私取物**

諸詐欺官私以取財物者，準盜論。詐欺百端，皆是。若監主詐取者，自從盜法；未得者，減二等。下條準此。

【疏】議曰：詐謂詭誑，欺謂誣罔。詐欺官私以取財物者，一準盜法科罪，唯不在除、免、倍贓、加役流之例，罪止流三千里。注云「詐欺百端，皆是」，謂詐欺之狀，不止一途。「若監主詐取」，謂監臨主守詐取所監臨主守之物，自從盜法，加凡盜二等，有官者除名。「未得者，減二等」，謂已設詐端，誣罔規財物，猶未得者，皆準贓，減罪二等。其非監主，詐欺未得者，自從「盜不得財」之法。「下條準此」，謂下條「詐為官私文書及增減，欺妄求物」，未得者，監主之人亦減二等，故云「下條準此」。

知情而取者，坐贓論；知而買者，減一等；知而為藏者，減二等。

【疏】議曰：「知情而取者」，謂知前人詐欺得物而乞取者，坐贓論，一尺笞二十，一疋加一等，十疋徒一年。詐欺之人雖是監主，凡人知情取者，止得坐贓之罪。「知而買者，減一等」，謂於坐贓上亦減一等。「知而為藏」，謂知詐欺而得，故為隱藏，亦於坐贓上減二等。

374 詐為官私文書增減

諸詐為官私文書及增減，文書，謂券抄及簿帳之類。**欺妄以求財賞及避沒入、備償者，準盜論；贓輕者，從詐為官文書法。**若私文書，止從所欺妄為坐。

【疏】議曰：「詐為官私文書及增減」，謂詐為官私券抄及增減簿帳，故注云「文書，謂券抄及簿帳之類」。稱「之類」者，謂符、牒、抄案等。欺妄以求錢財，或求賞物；及緣坐資財及犯禁之物，合沒官而避沒入；或損失官私器物，而避備償：如此之類，增減詐為方便、規避者，計所欺得之贓，準竊盜科斷。「贓輕者，從詐為官文書法」，謂計贓得罪，輕於杖一百者，從詐為官文書法；有印者，自從重論。注云「若私文書，止從所欺妄為坐」，謂詐為私文契及受領券、付抄帖，以求避罪，或改年月日限之類，止從所欺妄求物之罪，不同官文書之坐。

375 妄認良人為奴婢

諸妄認良人為奴婢、部曲、妻妾、子孫者，以略人論減一等。妄認部曲者，又減一等。妄認奴婢及財物者，準盜論減一等。

【疏】議曰：「妄認良人為奴婢、部曲」者，謂本知是良人。妄認為妻妾、子孫者，謂知非己妻妾、子孫而故妄認者。「以略人論減一等」，賊盜律「略人為奴婢者，絞」，減一等，合流三千里。「略人為部曲，流三千里」，減一等，合徒三年。「略人為妻妾、子孫，合徒三年」，減一等，合徒二年半。是為「以略人論減一等」。妄認部曲，又減一等者，賊盜律：「略他人部曲，減良人一等。」即是略部曲為奴合流三千里，妄認部曲為奴，減一等，合徒三年。略部曲為部曲合徒三年，妄認部曲為部曲，減一等，合徒二年半。略部曲、客女為妻妾子孫合徒二年半，妄認部曲、客女為妻妾子孫，減一等，合徒二年。是為「部曲又減一等」。其妄認他人奴婢及財物者，準盜論減一等。若監主妄認未得，亦準上條，各減二等。其非監主，妄認未得，財多者，從「錯認未得」論。

問曰：妄認良人為隨身，妄認隨身為部曲，合得何罪？

答曰：依別格：「隨身與他人相犯，並同部曲法。」即是妄認良人為部曲之法。其妄認隨身為部曲者，隨身之與部曲，色目略同，亦同妄認部曲之罪。

376 詐除去官戶奴婢

諸詐除、去、死、免官戶奴婢及私相博易者，徒二年；即博易贓重者，從貿易官物法。

【疏】議曰：官戶、奴婢，各有簿帳。「除」者，謂詐言給賜；「去」者，謂去其名簿；「死」者，謂詐言身死；「免」者，謂加年入六十及廢疾，各得免本色之類；「及私相博易」，謂將私奴婢博易官奴婢者：各徒二年。博易贓重者，從貿易官物法。

問曰：有人將私部曲博換官奴，得以轉事衣食之直準折官奴價否？

答曰：奴婢有價，部曲轉事無估，故盜誘部曲並不計贓。今以部曲替奴，乃是壓為賤色。取官奴入己者，自從盜論；以部曲替奴，理依「壓部曲為奴」之法。須為二罪，各從重科。

其匿脫者，徒一年； 產子不言為匿，典吏不附為脫。**主司不覺匿脫者，依里正不覺脫漏法。**

【疏】議曰：匿者，謂產子隱匿不言。脫者，謂典吏知情，故不附帳。不言、不附者，各徒一年。故注云「產子不言為匿，典吏不附為脫」。「主司不覺匿脫者，依里正不覺脫漏法」，戶婚律：「里正不覺脫漏增減者，一口笞四十，三口加一等；過杖一百，十口加一等，罪止徒三年。知情者，各同家長法。」既同里正之罪，主司止坐所由。若父母匿子，其數更多，亦準戶婚律家長故隱口之法，一口徒一年，二口加一等；未堪入役者，四口為一口罪：此是「當條雖有罪名，所為重者，自從重」。其典吏及主司匿、脫多者，依律既準里正脫漏，合從累科。主司知情者，各同父母故匿之罪。知與不知，罪名不等者，依脫漏之法，併滿科之。

377 詐為瑞應

諸詐為瑞應者，徒二年。若災祥之類，而史官不以實對者，加二等。

【疏】議曰：瑞應者，陸賈云：「瑞者，寶也，信也。天以寶為信，應人之德，故曰瑞。」其「瑞應」條流，具在禮部之式，有大瑞，有上、中、下瑞。今云「詐為瑞應」，即明不限大小，但詐為者即徒二年。若詐言麟鳳龜龍，無可案驗者，從「上書詐不以實」，亦徒二年。「若災祥之類」，災謂祲沴，祥謂休徵。

「史官不以實對者」，謂應凶言吉，應吉言凶，加二等，徒三年。稱「之類」者，此外有善惡之事，勑問而史官不以實對者，亦加二等。

378 **詐教誘人犯法**

諸詐教誘人使犯法，犯者不知而犯之。**及和令人犯法，**謂共知所犯有罪。**即捕若告，或令人捕、告，欲求購賞；及有憎嫌，欲令入罪：皆與犯法者同坐。**

【疏】議曰：鄙俚之人，不閑法式，姦詐之輩，故相教誘，或教盜人財物，或教越度關津之類。犯禁者不知有罪，教令者故相墜陷，故注云「犯者不知而犯之」。「及和令人犯法」，謂和教人奴婢逃走，或將禁物度關，外示和同，內為私計，故注云「謂共知所犯有罪」。「即捕若告」，謂即自捕、告，或令他人捕、告，欲求購賞；及有憎惡前人，教誘令其人入罪者：皆與身自犯法者同罪。

379 **詐乘驛馬**

諸詐乘驛馬，加役流；驛關等知情與同罪，不知情減二等，關，謂應檢問之處。**有符券者不坐。**謂盜得真符券及偽作，不可覺知者。

【疏】議曰：郵驛本備軍速，其馬所擬尤重。但是詐乘，無問馬數及已行遠近，即合加役流。給馬之驛及所由之關，知其詐乘之情者，亦加役流。「不知情減二等」，謂驛與關司全不勘檢，又不知情，合減二等，猶徒二年半。故注云「關謂應檢問之處」。有符券者，不坐。注云「謂盜得真符券及偽作，不可覺知者」，謂偽作符券及盜得真紙券等，檢驗不可覺知者，驛及關司並不坐。

其未應乘驛馬而輒乘者，徒一年。輒乘，謂有當乘之理，未得符券者。

【疏】議曰：「其未應乘驛馬」，謂差為驛使，而未得符券，輒即乘者，徒一年。注云「輒乘，謂有當乘之理，未得符券者」，謂銜命有實，未得符券而乘者。驛、關等知情聽之，準上文，亦合同罪。不知情者，徒一年上減二等。

380 詐自復除

諸詐自復除，若詐死及詐去工、樂、雜戶名者，徒二年。

【疏】議曰：「詐自復除」，復除之條，備在格、令，謂詐云落番新還，或詐云放賤之類，以得復除；若詐作死狀；及詐去工、樂及雜戶等名字者：徒二年。其太常音聲人，州縣有貫，詐去音聲人名者，亦同工、樂之罪。

即所詐得復役使者，徒一年。其見供作使，而詐自脫及脫之者，杖六十。計所詐庸重者，各坐贓論。

【疏】議曰：謂詐為雜任之類，而得復免役使者，徒一年。「其見供作使」，謂權充雜役，而詐自脫及知情脫之者，各杖六十。計其詐庸重者，各坐贓論。

381 詐疾病有所避

諸詐疾病，有所避者，杖一百。若故自傷殘者，徒一年半。有避、無避等。雖不足為疾殘，而臨時避事者，皆是。

【疏】議曰：詐疾病，以避使役、求假之類，杖一百。若故自傷殘，徒一年半。但傷殘者，有避、無避，得罪皆同。即無所避而故自傷，不成殘疾以上者，從「不應為重」。故注云「有避、無避等。雖不足為疾殘，而臨時避事者，皆是」。

其受雇倩，為人傷殘者，與同罪；以故致死者，減鬬殺罪一等。

【疏】議曰：謂有受雇，或被倩，為人傷殘者，與自傷殘人同罪，各合徒一年半。以此傷殘之故，因而致死者，被雇倩之人，不限尊卑、貴賤，皆減鬬殺一等。若為祖父母、父母遣之傷殘，因致死者，同過失之法。

382 醫違方詐療病

諸醫違方詐療病，而取財物者，以盜論。

【疏】議曰：醫師違背本方，詐療疾病，率情增損，以取財物者，計贓，以盜論。監臨之與凡人，各依本法。

383 父母死言餘喪

諸父母死應解官，詐言餘喪不解者，徒二年半。若詐稱祖父母、父母及夫死以求假及有所避者，徒三年；伯叔父母、姑、兄姊，徒一年；餘親，減一等。若先死，詐稱始死及患者，各減三等。

【疏】議曰：父母之喪，解官居服。而有心貪榮任，詐言餘喪不解者，徒二年半。為其已經發哀，故輕於「聞喪不舉」之罪。若祖父母、父母及夫見存，或稱死求假，及有所避而詐妄稱死者，各徒三年。伯叔父母、姑、兄姊，徒一年。「餘親，減一等」，謂緦麻以上，從徒一年上減一等，杖一百。若先死，詐稱始死及妄云疾病，以求假及有所避者，「各減三等」，謂詐稱祖父母、父母及夫始死及患，徒三年上減三等，合徒一年半；伯叔父母、姑、兄姊，徒一年上減三等，杖八十；餘親，杖一百上減三等，合杖七十。

問曰：有人嫌惡前人，妄告父母身死，其妄告之人，合科何罪？

答曰：父母云亡，在身罔極。忽有妄告，欲令舉哀，若論告者之情，為過不淺，律、令雖無正法，宜從「不應為重」科。

384 **詐病死傷不實**

諸有詐病及死傷，受使檢驗不實者，各依所欺，減一等。若實病死及傷，不以實驗者，以故入人罪論。

【疏】議曰：有詐病及死若傷，受使檢驗不以實，「各依所欺減一等」，即上條詐疾病者杖一百，檢驗不實，同詐妄，減一等，杖九十；傷殘徒一年半，減一等，徒一年；若詐死，徒二年上減一等，處徒一年半之類。「若實病及傷」，謂非詐病及詐傷，使者檢云「無病及傷」，便是故入人徒、杖之罪；若實死，檢云「不死」，即是妄入二年徒坐。使人枉入杖者得杖罪，枉入徒者得徒坐，各依前人入罪法。未決者，減一等。

385 **詐陷人死傷**

諸詐陷人至死及傷者，以鬬殺傷論。謂知津河深濘，橋船朽敗，誑人令渡之類。

【疏】議曰：謂津濟之所，或有深濘，若橋船朽漏，不堪渡人，而詐云「津河平淺，船橋牢固」，令人過渡，因致死傷者，「以鬬殺傷論」，謂令人溺死者絞，折一支徒三年之類。故注云「謂知津河深濘，橋船朽敗，誑人令渡之類」。稱「之類」者，謂知有坑阱、機槍之屬，誑人而致死傷者，亦以鬬殺傷論。其有尊卑、貴賤，各依鬬殺傷本法。

問曰：詐陷人渡朽敗橋梁，溺之甚困，不傷不死，律條無文，合得何罪？又，人雖免難，溺陷畜產，又若為科？

答曰：律云「詐陷人至死及傷」，但論重法，略其輕坐，不可備言，別有「舉重明輕」及「不應為」罪。若誑陷令溺，雖不傷、死，猶同「毆人不傷」論。陷殺傷畜產者，準「作坑阱」例，償其減價。

386 **保任不如所任**

諸保任不如所任，減所任罪二等；即保贓重於竊盜，從竊盜減。若虛假人名為保者，笞五十。

【疏】議曰：保任之人，皆相委悉。所保既乖本狀，即是「不如所任」，減所任之罪二等。「其有保贓重於竊盜，從竊盜減」，謂保「強盜」「枉法」及「恐喝」等贓，本條得罪重於竊盜，並從竊盜上減二等。不從重贓減者，以其元不同情，保贓不保罪故也。「若虛假人名為保者」，謂假用人名，或妄以他人姓字以充保者，並笞五十。有五人同保一事，此即先共謀計，須以造意為首，餘為從坐；當頭自保者，罪無首從。

387 **證不言情**

諸證不言情，及譯人詐偽，致罪有出入者，證人減二等，譯人與同罪。謂夷人有罪，譯傳其對者。

【疏】議曰：「證不言情」，謂應議、請、減，七十以上，十五以下及廢疾，並據眾證定罪，證人不吐情實，遂令罪有增減；及傳譯番人之語，令其罪有出入者：「證人減二等」，謂減所出入罪二等。「譯人與同罪」，若夷人承徒一年，譯人云「承徒二年」，即譯人得所加一年徒坐；或夷人承流，譯者云「徒二年」，即譯者得所減二年徒之類。故注云「謂夷人有罪，譯傳其對者」。律稱「致罪有出入」，即明據證及譯以定刑名。若刑名未定而知證、譯不實者，止當「不應為」法：證、譯徒罪以上從重，杖罪以下從輕。

388 詐冒官司

諸詐冒官司以有所求為，而主司承詐，知而聽行與同罪，至死者減一等；不知者，不坐。謂此篇於條內無主司罪名者。

【疏】議曰：「詐冒官司」，謂詐偽及罔冒官司，欲有所求為，官司知詐冒之情而聽行者，並與詐冒人同罪，至死減一等；不知情者，不坐。注云「謂此篇於條內無主司罪名者」，即此條為當篇「主司」生文，不為餘篇立例。此篇無主司罪名者，上條「詐稱祖父母、父母及夫死」及「詐疾病」，若「詐假官」，或「承襲」，此等知情與同罪，不知者不坐。

卷第二十六

雜律上

【疏】議曰：里悝首制法經，而有雜法之目。遞相祖習，多歷年所。然至後周，更名雜犯律。隋又去犯，還為雜律。諸篇罪名，各有條例。此篇拾遺補闕，錯綜成文，班雜不同，故次詐偽之下。

389 坐贓致罪

諸坐贓致罪者，一尺笞二十，一疋加一等；十疋徒一年，十疋加一等，罪止徒三年。謂非監臨主司，而因事受財者。**與者，減五等。**

【疏】議曰：贓罪正名，其數有六，謂：受財枉法、不枉法、受所監臨、強盜、竊盜并坐贓。然坐贓者，謂非監臨主司，因事受財，而罪由此贓，故名「坐贓致罪」。犯者，一尺笞二十，一疋加一等；十疋徒一年，十疋加一等，罪止徒三年。假如被人侵損，備償之外，因而受財之類，兩和取與，於法並違，故與者減取人五等，即是「彼此俱罪」，其贓沒官。

390 國忌作樂

諸國忌廢務日作樂者，杖一百；私忌，減二等。

【疏】議曰：「國忌」，謂在令廢務日。若輒有作樂者，杖一百。私家忌日作樂者，減二等，合杖八十。

391 私鑄錢

諸私鑄錢者，流三千里；作具已備，未鑄者，徒二年；作具未備者，杖一百。

【疏】議曰：私鑄錢者，合流三千里。其「作具已備」，謂鑄錢作具，並已周備，而未鑄者，徒二年。若「作具未備」，謂有所欠少，未堪鑄錢者，杖一百。若私鑄金銀等錢，不通時用者，不坐。

若磨錯成錢，令薄小，取銅以求利者，徒一年。

【疏】議曰：時用之錢，厚薄大小，並依官樣。輒有磨錯成錢，令至薄小，而取其銅，以求利潤者，徒一年。

392 **城內街巷走車馬**

諸於城內街巷及人衆中，無故走車馬者，笞五十；以故殺傷人者，減鬭殺傷一等。殺傷畜產者，償所減價。餘條稱減鬭殺傷一等者，有殺傷畜產，並準此。

【疏】議曰：有人於城內街衢巷術之所，若人衆之中，衆謂三人以上，無要速事故，走車馬者，笞五十。以走車馬，唐突殺傷人者，減鬭殺傷一等。注云「殺傷畜產者，償所減價。餘條稱減鬭殺傷一等者，有殺傷畜產，並準此」，謂下條「向城及官私宅，若道徑，射、放彈及投瓦石」、「施機槍、作坑阱」，殺傷人者，減鬭殺傷一等；若以故殺傷畜產，並償減價之類。

若有公私要速而走者，不坐；以故殺傷人者，以過失論。其因驚駭，不可禁止，而殺傷人者，減過失二等。

【疏】議曰：公私要速者，公謂公事要速及乘郵驛，并奉勑使之輩。私謂吉、凶、疾病之類，須求醫藥，并急追人。而走車馬者，不坐。雖有公私要急而走車馬，因有殺傷人者，並依過失收贖之法。其因驚駭，力不能制，而殺傷人者，減過失二等，聽贖，其銅各入被傷殺家。若殺傷祖父母、父母，並同名例律「過失殺傷祖父母、父母」法。因驚駭不禁止，得減二等者，亦同減例。

393 **向城官私宅射**

諸向城及官私宅，若道徑射者，杖六十；放彈及投瓦石者，笞四十；因而殺傷人者，各減鬬殺傷一等。

【疏】議曰：「向城」，謂城中有人；「及官私宅」，亦謂宅中有人住；若道徑射者：杖六十。放彈及投瓦石者，笞四十。即因射，若彈及投瓦石，而殺傷人者，各減鬬殺傷罪一等。

若故令入城及宅中，殺傷人者，各以鬬殺傷論；至死者，加役流。

【疏】議曰：即射彈投瓦石之人，故令箭等入城、宅之中，殺傷人者，各以鬬殺傷論，尊卑、長幼、貴賤並同鬬殺傷之法；準罪至死者，加役流。其有射及放彈、投瓦石，不向所親尊長并貴人之宅，而非意殺傷者，即依名例律：「本應重，而犯時不知者，得依凡論；本應輕者，聽從本。」

394 **施機槍作坑阱**

諸施機槍、作坑阱者，杖一百；以故殺傷人者，減鬬殺傷一等；若有標識者，又減一等。

【疏】議曰：有人施機槍及穿坑阱，不在山澤擬捕禽獸者，合杖一百。以施槍等故，而殺傷人者，減鬬殺傷罪一等。若於機槍、坑阱之處，而立標識，欲使人知，而人誤犯致死傷者，「又減一等」，謂總減鬬殺傷罪二等。若不殺傷人，從杖一百減一等，合杖九十。

其深山、迥澤及有猛獸犯暴之處，而施作者，聽。仍立標識。不立者，笞四十；以故殺傷人者，減鬬殺傷罪三等。

【疏】議曰：「深山、迥澤」，謂非人常行之所，或雖非山澤，而有猛獸犯暴之處，施作機槍、坑阱者，不合得罪。仍立標識。不立者，笞四十。若不立標識，而致殺傷人者，減鬭殺傷罪三等。若立標識，仍有殺傷，此由行人自犯，施機槍、坑阱者不坐。

395 醫合藥不如方

諸醫為人合藥及題疏、針刺，誤不如本方，殺人者，徒二年半。

【疏】議曰：醫師為人合和湯藥，其藥有君臣、分兩，題疏藥名，或注冷熱遲駛，并針刺等，錯誤不如本方者，謂不如今古藥方及本草，以故殺人者，醫合徒二年半。若殺傷親屬尊長，得罪輕於過失者。各依過失殺傷論。其有殺不至徒二年半者，亦從殺罪減三等，假如誤不如本方，殺舊奴婢，徒二年減三等，杖一百之類。傷者，各同過失法。

其故不如本方，殺傷人者，以故殺傷論；雖不傷人，杖六十。即賣藥不如本方，殺傷人者，亦如之。

【疏】議曰：「其故不如本方」，謂故增減本方，不依舊法，殺傷人者，以故殺傷論，尊長、卑幼、貴賤並依故殺傷之律。「雖不傷人」，謂故不如本方，於人無損猶杖六十；於尊長及官人，亦同「毆而不傷」之法。「即賣藥不如本方」，謂非指的為人療患，尋常賣藥，故不如本方，雖未損人，杖六十；已有殺傷者，亦依故殺傷法，故云「亦如之」。

396 丁匠防人等疾病

諸丁匠在役及防人在防，若官戶、奴婢疾病，主司不為請給醫藥救療者，笞四十；以故致死者，徒一年。

【疏】議曰：丁匠在作役之所，防人在鎮守之處，若官戶、奴婢在本司上者，而有疾病，所管主司不為請，雖請而主醫藥官司不給，闕於救療者，笞四十。「以故致死者」，謂不請給醫藥救療，以故致死者，各徒一年。

397

受寄物費用

諸受寄財物，而輒費用者，坐贓論減一等。詐言死失者，以詐欺取財物論減一等。

【疏】議曰：受人寄付財物，而輒私費用者，坐贓論減一等，一尺笞十，一疋加一等，十疋杖一百，罪止徒二年半。「詐言死失者」，謂六畜、財物之類，私費用而詐言死及失者。「以詐欺取財物論減一等」，謂一尺笞五，十一疋加一等；五疋杖一百，五疋加一等。

問曰：受人寄付財物，實死、失，合償以否？又，監臨受寄，詐言死、失，合得何罪？

答曰：下條云：「亡失官私器物，各備償。被強盜者，不償。」即失非強盜，仍合備之。以理死者，不合備償；非理死者，準廄牧令，合償減價。若監臨主司受寄，詐言死、失者，以「詐欺取財物」減一等科之。

398

負債違契不償

諸負債違契不償，一疋以上，違二十日笞二十，二十日加一等，罪止杖六十；三十疋，加二等；百疋，又加三等。各令備償。

【疏】議曰：負債者，謂非出舉之物，依令合理者，或欠負公私財物，乃違約乖期不償者，一疋以上，違二十日笞二十，二十日加一等，罪止杖六十。「三十疋加二等」，謂負三十疋物，違二十日，笞四十；百日不償，合杖八十。「百疋又加三等」，謂負百疋之物，違契滿二十日，杖七十；百日不償，合徒一年。各令備償。若更延日，及經恩不償者，皆依判斷及恩後之日，科罪如初。

399 負債強牽掣畜產

諸負債不告官司，而強牽財物，過本契者，坐贓論。

【疏】議曰：謂公私債負，違契不償，應牽掣者，皆告官司聽斷。若不告官司而強牽掣財物，若奴婢、畜產，過本契者，坐贓論。若監臨官共所部交關，強牽過本契者，計過剩之物，準「於所部強市有剩利」之法。

400 良人為奴婢質債

諸妄以良人為奴婢，用質債者，各減自相賣罪三等；知情而取者，又減一等。仍計庸以當債直。

【疏】議曰：虛妄用良人為奴婢，將質債者，「各減自相賣罪三等」，謂以凡人質債，從流上減三等；若以親戚年幼妄質債者，各依本條，減賣罪三等。「知情而取」，謂知是良人而取為奴婢，受質債者，「又減一等」，謂又減質良人罪一等。「仍計庸以當債直」，謂計一日三尺之庸，累折酬其債直。不知情者，不坐，亦不計庸以折債直。

401 錯認良人為奴婢

諸錯認良人為奴婢者，徒二年；為部曲者，減一等。錯認部曲為奴者，杖一百。

【疏】議曰：良人之與奴婢，種類自殊，若錯認者，徒二年。「為部曲者，減一等」，徒一年半。若錯認部曲為奴者，杖一百。若部曲妻，雖取良人女為，亦依部曲之坐。

錯認奴婢及財物者，計贓一疋笞十，五疋加一等，罪止杖一百。未得者，各減二等。

【疏】議曰：錯認他人奴婢及財物者，計贓一疋笞十，五疋加一等，罪止杖一百。「未得者，各減二等」，謂從「錯認良人」以下，未得者，並減二等。其錯認良人以下為子孫，律既無文，量情依「不應為輕」；若錯認他人妻妾及女為己妻妾者，情理俱重，依「不應為重」科。若已認得妻妾將去者，多涉姦情，即同姦法。

402 **博戲賭財物**

諸博戲賭財物者，各杖一百；舉博為例，餘戲皆是。**贓重者，各依己分，準盜論。**輸者，亦依己分為從坐。

【疏】議曰：共為博戲，而賭財物，不滿五疋以下，各杖一百。注云「舉博為例，餘戲皆是」，謂舉博為名，總為雜戲之例。弓射既習武藝，雖賭物，亦無罪名。餘戲，計贓得罪重於杖一百者，「各依己分，準盜論」，謂賭得五疋之物，合徒一年。注云「輸者，亦依己分為從坐」，謂輸五疋之物，為徒一年從坐，合杖一百。贓多者，各準盜法加罪。若贏衆人之物，亦須累而倍論；輸衆人物者，依己分，倍為從坐。若倍不重一人之贓，即各從一人重斷。

其停止主人，及出九，若和合者，各如之。賭飲食者，不坐。

【疏】議曰：「停止主人」，謂停止博戲賭物者主人；「及出九之人」，亦舉九為例，不限取利多少；若和合人令戲者：不得財，杖一百；若得利入己，並計贓準盜論。衆人上得者，亦準上例倍論。故云「各如之」。「賭飲食者，不坐」，謂即雖賭錢，盡用為飲食者，亦不合罪。

403 舍宅車服器物

諸營造舍宅、車服、器物及墳塋、石獸之屬，於令有違者，杖一百。雖會赦，皆令改去之；墳則不改。

【疏】議曰：營造舍宅者，依營繕令：「王公已下，凡有舍屋，不得施重拱、藻井。」車者，儀制令：「一品青油纁，通幰，虛偃。」服者，衣服令：「一品袞冕，二品鷩冕。」器物者，「一品以下，食器不得用純金、純玉。」墳塋者，「一品方九十步，墳高一丈八尺。」石獸者，「三品以上，六；五品以上，四。」此等之類，具在令文。若有違者，各杖一百。雖會赦，皆令除去，唯墳不改。稱「之屬」者，碑、碣等是。若有犯者，並同此坐。

其物可賣者，聽賣。若經赦後百日，不改去及不賣者，論如律。

【疏】議曰：舍宅以下，違犯制度，堪賣者，須賣；不堪賣者，改去之。若赦後百日，不改及不賣者，還杖一百，故云「論如律」。

404 侵巷街阡陌

諸侵巷街、阡陌者，杖七十。若種植墾食者，笞五十。各令復故。雖種植，無所妨廢者，不坐。

【疏】議曰：「侵巷街、阡陌」，謂公行之所，若許私侵，便有所廢，故杖七十。「若種植墾食」，謂於巷街阡陌種物及墾食者，笞五十。各令依舊。若巷陌寬閑，雖有種植，無所妨廢者，不坐。

其穿垣出穢污者，杖六十；出水者，勿論。主司不禁，與同罪。

【疏】議曰：其有穿穴垣牆，以出穢污之物於街巷，杖六十。直出水者，無罪。「主司不禁，與同罪」，謂「侵巷街」以下，主司並合禁約，不禁者，與犯罪人同坐。

405 占山埜陂湖利

諸占固山野陂湖之利者，杖六十。

【疏】議曰：山澤陂湖，物產所植，所有利潤，與衆共之。其有占固者，杖六十。已施功取者，不追。

406 犯夜

諸犯夜者，笞二十；有故者，不坐。閉門鼓後、開門鼓前行者，皆為犯夜。故，謂公事急速及吉、凶、疾病之類。

【疏】議曰：宮衛令：「五更三籌，順天門擊鼓，聽人行。晝漏盡，順天門擊鼓四百搥訖，閉門。後更擊六百搥，坊門皆閉，禁人行。」違者，笞二十。故注云「閉門鼓後、開門鼓前，有行者，皆為犯夜」。故，謂公事急速。但公家之事須行，及私家吉、凶、疾病之類，皆須得本縣或本坊文牒，然始合行，若不得公驗，雖復無罪，街鋪之人不合許過。既云閉門鼓後、開門鼓前禁行，明禁出坊外者。若坊內行者，不拘此律。

其直宿坊街，若應聽行而不聽及不應聽行而聽者，笞三十；即所直時，有賊盜經過而不覺者，笞五十。

【疏】議曰：謂諸坊應閉之門，諸街守衛之所，有當直宿，應合聽行而不聽，及不應聽行而聽者，笞三十。若分更當直之時，有賊盜經過所直之處，而宿直者不覺，笞五十。若覺而聽行，自當主司故縱之罪。

407 從征從行身死不送还鄉

諸從征及從行、公使於所在身死，依令應送還本鄉，違而不送者，杖一百。若傷病而醫食有闕者，杖六十；因而致死者，徒一年。

【疏】議曰：「從征」，謂從軍征討；「及從行」，謂從車駕行及從東宮行；并公事充使，於所在身死。依令應送還本鄉者，軍防令：「征行衛士以上，身死行軍，具錄隨身資財及屍，付本府人將還。無本府人者，付隨近州縣遞送。」喪葬令：「使人所在身喪，皆給殯殮調度，遞送至家。」從行，准兵部式：「從行身死，折衝賻三十段，果毅二十段，別將十段，并造靈轝，遞送還府。隊副以上，各給絹兩疋，衛士給絹一疋，充殮衣，仍並給棺，令遞送還家。」自餘無別文者，即同公使之例。應送不送者，各杖一百。「若傷病」，謂征行人等，或病或傷，須醫藥救療，飲食供給，而醫食有闕者，杖六十。「因而致死」，謂以醫食不如法致死者，徒一年。

即卒官，家無手力不能勝致者，仰部送還鄉，違而不送者，亦杖一百。

【疏】議曰：官人在任，以理身死，家道既貧，先無手力，不能自相運致以還故鄉者，卒官之所，部送還鄉。稱「部送」者，差人部領，遞送還鄉。依令去官家口累弱，尚得送還；況乃身亡，明須准給手力部送。違而不送者，亦杖一百。

408 應給傳送剩取

諸應給傳送，而限外剩取者，笞四十；計庸重者，坐贓論，罪止徒二年。

【疏】議曰：「應給傳送」，依廄牧令：「官爵一品，給馬八疋；嗣王、郡王及二品以上，給馬六疋。」三品以下，各有等差。若過令限，數外剩取者，笞四十。「計庸重者，坐贓論」，馬庸一日為絹三尺，坐贓一尺笞二十，一疋加一等，三疋一尺笞五十，即是得罪重於笞四十，須從坐贓論計庸，罪止徒二年。

若不應給而取者，加罪二等；強取者，各加一等。主司給與者，各與同罪。

【疏】議曰：上文並據應給而剩取之。「若不應給而取者」，謂本無傳送之理而取之，加二等，謂贓輕者，杖六十；贓重者，加坐贓之罪二等，罪止徒三年。「強取者，各加一等」，謂應得傳送，而剩強取者笞五十，贓重者於坐贓上加一等；不應給傳送而強取者杖七十，贓重者加坐贓上加三等。是「各加一等」。「主司給與者，各與同罪」，稱「各」者，強取而主司給與，亦與強者罪同。

409 **不應入驛而入**

諸不應入驛而入者，笞四十。輒受供給者，杖一百；計贓重者，準盜論。雖應入驛，不合受供給而受者，罪亦如之。

【疏】議曰：「不應入驛而入者，笞四十」，雜令：「私行人，職事五品以上、散官二品以上、爵國公以上，欲投驛止宿者，聽之。邊遠及無村店之處，九品以上、勳官五品以上及爵，遇屯驛止宿，亦聽。並不得輒受供給。」謂私行人不應入驛而入者，笞四十。輒受供給，準贓雖少，皆杖一百；計贓得罪重於杖一百者，準盜論。雖應入驛，準令不合受供給而受，亦與不應入驛人同罪。強者，各加二等。

410 **姦徒一年半**

諸姦者，徒一年半；有夫者，徒二年。部曲、雜戶、官戶姦良人者，各加一等。即姦官私婢者，杖九十；奴姦婢，亦同。

【疏】議曰：和姦者，男女各徒一年半；有夫者，徒二年。妻、妾罪等。部曲、雜戶、官戶而姦良人者，並加良人相姦罪一等。即良人姦官私婢者，杖九十。注云「奴姦婢，亦同」，杖九十。

姦他人部曲妻，雜戶、官戶婦女者，杖一百。強者，各加一等。折傷者，各加鬬折傷罪一等。

【疏】議曰：「姦他人部曲妻」，明姦己家部曲妻及客女各不坐；若姦雜戶、官戶婦女者：杖一百。「強者，各加一等」，自「姦良人」以下，強者各加一等。「折傷者」，謂折齒或折指以上，「各加鬬折傷一等」，謂良人從凡鬬上加，官戶、雜戶、他人部曲妻、官私奴婢各從本鬬罪上加，與強姦為二罪，從重而科。

411 **姦緦麻親及妻**

諸姦緦麻以上親及緦麻以上親之妻，若妻前夫之女及同母異父姊妹者，徒三年；強者，流二千里；折傷者，絞。妾，減一等。餘條姦妾，準此。

【疏】議曰：「姦緦麻以上親」，謂內外有服親者；「及緦麻以上親之妻」，亦謂有服者妻；「若妻前夫之女」，謂妻前家所生者：各徒三年。強者，流二千里。因強姦而折傷者，絞。得罪已重，故「妾，減一等」，謂減妻罪一等。其於媵，罪與妾同。注云「餘條姦妾，準此」，謂餘條五服內及主之緦麻以上親，直有姦名而無妾罪者，並準此條，減妻一等。其奴及部曲，姦主之妾及主期親之妾，亦從減一等之例。

412 **姦從祖祖母姑**

諸姦從祖祖母姑、從祖伯叔母姑、從父姊妹、從母及兄弟妻、兄弟子妻者，流二千里；强者，絞。

【疏】議曰：「從祖祖母姑」，謂祖之兄弟妻，若祖之姊妹；「從祖伯叔母姑」，謂父之堂兄弟妻及父之堂姊妹；「從父姊妹」，謂己之堂姊妹；「從母」，謂母之姊妹；及兄弟之妻、兄弟子妻：與之姦者，並流二千里；强者，絞。

413 **姦父祖妾**

諸姦父祖妾、謂曾經有父祖子者。**伯叔母、姑、姊妹、子孫之婦、兄弟之女者，絞。即姦父祖所幸婢，減二等。**

【疏】議曰：「姦父祖妾」，即曾、高妾亦同。注云「謂曾經有父祖子者」，其無子者，即準上文「妾，減一等」。姦伯叔母、姑、姊妹、子孫婦，曾、玄孫婦亦同，兄弟之女者，絞。「即姦父祖所幸婢，減二等」，合徒三年。不限有子、無子，得罪並同。

問曰：父祖之妾，曾經有子，父祖亡歿，改嫁他人，而子孫姦之，得同凡姦以否？

答曰：婦人尊卑，緣夫立制。子孫於父祖之妾，在禮全無服紀，父祖亡歿，改適他人，子孫姦者，理同凡姦之法。律有「曾為祖免親妻妾而嫁娶者」別立罪名；至於和姦，律無加罪。

414 **奴姦良人**

諸奴姦良人者，徒二年半；強者，流；折傷者，絞。

【疏】議曰：奴姦良人婦女，徒二年半；強者，流；折傷者，絞。雖有夫，亦同。「折傷」，謂因姦折傷者。

其部曲及奴，姦主及主之期親，若期親之妻者絞，婦女減一等；強者，斬。即姦主之緦麻以上親及緦麻以上親之妻者，流；強者，絞。

【疏】議曰：其部曲及奴和姦主，及姦主之期親若期親之妻，部曲及奴合絞，婦女減一等。「強者，斬」，謂奴等合斬，婦女不坐。「即姦主之緦麻以上親及緦麻以上親之妻者，流」，婦女合流二千里。強者，奴等絞。若姦妾者，自主以下，準上例，並減妻一等。即妾子見為家主，其母亦與子不殊，雖出亦同。

415 **和姦無婦女罪名**

諸和姦，本條無婦女罪名者，與男子同。強者，婦女不坐。其媒合姦通，減姦者罪一等。罪名不同者，從重減。

【疏】議曰：「和姦」，謂彼此和同者。「本條無婦女罪名，與男子同」，謂上條「奴姦良人者，徒二年半」，此即和姦不立婦女罪名，良人婦女亦徒二年半之類，並與男子同。「強者，婦女不坐」，謂上條「姦主期親，強者斬」，既無婦女罪名，其婦女不坐。但是強姦者，婦女皆悉無罪。其媒合姦通之人，減姦罪一等，假如和姦者徒一年半，媒合者徒一年之類。注云「罪名不同者，從重減」，假有俗人，媒合姦女官，男子徒一年半，女官徒二年半，媒合姦通者猶徒二年之類，是為「從重減」。

416 **監主於監守內姦**

諸監臨主守，於所監守內姦者，謂犯良人。加姦罪一等。即居父母及夫喪，若道士、女官姦者，各又加一等。婦女以凡姦論。

【疏】議曰：監臨主守之人，於所監守內姦良人，加凡姦一等，故注云「謂犯良人」。若姦無夫婦女，徒二年；姦有夫婦女，徒二年半。即居父母喪，男、女同；夫喪者，妻、妾同；若道士、女官，僧、尼同：姦者，各又加監臨姦一等，即加凡姦罪二等，故云「各又加一等」。假有監臨主守，若道士及僧，并男子在父母喪姦者，婦女以凡姦論。即女居父母喪，婦人居夫喪及女官、尼姦者，並加姦罪二等；男子亦以凡姦論。其有尊卑及貴賤者，各從本法加罪。

417 **校斛斗秤度不平**

諸校斛斗秤度不平，杖七十。監校者不覺，減一等；知情，與同罪。

【疏】議曰：「校斛斗秤度」，依關市令：「每年八月，詣太府寺平校，不在京者，詣所在州縣平校，並印署，然後聽用。」其校法，雜令：「量，以北方秬黍中者，容一千二百為龠，十龠為合，十合為升，十升為斗，三斗為大斗一斗，十斗為斛。秤權衡，以秬黍中者，百黍之重為銖，二十四銖為兩，三兩為大兩一兩，十六兩為斤。度，以秬黍中者，一黍之廣為分，十分為寸，十寸為尺，一尺二寸為大尺一尺，十尺為丈。」有校勘不平者，杖七十。監校官司不覺，減校者罪一等，合杖六十；知情，與同罪。

418 器用絹布行濫

諸造器用之物及絹布之屬，有行濫、短狹而賣者，各杖六十；不牢謂之行，不真謂之濫。即造橫刀及箭鏃用柔鐵者，亦為濫。

【疏】議曰：凡造器用之物，謂供公私用，及絹、布、綾、綺之屬，「行濫」，謂器用之物不牢、不真；「短狹」，謂絹疋不充四十尺，布端不滿五十尺，幅闊不充一尺八寸之屬而賣：各杖六十。故禮云：「物勒工名，以考其誠。功有不當，必行其罪。」其行濫之物沒官，短狹之物還主。

得利贓重者，計利，準盜論。販賣者，亦如之。市及州、縣官司知情，各與同罪；不覺者，減二等。

【疏】議曰：「得利贓重者」，謂賣行濫、短狹等物，計本之外，剩得利者，計贓重於杖六十者，「準盜論」，謂準盜罪，一尺杖六十，一疋加一等，計得利一疋一尺以上，即從重科，計贓累而倍併。「販賣者，亦如之」，謂不自造作，轉買而賣求利，得罪並同自造之者。市及州、縣官司知行濫情，各與造、賣者同罪；檢察不覺者，減二等。官司知情及不覺，物主既別，各須累而倍論。其州、縣官不管市，不坐。

419 市司評物價不平

諸市司評物價不平者，計所貴賤，坐贓論；入己者，以盜論。其為罪人評贓不實，致罪有出入者，以出入人罪論。

【疏】議曰：謂公私市易，若官司遣評物價，或貴或賤，令價不平，計所加減之價，坐贓論。「入己者」，謂因評物價，令有貴賤，而得財物入己者，以盜論，並依真盜除、免、倍贓之法。「其為罪人評贓不實」，亦謂增減其價，致罪有出入者。假有評盜贓，應直上絹五疋，乃加作十疋，應直十疋減作五疋，是出入半年徒罪，市司還得半年徒坐，故云「以出入人罪論」。若應直五疋，評作九疋，或直九疋，評作五疋，於罪既無加減，止從貴賤不實坐贓之法。

420 **私作斛斗秤度**

諸私作斛斗秤度不平，而在市執用者，笞五十；因有增減者，計所增減，準盜論。

【疏】議曰：依令：「斛斗秤度等，所司每年量校，印署充用。」其有私家自作，致有不平，而在市執用者，笞五十；因有增減贓重者，計所增減，準盜論。

即用斛斗秤度出入官物而不平，令有增減者，坐贓論；入己者，以盜論。其在市用斛斗秤度雖平，而不經官司印者，笞四十。

【疏】議曰：即用斛斗秤度出入官物，增減不平，計所增減，坐贓論。「入己者，以盜論」，因其增減，得物入己，以盜論，除、免、倍贓依上例。「其在市用斛斗秤度雖平」，謂校勘訖，而不經官司印者，笞四十。

421 **賣買不和較固**

諸賣買不和，而較固取者；較，謂專略其利。固，謂障固其市。及更出開閉，共限一價；謂賣物以賤為貴，買物以貴為賤。

【疏】議曰：賣物及買物人，兩不和同，「而較固取者」，謂強執其市，不許外人買，故注云「較，謂專略其利。固，謂障固其市」；「及更出開閉」，謂販鬻之徒，共為姦計，自賣物者以賤為貴，買人物者以貴為賤，更出開閉之言，其物共限一價，望使前人迷謬，以將入已；

若參市，謂人有所賣買，在傍高下其價，以相惑亂。**而規自入者：杖八十。已得贓重者，計利，準盜論。**

【疏】議曰：「參市」，謂負販之徒，共相表裏，參合貴賤，惑亂外人，故注云「謂人有所賣買，在傍高下其價，以相惑亂」，而規賣買之利入已者：並杖八十。已得利物，計贓重於杖八十者，「計利，準盜論」，謂得三疋一尺以上，合杖九十，是名「贓重」，其贓既準盜科，即合徵還本主。

422 **買奴婢牛馬立券**

諸買奴婢、馬牛駝騾驢，已過價，不立市券，過三日笞三十；賣者，減一等。立券之後，有舊病者三日內聽悔，無病欺者市如法，違者笞四十。

【疏】議曰：買奴婢、馬牛駝騾驢等，依令並立市券。兩和市賣，已過價訖，若不立券，過三日，買者笞三十，賣者減一等。若立券之後，有舊病，而買時不知，立券後始知者，三日內聽悔。三日外無疾病，故相欺罔而欲悔者，市如法，違者笞四十；若有病欺，不受悔者，亦笞四十。令無私契之文，不準私券之限。

即賣買已訖，而市司不時過券者，一日笞三十，一日加一等，罪止杖一百。

【疏】議曰：賣買奴婢及牛馬之類，過價已訖，市司當時不即出券者，一日笞三十。所由官司依公坐，節級得罪；其挾私者，以首從論。一日加一等，罪止杖一百。

423 **在市人衆中驚動**

諸在市及人衆中，故相驚動，令擾亂者，杖八十；以故殺傷人者，減故殺傷一等；因失財物者，坐贓論。其誤驚殺傷人者，從過失法。

【疏】議曰：有人在市内及衆聚之處，「故相驚動」，謂誑言有猛獸之類，令擾亂者，杖八十。若因擾亂之際而失財物，坐贓論；如是衆人之物，累併倍論，併倍不加重於一人，失財物者即從重論。因其擾亂而殺傷人者，「減故殺傷一等」，驚人致死，減一等流三千里；折一支，減一等徒三年之類。其有誤驚，因而殺傷人者，從「過失」法收贖，銅入被傷殺之家。

424 **失時不修隄防**

諸不修隄防及修而失時者，主司杖七十；毁害人家、漂失財物者，坐贓論減五等；以故殺傷人者，減鬬殺傷罪三等。謂水流漂害於人。即人自涉而死者，非。即水雨過常，非人力所防者，勿論。

【疏】議曰：依營繕令：「近河及大水有隄防之處，刺史、縣令以時檢校。若須修理，每秋收訖，量功多少，差人夫修理。若暴水汎溢，損壞隄防，交為人患者，先即修營，不拘時限。」若有損壞，當時不即修補，或修而失時者，主司杖七十。「毁害人家」，謂因不修補及修而失時，為水毁害人家，漂失財物者，「坐贓論減五等」，謂失十疋杖六十，罪止杖一百；若失衆人之物，亦合倍論。「以故殺傷人者，減鬭殺傷罪三等」，謂殺人者，徒二年半；折一支者，徒一年半之類。注云「謂水流漂害於人」，謂由不修理隄防，而損害人家及行旅被水漂流，而致死傷者。「即人自涉而死者，非」，所司不坐。即水雨過常，非人力所防者，無罪。

其津濟之處，應造橋、航及應置船、筏，而不造置及擅移橋濟者，杖七十；停廢行人者，杖一百。

【疏】議曰：「津濟之處，應造橋、航」，謂河津濟渡之處應造橋，及航者，編舟作之，及應置舟船，及須以竹木為筏以渡行人，而不造置及擅移橋梁、濟渡之所者，各杖七十。「停廢行人」，謂不造橋航及不置船筏，并擅移橋濟，停廢行人者，杖一百。

425 **盜決隄防**

諸盜決隄防者，杖一百； 謂盜水以供私用。若為官檢校，雖供官用，亦是。**若毀害人家及漂失財物，贓重者，坐贓論；以故殺傷人者，減鬭殺傷罪一等。若通水入人家，致毀害者，亦如之。**

【疏】議曰：有人盜決隄防，取水供用，無問公私，各杖一百。故注云「謂盜水以供私用。若為官檢校，雖供官用，亦同」。水若為官，即是公坐。「若毀害人家」，謂因盜水汎溢，以害人家，漂失財物，計贓罪重於杖一百者，即計所失財物，「坐贓論」，謂十疋徒一年，十疋加一等。「以故殺傷人者」，謂以決水之故殺傷者，減鬭殺傷罪一等。若通水入人家，致毀害、殺傷者，一同盜決之罪，故云「亦如之」。

其故決隄防者，徒三年；漂失贓重者，準盜論；以故殺傷人者，以故殺傷論。

【疏】議曰：上文盜水因有殺傷，此云「故決隄防者」，謂非因盜水，或挾嫌隙，或恐水漂流自損之類，而故決之者，徒三年。漂失之贓重於徒三年，謂漂失人三十疋贓者，準盜論，合流二千里；若失眾人之物，亦合倍論。以決隄防之故而殺傷人者，「以故殺傷論」，謂殺人者合斬，折人一支流二千里之類。上條：「殺傷人，減鬭殺傷罪一等。有殺傷畜產，償減價。餘條準此。」今以故殺傷論，其殺傷畜產，明償減價。下條「水火損敗，故犯者，徵償」。

426 **乘官船违限私載**

諸應乘官船者，聽載衣糧二百斤。違限私載，若受寄及寄之者，五十斤及一人，各笞五十；一百斤及二人，各杖一百；但載即坐。若家人隨從者，勿論。**每一百斤及二人，各加一等，罪止徒二年。**

【疏】議曰：應乘官船之人，聽載隨身衣糧二百斤。若二百斤外更載，若受人寄物及寄物之人，物滿五十斤及一人者，各笞五十；一百斤及二人，各杖一百。稱「各」者，謂人之與物，得罪各等，亦不限所載遠近，故注云「但載即坐」。若將家人隨從者，皆不坐。每一百斤及二人各加一等，罪止徒二年。

從軍征討者，各加二等。監當主司知而聽之，與同罪。空船者，不用此律。

【疏】議曰：「從軍征討者」，謂以船轉運軍資而私自載物，若受寄及寄之者，「各加二等」，謂五十斤及一人，各杖七十；一百斤及二人，各徒一年半；每一百斤及二人，各加一等，罪止徒三年。「監當主司而聽之」，謂監船官司知乘船人私載、受寄者，與寄之者罪同，故云「與同罪」。若是空船，雖私載、受寄，準行程無違者，並悉無罪，故云「不用此律」。

427 茹船不如法

諸船人行船、茹船、寫漏、安標宿止不如法，若船筏應迴避而不迴避者，笞五十；以故損失官私財物者，坐贓論減五等；殺傷人者，減鬬殺傷三等；

【疏】議曰：「船人」，謂公私行船之人。「茹船」，謂茹塞船縫。「寫漏」，謂寫去漏水。「安標宿止」，謂行船宿泊之所，須在浦島之內，仍即安標，使來者候望。違者，是「不如法」；「若船筏應迴避者」，或沿泝相逢，或在洲嶼險處，不相迴避，覆溺者多，須準行船之法，各相迴避，若湍磧之處，即泝上者避沿流之類，違者：各笞五十。以不茹、寫、迴避之故，損失官私財物者，「坐贓論減五等」，謂十疋杖六十，十疋加一等，罪止杖一百。「殺傷人者，減鬬殺傷罪三等」，殺人者，徒二年半；折人一支者，徒一年半之類。

其於湍磧尤難之處，致有損害者，又減二等。監當主司，各減一等。卒遇風浪者，勿論。

【疏】議曰：激水為湍，積石為磧。謂湍磧險難之所，其有損失財物，或殺傷人者，「又減二等」，謂失財物，於坐贓上減七等；殺傷人者，減鬬殺傷五等。「監當主司，各減一等」，謂各減行船人罪一等。卒遇暴風巨浪，而損失財物及殺傷人者，並不坐。

428 山陵兆域内失火

諸於山陵兆域内失火者，徒二年；延燒林木者，流二千里；殺傷人者，減鬬殺傷一等。其在外失火而延燒者，各減一等。餘條在外失火準此。

【疏】議曰：「山陵」，前已釋訖。「兆域」者，鄧展云：「除地為塋，將有形兆。」韋昭曰：「兆，域也。起土為塋域。」孝經曰：「卜其宅兆而安厝之。」然山陵兆域之所，皆有宿衛之人，而於此內失火者，徒二年。延燒兆域內林木者，流二千里。殺傷人者，減鬬殺傷一等。「其在外失火」，謂於兆域外失火，延燒兆域內及林木者，「各減一等」，謂延燒兆域內，徒二年上減一等；若延燒林木者，流二千里上減一等。注云「餘條在外失火準此」，餘條謂「庫藏」以下諸條，因在外失火延燒者，各減於內失火一等。

429 **庫藏倉不得燃火**

諸庫藏及倉內，皆不得燃火。違者，徒一年。

【疏】議曰：凡官庫藏及敖倉內，有舍者，皆不得燃火。違者，徒一年。

430 **非時燒田野**

諸失火及非時燒田野者，笞五十；非時，謂二月一日以後、十月三十日以前。若鄉土異宜者，依鄉法。**延燒人舍宅及財物者，杖八十；贓重者，坐贓論減三等；殺傷人者，減鬬殺傷二等。**

【疏】議曰：「失火」，謂失火有所燒，及不依令文節制而非時燒田野者，笞五十。其於當家之內失火者，皆罪失火之人。注云「非時，謂二月一日以後、十月三十日以前。若鄉土異宜者，依鄉法」，謂北地霜早，南土晚寒，風土亦既異宜，各須收穫總了，放火時節不可一準令文，故云「各依鄉法」。延燒人舍宅及財物者，各杖八十。「贓重者」，謂計贓得罪重於杖八十，坐贓論減三等。準贓二十疋以上，即從贓科。「殺傷人者，減鬬殺傷罪二等」，謂燒殺人者，失火及燒田之人減死二等，合徒三年；不合償死者，從本殺傷罪減。其贓若損眾家之物者，併累亦倍論。

其行道燃火不滅，而致延燒者，各減一等。

【疏】議曰：人在行路之上，或須燃火，事了發去，皆須滅之。若不撲滅，而致延燒他人林木、舍宅、財物，或殺傷人者，各減上文罪一等：謂延燒贓少者，杖八十上減一等；贓重者，坐贓上減四等，罪止徒一年；殺傷人者，減鬭殺傷三等。故云「各減一等」。

431 官府倉庫失火

諸於官府廨院及倉庫內失火者，徒二年；在宮內，加二等。廟、社內亦同。損害贓重者，坐贓論；殺傷人者，減鬭殺傷一等。延燒廟及宮闕者，絞；社，減一等。

【疏】議曰：若有人於內外官府、公廨院宇之中及倉庫內失火者，徒二年。「宮內，加二等」，宮內，謂殿門外有禁門，其內並是。若失火者，徒三年。注云「廟社內亦同」，謂於宗廟及太社院內失火，亦徒三年。「損害贓重者」，謂因失火延燒，有所損害財物，計贓重於徒二年者，即準坐贓科之，謂燒官府廨內財物，計贓五十疋，合徒三年。若因失火有殺傷人者，「減鬭殺傷罪一等」，謂殺人者，流三千里；傷人折二支，徒三年。若殺傷畜產，不合從上條稱「減鬭殺傷一等，償減價」，自從「水火損敗，誤失不償」。延燒廟及宮闕者，絞；社減一等，流三千里。

432 燒官府私家舍宅

諸故燒官府廨舍及私家舍宅，若財物者，徒三年；贓滿五疋，流二千里；十疋，絞。殺傷人者，以故殺傷論。

【疏】議曰：凡官府廨宇及私家舍宅，無問舍宇大小，并及財物多少，但故燒者，徒三年。計贓滿五疋，流二千里；贓滿十疋者，絞。「殺傷人者，以故殺傷論」，謂因放火而殺人者，斬；傷人折一支者，流二千里之類。若對主故燒非積聚延燒之物，只同「棄毀人財物」論。

433 見火起不告救

諸見火起，應告不告，應救不救，減失火罪二等。謂從本失罪減。**其守衛宮殿、倉庫及掌囚者，皆不得離所守救火，違者杖一百。**

【疏】議曰：見火起，燒公私廨宇、舍宅、財物者，並須告見在及鄰近之人共救。若不告不救，「減失火罪二等」，謂若於官府廨宇內及倉庫，從徒二年上減二等，合徒一年；若於宮及廟、社內，從徒三年上減二等，徒二年；若於私家，從笞五十上減二等，笞三十。故注云「從本失罪減」，明即不從延燒減之。其守衛宮殿、倉庫及掌囚者，雖見火起，並不得離所守救火，違者杖一百。雖見火起，不告，亦不合罪。

434 水火相敗徵償

諸水火有所損敗，故犯者，徵償；誤失者，不償。

【疏】議曰：「水火有所損敗」，謂上諸條稱水火損敗得罪之處。「故犯者，徵償」，若「故決隄防」、「通水入人家」，若「故燒官府、廨舍及私家舍宅、財物」，有所損敗之類，各徵償。其稱「失火」之處及「不修隄防而致損害」之類，各不償。

435 **毀神御之物**

諸棄毀大祀神御之物，若御寶、乘輿服御物及非服而御者，各以盜論；亡失及誤毀者，準盜論減二等。

【疏】議曰：「棄毀大祀神御之物」，祠令：「天地、宗廟、神州等為大祀。」「神御」謂供神所御之物。「若御寶」，謂皇帝八寶，太皇太后、皇太后、皇后寶。以稱「御」者，三后亦同。「乘輿服御物」，謂皇帝服御之物。「及非服而御」，謂帷帳几杖之屬。「非服而供御者」以上義，名例及職制並具釋訖。有棄毀者，各以盜論。賊盜律：「盜大祀神御之物、乘輿服御物者，流二千五百里；非服而御之物，徒一年半；贓重者，計贓各加凡盜一等。盜御寶者，絞。」稱「以盜論」者，與真盜同，入十惡。非服而御之物等，不入十惡。據賊盜律：「其擬供神御及供而廢闕，若饗薦之具已饌呈者，徒二年；未饌呈者，徒一年半。」又，盜御寶條：「擬供服御等，亦並徒二年。」今此條上言「棄毀大祀」，下稱「非服而御以盜論」；準「非服而御徒一年半」，舉下明上，即棄毀擬供服御，準罪徒一年半以上，亦各以盜論。「亡失及誤毀者，準盜論減二等」，並各從準盜罪上減二等。準盜論者，不在除、免、倍贓、監主加罪、加役流之例。棄毀中祀神御之物，減大祀二等；棄毀小祀神御之物，又減二等。中祀以下，不入十惡。

436 **毀大祀丘壇**

諸大祀丘壇將行事，有守衛而毀者，流二千里；非行事日，徒一年。壝門，各減二等。

【疏】議曰：「大祀丘壇」，謂祀天於圓丘，祭地於方丘，五時迎氣祀五方上帝，並各有壇。此等將行祭祀，各有守衛。此時有損壞丘壇者，流二千里。「非行事日」，謂非祭祀之日而毀者，徒一年。「壝門，各減二等」，壝門，謂丘壇之外，擁土為門。毀壝門者，將行事之日，徒二年半；非行事日，杖九十。故云「各減二等」。毀中、小祀，各遞減二等。

437 **棄毀符節印**

諸棄毀符、節、印及門鑰者，各準盜論；亡失及誤毀者，各減二等。

【疏】議曰：棄毀符、節、印及門鑰者，各準盜法論罪。賊盜律：「盜宮殿門符、發兵符、傳符，流二千里；使節及皇城、京城門符，徒三年；餘符，徒一年；門鑰，各減三等。盜官文書印，徒二年；餘印，杖一百。」其亡失符、節、印以下，誤毀者，「各減二等」，謂各減棄毀之罪二等。

438 **棄毀制書官文書**

諸棄毀制書及官文書者，準盜論；亡失及誤毀者，各減二等。毀，須失文字。若欲動事者，從詐增減法。**其誤毀失符、移、解牒者，杖六十。**謂未入所司而有本案者。

【疏】議曰：「棄毀制書」，棄、毀不相須。毀者，須失文字。「制書」，同及奏抄亦同。「官文書」，謂曹司所行公案及符、移、解牒之類。「準盜論」，謂各準盜法得罪，賊盜律：「盜制書者，徒二年；官文書，杖一百。」「亡失」，謂不覺遺落及被盜；「誤毀」，謂誤致毀損，破失文字：各減二等。故注云「毀，須失文字」。謂制勅、奏抄，徒一年；官文書，杖八十。若盜毀欲動事者，自從增減法，制同及奏抄合死，官文書即依詐偽律「詐為官文書及增減」法。主司自有所避，即從「違式造立」科罪，杖罪以下杖一百，徒罪以上加一等。誤毀符、移、解牒者，杖六十。注云「謂未入所司，而有本案者」，謂未入曹司之間而即誤致毀者。關、刺律雖無文，亦與符、移同罪。

439 **私發官文書印封**

諸私發官文書印封視書者，杖六十；制書，杖八十；若密事，各依漏泄坐減二等。即誤發，視者各減二等；不視者不坐。

【疏】議曰：官司行下文書，多有封印，而有私發印封視書者，杖六十。視制書，杖八十。「若密事，各依漏泄坐減二等」，職制律：「漏泄大事應密者，絞」，減二等，徒三年；「非大事應密，徒一年半」，減二等，杖一百。「誤發視者各減二等」，謂誤發，因視制書，杖六十；官文書，笞四十；大事應密，視者，徒三年上減二等，徒二年；非大事應密，視者，杖一百上減二等，杖八十。「不視者，不坐」，謂初雖誤發，竟不視書者無罪。

440 **官物亡失簿書**

諸主守官物，而亡失簿書，致數有乖錯者，計所錯數，以主守不覺盜論。

【疏】議曰：凡是官物，皆立簿書。主守之人，亡失簿書，為失簿書之故，遂令物數乖錯者，計所錯之數，依不覺盜論。廏庫律：「主司不覺盜者，五疋笞二十，十疋加一等；過杖一百，二十疋加一等，罪止徒二年。」

其主典替代者，文案皆立正案，分付後人，違者，杖一百。並去官不免。

【疏】議曰：謂主典替代，所有文案，皆須立正案，分付承後人，違而不付者，合杖一百。縱雖去官，不同名例免法，故注云「並去官不免」。

441 食官私田園瓜果

諸於官私田園，輒食瓜果之類，坐贓論；棄毀者，亦如之；即持去者，準盜論。

【疏】議曰：稱「瓜果之類」，即雜蔬菜等皆是。若於官私田園之內，而輒私食者，坐贓論。其有棄毀之者，計所棄毀，亦同輒食之罪，故云「亦如之」。持將去者，計贓，準盜論。並徵所費之贓，各還官、主。

主司給與者，加一等。彊持去者，以盜論。主司即言者，不坐。非應食官酒食而食者，亦準此。

【疏】議曰：當園主司，將瓜果之屬給與人食者，加坐贓罪一等，謂一尺笞三十，一疋加一等。給與將去者，準盜上加一等，一尺杖七十，一疋加一等。「強持去者」，謂以威若力，強持將去者，以盜論，計贓同真盜之法，其贓倍徵，贓滿五疋者，免官。若監臨主司自強取者，加凡盜罪二等，除名、倍贓並依常律。主司當即言告者，主司不坐。「非應食官酒食而輒食者，亦準此」，謂輒食者，坐贓論；棄毀者，亦同持去者，準盜論；強持去者，以竊盜論。若主司私持去者，並同監主盜法；若非主司，不因食次而持去者，以盜論。強者，依強盜法。

442 棄毀器物稼穡

諸棄毀官私器物及毀伐樹木、稼穡者，準盜論。即亡失及誤毀官物者，各減三等。

【疏】議曰：「棄毀官私器物」，謂是雜器、財物，輒有棄擲、毀壞；「及毀伐樹木、稼穡者」，種之曰稼，斂之曰穡，麥、禾之類：各計贓，準盜論。「即亡失及誤毀」，謂亡失及誤毀官私器物、樹木、稼穡者，各減故犯三等，謂其贓並備償。若誤毀、失私物，依下條例，償而不坐。

443 **毀人碑碣石獸**

諸毀人碑碣及石獸者，徒一年；即毀人廟主者，加一等。其有用功修造之物，而故損毀者，計庸，坐贓論。各令修立。誤損毀者，但令修立，不坐。

【疏】議曰：喪葬令：「五品以上聽立碑，七品以上立碣。塋域之內，亦有石獸。」其有毀人碑碣及石獸者，徒一年。「即毀人廟主者，加一等」，徒一年半。「其有用功修造之物」，謂樓、觀、垣、塹之類，而故損毀者，計修造功庸，「坐贓論」，謂十疋徒一年，十疋加一等。仍令依舊修立。若誤毀損者，但令修立，不坐。

444 **停留請受軍器**

諸請受軍器，事訖停留不輸者，十日杖六十，十日加一等，百日徒一年；過百日不送者，減私有罪二等。其棄毀者，準盜論。

【疏】議曰：「請受軍器」，謂甲、矟、弩、弓、箭之類。征戍事訖，停留不輸者，十日杖六十，十日加一等，百日徒一年。「過百日不送者，減私有罪二等」，擅興律「私有甲一領，流」上減二等，徒二年半之類。其有或棄或毀者，「準盜論」，各依賊盜律：「盜甲弩者，流二千里；禁兵器，徒二年。」如此之類，並準盜法。

若亡失及誤毀傷者，以十分論：亡失一分，毀傷二分，杖六十；亡失二分，毀傷四分，杖八十；亡失三分，毀傷六分，杖一百；即不滿十分者，一當一分論。其經戰陣而損失者，不坐。儀仗，各減二等。

【疏】議曰：請官器仗，「若亡失及誤毀傷者，以十分論」，謂請百事，十事為一分之類。若亡失一分，或毀傷二分，假有請百事，亡失十事，或毀傷二十事，各杖六十；若亡失二分，毀傷四分，杖八十；亡失三分，毀傷六分，杖一百。其分數各與上解義同。罪止杖一百。「即不滿十分者，一當一分論」，謂請九事為九分之類，亦依亡失、毀傷準分為罪。仍依令備償。其經戰陣而損失者，不坐、不償。「儀仗，各減二等」，儀仗謂非兵器，若有亡失、誤毀，各依十分之法，各減軍器罪二等。若亡失、毀傷罪名不等者，即以重法併滿輕法。

445 **棄毀官私器物**

諸棄毀、亡失及誤毀官私器物者，各備償。謂非在倉庫而別持守者。**若被強盜者，各不坐、不償。即雖在倉庫，故棄毀者，徵償如法。其非可償者，坐而不備。**謂符、印、門鑰、官文書之類。

【疏】議曰：官私器物，其有故棄、毀，或亡失及誤毀者，各備償。注云「謂非在倉庫而別持守者」，謂倉庫之外，別處持守，而有棄毀、亡失及誤毀官私器物，始合備償。若被強盜，各不坐、不償。雖在倉庫之內，若有故棄毀，徵償如法。其非可償者，止坐其罪，不合徵償。故注云「謂符、印、門鑰、官文書」，稱「之類」者，寶、節、木契、制敕並是。

446 **亡失符印求訪**

諸亡失器物、符、印之類，應坐者，皆聽三十日求訪，不得，然後決罪。若限內能自訪得及他人得者，免其罪；限後得者，追減三等。

【疏】議曰：「若亡失器物、符、印之類」，寶及門鑰亦同。為亡失應合罪者，未得即決，皆聽三十日求訪，限滿不得，然後決罪。若三十日內自訪得及他人得者，免其亡失之罪。三十日限外得者，追減三等；若已經奏決，不合追減。

官文書、制書，程限內求訪得者，亦如之。

【疏】議曰：官文書及制書，「程限內求訪得者」，謂曹司執行案，各有程限，公式令：「小事五日程，中事十日程，大事二十日程。徒罪以上獄案，辯定後三十日程。」其制、勅皆當日行下，若行下處多，事須抄寫，依公式令：「滿二百紙以下，限二日程；每二百紙以下，加一日程。所加多者，不得過五日。赦書，不得過三日。」若有亡失，各於此限內訪得者，亦得免罪；限外得者，坐如法。然制、勅事重，程限一日，如有稽廢，得罪不輕，若許以三旬追訪，稽者皆須注失，所以不與亡失器物同例。若官文書、制書，事已行訖，無程者，亦依三十日為限。

即雖故棄擲，限內訪得，聽減一等。

【疏】議曰：器物、符、印之類以下，雖有規避，而故棄擲，限內訪得者，聽減本失罪一等。

447 **得宿藏物**

諸於他人地內得宿藏物，隱而不送者，計合還主之分，坐贓論減三等。若得古器形制異，而不送官者，罪亦如之。

【疏】議曰：謂凡人於他人地內得宿藏物者，依令合與地主中分。若有隱而不送，計應合還主之分，「坐贓論減三等」，罪止徒一年半。注云「若得古器形制異，而不送官者」，謂得古器，鍾鼎之類，形制異於常者，依令送官酬直。隱而不送者，即準所得之器，坐贓論減三等，故云「罪亦如之」。

問曰：官田宅，私家借得，令人佃食；或私田宅，有人借得，亦令人佃作，人於中得宿藏，各合若為分財？

答曰：藏在地中，非可預見，其借得官田宅者，以見住、見佃人為主，若作人及耕犁人得者，合與佃住之主中分。其私田宅，各有本主，借者不施功力，而作人得者，合與本主中分。借得之人，既非本主，又不施功，不合得分。

448 **得闌遺物**

諸得闌遺物，滿五日不送官者，各以亡失罪論；贓重者，坐贓論。私物，坐贓論減二等。

【疏】議曰：得闌遺之物者，謂得寶、印、符、節及雜物之類即須送官，滿五日不送者，各得亡失之罪。「贓重者」，謂計贓重於亡失者，坐贓論，罪止徒三年。「私物，坐贓論減二等」，罪止徒二年。其物各還官、主。

449 **違令**

諸違令者，笞五十；謂令有禁制而律無罪名者。**別式，減一等。**

【疏】議曰：「令有禁制」，謂儀制令「行路，賤避貴，去避來」之類，此是「令有禁制，律無罪名」，違者，得笞五十。「別式減一等」，謂禮部式「五品以上服紫，六品以下服朱」之類，違式文而著服色者，笞四十。是名「別式減一等」。物仍沒官。

450 **不應得為**

諸不應得為而為之者，笞四十；謂律、令無條，理不可為者。**事理重者，杖八十。**

【疏】議曰：雜犯輕罪，觸類弘多，金科玉條，包羅難盡。其有在律在令無有正條，若不輕重相明，無文可以比附。臨時處斷，量情為罪，庶補遺闕，故立此條。情輕者，笞四十；事理重者，杖八十。

卷第二十八

捕亡

【疏】捕亡律者，魏文侯之時，里悝制法經六篇，捕法第四。至後魏，名捕亡律。北齊名捕斷律。後周名逃捕律。隋復名捕亡律。然此篇以上，質定刑名。若有逃亡，恐其滋蔓，故須捕繫，以寘疏網，故次雜律之下。

451 **將吏追捕罪人**

諸罪人逃亡，將吏已受使追捕，而不行及逗留；謂故方便之者。**雖行，與亡者相遇，人仗足敵，不鬬而退者：各減罪人罪一等；鬬而退者，減二等。即人仗不敵，不鬬而退者，減三等；鬬而退者，不坐。**

【疏】議曰：依捕亡令：「囚及征人、防人、流人、移鄉人逃亡，及欲入寇賊，若有賊盜及被傷殺，並須追捕。」其「罪人逃亡」，謂犯罪事發而亡，囚與未囚並是。將吏已受使追捕者，謂見任武官為將，文官為吏，已受使追捕罪人。「而不行及逗留」，謂故作迴避逗留及詐為疾患不去之類；雖行，與亡者相遇，人兵器仗足得相敵，不戰鬭而退者：「各減罪人罪一等」，謂罪人合死，將吏處流三千里之類。「鬭而退者」，謂人仗足敵，鬭而退者，減二等；若罪人應死，將吏合徒三年。「即人仗不敵」，謂賊多兵少，或器仗不敵，「不鬭而退者，減三等」，罪人應死，將吏徒二年半。「鬭而退者，不坐」，謂人仗不敵，計盡力窮，知難而退者，不坐。

即非將吏，臨時差遣者，各減將吏一等。三十日內能自捕得罪人，獲半以上；雖不得半，但所獲者最重：皆除其罪。雖一人捕得，餘人亦同。若罪人已死及自首各盡者，亦從免法；不盡者，止以不盡人為坐。

【疏】議曰：「即非將吏」，謂非見任文武官，即停家職資及勳官之類，臨時州縣差遣，領人追捕者，各減將吏罪一等。雖非將吏，奉勑差行者，亦同將吏之法，不在減一等之限。三十日內自捕得罪人，「獲半以上」，謂十人逃亡，獲得五六者；「雖不得半，但所獲者最重」，假有徒、流、死囚一時逃走，捕得死罪一人，雖不得徒、流九人：仍除其罪。雖是一人捕得，眾共失囚之人並同免法。「若罪人已死」，謂自死及被他人殺，若能歸首，十人俱盡者，亦從免法；若罪人自首不盡，止以不盡之人，準罪為坐。

限外，若配贖以後，能自捕得者，各追減三等；即為人捕得及罪人已死，若自首，各追減二等。已經奏決者，不在追減之例。餘條追減準此。

【疏】議曰：失罪人經三十日，追捕不得，無官蔭者或配徒、流，有官蔭者或已徵贖，此後能自捕得罪人，各追減前所斷罪三等。即他人捕得及罪人身死訖，若罪人自首，各得追減二等。注云「已經奏決者，不在追減之例」，謂將吏以下失罪人，其罪已經奏決徒、流、笞、杖之類，不在追減之例。「餘條追減準此」，謂「亡失寶印」及「不覺失囚」等，稱「追減」者，若事經奏決，亦不在追減之例，故云「餘條準此」。

452 罪人持仗拒捍

諸捕罪人而罪人持仗拒捍，其捕者格殺之及走逐而殺，走者，持仗、空手等。**若迫窘而自殺者，皆勿論；**

【疏】議曰：「捕罪人」，謂上條將吏以下捕罪人。而罪人乃持仗拒捍，「仗」謂兵器及杵棒之屬。其捕者以其拒捍，因而格殺之；及罪人逃走，捕者逐而殺之，注云「走者，持仗、空手等」，慮其走失，故雖空手，亦許殺之；「若迫窘而自殺」，謂罪人被捕，逼迫窮窘，或自殺，或落坑阱而死之類：皆悉勿論。

即空手拒捍而殺者，徒二年。已就拘執及不拒捍而殺，或折傷之，各以鬬殺傷論；用刃者，從故殺傷法；

【疏】議曰：謂罪人空手，雖相拒捍，不能為害，而格殺之者，徒二年。若罪人已被拘執，及元無拒捍之心，而殺或折傷之，各依鬬訟律，以鬬殺傷論；用刃者，從故殺傷法。

罪人本犯應死而殺者，加役流。即拒毆捕者，加本罪一等；傷者，加鬬傷二等；殺者，斬。

【疏】議曰：謂罪人本犯合死，已就拘執及不拒捍而捕殺之者，加役流。「即拒毆捕者，加本罪一等」，假有罪人，本犯徒三年，而拒毆捕人，流二千里。「傷者，加鬬傷二等」，假有拒毆捕者折一齒，加凡鬬二等，合徒二年之類。殺捕人者斬，捕人不限貴賤，殺者合斬。

453 被毆擊姦盜捕法

諸被人毆擊折傷以上，若盜及強姦，雖傍人皆得捕繫，以送官司。捕格法，準上條。即姦同籍內，雖和，聽從捕格法。

【疏】議曰：有人毆擊他人折齒、折指以上，若盜及強姦，雖非被傷、被盜、被姦家人及所親，但是傍人，皆得捕繫以送官司。「捕格法，準上條」，持仗拒捍，其捕者得格殺之；持仗及空手而走者，亦得殺之。其拒捕、不拒捕，並同上條「捕格」之法。「即姦同籍內」，言同籍之內，明是不限良賤親疏，雖和姦，亦聽從上條「捕格」之法。

問曰：親戚共外人和姦，若捕送官司，即於親有罪。律許捕格，未知捕者得告親罪以否？

答曰：若男女俱是本親，合相容隱，既兩俱有罪，不合捕格、告言。若所親共他人姦，他人即合有罪，於親雖合容隱，非是故相告言，因捕罪人，事相連及，其於捕者，不合有罪。和姦之人，兩依律斷。

若餘犯，不言請而輒捕繫者，笞三十；殺傷人者，以故殺傷論；本犯應死而殺者，加役流。

【疏】議曰：「若餘犯，不言請」，謂非毆擊人折傷以上、若盜及強姦、或和姦同籍內，此外有犯，須言請官司，不得輒加捕繫，如捕繫者，笞三十；因而殺傷人者，以故殺傷論。「本犯應死」，謂餘犯合死，捕而殺者，合加役流。

454 道路行人捕罪人

諸追捕罪人而力不能制，告道路行人，其行人力能助之而不助者，杖八十；勢不得助者，勿論。勢不得助者，謂隔險難及馳驛之類。

【疏】議曰：「追捕罪人」，謂將吏以下據法追捕，及在律文聽私捕繫。而力不能拘制，告道路行人，「其行人力能助之」，謂行者人杖堪制罪人，而不救助者，行人合杖八十。「勢不得助者」，謂隔川谷、垣籬、塹柵之類，不可踰越過者及馳驛之類。稱「之類」者，官有急事，及私家救疾赴哀，情事急速，亦各無罪。

455 **捕罪人漏露其事**

諸捕罪人，有漏露其事，令得逃亡者，減罪人罪一等。罪人有數罪，但以所收捕罪為坐。

【疏】議曰：「捕罪人」，謂上條將吏以下受使追捕。而有漏露應捕之事，令使罪人逃避者，漏露之人減罪人罪一等。注云「罪人有數罪」者，假有一人，或行強盜，兼復殺人，又欲謀叛：若為謀叛而捕，漏露者唯從謀叛減一等；若為賊盜或殺人而捕，漏露者即從賊盜、殺人上減一等，不論謀叛。故云「但以所收捕罪為坐」。

未斷之間，能自捕得，除其罪；相容隱者為捕得，亦同。餘條相容隱為捕得，準此。**即他人捕得，若罪人已死及自首，又各減一等。**

【疏】議曰：「未斷之間」，謂漏露之罪，未經斷定。能自捕得罪人者，除其失囚之罪。「相容隱者為捕得」，謂同居及大功以上親、外祖父母、外孫、若孫之婦、夫之兄弟及兄弟妻，奴婢、部曲為主捕得，並同身自捕獲，皆除其罪。注云「餘條相容隱為捕得，準此」，假如上條「將吏受使追捕罪人」致失者，相容隱捕得，亦與自捕得同。故云「亦準此」。「即他人捕得，若罪人已死」，謂自死及被他人殺者皆同，及自首，又各於罪人上更減一等，總減罪人罪二等。

456 鄰里被強盜

諸鄰里被強盜及殺人，告而不救助者，杖一百；聞而不救助者，減一等；力勢不能赴救者，速告隨近官司，若不告者，亦以不救助論。其官司不即救助者，徒一年。竊盜者，各減二等。

【疏】議曰：依禮：「五家為鄰，五鄰為里。」既同邑落，鄰居接續，而被強盜及殺人者，皆須遞告，即救助之。若告而不救助者，杖一百。雖不承告，聲響相聞，而不救助者，減一等，杖九十。「力勢不能赴救者」，謂賊強人少，或老小羸弱，不能赴救者，速告隨近官司，若不告者，亦以不救助罪科之。「其官司不即救助者」，依捕亡令：「有盜賊及傷殺者，即告隨近官司、村坊、屯驛。聞告之處，率隨近軍人及夫，從發處追捕」。若其所在官司知而不即救助者，徒一年。「竊盜，各減二等」，謂鄰里被竊盜，承告而不救助者，從杖一百上減；聞而不救助者，從杖九十上減；官司承告不即救助者，從徒一年上減。

457 從軍征討亡

諸征名已定及從軍征討而亡者，一日徒一年，一日加一等，十五日絞；臨對寇賊而亡者，斬。主司故縱，與同罪。下條準此。

【疏】議曰：「征名已定」，謂衛士及募人征名已定訖，及從軍征討而亡者，一日徒一年，一日加一等，八日流三千里，十五日絞。「若臨對寇賊」，謂壁壘相對，矢石將交而亡者，斬。亦據應戰之人。「主司故縱，與同罪」，謂主司知情，容其亡避，各與亡者，罪同：亡者合斬，主司合絞。注云「下條準此」，謂下條「向防及在防未滿而亡者」，主司故縱亦各同罪。其臨對寇賊而有亡者，但亡即坐，不計日數及行遠近。其有從軍征討而亡，未滿十五日軍還者，未還以前依征亡之法；征還之後從軍還亡罪而斷，將未還之日，併滿軍還之日累科。

軍還而先歸者，各減五等；其逃亡者，同在家逃亡法。

【疏】議曰：軍雖凱還，須依部伍，若不隨團隊而輒先歸者，各減軍亡罪五等。「其逃亡者，同在家逃亡法」，謂一日笞四十，十日加一等，罪止流二千里。若軍還先歸，一日徒一年上減五等，合杖六十，罪止徒一年半。日若少，從先歸日科；日若多，從有軍名亡法。

458 **防人向防**

諸防人向防及在防未滿而亡者，鎮人亦同。一日杖八十，三日加一等。

【疏】議曰：「防人向防」，謂上道訖逃走，及在防年限未滿而亡者，鎮人亦同，一日杖八十，三日加一等。既無罪止之文，加至流三千里。亡日未到罪止，鎮防日已滿者，計應還之日，同在家亡法，累併為罪。

459 **流徒囚役限內亡**

諸流徒囚，役限內而亡者，犯流、徒應配及移鄉人，未到配所而亡者，亦同。一日笞四十，三日加一等；過杖一百，五日加一等。

【疏】議曰：「流徒、囚」，謂或流或徒者。各在其役限內而亡者，注云犯流、徒應配及移鄉人，未到配所而逃亡者，各與流徒囚役限內而亡罪同，一日笞四十，三日加一等，十九日合杖一百。過杖一百，五日加一等，五十九日流三千里。

主守不覺失囚，減囚罪三等；即不滿半年徒者，一人笞三十，人加一等，罪止杖一百。監當官司，又減三等。故縱者，各與同罪。

【疏】議曰：「主守」，謂主守囚徒之人及部領流移人等。不覺囚亡，「減囚罪三等」，謂從囚本罪上減三等，不從逃坐減之。「即不滿半年徒者」，謂徒役將滿，餘日不滿半年徒，而有逃亡者，不計逃日而科，唯據亡人之數為罪，「一人笞三十，三人加一等」，謂四人亡，合笞四十；不覺二十二人亡，即至罪止，合杖一百。「監當官司，又減三等」，謂減主守罪三等，不覺二十二人亡者，罪止杖七十。「故縱者，各與同罪」，稱「各」者，謂監當官司及主守，各與亡囚本犯罪同。

460 宿衛人亡

諸宿衛人在直而亡者，一日杖一百，二日加一等。即從駕行而亡者，加一等。

【疏】議曰：「宿衛人」，謂諸衛大將軍以下、當番衛士以上。在直番限內，而有逃亡者，一日杖一百，二日加一等，計一十七日流三千里。直滿以後，即同在家亡法。即從駕行者，以其陪從事重，故加宿衛一等之坐，亡者一日徒一年，二日加一等，十五日流三千里。

問曰：衛士於宮城外守衛，或於京城諸司守當，或被配於王府上番，如此之徒，而有逃亡者，合科何罪？

答曰：宮城之外，兼及皇城、京城，若有逃亡，罪亦與宿衛不別。若其準減三等之例，即太輕於在家而亡。是知守當雜犯，有減三等之科；逃亡之辜，得罪與宿衛不異。

461 丁夫雜匠亡

諸丁夫、雜匠在役及工、樂、雜戶亡者，太常音聲人亦同。**一日笞三十，十日加一等，罪止徒三年。主司不覺亡者，一人笞二十，五人加一等，罪止杖一百；故縱者，各與同罪。**

【疏】議曰：丁謂正役，夫謂雜徭，及雜色工匠，諸司工、樂、雜戶，注云「太常音聲人亦同」。丁夫、雜匠，並據在役逃亡；工、樂以下，在家亡者亦是。一日笞三十，十日加一等，罪止徒三年。主司謂監當主司，不覺逃亡者，計人數坐之，一人笞二十，五人加一等；四十一人逃亡，即至罪止杖一百。主司故縱者，各與逃亡者同罪。

即人有課役，全戶亡者，亦如之；若有軍名而亡者，加一等。其人無課役及非全戶亡者，減二等；即女戶亡者，又減三等。其里正及監臨主司故縱戶口亡者，各與同罪；不知情者，不坐。

【疏】議曰：「人有課役」，謂或有課無役，或有役無課，而全戶亡者，亦如丁夫在役逃罪，一日笞三十，十日加一等，罪止徒三年。「若有軍名而亡」，謂衛士、掌閑、駕士、幕士之類，名屬軍府者，總是「有軍名」。其幕士屬衛尉，駕士屬太僕之類，不隸軍府者，即不同軍名之例。有軍名而亡者，雖非全戶，加一等，合流二千里。「其人無課役」，謂全戶亡者；其有課役，謂「非全戶亡者」：各減有課役全戶亡罪二等，罪止徒二年。若其人無課役，又非全戶亡者，又減二等，罪止徒一年。「即女戶亡」，亦謂全戶而亡者，「又減三等」，總減有課役亡者五等，罪止杖一百；婦女非全戶亡，又減二等，合杖八十。「其里正及監臨主司」，折衝府於軍人，亦同監臨之例，故縱戶口、軍人亡者，各與亡者罪同；不知情者，不坐。

問曰：有軍名而亡，於他處附貫，課役如法，唯無軍名，合當何罪？

答曰：「逃亡」之罪，多據闕課；無課之輩，責其「浮遊」。亦既編戶，見在課役如法，準式仍徵賦役，附處復有課輸於官，課役無違，唯免軍名，合罪依例「逃亡自首，減罪二等」坐之，仍勒還本所。

462 **浮浪他所**

諸非亡而浮浪他所者，十日笞十，二十日加一等，罪止杖一百；即有官事在他所，事了留住不還者，亦如之。若營求資財及學宦者，各勿論。闕賦役者，各依亡法。

【疏】議曰：「非亡」，謂非避事逃亡，而流宕他所者，十日笞十，二十日加一等，一百九十日罪止杖一百。即有官事已了，留住不歸者，亦同浮浪之罪。若營求資財者，謂貿遷有無，遠求利潤；「及學宦者」，或負笈從師，或棄繻求仕，各遂其業：故並勿論。「闕賦役者，各依亡法」，謂因此不歸，致闕賦役，各準逃亡之法，依狀科罪：若全戶者，罪止徒三年；非全戶者，減二等。

463 **官戶奴婢亡**

諸官戶、官奴婢亡者，一日杖六十，三日加一等。部曲、私奴婢亦同。**主司不覺亡者，一口笞三十，五口加一等，罪止杖一百。故縱官戶亡者，與同罪；**奴婢，準盜論。**即誘導官私奴婢亡者，準盜論，仍令備償。**

【疏】議曰：官戶及官奴婢逃亡者，一日杖六十，三日加一等。注云「部曲、私奴婢亦同」，部曲雖取良人之女，其妻若逃亡，罪同部曲。「主司不覺」，謂不覺官戶、官奴婢亡者，一口笞三十，五口加一等，三十六口罪止杖一百。故縱官戶亡者，同官戶逃亡之罪，罪止流，準加杖二百之法；故縱官奴婢亡者「準盜論」，謂計贓五疋徒一年，五疋加一等。「即誘導官私奴婢亡者」，謂不將入己，導引令亡者，並準盜論，五疋徒一年，五疋加一等，仍令備償。故縱亡者，得罪不償。若誘導官戶、部曲亡者，律無正文，當「不應得為從重」，杖八十。與同行者，同過致資給之罪。

464 在官無故亡

諸在官無故亡者，一日笞五十，三日加一等；過杖一百，五日加一等。邊要之官，加一等。

【疏】議曰：「在官」，謂在令、式有員，見在官者。無故私逃者，一日笞五十，三日加一等。過杖一百，五日加一等，五十六日流三千里。「邊要之官」，戶部式：「靈、勝等五十九州。」為邊州此乃居邊為要，亡者加罪一等，謂品官以上，一日杖六十，三日加一等。

465 被囚禁拒捍走

諸被囚禁，拒捍官司而走者，流二千里；傷人者，加役流；殺人者斬，從者絞。若私竊逃亡，以徒亡論。事發未囚而亡者，亦同。

【疏】議曰：「被囚禁」，不限有罪無罪，但據狀應禁者，散禁亦同。拒捍官司而強走者，流二千里。「傷人者」，謂因拒捍，傷主司及捕捉之人者，加役流。殺人者，斬；從者，絞。不至死者，依首從法。「若私竊逃亡」，謂被囚禁而私逃者，從上條「流、徒囚役限內而亡，一日笞四十，三日加一等，過杖一百，五日加一等」，此是事發更為，合重其坐。注云「事發未囚而亡者，亦同，」謂罪人事發被追，拒捍官司逃走及私竊逃亡，亦與「在禁逃亡」罪同。

問曰：有人據狀不合禁身，被官人枉禁，拒捍官司逃走，合得何罪？

答曰：本罪不合囚禁，枉被官人禁留，雖即逃亡，不合與囚亡之罪；若有拒捍殺傷，止同故殺傷法。私竊逃亡，同在家逃亡之罪。若判案禁者，雖本無罪，亦同囚例。

466 主守不覺失囚

諸主守不覺失囚者，減囚罪二等；若囚拒捍而走者，又減二等。皆聽一百日追捕。限內能自捕得及他人捕得，若囚已死及自首，除其罪；即限外捕得，及囚已死若自首者，各又追減一等。

【疏】議曰：主守者，謂專當守囚之人、典獄之類。「不覺失囚者，減囚罪二等」，假失死囚，合徒三年之類。若囚拒捍強走，力不能制，又減二等。皆聽一百日追捕。限內能自捕得；「及他人捕得者」，不限親疏；若囚已死及自歸首：並除失囚之罪。即百日限外捕得，及囚已死若囚自首，各又追減失囚本罪一等。稱「追減」者，謂失囚之罪已經斷訖者，仍更追減；若已奏決者，不在追減之例。

監當之官，各減主守三等。故縱者，不給捕限，即以其罪罪之；未斷決間，能自捕得及他人捕得，若囚已死及自首，各減一等。謂此篇內，監臨主司應坐，當條不立捕訪限及不覺故縱者，並準此法。

【疏】議曰：「監當之官」，謂檢校專知囚者。即當直官人在直時，其判官準令合還，而失囚者罪，在當直之官。「各減主守三等」，謂減囚罪五等；囚若拒捍而走，得減囚罪七等之類。「故縱者，不給捕限」，謂主守及監當之官，故縱囚逃亡者，並不給限捕訪。即以其罪罪之者，謂縱死囚得死罪，縱流、徒囚得流、徒罪之類。「未斷決間」，謂官當收贖者未斷，死及笞杖者未決。能自捕得及他人捕得，若囚已死及自首，各減一等。

注：謂此篇內，監臨主司應坐，當條不立捕訪限及不覺故縱者，並準此法。

【疏】議曰：上條「征人逃亡者，主司故縱與同罪」，及流徒囚限內而亡，監當官司不立捕限及不覺故縱，如此之類，並準此條為法。

467 容止他界逃亡

諸部內容止他界逃亡浮浪者，一人里正笞四十。謂經十五日以上者。坊正、村正同里正之罪。若將家口逃亡浮浪者，一戶同一人為罪。**四人加一等；縣內，五人笞四十，十人加一等；州隨所管縣，通計為罪。**皆以長官為首，佐職為從。**各罪止徒二年。其官戶、部曲、奴婢，亦同。**

【疏】議曰：「部內」，謂部界之內。「容止他界逃亡浮浪者，一人里正笞四十」，謂容止經十五日以上，始科里正之罪。坊正、村正部內容止逃亡，亦同里正之罪。「若將家口逃亡浮浪者」，家口不限多少，一戶同一人為罪。「四人加一等」，即五人逃亡及以浮浪笞五十，二十五人杖一百，三十七人徒二年。「縣內，五人笞四十，十人加一等」，九十五人合徒二年。「州隨所管縣，通計為罪」，謂州管二縣者，十人笞四十，一百九十人徒二年。管縣更多，準此通計為坐。「皆以長官為首，佐職為從」，既無「以下」之文，即明不及主典。各罪止徒二年。其容止官戶、部曲、奴婢，亦同良人之法。

若在軍役有犯者，隊正以上、折衝以下，各準部內有盜賊之法。

【疏】議曰：稱「軍役有犯者」，謂於行軍征役之所，容止逃亡浮浪，即準州縣以下得罪，隊正、隊副同里正，校尉、旅帥減隊正一等，折衝、果毅隨所管校尉多少為罪。故云「隊正以上、折衝以下，各準部內有盜賊之法」。

468 知情藏匿罪人

諸知情藏匿罪人，若過致資給，謂事發被追及亡叛之類。**令得隱避者，各減罪人罪一等。**藏匿無日限，過致資給亦同。若卑幼藏隱，匿狀已成，尊長知而聽之，獨坐卑幼。部曲、奴婢首匿，主後知者，與同罪。即尊長匿罪人，尊長死後，卑幼仍匿者，減五等；尊長死後，雖經匿，但已遣去而事發，及匿得相容隱者之侶，並不坐。小功已下，亦同減例。若赦前藏匿罪人，而罪人不合赦免，赦後匿如故；不知人有罪，容寄之後，知而匿者：皆坐如律。其展轉相使而匿罪人，知情者皆坐，不知者勿論。

【疏】議曰：「知情藏匿」，謂知罪人之情，主人為相藏隱。過致資給者，謂指授道途，送過險處，助其運致，并資給衣糧，遂使凶人潛隱他所。注云「謂事發被追」，若非事發，未是罪人，故須事發被追，始辨知情之狀。「及亡叛之類」，謂逃亡或叛國，雖未追攝，行即可知。過致資給，令隱避者，減罪人罪一等，合流三千里之類。稱「之類」者，或有亡命山澤，不從追喚，皆是。

注：藏匿無日限，過致資給亦同。若卑幼藏隱，匿狀已成，尊長知而聽之，獨坐卑幼。部曲、奴婢首匿，主後知者，與同罪。

【疏】議曰：藏匿無日限者，謂不限日之多少，但藏匿即坐。過致資給，亦同無日限。若卑幼藏隱，匿狀既成，以其同居，得相容隱，故尊長知而聽之，獨坐卑幼，尊長不坐。部曲、奴婢作首，隱匿罪人，「主後知者，與同罪」，謂同部曲、奴婢，各減罪人罪一等，以主不為部曲、奴婢隱故也。

注：即尊長匿罪人，尊長死後，卑幼仍匿者，減五等；尊長死後，雖經匿，但已遣去而事發，及匿得相容隱者之侶，並不坐。小功以下，亦同減例。

【疏】議曰：謂尊長在日，自匿罪人，容其相隱，尊長死後，卑幼匿之如故，亦不限日之多少，減尊長罪五等，總減罪人罪六等。尊長死後，雖經匿，但發遣去，後罪始發覺；及匿得相容隱者之徒侶，假有大功之親，共人行盜，事發被追，俱來藏匿，若糾其徒侶，親罪即彰，恐相連累：故並不與罪。「小功以下，亦同減例」，即例云：「小功以下相容隱，減凡人三等。」今匿小功、緦麻親之侶，亦準此例減之，總減罪人罪四等，故云「亦同減例」。

注：若赦前藏匿罪人，而罪人不合赦免，赦後匿如故；不知人有罪，容寄之後，知而匿者：皆坐如律。

【疏】議曰：「赦前藏匿罪人，而罪人不合赦免」，假有匿十惡人，會赦，十惡不合赦免，赦後匿如故；及不知人有罪，容寄之後，知而匿者：並依藏匿之罪科之。

注：其展轉相使而匿罪人，知情者皆坐，不知者勿論。

【疏】議曰：展轉相使匿罪人者，假有甲知情匿罪人，又囑付乙令匿，乙又囑丙遣匿，如此展轉相使匿者。乙、丙知是罪人，得藏匿之罪；不知情者，無罪。故云「勿論」。

罪人有數罪者，止坐所知。

【疏】議曰：「罪人有數罪」，謂或殺人，或姦盜。止坐所知者，謂於所知之罪上減一等之類。

問曰：有奴婢匿一流囚，主後知之，主合得何罪？

答曰：有奴婢首匿流囚，罪合減一等，徒三年，加杖二百。主後知者，與奴婢同科，亦準奴婢之罪，合杖二百；其應例減、收贖，各準其主本法，仍於二百上減、贖。若奴婢死後，主匿如故，即得自匿之罪，不合準奴婢為坐。

斷獄上

【疏】議曰：斷獄律之名，起自於魏，魏分里悝囚法而出此篇。至北齊，與捕律相合，更名捕斷律。至後周，復為斷獄律。釋名云：「獄者，确也，以實囚情。皋陶造獄，夏曰夏臺，殷名羑里，周曰圜土，秦曰囹圄，漢以來名獄。」然諸篇罪名，各有類例，訊捨出入，各立章程。此篇錯綜一部條流，以為決斷之法，故承衆篇之下。

469 囚應禁而不禁

諸囚應禁而不禁，應枷、鎖、杻而不枷、鎖、杻及脫去者，杖罪笞三十，徒罪以上遞加一等；迴易所著者，各減一等。

【疏】議曰：獄官令：「禁囚：死罪枷、杻，婦人及流以下去杻，其杖罪散禁。」又條：「應議請、減者，犯流以上，若除、免、官當，並鎖禁。」即是犯笞者不合禁，杖罪以上始合禁推。其有犯杖罪不禁，應枷、鎖、杻而不枷、鎖、杻及脫去者，杖罪，笞三十；徒罪不禁及不枷、鎖若脫去者，笞四十；流罪不禁及不枷、鎖若脫去者，笞五十；死罪不禁及不枷、鎖、杻若脫去者，杖六十：是名「遞加一等」。「迴易所著者，各減一等」，謂應枷而鎖，應鎖而枷，是名「迴易所著」，徒罪者，笞三十；流罪，笞四十；死罪，笞五十。

即因自脫去及迴易所著者，罪亦如之。若不應禁而禁及不應枷、鎖、杻而枷、鎖、杻者，杖六十。

【疏】議曰：即因自擅脫去枷、鎖、杻者，徒罪笞四十，流罪以上遞加一等；即因自迴易所著者，各減一等。故云「亦如之」。「若不應禁而禁及不應枷、鎖、杻而枷、鎖、杻」，並謂據令不合者，各杖六十。

470 與囚金刃解脫

諸以金刃及他物，可以自殺及解脫，而與囚者，杖一百；若因以故逃亡及自傷、傷人者，徒一年；自殺、殺人者，徒二年；若因本犯流罪以上，因得逃亡，雖無傷殺，亦準此。

【疏】議曰：「金刃」，謂錐、刀之屬。「他物」，謂繩、鋸之類。可以自殺及解脫枷、鎖、杻，雖囚之親屬及他人與者，物雖未用，與者即杖一百。若以得金刃等故，因得逃亡，或自傷害，或傷他人，與物者徒一年；若因自殺，或殺他人，與物者徒二年。若因本犯流罪以上，因得金刃等物而得逃亡者，雖無殺傷，與物者亦徒二年。

即因因逃亡，未斷之間，能自捕得及他人捕得，若因自首及已死，各減一等。即子孫以可解脫之物與祖父母、父母，部曲、奴婢與主者，罪亦同。

【疏】議曰：謂因因得金刃及他物之故，以自解脫而得逃走，與物人罪未斷之間，能自捕得及他人捕得，若因自來歸首及因自死，或他人殺之者亦同，「各減一等」，謂徒以下囚逃者，一年徒上減；流、死囚逃者，二年徒上減。「即子孫以可解脫之物」，謂稱「孫」者，曾、玄同，而與祖父母、父母；或部曲、奴婢與主者：並與凡人罪同。亦不合輒自捕捉，若官司遣捕而送者，無罪；自捕送官者，同告法。若有傷殺而逃亡者，後能捕獲，與物之人，各依前傷殺之罪，不合減科。

471

死罪囚辭窮竟

諸死罪囚辭窮竟，而囚之親故為囚所遣，雇倩人殺之及殺之者，各依本殺罪減二等。囚若不遣雇倩，及辭未窮竟而殺，各以鬬殺罪論，至死者加役流。

【疏】議曰：謂犯死罪囚，辭狀窮竟，而囚之緦麻以上親及故舊，為囚所遣，或雇人、倩人而殺訖者，其所遣雇倩之人，及受雇倩殺者，各依尊卑、貴賤，本殺罪上減二等科之。囚若不遣親故雇倩人殺，及囚雖遣雇倩人殺，而辭狀未窮竟而殺者，其所遣之人及受雇倩者，各依尊卑、貴賤，以鬬殺罪論，至死者加役流。

問曰：其囚本犯死罪，辭未窮竟，又不遣人雇倩殺之，而囚之親故雇倩人殺及殺之者，合得何罪？

答曰：辭雖窮竟，不遣雇倩人殺之；雖遣雇倩人殺之，辭未窮竟：此等二事，各依鬬殺為罪，至死者加役流。若辭未窮竟，復不遣雇倩殺之而輒殺者，各同鬬殺之法，至死者並皆處死，不合加役流。

辭雖窮竟，而子孫於祖父母、父母，部曲、奴婢於主者，皆以故殺罪論。

【疏】議曰：「辭雖窮竟」，謂死罪辯定訖，而子孫於祖父母、父母，部曲、奴婢於主，雖被祖父母、父母及主所遣而輒殺者，及雇人、倩人殺者，其子孫及部曲、奴婢皆以故殺罪論：子孫仍入「惡逆」，部曲、奴婢經赦不原。其被雇倩之人，仍同上解，減鬬殺罪二等。

472

主守導令囚翻異

諸主守受囚財物，導令翻異；及與通傳言語，有所增減者：以枉法論，十五疋加役流，三十疋絞；

【疏】議曰：「主守」，謂專當掌囚、典獄之屬。受囚財物，導引其囚，令翻異文辯；及得官司若文證外人言語，為報告通傳，有所增減其罪者：以枉法論，依無祿枉法受財，一尺杖九十，一疋加一等，十五疋加役流，三十疋絞。

贓輕及不受財者，減故出入人罪一等。無所增減者，笞五十；受財者，以受所監臨財物論。其非主守而犯者，各減主守一等。

【疏】議曰：「贓輕」，謂受贓得罪，輕於減囚罪一等者，「及不受財」，唯通言語，「減故出入人罪一等」，謂導令翻異及通傳言語，出入囚死罪者，處流三千里；出入流罪以下，各減本罪一等之類。雖即教導及通傳言語，於囚罪無所增減者，笞五十。若無增減而受財者，以受所監臨財物論，一尺笞四十，一疋加一等，八疋徒一年。「其非主守而犯者」，謂非監當囚人，而有外人導囚翻異，有所增減，各減主守罪一等：若受財，於主守贓上減一等；若不受財者，於囚罪上減二等；雖通言語，無所增減，笞四十。

473

囚給衣食醫藥

諸囚應請給衣食醫藥而不請給，及應聽家人入視而不聽，應脫去枷、鎖、杻而不脫去者，杖六十；以故致死者，徒一年。即減竊囚食，笞五十；以故致死者，絞。

【疏】議曰：準獄官令：「囚去家懸遠絕餉者，官給衣糧，家人至日，依數徵納。囚有疾病，主司陳牒，請給醫藥救療。」此等應合請給，而主司不為請給及主司不即給； 準令「病重，聽家人入視」而不聽； 及應脫去枷、鎖、杻，而所司不為脫去者： 所由官司合杖六十。「以故致死者」，謂不為請及雖請不即為給衣糧、醫藥，病重不許家人入視及不脫去枷、鎖、杻，由此致死者，所由官司徒一年。 即減竊囚食者，不限多少，笞五十。 若由減竊囚食，其囚以故致死者，減竊之人合絞。

474 **八議請減老小**

諸應議、請、減，若年七十以上，十五以下及廢疾者，並不合拷訊，皆據衆證定罪，違者以故失論。若證不足，告者不反坐。

【疏】議曰：「應議」，謂在名例八議人；「請」，謂應議者期以上親及孫，若官爵五品以上者；「減」，謂七品以上之官及五品以上之祖父母、父母、兄弟、姊妹、妻、子孫者；「若年七十以上，十五以下及廢疾」，依令「一支廢，腰脊折，癡瘂，侏儒」等： 並不合拷訊，皆據衆證定罪。稱「衆」者，三人以上，明證其事，始合定罪。「違者。 以故失論」，謂不合拷訊而故拷訊，致罪有出入者，即依下條故出入人及失出入人罪法； 其罪雖無出入而枉拷者，依前人不合捶拷法，以鬬殺傷論，至死者加役流，即以鬬殺傷為故、失。 若證不滿三人，告者不反坐，被告之人亦不合入罪。

問曰： 所告之事，證有二人，一人證是，一人證非，證既不足，合科「疑罪」以否？

答曰： 律云「據衆證定罪」，稱衆者，三人以上。「若證不足，告者不反坐」。 察驗難明，二人證實，猶故不合入罪，況一實一虛，被告之人，全不合坐； 其於告者，亦得免科。 若全無證人，自須審察虛實，以狀斷之。 若三人證實，三人證虛，是名「疑罪」。 此解並據應議、請、減以下及廢疾以上，除此色外，自合拷取實情，拷滿不服，反拷告人，不合從衆證科斷。

其於律得相容隱，即年八十以上，十歲以下及篤疾，皆不得令其為證，違者減罪人罪三等。

【疏】議曰：「其於律得相容隱」，謂同居，若大功以上親及外祖父母、外孫，若孫之婦、夫之兄弟及兄弟妻，及部曲、奴婢得為主隱；其八十以上，十歲以下及篤疾，以其不堪加刑：故並不許為證。若違律遣證，「減罪人罪三等」，謂遣證徒一年，所司合杖八十之類。

475 **囚引人為徒侶**

諸囚在禁，妄引人為徒侶者，以誣告罪論。即本犯雖死，仍準流、徒加杖及贖法。

【疏】議曰：「囚在禁，妄引人為徒侶者」，謂盜發者，妄引人為同盜；殺人者，妄引人為同行之類。「以誣告罪論」，謂依鬬訟律：「誣告人者，各反坐。」即本犯應死，不可累加，故準流、徒加杖法。其應贖者，即準流、徒贖之。

476 **訊囚察辭理**

諸應訊囚者，必先以情，審察辭理，反覆參驗；猶未能決，事須訊問者，立案同判，然後拷訊。違者，杖六十。

【疏】議曰：依獄官令：「察獄之官，先備五聽，又驗諸證信，事狀疑似，猶不首實者，然後拷掠。」故拷囚之義，先察其情，審其辭理，反覆案狀，參驗是非。「猶未能決」，謂事不明辨，未能斷決，事須訊問者，立案，取見在長官同判，然後拷訊。若充使推勘及無官同判者，得自別拷。若不以情審察及反覆參驗，而輒拷者，合杖六十。

若贓狀露驗，理不可疑，雖不承引，即據狀斷之。若事已經赦，雖須追究，並不合拷。謂會赦移鄉及除、免之類。

【疏】議曰：「若贓狀露驗」，謂計贓者見獲真贓，殺人者檢得實狀，贓狀明白，理不可疑，問雖不承，聽據狀科斷。若事已經赦者，雖須更有追究，並不合拷。注云「謂會赦移鄉及除、免之類」，謂殺人會赦，仍合移鄉；犯「十惡」、「故殺人」、「反逆緣坐」，會赦猶除名；監臨主守於所監守犯姦、盜、略人若受財而枉法，會赦仍合免所居官。稱「之類」，謂會赦免死猶流，及盜、詐、枉法猶徵正贓，故云「之類」。

477 **拷囚不過三度**

諸拷囚不得過三度，數總不得過二百，杖罪以下不得過所犯之數。拷滿不承，取保放之。

【疏】議曰：依獄官令：「拷囚每訊相去二十日。若訊未畢，更移他司，仍須拷鞫，即通計前訊以充三度。」故此條拷囚不得過三度，杖數總不得過二百。「杖罪以下」，謂本犯杖罪以下、笞十以上，推問不承，若欲須拷，不得過所犯笞、杖之數，謂本犯一百杖，拷一百不承，取保放免之類。若本犯雖徒一年，應拷者亦得拷滿二百，拷滿不承，取保放之。

若拷過三度及杖外以他法拷掠者，杖一百；杖數過者，反坐所剩；以故致死者，徒二年。

【疏】議曰：「拷過三度」，謂雖二百杖，不得拷過三度。「及杖外以他法拷掠」，謂拷囚於法杖之外，或以繩懸縛，或用棒拷打，但應行杖外，悉為「他法」。犯者，合杖一百。「杖數過者，反坐所剩」，謂囚本犯杖一百，乃拷二百，官司得一百剩罪之類。「以故致死者」，謂拷過三度，或用他法及杖數有過，而致死者，徒二年。

即有瘡病，不待差而拷者，亦杖一百；若決杖笞者，笞五十；以故致死者，徒一年半。若依法拷決，而邂逅致死者，勿論；仍令長官等勘驗，違者杖六十。拷決之失，立案、不立案等。

【疏】議曰：拷雖依法，囚身有瘡若病，不待差而拷者，杖一百。若決杖笞者，笞五十。若囚瘡病未差，而拷及決杖笞致死者，徒一年半。若依法用杖，依數拷決，而囚邂逅致死者，勿論。「邂逅」，謂不期致死而死，詩云「邂逅相遇」，言不期而遇。仍長官以下，並親自檢勘，知無他故，具為文案。若長官等不即勘檢者，杖六十。注云「拷決之失」，謂訊囚及決杖笞，於法有失者，立案、不立案等。其有失者，依職制律：「失者，聽減三等。」

478 **拷囚限滿不首**

諸拷囚限滿而不首者，反拷告人。其被殺、被盜家人及親屬告者，不反拷。被水火損敗者，亦同。拷滿不首，取保並放。違者，以故失論。

【疏】議曰：囚拷經三度，杖數滿二百而不首，「反拷告人」，謂還準前人拷數，反拷告人。拷滿復不首，取保釋放。其被殺、被盜之家，若家人及親屬告者，所訴盜、殺之人被拷滿不首者，各不反拷告人。以殺、盜事重，例多隱匿，反拷告者，或不敢言。若被人決水入家，放火燒宅之類，家人及親屬言告者，亦不反拷告人。拷滿不首，取保並放。「違者，以故失論」，違，謂若應反拷而不反拷及不應反拷而反拷者。若故，依故出入法；失者，依失出入論。其本法不合拷而拷者，依前人不合捶拷法，亦以故失論。其應取保放而不放者，從「不應禁而禁」；不取保放者，於律有違，當「不應得為」，流以上從重，徒罪以下從輕。

問曰：律云「拷滿不首，反拷告人。」其告人是應議、請、減人，既不合反拷，其事若為與奪？

答曰：律稱「反拷告人」，明須準前人杖數反拷。若前人被拷罪不首，告者亦反拷；若前人止拷一百不首，告者亦反拷一百。是名「反拷告人」。其應議、請、減人，不合反拷，須準前人拷杖數徵銅。

479 **鞫獄停囚待對**

諸鞫獄官，停囚待對問者，雖職不相管，皆聽直牒追攝。雖下司，亦聽。**牒至不即遣者，笞五十；三日以上，杖一百。**

【疏】議曰：「鞫獄官」，謂推鞫主司。「停囚待對問」，謂囚徒侶見在他所，須追對問者。雖職不相管，皆聽直牒。稱「直牒」者，謂不緣所管上司，直牒所管追攝。注云「雖下司，亦聽」，假如大理及州、縣官，須追省、臺之人，皆得直牒追攝。牒至，皆須即遣。不即遣者，笞五十；三日以上，杖一百。

480 **以告狀鞫獄**

諸鞫獄者，皆須依所告狀鞫之。若於本狀之外，別求他罪者，以故入人罪論。

【疏】議曰：「鞫獄者」，謂推鞫之官，皆須依所告本狀推之，若於本狀之外，傍更推問，別求得笞、杖、徒、流及死罪者，同故入人罪之類。若因其告狀，或應掩捕搜檢，因而檢得別罪者，亦得推之。其監臨主司，於所部告狀之外，知有別罪者，即須舉牒，別更糾論，不得因前告狀而輒推鞫。若非監臨之官，亦不得狀外別舉推勘。

481 **囚徒伴移送併論**

諸鞫獄官，囚徒伴在他所者，聽移送先繫處併論之。謂輕從重。若輕重等，少從多。多少等，後從先。若禁處相去百里外者，各從事發處斷之。**違者，杖一百。**

【疏】議曰：「鞫獄官，囚徒伴在他所者」，假有諸縣相去各百里內，東縣先有繫囚，西縣囚復事發，其事相連，應須對鞫，聽移後發之囚，送先繫之處併論之。注云「謂輕從重」，謂輕罪發雖在先，仍移輕以就重。「若輕重等，少從多」，謂兩縣之囚，罪名輕重等者，少處發雖在先，仍移就多處。若多少等，即移後繫囚，從先繫處。若禁囚之所相去百里外者，「各從事發處斷之」，既恐失脫囚徒，又慮漏泄情狀，故令當處斷之。違者，各杖一百。

若違法移囚，即令當處受而推之，申所管屬推劾。若囚至不受及受而不申者，亦與移囚罪同。

【疏】議曰：「違法移囚」，謂移重就輕，或移多就少之類，「即令當處受而推之」，謂囚至之處，即合受推。「仍申所管之州推劾」，謂兩縣囚申州，兩州囚申省，並依狀推劾。囚至不肯為受，或受囚不申管屬，與擅移囚罪同，亦杖一百。即擅移囚縣各隸別州者，即受囚之縣申所管之州，轉牒送囚之州，依法推劾。此等移囚，並謂兩處事發。若是一處事發者，不限遠近，皆須直牒追攝，如有違者，自從上法。

482 **決罰不如法**

諸決罰不如法者，笞三十；以故致死者，徒一年。即杖麤細長短不依法者，罪亦如之。

【疏】議曰：依獄官令：「決笞者，腿、臀分受。決杖者，背、腿、臀分受。須數等。拷訊者亦同。

笞以下，願背、腿分受者，聽。」決罰不依此條，是「不如法」，合笞三十。以此決罰不如法，而致死者，徒一年。依令：「杖皆削去節目，長三尺五寸。訊囚杖，大頭徑三分二釐，小頭二分二釐。常行杖，大頭二分七釐，小頭一分七釐。笞杖，大頭二分，小頭一分五釐。」謂杖長短麤細不依令者，笞三十；以故致死者，徒一年。故云「亦如之」。

卷第三十

斷獄下

483 監臨以杖捶人

諸監臨之官因公事，自以杖捶人致死及恐迫人致死者，各從過失殺人法；若以大杖及手足毆擊，折傷以上，減鬬殺傷罪二等。

【疏】議曰：謂臨統案驗之官，情不挾私，因公事，前人合杖、笞，自以杖捶人致死；「及恐迫人致死」，謂因公事，欲求其情，或恐喝，或迫脅，前人怕懼而自致死者：各依過失殺人法，各徵銅一百二十斤入死家。若前人是卑賤，罪不至死者，各依本殺法徵銅。若以大杖及手足毆擊，折傷以上者，自擊、使人擊等，「減鬬殺傷罪二等」，謂其應償死者，合徒三年之類。

雖是監臨主司，於法不合行罰及前人不合捶拷，而捶拷者，以鬭殺傷論，至死者加役流。即用刃者，各從鬭殺傷法。

【疏】議曰：「雖是監臨主司，於法不合行罰」，謂非判事之官及非專當督領者，不得輒行捶罰。假有人犯徒以上罪，合送法司，不送法司，當曹即自行決罰之類；「及前人不合捶拷」，謂前人無罪，或雖有罪應合官當、收贖之類，而輒捶拷者：「以鬭殺傷論」，謂傷與不傷，並依他物鬭毆之法。其因捶拷而致死者，加役流。「用刃者」，謂「監臨之官自以杖捶人致死」以下，有用刃殺傷者，各依鬭訟律：「用刃殺者，斬；用兵刃殺者，同故殺法。」

問曰：里正、坊正、村正及主典，因公事行罰前人致死，合得何罪？

答曰：里正、坊正、村正等，唯掌追呼催督，不合輒加笞杖，其有因公事相毆擊者，理同凡鬭而科。主典檢請是司，理非行罰之職，因公事捶人者，亦與里正等同。

484 **斷罪引律令**

諸斷罪皆須具引律、令、格、式正文，違者笞三十。若數事共條，止引所犯罪者，聽。

【疏】議曰：犯罪之人，皆有條制。斷獄之法，須憑正文。若不具引，或致乖謬。違而不具引者，笞三十。「若數事共條」，謂依名例律：「二罪以上俱發，以重者論。即以贓致罪，頻犯者並累科。」假有人雖犯二罪，並不因贓，而斷事官人止引「二罪俱發以重者論」，不引「以贓致罪」之類者，聽。

485 **應言上不言上**

諸斷罪應言上，而不言上應待報，而不待報輒自決斷者，各減故失三等。

【疏】議曰：依獄官令：「杖罪以下，縣決之。徒以上，縣斷定，送州覆審訖，徒罪及流應決杖、笞若應贖者，即決配徵贖。其大理寺及京兆、河南府斷徒及官人罪，并後有雪減，並申省，省司覆審無失，速即下知如；有不當者，隨事駁正。若大理寺及諸州斷流以上，若除、免、官當者，皆連寫案狀申省，大理寺及京兆、河南府即封案送。若駕行幸，即準諸州例，案覆理盡申奏。」若不依此令，是「應言上而不言上」；其有事申上，合待報下而不待報，輒自決斷者：「各減故、失三等」，謂故不申上、故不待報者，於所斷之罪減三等；若失不申上、失不待報者，於職制律「公事失」上各又減三等。即死罪不待報，輒自決者，依下文流二千里。

486 **制敕斷罪**

諸制敕斷罪，臨時處分，不為永格者，不得引為後比。若輒引，致罪有出入者，以故失論。

【疏】議曰：事有時宜，故人主權斷制敕，量情處分。不為永格者，不得引為後比。若有輒引，致罪有出入者，「以故失論」，謂故引有出入，各得下條故出入之罪；其失引者，亦準下條失出入罪論。

487 **官司出入人罪**

諸官司入人罪者，謂故增減情狀足以動事者，若聞知有恩赦而故論決，及示導令失實辭之類。**若入全罪，以全罪論；**雖入罪，但本應收贖及加杖者，止從收贖、加杖之法。

【疏】議曰：「官司入人罪者」，謂或虛立證據，或妄搆異端，捨法用情，鍛鍊成罪。故注云，謂故增減情狀足以動事者，若聞知國家將有恩赦，而故論決囚罪及示導教令，而使詞狀乖異。稱「之類」者，或雖非恩赦，而有格式改動；或非示導，而恐喝改詞。情狀既多，故云「之類」。「若入全罪」，謂前人本無負犯，虛搆成罪，還以虛搆枉入全罪科之。

注：雖入罪，但本應收贖及加杖者，止從收贖、加杖之法。

【疏】議曰：假有入官蔭人及廢疾流罪，前人合贖入者，亦以贖論；或入官戶、部曲、奴婢并單丁之人，前人合加杖者，亦依加杖之法收贖，不用官當及配流、役身之例。此是官司入人罪，與誣告之法不同。

從輕入重，以所剩論；刑名易者：從笞入杖、從徒入流亦以所剩論，從徒入流者，三流同比徒一年為剩；即從近流而入遠流者，同比徒半年為剩；若入加役流者，各計加役年為剩。**從笞杖入徒流、從徒流入死罪亦以全罪論。其出罪者，各如之。**

【疏】議曰：「從輕入重，以所剩論」，假有從笞十入三十，即剩入笞二十；從徒一年入一年半，即剩入半年徒，所入官司，各得笞二十及半年徒之類。刑名易者，從笞入杖，亦得所剩之罪；從徒入流者，注云「三流同比徒一年為剩」，謂從徒三年入流二千里，或二千五百里，或流三千里，遠近雖異，俱曰流刑，至於配所役身，三流同有一年居作，故從徒入流，三流同比徒一年為剩。即從近流二千里，入至二千五百里，或入至三千里者，「同比徒半年為剩」。若從三流入至加役流者，「各計加役年為剩」，但入加役流者，加常流役二年，將加役二年以為剩罪。「從笞杖入徒、流，從徒、流入死罪」，假有從百杖入徒一年，即是全入一年徒坐；從徒流入死罪，謂從一年徒以上至三千里流，而入死刑者，亦依全入死罪之法：故云「亦以全罪論」。其出罪者，謂增減情狀之徒，足以動事之類。或從重出輕，依所減之罪科斷，從死出至徒、流，從徒、流出至笞、杖，各同出全罪之法，故云「出罪者，各如之」。假有囚犯一年徒坐，官司故入至加役流，即從一年至三年，是剩入二年徒罪，從徒三年入至三流，即三流同比徒一年為剩，加役流復剩二年，即是剩五年徒坐。官司從加役流出至徒一年，亦準此。

即斷罪失於入者，各減三等；失於出者，各減五等。若未決放及放而還獲，若囚自死，各聽減一等。

【疏】議曰：「即斷罪失於入者」，上文「故入者，各以全罪論」，「失於入者，各減三等」，假有從笞失入百杖，於所剩罪上減三等；若入至徒一年，即同入全罪之法，於徒上減三等，合杖八十之類。「失於出者，各減五等」，假有失出死罪者，減五等合徒一年半；失出加役流，亦準此，「三流同為一減」，減五等，合徒一年之類。若未決放者，謂故入及失入死罪，及杖罪未決，其故出及失出死罪以下未放；及已放而更獲；「若囚自死」，但使囚死，不問死由：「各聽減一等」，謂於故出入及失出入上，各聽減一等。

即別使推事，通狀失情者，各又減二等；所司已承誤斷訖，即從失出入法。雖有出入，於決罰不異者，勿論。

【疏】議曰：「別使推事」，謂充使別推覆者。「通狀失情」，謂不得本情，或出或入。「各又減二等」，失入者，於失入減三等上又減二等；若失出者，於失出減五等上又減二等。「所司已承誤斷訖」，謂曹司承誤通之狀，已依斷訖。「即從失出入法」，謂皆從在曹司出入法科之，並同減五等、三等之例。若未決放及放而還獲，若囚自死，各聽減一等。其所司承誤已斷訖者，曹司同「餘官案省不覺」法。「雖有出入，於決罰不異」，假有官戶、部曲、官私奴婢，本犯合徒三年斷入流罪，或從三流之法科徒三年，各止加杖二百，刑名雖有出入，加杖數即不殊者，無罪。故云「於決罰不異者，勿論」。

問曰：有人本犯加役流，出為一年徒坐，放而還獲減一等，合得何罪？

答曰：全出加役流，官司合得全罪；放而還獲減一等，合徒五年。今從加役流出為一年徒坐，計有五年剩罪；放而還獲減一等，若依徒法減一等，仍合四年半徒。既是剩罪，不可重於全出之坐，舉重明輕，止合三年徒罪。

488 **赦前斷罪不當**

諸赦前斷罪不當者，若處輕為重，宜改從輕；處重為輕，即依輕法。

【疏】議曰：處斷刑名，或有出入不當本罪，其事又在恩前，恐判官執非不移，故明從輕坐之法。「若處輕為重，宜改從輕」，假有鬬殺堂兄，當時作親兄，斷為「惡逆」，會赦之後，改從堂兄，坐當「不睦」，赦若十惡亦原，處流二千里，以常赦不免，故仍處流坐。又如鬬殺凡人，斷為殺緦麻尊長，會赦，十惡不免，改為雜犯，免死，移鄉。此並仍有輕罪。又有受所監臨五十疋，斷為「枉法」處死，會赦，改為「受所監臨」，不在徵贓之例。又有犯近流，科作遠流，或止合一官當徒，斷用二官以上，若奏畫訖及流至配所會赦者，改從本犯近流及還所枉告身；若未奏畫及流人未到流所會赦者，即從赦原。若應徵銅而處輕為重，其銅或在限外未輸，或在限內納訖，會赦者，並改從輕法，其剩納者，卻還；未送者，依輕罪數徵納。若限內未納會赦者，從赦並免。稱「輕」者，全免亦是。故令云：「犯罪未斷決，逢格改者，格重，聽依犯時；格輕，聽從輕法。」即總全無罪，亦名輕法。其「處重為輕，即依輕法」，假令犯十惡，非常赦所不免者。當時斷為輕罪及全放。並依赦前斷定。

其常赦所不免者，依常律常赦所不免者，謂雖會赦，猶處死及流，若除名、免所居官及移鄉者。

【疏】議曰：「常赦所不免者」，赦書云「罪無輕重，皆赦除之」，不言常赦所不免者，亦不在免限，故云「依常律」。即：犯惡逆，仍處死；反、逆及殺從父兄姊、小功尊屬、造畜蠱毒，仍流；十惡、故殺人、反逆緣坐，獄成者，猶除名；監守內姦、盜、略人、受財枉法，獄成會赦，免所居官；殺人應死，會赦移鄉等是。

即赦書定罪名，合從輕者，又不得引律比附入重，違者各以故、失論。

【疏】議曰：「赦書定罪名，合從輕者」，假如貞觀九年三月十六日赦：「大辟罪以下並免。其常赦所不免、十惡、祅言惑眾、謀叛已上道等，並不在赦例。」據赦，十惡之罪，赦書不免；「謀叛」即當十惡，未上道者，赦特從原。叛罪雖重，赦書定罪名合從輕，不得引律科斷，若比附入重。違者，以故、失論。

489

聞知恩赦故犯

諸聞知有恩赦而故犯，及犯惡逆，若部曲、奴婢毆及謀殺若強姦主者，皆不得以赦原。即殺小功尊屬、從父兄姊及謀反大逆者，身雖會赦，猶流二千里。

【疏】議曰：「聞知有恩赦而故犯」，謂赦書未出，私自聞知，而故犯罪者；「及犯惡逆」，謂毆及謀殺祖父母、父母，殺伯叔父母、姑、兄姊、外祖父母、夫、夫之祖父母、父母，此名「惡逆」；若部曲、客女亦同，并奴婢毆及謀殺若強姦主者：皆不得以赦原。即殺小功尊屬、從父兄姊及謀反大逆者，此等雖會赦免死，猶流二千里。

490

獄結竟取服辯

諸獄結竟，徒以上，各呼囚及其家屬，具告罪名，仍取囚服辯。若不服者，聽其自理，更為審詳。違者，笞五十；死罪，杖一百。

【疏】議曰：「獄結竟」，謂徒以上刑名，長官同斷案已判訖，徒、流及死罪，各呼囚及其家屬，具告所斷之罪名，仍取囚服辯。其家人、親屬，唯止告示罪名，不須問其服否。囚若不服，聽其自理，依不服之狀，更為審詳。若不告家屬罪名，或不取囚服辯及不為審詳，流、徒罪並笞五十，死罪杖一百。

491 **緣坐沒官放之**

諸緣坐應沒官而放之，及非應沒官而沒之者，各以流罪故、失論。

【疏】議曰：賊盜律：「謀反及大逆人，子年十五以下及母女、妻妾，子妻妾亦同，若祖孫、兄弟、姊妹，並沒官。男夫年八十及篤疾，婦人年六十及廢疾，並免。出養、入道及娉妻未成者，並不追坐。」若應沒而放，應放而沒，各依流罪以故失論，謂反逆緣坐流三千里，沒官罪重，須用三千里流法，若故，同故出入三千里流；若失，同失出入三千里流。稱「放」者，應沒遣流，與全放無別；應流遣沒，得罪亦同。

492 **徒流送配稽留**

諸徒、流應送配所，而稽留不送者，一日笞三十，三日加一等；過杖一百，十日加一等，罪止徒二年。不得過罪人之罪。

【疏】議曰：「徒、流應送配所」，謂徒罪斷訖，即應役身。準獄官令：「犯徒應配居作，在京送將作監，在外州者供當處官役。」案成即送，而稽留不送；其流人，準令：「季別一遣。若符在季末三十日內至者，聽與後季人同遣。」違而不送者：一日笞三十，三日加一等；過杖一百，十日加一等，五十二日罪止徒二年。注云「不得過罪人之罪」，謂罪人應徒一年者，稽留官司亦罪止徒一年之類。

493 輸備贖沒入物

諸應輸備、贖、沒、入之物，及欠負應徵，違限不送者，一日笞十，五日加一等，罪止杖一百。若除、免、官當，應追告身，違限不送者，亦如之。

【疏】議曰：「應輸備、贖、沒、入之物」，備謂亡失官私器物，各備償；贖謂犯法之人，應徵銅贖；沒謂彼此俱罪之贓及犯禁之物，沒官；入者，謂得闌遺之物，限滿無人識認者，入官及應入私之類。又依獄官令：「贖死刑，八十日；流，六十日；徒，五十日；杖，四十日；笞，三十日。若應徵官物者，準直：五十疋以上，一百日；三十疋以上，五十日；二十疋以上，三十日；不滿二十疋以下，二十日。」其失有欠負應徵，違限不送者，並準令文，依限送納。違者，一日笞十，五日加一等，罪止杖一百。「若除、免、官當」，謂犯罪斷除名、免官、免所居官及官當，應追告身，不送者，亦一日笞十，五日加一等，罪止杖一百。

494 婦人懷孕犯死罪

諸婦人犯死罪，懷孕，當決者，聽產後一百日乃行刑。若未產而決者，徒二年；產訖，限未滿而決者，徒一年。失者，各減二等。其過限不決者，依奏報不決法。

【疏】議曰：婦人犯死罪，懷孕，當應行決者，聽產後一百日乃行刑。若未產而決者，徒二年；產訖，未滿百日而決者，徒一年。「失者，各減二等」，未產而決，徒一年；產訖，限未滿而決者，杖九十。「即過限不決者，依奏報不決法」，謂依下條：「即過限不決者，違一日杖一百，二日加一等。」

495 **拷決孕婦**

諸婦人懷孕，犯罪應拷及決杖笞，若未產而拷、決者，杖一百；傷重者，依前人不合捶拷法；產後未滿百日而拷決者，減一等。失者，各減二等。

【疏】議曰：婦人懷孕，犯罪應拷及決杖笞，皆待產後一百日，然後拷、決。若未產而拷及決杖笞者，杖一百。「傷重者」，謂傷損之罪，重於杖一百者。「依前人不合捶拷法」，謂依上條：「監臨之官，前人不合捶拷而捶拷者，以鬭殺傷論。」若墮胎者，合徒二年。婦人因而致死者，加役流。限未滿而拷決者，「減一等」，謂減未產拷決之罪一等。「失者，各減二等」，謂未產而失拷、決，於杖一百上減二等；傷重，於鬭傷上減二等。若產後限未滿而拷決者，於杖九十上減二等；傷重者，於鬭傷上減三等。

496 **立春後不決死刑**

諸立春以後、秋分以前決死刑者，徒一年。其所犯雖不待時，若於斷屠月及禁殺日而決者各杖六十。待時而違者，加二等。

【疏】議曰：依獄官令：「從立春至秋分，不得奏決死刑。」違者，徒一年。若犯「惡逆」以上及奴婢、部曲殺主者，不拘此令。其大祭祀及致齋、朔望、上下弦、二十四氣、雨未晴、夜未明、斷屠月日及假日，並不得奏決死刑。其所犯雖不待時，「若於斷屠月」，謂正月、五月、九月，「及禁殺日」，謂每月十直日，月一日、八日、十四日、十五日、十八日、二十三日、二十四日、二十八日、二十九日、三十日，雖不待時，於此月日，亦不得決死刑，違而決者，各杖六十。「待時而違者」，謂秋分以前、立春以後，正月、五月、九月及十直日，不得行刑，故違時日者，加二等，合杖八十。其正月、五月、九月有閏者，令文但云正月、五月、九月斷屠，即有閏者各同正月，亦不得奏決死刑。

497 **死囚覆奏報決**

諸死罪囚，不待覆奏報下而決者，流二千里。即奏報應決者，聽三日乃行刑，若限未滿而行刑者，徒一年；即過限，違一日杖一百，二日加一等。

【疏】議曰：「死罪囚」，謂奏畫已訖，應行刑者。皆三覆奏訖，然始下決。若不待覆奏報下而輒行決者，流二千里。「即奏報應決者」，謂奏訖報下，應行決者。「聽三日乃行刑」，稱「日」者，以百刻，須以符到三日乃行刑。若限未滿三日而行刑者，徒一年。即過限，違一日杖一百，二日加一等。在外既無漏刻，但取日周晬時為限。

498 **斷罪應決配而收贖**

諸斷罪應決配之而聽收贖，應收贖而決配之，若應官當而不以官當及不應官當而以官當者，各依本罪，減故、失一等。死罪不減。

【疏】議曰：「斷罪應決配之」，謂無官蔭及非老、小及疾之色，犯笞、杖應決，徒、流應配，官司乃聽收贖；「應收贖」，謂有官蔭及廢疾，若年七十以上，十五以下，本罪合贖而決配之；「若應官當」，謂流內九品以上，犯徒以上罪，合以官當，官司乃不以官當；「或不應官當」，謂罪輕不盡其官及過失犯罪，不合用官當徒，而官司乃以官當者：各依本犯當、贖及決、配之罪，「減故、失一等」，謂故出入、失出入者，各從本罪上減一等，是名「減故、失一等」。注云「死罪不減」，若應死而聽當、贖，應收贖而真決死刑，不在減例，各從出入死罪故、失科之。

即品官任流外及雜任，於本司及監臨犯杖罪以下，依決罰例。

【疏】議曰：「品官任流外及雜任」，謂身帶勳官、散官而任流外及雜任者。「於本司及監臨」，謂於本司及臨時監統者。若犯杖罪以下，依流外、雜任之例決杖，不准官品徵贖。若徒罪以上，自依當、贖法。其有準蔭應贖者任流外及雜任，若犯杖罪以下，亦準品官，依決罰例。

499 斷罪應絞而斬

諸斷罪應絞而斬，應斬而絞，徒一年；自盡亦如之。失者，減二等。即絞訖，別加害者，杖一百。

【疏】議曰：犯罪應絞而斬，應斬而絞，「徒一年」，以其刑名改易，故科其罪。「自盡亦如之」，依獄官令：「五品以上，犯非惡逆以上，聽自盡於家。」若應自盡而絞、斬，應絞、斬而令自盡，亦合徒一年，故云「亦如之」。「失者，減二等」，謂原情非故者，合杖九十。「即絞訖，別加害者」，謂絞已致斃，別加拉幹、折腰之類者，杖一百。

500 領徒囚應役不役

諸領徒應役而不役，及徒囚病愈不計日令陪役者，過三日笞三十，三日加一等；過杖一百，十日加一等，罪止徒二年。不得過罪人之罪。

【疏】議曰：「領徒應役」，謂掌領囚徒，令役身者而不役；及徒囚因病給假，病愈合役，不令陪役者：過三日笞三十，三日加一等，過二十四日合杖一百。過杖一百，十日加一等，罪止徒二年。注云「不得過罪人之罪」，謂如應徒一年者，雖多日不役，亦不得過徒一年；其二年以下，並準此。因數多者，從不役人日多者為罪。

501 縱死罪囚逃亡

諸縱死罪囚，令其逃亡，後還捕得及囚已身死，若自首，應減死罪者，其獲囚及死首之處，即須遣使速報應減之所，有驛處發驛報之。若稽留使不得減者，以入人罪故、失論減一等。

【疏】議曰：謂囚合死在禁，所司縱令逃亡，依「故縱」之條，還合死罪。「捕得，及囚已死，若自首，應減死罪者」，謂依捕亡律及上條「放而還獲，得減一等」者。其獲囚之處及死首之所，即須遣使速報應減死之處；若有驛之處，發驛報之。若使人及官司稽留，令不得減罪，致使囚已決訖者，「以入人罪故、失論減一等」，謂故稽遲，從故入上減一等，流三千里；若失稽遲，從失入罪上減一等，總減罪人四等，徒二年。官司及使人，各以所由為坐。

502 疑罪

諸疑罪，各依所犯，以贖論。疑，謂虛實之證等，是非之理均；或事涉疑似，傍無證見；或傍有聞證，事非疑似之類。**即疑獄，法官執見不同者，得為異議，議不得過三。**

【疏】議曰：「疑罪」，謂事有疑似，處斷難明。「各依所犯，以贖論」，謂依所疑之罪，用贖法收贖。注云「疑，謂虛實之證等」，謂八品以下及庶人，一人證虛，一人證實，二人以上，虛實之證其數各等；或七品以上，各據眾證定罪，亦各虛實之數等。「是非之理均」，謂有是處，亦有非處，其理各均。「或事涉疑似」，謂贓狀涉於疑似，傍無證見之人；或傍有聞見之人，其事全非疑似。稱「之類」者，或行跡是，狀驗非；或聞證同，情理異。疑狀既廣，不可備論，故云「之類」。「即疑獄」，謂獄有所疑，法官執見不同，議律論情，各申異見，「得為異議」，聽作異同。「議不得過三」，謂如丞相以下，通判者五人，大理卿以下五人，如此同判者多，不可各為異議，故云「議不得過三」。

图书在版编目（CIP）数据

唐律疏议 / （唐）长孙无忌等撰.-北京：中国政法大学出版社，2013.7
ISBN 978-7-5620-4868-8

Ⅰ.①唐…　Ⅱ.①长…　Ⅲ.①唐律-研究　Ⅳ.①D929.42

中国版本图书馆CIP数据核字(2013)第152281号

书　　名　唐律疏议　TANGLU SHUYI
出版发行　中国政法大学出版社(北京市海淀区西土城路25号)
北京100088信箱8034分箱　邮政编码100088
邮箱 fada.jc@sohu.com
http://www.cuplpress.com (网络实名：中国政法大学出版社)
(010)58908435(编辑室)　58908285(总编室)　58908334(邮购部)
承　　印　北京华联印刷有限公司
规　　格　720mm×960mm　16开本　27.25印张　380千字
版　　本　2013年10月第1版　2013年10月第1次印刷
书　　号　ISBN 978-7-5620-4868-8/D·4828
印　　数　0 001-5 000
定　　价　69.00元